現代時系列分析

現代時系列分析

田中勝人

岩波書店

はしがき

　本書は，時系列分析の理論に関して，古典的に重要な事項から最新のトピックスまでをまとめたものである．読者層としては，学部上級生，大学院生および研究者を想定している．本書を理解する上で，時系列分析に関する予備知識は必要としない．ただし，統計学に関しては，学部上級生程度の知識を前提としているので，定義を与えることなく使用している統計学の専門用語も多い．それらの定義や意味合いを確認したい場合は，統計学の書物やインターネット検索などで当たっていただきたい．

　時系列分析の研究は，20世紀初頭に始まったとされる．当初は，時系列を確率過程からの標本とみなし，さまざまな時系列統計量の標本分布を導出することがメイン・テーマであった．そして，1960年代までは，このような理論的な研究が積み重ねられた．1970年代に入り，コンピュータの進展という追い風の中で，モデル・ビルディングの観点から時系列データを比較的容易に分析できる環境が整い始め，時系列分析は専門家の占有物としての状態を脱し，ユーザーが新規参入することになった．この傾向は，時系列データを扱う多くの分野に浸透することとなり，1980年代にかけて時系列分析の隆盛が訪れた．

　1980年代は，それまでの時系列分析のフレームワークでは捉えられない諸現象に対して，新たな理論や方法が提案された時期でもある．「長期記憶的な時系列」，「フラクショナル・モデル」，「GARCHモデル」，「単位根時系列」，「共和分」，「ウェーブレット解析」などは，そのような例である．本書では，比較的新しいこれらの事項についても，ある程度詳しく述べている．

　1990年代は，上述した新しい理論や方法を使って，実際の分析が盛んに行われた時代であり，21世紀に入った現在も，その傾向が引き継がれている．現在は，1980年代のエポック・メーキングな時代に比べれば，ディテールにこだわった研究が主流を占めている感があるが，いずれ，その中から次のステップへの架け橋となる研究成果が生まれるであろう．このような状況を踏まえ，時系列分析の現状についてまとめておくことは，それなりに意義のあるこ

とであろうと思う．このことが，本書を著す主要な動機であった．

　本書は，12の章と数学的付録から成り立っている．章の内容は，大きく5つのグループに分けることができる．すなわち，

　　（ⅰ）短期記憶的な定常性という条件を仮定した章(第1章から第4章)
　　（ⅱ）非定常性のもとでの分析方法を議論した章(第5章と第6章)
　　（ⅲ）長期記憶的な定常性という新たな条件を想定した章(第7章)
　　（ⅳ）単位根時系列と共和分に関連した章(第8章から第11章)
　　（ⅴ）ウェーブレットの方法による時系列分析の章(第12章)

の5つである．それぞれの章の概要紹介は，ここでは省略するが，本文の各章の冒頭には，そのための短文を配置してあるので，適宜，参照されたい．

　巻末の数学的付録は，かなりのページを占めている．本書の執筆方針として，本文の叙述は，細部にこだわることは極力避け，多くの図表を使って，直感的な理解が得られるように配慮したつもりである．その代わり，本文で叙述すると，全体の流れや見通しが悪くなるような数学的概念の詳細や定理などは，数学的付録で記述している．その際，付録としての有用性を高めるべく，丁寧な説明を心がけた結果として，当初の予定よりもページ数が多くなった．数学的付録が本文の理解をより深くして，知識を整理するために役立つことができればと願う次第である．

　本書を執筆するに当たり，岩波書店編集部の高橋弘氏に終始お世話になった．記して，感謝したい．

　　2006年9月

　　　　　　　　　　　　　　　　　　　　　　　　　　　　田中勝人

目 次

はしがき

第1章 確率過程と時系列モデル
- 1.1 確率過程 …………………………………………………… 1
- 1.2 定常過程 …………………………………………………… 2
- 1.3 線形過程 …………………………………………………… 3
- 1.4 短期記憶性と長期記憶性 ………………………………… 5
- 1.5 短期記憶時系列モデルの例 ……………………………… 7
- 1.6 長期記憶時系列モデルの例 ……………………………… 19
- 1.7 偏自己相関 ………………………………………………… 20
- 1.8 逆自己相関と逆偏自己相関 ……………………………… 22

第2章 定常過程のスペクトル理論
- 2.1 短期記憶過程のスペクトラム …………………………… 25
- 2.2 スペクトル分布関数 ……………………………………… 28
- 2.3 線形過程のスペクトラム ………………………………… 29
- 2.4 長期記憶過程のスペクトラム …………………………… 31
- 2.5 スペクトラムによる自己共分散の計算 ………………… 33

第3章 短期記憶過程の標本理論
- 3.1 はじめに …………………………………………………… 37
- 3.2 標本平均 …………………………………………………… 38
- 3.3 標本自己共分散 …………………………………………… 42
- 3.4 標本自己相関 ……………………………………………… 47
- 3.5 標本偏自己相関 …………………………………………… 50
- 3.6 標本逆自己相関と標本逆偏自己相関 …………………… 52
- 3.7 ピリオドグラムの標本理論 ……………………………… 54
- 3.8 有限 Fourier 変換の効用 ………………………………… 59

第4章　ARMA モデルに基づく予測と推定

- 4.1　最良予測 …… 61
- 4.2　最良線形予測と射影 …… 66
- 4.3　複数期先の予測 …… 70
- 4.4　射影の応用 …… 72
- 4.5　モデルの特定化と推定 …… 74
- 4.6　モデルの診断 …… 81
- 4.7　実際例 …… 84

第5章　ARIMA モデルと SARIMA モデル

- 5.1　ARIMA(p, d, q) モデル …… 91
- 5.2　ARIMA モデルによる予測 …… 93
- 5.3　ARIMA モデルの推定 …… 97
- 5.4　SARIMA$(p, d, q) \times (P, D, Q)_S$ モデル …… 103
- 5.5　SARIMA モデルによる複数期先予測 …… 106
- 5.6　SARIMA モデルの推定 …… 108

第6章　GARCH モデルと SV モデル

- 6.1　ARCH(p) モデル …… 115
- 6.2　ARCH モデルの推定 …… 118
- 6.3　GARCH(p, q) モデル …… 120
- 6.4　SV モデル …… 122
- 6.5　状態空間モデルと Kalman フィルター …… 127

第7章　長期記憶時系列モデル

- 7.1　長期記憶性 …… 131
- 7.2　標本平均 …… 134
- 7.3　標本自己共分散 …… 138
- 7.4　標本自己相関 …… 142
- 7.5　差分パラメータの推定 …… 144

第8章　単位根検定——その1

- 8.1　単位根モデル …… 151

8.2　単位根検定 ………………………………………………… 152
　8.3　単位根分布——係数検定統計量の場合 ………………… 154
　8.4　単位根分布——t 検定統計量の場合 …………………… 160
　8.5　単位根検定の拡張 ………………………………………… 161
　8.6　最適性をもつ単位根検定 ………………………………… 171
　8.7　Lagrange 乗数検定 ……………………………………… 175
　8.8　単位根検定の検出力 ……………………………………… 178
　8.9　検出力の包絡線 …………………………………………… 181
　8.10　検出力の比較 …………………………………………… 184

第 9 章　単位根検定——その 2
　9.1　季節性を含む時系列の単位根検定 ……………………… 189
　9.2　MA 部分の単位根検定 …………………………………… 197
　9.3　定常性の検定 ……………………………………………… 203
　9.4　フラクショナルな和分次数の検定 ……………………… 207
　9.5　構造変化を含む時系列の単位根検定 …………………… 211

第 10 章　共和分分析——その 1
　10.1　共和分の定義 …………………………………………… 215
　10.2　見せかけの相関と回帰 ………………………………… 218
　10.3　共和分回帰——誤差項が独立な場合 ………………… 221
　10.4　共和分回帰——誤差項が従属的な場合 ……………… 229

第 11 章　共和分分析——その 2
　11.1　回帰の残差に基づく共和分検定 ……………………… 237
　11.2　逆向きの共和分検定 …………………………………… 247
　11.3　共和分のシステム推定 ………………………………… 251
　11.4　共和分ランクの検定 …………………………………… 255
　11.5　さまざまな拡張 ………………………………………… 256

第 12 章　ウェーブレット解析
　12.1　はじめに ………………………………………………… 263
　12.2　ウェーブレット変換——連続的確率過程の場合 …… 266

12.3　ウェーブレット変換——離散的確率過程の場合 ········· 270
　　12.4　ウェーブレット変換の利点 ································· 275
　　12.5　今後の応用 ·· 287

数学的付録

　　1.　確率的不等式 ·· 295
　　2.　線形過程の定義と期待値の演算 ······························ 295
　　3.　確率的オーダー ·· 298
　　4.　分布収束と中心極限定理 ······································· 299
　　5.　Brown 運動 ··· 301
　　6.　確率過程の Riemann 積分 ····································· 303
　　7.　伊藤積分 ·· 308
　　8.　伊藤解析 ·· 311
　　9.　汎関数中心極限定理 ·· 313
　　10.　O-U 過程への収束 ··· 320
　　11.　積分 Brown 運動への収束 ···································· 323
　　12.　多変量確率過程に対する FCLT ····························· 326
　　13.　多変量和分過程に対する FCLT ····························· 329
　　14.　多変量確率過程における伊藤積分 ························· 331
　　15.　長期記憶過程に対する FCLT ································ 333
　　16.　季節性をもつ時系列に対する FCLT ······················· 339
　　17.　特性関数の導出 ··· 348
　　18.　数値積分による分布関数の計算 ····························· 365
　　19.　ウェーブレット解析 ·· 371

参考文献　　383

索　引　　391

第1章
確率過程と時系列モデル

　統計分析の対象となる時系列データは，背後に想定された母集団からの標本の実現値である，と考えるのが統計的推測の立場である．この母集団は，実際に観測されるデータだけでなく，データとしては実現しなかった確率変数の全体からなるもので，確率過程と呼ばれる．時系列分析の主要な目的は，確率過程の構造を推測することである．しかし，確率過程は一般に複雑なので，分析を容易にするために，そのためのモデル，すなわち，時系列モデルを想定するのが普通である．

1.1 確率過程

　時点 t において実現する確率変数を y_t として，これらの全体を考えると，確率変数の系列 $\{y_t\}$ が得られる．時点 t の添字をもつ確率変数の系列を**確率過程**と呼び，個々の系列を**サンプル・パス**と呼ぶ．実際に観測される時系列データは，サンプル・パスの1つが実現したものである．

　確率過程は，時点 t が整数の場合を**離散的確率過程**，連続的な場合を**連続的確率過程**という．以下では，主として離散的確率過程を考える．図1-1は，ある離散的確率過程の1つのサンプル・パスを示したものである．

　今，離散的確率過程 $\{y_t\}$ の各時点 t において，期待値と分散が存在するものとして，

$$\mathrm{E}(y_t) = \mu_t, \qquad \mathrm{V}(y_t) = \sigma_t^2$$

であるとしよう．ここで，μ_t や σ_t^2 は母集団のパラメータであり，これらの値をデータから推定することが，統計分析の目的の1つである．しかし，μ_t や σ_t^2 のように，期待値や分散が時間に依存するような**非定常確率過程**においては，これらを高精度で推定することは一般に困難である．なぜなら，各時点 t

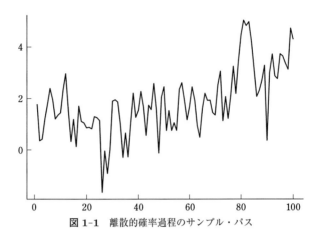
図 1-1　離散的確率過程のサンプル・パス

において得られるデータは 1 個しかないからである．

しかし，非定常な確率過程であっても，何らかの先験的情報によって，確率過程のクラスを狭め，特定化することができるならば，μ_t や σ_t^2 の推定が可能となる．例えば，確率過程が**ランダム・ウォーク**

$$y_t = y_{t-1} + \varepsilon_t, \qquad y_0 = 0 \quad \Longleftrightarrow \quad y_t = \varepsilon_1 + \cdots + \varepsilon_t \qquad (1)$$

に従うものとしよう．ここで，$\{\varepsilon_t\}$ は，平均 0，分散 σ^2 の独立，同一分布に従う誤差項であり，以下，このことを $\{\varepsilon_t\} \sim$ i.i.d.$(0, \sigma^2)$ と略記する．このとき，$\mu_t = 0$，$\sigma_t^2 = t\sigma^2$ となるから，推定すべきパラメータは $V(\varepsilon_t) = \sigma^2$ のみであり，それは，階差系列 $\{y_t - y_{t-1}\}$ の標本分散で推定することができる．

統計的推測にとっては，平均や分散などが時間に依存しない場合を取り扱う方が容易である．以下では，まず，そのような場合を考えよう．

1.2　定常過程

離散的確率過程 $\{y_t\}$ が次の 2 つの性質をもつとする．
(ⅰ) $E(y_t) = \mu$　　　　　　　　（平均が時間に依存せずに一定）
(ⅱ) $\text{Cov}(y_t, y_{t+h}) = \gamma(|h|)$　　　（異時点間の共分散が時間差のみに依存）
このとき，$\{y_t\}$ は**定常過程**であるという．分散は $V(y_t) = \gamma(0)$ となり，時間

に依存せずに一定となる．なお，定常性には2通りの定義があり，上の場合を**弱定常**，あるいは**広義定常**という．

定常性のもう1つの定義は分布の観点から与えられる．それは，$(y_{t_1},\cdots,y_{t_n})$ の同時分布と，時間 h だけシフトした $(y_{t_1+h},\cdots,y_{t_n+h})$ の同時分布が，すべての自然数 n とすべての整数 h に対して互いに同じになる場合であり，これを**強定常**，あるいは**狭義定常**という．強定常性はモーメントの存在を仮定しない．例えば，平均も分散も存在しない i.i.d. 系列は強定常であるが，弱定常ではない．しかし，統計的推測にとっては，弱定常性の方が扱いやすいので，以下では，弱定常性に限定して話を進める．そして，「弱定常」のことを単に「定常」ということにする．

定常過程の簡単な例としては，$\gamma(h)=0(h\neq 0)$ となるような**ホワイト・ノイズ**がある．ホワイト・ノイズは，分散が一定の無相関過程であり，分散が存在する i.i.d. 系列を含むものである．なお，ホワイト・ノイズの名称の由来については，第2章1節を参照されたい．

上述のように，定常過程では，時点 s と時点 t の共分散 $\mathrm{Cov}(y_s,y_t)$ が，時差 $|s-t|$ のみに依存して，$\gamma(|s-t|)$ と表現することができる．これを，時差 $|s-t|$ の**自己共分散**という．自己共分散は，時間的従属性の強さ，あるいは弱さを表す指標であるが，測定単位に依存するので，扱いにくい．

それに対して，自己共分散を分散で除した量

$$\rho(h)=\frac{\gamma(h)}{\gamma(0)}=\frac{\gamma(h)}{\mathrm{V}(y_t)}=\rho(-h) \tag{2}$$

は無名数であり，これを時差 h の**自己相関**という．また，$\rho(h)$ の全体を**コレログラム**という．$\rho(h)$ は，いかなる h に対しても，絶対値が常に1以下であり，1に近いとき相関の程度が強くなる．

1.3 線形過程

定常過程の一般形として，本書では次の表現

$$y_t=\sum_{j=0}^{\infty}\alpha_j\,\varepsilon_{t-j},\quad \alpha_0=1,\quad \sum_{j=0}^{\infty}\alpha_j^2<\infty \tag{3}$$

を使う．ここで，$\{\varepsilon_t\} \sim$ i.i.d.$(0, \sigma^2)$ である．定数の係数列 $\{\alpha_j\}$ と確率過程 $\{\varepsilon_t\}$ に関するこれらの条件のもとで，$\{y_t\}$ は定常過程となる．実際，

$$\mathrm{E}(y_t) = \sum_{j=0}^{\infty} \alpha_j \, \mathrm{E}(\varepsilon_{t-j}) = 0, \quad \mathrm{Cov}(y_t, y_{t+h}) = \sigma^2 \sum_{j=0}^{\infty} \alpha_j \, \alpha_{j+|h|} \quad (4)$$

となる．なお，(3)のように無限和を含む確率過程の定義や，(4)にあるように，その期待値や自己共分散の計算の正当化などについては，数学的付録の第2節を参照されたい．

式(3)の定常過程を**線形過程**と呼ぶ．**分解定理**(例えば，Brockwell-Davis 1996, Fuller 1996 を参照)によれば，任意の定常過程は，線形過程(ただし，i.i.d. 系列ではなく，ホワイト・ノイズ系列から生成される表現)と，決定論的(完全な予測が可能)な定常過程の和として表現できる．したがって，後者の成分がなければ，線形過程は定常過程の一般的な表現とみなすことができる．

決定論的な定常過程の例としては，

$$x_t = A \cos \lambda t + B \sin \lambda t \tag{5}$$

がある．ここで，A と B は，ともに平均 0，分散 σ^2 で，互いに無相関な確率変数，λ は定数である．定常であることは，$\mathrm{E}(x_t) = 0$ と，

$$\begin{aligned}
\mathrm{Cov}(x_t, x_{t+h}) &= \mathrm{E}\left[(A \cos \lambda t + B \sin \lambda t)(A \cos \lambda(t+h) + B \sin \lambda(t+h))\right] \\
&= \sigma^2 \left[\cos \lambda t \cos \lambda(t+h) + \sin \lambda t \sin \lambda(t+h)\right] \\
&= \sigma^2 \cos(\lambda t - \lambda(t+h)) = \sigma^2 \cos \lambda h
\end{aligned}$$

からわかる．しかし，確率変数 A と B は一度実現したら同一の値を取るから，x_t の将来の値は完全に予測可能であり，統計的推測の観点からは，A と B は未知パラメータとみなすことができる．したがって，決定論的な定常過程は，トレンドなどと同様に取り扱うことが可能である．このような理由から，定常過程を議論する際は，決定論的な部分は除外して考えるのが普通である．

1.4 短期記憶性と長期記憶性

自己共分散,あるいはその規準化である自己相関は,時系列の時間的従属性の強さを測る特性値である.しかし,これらは各々の時差に対して個別に定義されるものであり,全体を見るには,少々不便である.そこで,定常過程 $\{y_t\}$ の従属性の程度を測るために,すべての時差の自己共分散の絶対総和

$$S = \sum_{h=-\infty}^{\infty} |\text{Cov}(y_t, y_{t+h})| = \sum_{h=-\infty}^{\infty} |\gamma(h)| \qquad (6)$$

を考える.このとき,S が有限確定ならば**短期記憶的**,発散するならば**長期記憶的**であるという.

前節で定義した線形過程

$$y_t = \sum_{j=0}^{\infty} \alpha_j \, \varepsilon_{t-j}, \quad \alpha_0 = 1, \quad \sum_{j=0}^{\infty} \alpha_j^2 < \infty$$

は,係数列 $\{\alpha_j\}$ の挙動に依存して,短期記憶的か長期記憶的のいずれかとなる.以下,それぞれの場合の簡単な例を考えてみよう.

(i) 短期記憶的な例

$\alpha_j = \lambda^j (|\lambda| < 1)$ とすれば,

$$\gamma(h) = \sigma^2 \sum_{j=0}^{\infty} \lambda^j \lambda^{j+|h|} = \frac{\sigma^2 \lambda^{|h|}}{1-\lambda^2}$$

であるから,

$$S = \frac{\sigma^2}{1-\lambda^2} \sum_{h=-\infty}^{\infty} |\lambda|^{|h|} = \frac{\sigma^2}{(1-|\lambda|)^2}$$

となり,短期記憶系列となる.実は,この場合の確率過程は,次節で説明する AR(1) モデル

$$y_t = \lambda \, y_{t-1} + \varepsilon_t, \qquad |\lambda| < 1$$

を線形過程として表現したものである.

この他に,例えば,$\alpha_j = 1/(j+1)$ のような線形過程も短期記憶的である.

(ii) 長期記憶的な例

ガンマ関数

$$\Gamma(p) = \int_0^\infty e^{-x} x^{p-1} dx \qquad (p > 0)$$

を定義して，$\alpha_j = \Gamma(j+d)/(\Gamma(d)\,\Gamma(j+1))$ の場合を考えよう．ここで，d は $0 < d < 1/2$ となる実数である．このとき，第2章5節で説明する結果から，

$$\gamma(0) = \sigma^2 \frac{\Gamma(1-2d)}{\Gamma^2(1-d)}, \qquad \gamma(h) = \sigma^2 \frac{\Gamma(1-2d)\Gamma(h+d)}{\Gamma(d)\Gamma(1-d)\Gamma(h-d+1)} \quad (h > 0) \tag{7}$$

が得られる．$\gamma(h)$ は，常に正である．そして，h が大きいとき，Stirling の公式

$$\Gamma(p) \approx \sqrt{2\pi}\, p^{p-1/2}\, e^{-p} \qquad (p \to \infty)$$

を使うことにより，$\gamma(h) = O(h^{2d-1})$ となることがわかる．仮定から，$-1 < 2d-1 < 0$ であるので，$\gamma(h)$ は絶対総和不可能となり，この場合の確率過程は長期記憶的である．

なお，この場合の線形過程は，本章6節で説明する ARFIMA$(0, d, 0)$ モデル

$$(1-L)^d y_t = \varepsilon_t \tag{8}$$

から得られるものである．ここで，L は，**ラグ・オペレータ**と呼ばれ，$L y_t = y_{t-1}$ や $L^m y_t = y_{t-m}$ のように，時点を前に戻す働きをする演算子である．実は，図 1-1 の時系列は，このモデルにおいて $d = 0.45$ とした場合のサンプル・パスである．

全体としての従属性を視覚的にとらえるには，コレログラムをプロットすればよい．図 1-2 と図 1-3 にコレログラムの例を示しておいた．これらは，ともに (3) の線形過程のコレログラムである．図 1-2 は，上記 (i) $\alpha_j = \lambda^j$ において，$\lambda = 0.6$ の短期記憶の場合，図 1-3 は，(ii) $\alpha_j = \Gamma(j+d)/(\Gamma(d)\,\Gamma(j+1))$ において，$d = 0.45$ の長期記憶の場合である．

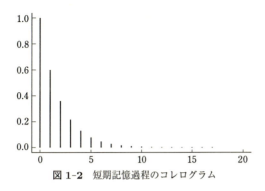

図 1-2 短期記憶過程のコレログラム

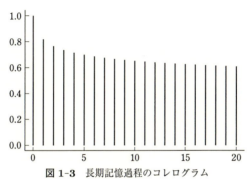

図 1-3 長期記憶過程のコレログラム

1.5 短期記憶時系列モデルの例

以下の説明のため，ラグ・オペレータ L を使って，ラグ多項式

$$\phi(L) = 1 - \phi_1 L - \phi_2 L^2 - \cdots - \phi_p L^p, \quad \theta(L) = 1 - \theta_1 L - \theta_2 L^2 - \cdots - \theta_q L^q$$

を定義しておく．ラグ多項式を導入することの第 1 の利点は，表現の簡略化である．例えば，確率過程 $\{y_t\}$ に対して，過去の値との線形結合を

$$y_t - \phi_1 y_{t-1} - \cdots - \phi_p y_{t-p} = \phi(L) y_t$$

とコンパクトに表すことができる．特に，$y_t = a$(定数)ならば，$\phi(L)a = \phi(1)a$ となる．

ラグ多項式を利用する第2の利点は数学的操作性であり，それは，ラグ・オペレータ L を，あたかも実数のように扱うことができることである．例えば，形式的に，次のような展開を考えることができる．

$$\frac{y_t}{1-\lambda L} = (1-\lambda L)^{-1} y_t = (1 + \lambda L + (\lambda L)^2 + \cdots) y_t$$
$$= y_t + \lambda y_{t-1} + \lambda^2 y_{t-2} + \cdots$$

ここで，特に，$|\lambda| < 1$ のとき，$y_t = a$ (定数) ならば，右辺の無限和は収束して，$a/(1-\lambda L) = a/(1-\lambda)$ となる．さらに，一般のラグ多項式 $\phi(L)$ に対しては，方程式 $\phi(x) = 0$ の根の絶対値がすべて 1 より大きいならば，$a/\phi(L) = a/\phi(1)$ を得る．

以上の準備のもと，短期記憶的な時系列モデルの具体例について説明しよう．

1.5.1 AR(p) モデル

次のモデル

$$y_t = \phi_1 y_{t-1} + \cdots + \phi_p y_{t-p} + \varepsilon_t \iff \phi(L) y_t = \varepsilon_t \tag{9}$$

において，$\{\varepsilon_t\} \sim$ i.i.d.$(0, \sigma^2)$ のとき，$\{y_t\}$ は，次数 p の AR(p) モデルに従うという．AR は，AutoRegressive (自己回帰的) の略である．

AR(p) モデルの定常性を議論するために，まず，AR(1) モデル $y_t = \phi y_{t-1} + \varepsilon_t$ を考えよう．$|\phi| < 1$ ならば，線形過程

$$y_t = (1 - \phi L)^{-1} \varepsilon_t = (1 + \phi L + (\phi L)^2 + \cdots) \varepsilon_t = \sum_{j=0}^{\infty} \phi^j \varepsilon_{t-j} \tag{10}$$

を得る．これが，$y_t = \phi y_{t-1} + \varepsilon_t$ をみたすことは，

$$y_t = \varepsilon_t + \phi(\varepsilon_{t-1} + \phi \varepsilon_{t-2} + \cdots) = \varepsilon_t + \phi y_{t-1}$$

より明らかである．逆に，$|\phi| < 1$ ならば，(9) において $p = 1$ の場合の表現が定常な AR(1) モデルの唯一の解であることは，次のように示すことができる．任意の解を $x_t = \phi x_{t-1} + \varepsilon_t$ とするとき，後退代入を繰り返すことにより，

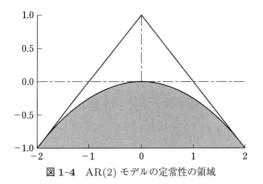

図 1-4 AR(2) モデルの定常性の領域

$$x_t = \phi\, x_{t-1} + \varepsilon_t = \phi\,(\phi\, x_{t-2} + \varepsilon_{t-1}) + \varepsilon_t = \phi^n\, x_{t-n} + \sum_{j=0}^{n-1} \phi^j\, \varepsilon_{t-j}$$

を得る.したがって,$\{x_t\}$ の定常性より,$n \to \infty$ とすることにより,(10)の最右辺が得られる.

以上から,AR(1) モデルは,係数 ϕ の絶対値が 1 より小さいならば定常過程となる.さらに,一般の AR(p) モデルも,定常ならば (3) で定義した線形過程で表現することができる.そして,定常性の条件は次の形で与えられる (例えば,Anderson 1971 参照).

AR(p) モデルの定常性

式 (9) の AR(p) モデルは,**特性方程式**

$$\phi(x) = 1 - \phi_1 x - \phi_2 x^2 - \cdots - \phi_p x^p = 0 \quad (11)$$

の根の絶対値がすべて 1 より大きいならば定常過程となる.

AR(2) モデルの定常性について考えてみよう.定常性の条件は,2 次方程式

$$1 - \phi_1 x - \phi_2 x^2 = 0$$

の 2 根の絶対値がともに 1 より大きくなることであるから,それは,$\phi_2 + \phi_1 < 1$, $\phi_2 - \phi_1 < 1$, $-1 < \phi_2 < 1$ で与えられることがわかる.この条件をみたす領域は,図 1-4 にあるように,$(0, 1)$, $(-2, -1)$, $(2, -1)$ を頂点とする二等

辺三角形の内部である．この中で，影を施した部分は，$\phi_2 < -\phi_1^2/4$ であり，特性方程式が複素根をもつ領域である．この領域にある (ϕ_1, ϕ_2) を係数とする AR(2) モデルは，周期性をもつ時系列を生み出す．

定常な AR(p) モデルの係数 $\phi_1, \cdots, \phi_p$ と誤差項の分散 σ^2 が与えられた場合，モデルの平均，自己相関，分散は，次のようにすれば簡単に求めることができる．

(a) 平均の求め方

式 (9) の両辺の期待値を取ることにより，

$$\mu = \mathrm{E}(y_t) = \mathrm{E}(\phi_1 y_{t-1} + \cdots + \phi_p y_{t-p} + \varepsilon_t) = \mu(\phi_1 + \cdots + \phi_p)$$

であるから，$\mu(1 - \phi_1 - \cdots - \phi_p) = \mu\phi(1) = 0$ となり，$\phi(1) \neq 0$ であるから，$\mu = 0$ を得る．なお，定数項 m を含む AR(p) モデル

$$x_t = m + \phi_1 x_{t-1} + \cdots + \phi_p x_{t-p} + \varepsilon_t$$

の場合は，同様の計算から，$\mathrm{E}(x_t) = \mu_x = m/\phi(1)$ となる．このことから，$\{x_t\}$ が定数項 m をもつ定常な AR(p) モデルに従う場合には，$y_t = x_t - \mu_x$ とおけば，定数項を 0 とした (9) の表現が得られる．

(b) 自己相関の求め方

式 (9) の両辺に y_{t-j} $(j > 0)$ をかけて期待値を取ると，

$$\gamma(j) = \phi_1 \gamma(j-1) + \phi_2 \gamma(j-2) + \cdots + \phi_p \gamma(j-p) \qquad (12)$$

となる．したがって，両辺を $\gamma(0)$ で割ることにより，p 階の差分方程式

$$\rho(j) = \phi_1 \rho(j-1) + \phi_2 \rho(j-2) + \cdots + \phi_p \rho(j-p) \qquad (j > 0) \quad (13)$$

を得る．$p = 1$ ならば，この解は明らかに

$$\rho(j) = \phi_1 \rho(j-1) = \phi_1^j \qquad (j > 0)$$

となる．$p \geq 2$ の場合には，特性方程式 $\phi(x) = 0$ の根を $\lambda_1, \cdots, \lambda_p$ として，根がすべて異なる場合と重根をもつ場合とに分けて考える．

(i) 特性方程式 (11) の根がすべて異なるとき

$c_1, \cdots, c_p$ を定数として,一般解は,

$$\rho(j) = c_1/\lambda_1^j + c_2/\lambda_2^j + \cdots + c_p/\lambda_p^j \qquad (j \geq 0) \qquad (14)$$

で与えられる.$c_1, \cdots, c_p$ を求めるには,まず,$\rho(1), \cdots, \rho(p-1)$ を求める必要がある.そのためには,(13)で $j = 1, \cdots, p-1$ として,$\rho(1), \cdots, \rho(p-1)$ に関する次の連立方程式を解けばよい.

$$\rho(1) = \phi_1 + \phi_2 \rho(1) + \cdots + \phi_p \rho(p-1)$$
$$\rho(2) = \phi_1 \rho(1) + \phi_2 + \cdots + \phi_p \rho(p-2)$$
$$\cdot \qquad \cdot \qquad \cdot \qquad \cdot \qquad \cdot \qquad \cdot \qquad (15)$$
$$\rho(p-1) = \phi_1 \rho(p-2) + \phi_2 \rho(p-3) + \cdots + \phi_p \rho(1)$$

その上で,$c_1, \cdots, c_p$ を未知数とする次の連立方程式を解けばよい.

$$1 = c_1 + c_2 + \cdots + c_p$$
$$\rho(1) = c_1/\lambda_1 + c_2/\lambda_2 + \cdots + c_p/\lambda_p$$
$$\cdot \qquad \cdot \qquad \cdot \qquad \cdot \qquad \cdot \qquad \cdot \qquad (16)$$
$$\rho(p-1) = c_1/\lambda_1^{p-1} + c_2/\lambda_2^{p-1} + \cdots + c_p/\lambda_p^{p-1}$$

例として,AR(2) モデルの場合を考えよう.特性方程式 $1 - \phi_1 x - \phi_2 x^2 = 0$ の 2 根 λ_1 と λ_2 が異なるとして,これらの逆数 $a_1 = 1/\lambda_1$, $a_2 = 1/\lambda_2$ を定義しよう.まず,(14)から $\rho(j) = c_1 a_1^j + c_2 a_2^j$ を得る.(15)から,$\rho(1) = \phi_1 + \phi_2 \rho(1)$ となるので,$\rho(1) = \phi_1/(1-\phi_2) = (a_1+a_2)/(1+a_1 a_2)$ を得る.そして,(16)において,2 本の方程式 $1 = c_1 + c_2$, $\rho(1) = c_1 a_1 + c_2 a_2$ から,c_1 と c_2 が求まり,結局,AR(2) モデルの自己相関は,

$$\rho(j) = c_1 a_1^j + c_2 a_2^j = \frac{a_1(1-a_2^2)}{(a_1-a_2)(1+a_1 a_2)} a_1^j - \frac{a_2(1-a_1^2)}{(a_1-a_2)(1+a_1 a_2)} a_2^j$$
$$= \frac{(1-a_2^2)a_1^{j+1} - (1-a_1^2)a_2^{j+1}}{(a_1-a_2)(1+a_1 a_2)} \qquad (j \geq 0) \qquad (17)$$

となる.$|a_1| < 1$, $|a_2| < 1$ であるから,自己相関は時差が大きくなるとともに非常に速く 0 に減衰することがわかる.

特性方程式が複素根をもつ場合 ($\phi_1^2 + 4\phi_2 < 0$ の場合)には,必ず共役根とな

り，自己相関は，ある周期をもって減衰する．方程式 $z^2 - \phi_1 z - \phi_2 = 0$ の2つの複素根は $a_1 = re^{i\omega}$, $a_2 = re^{-i\omega}$ と表すことができる．ただし，$r = \sqrt{-\phi_2}(0 < r < 1)$ であり，ω は $\cos\omega = \text{Re}(a_1)/r$, $\sin\omega = \text{Im}(a_1)/r$ をみたす $0 < \omega < \pi$ となる実数である．このとき，(17) は，

$$\rho(j) = \frac{\sin(j+1)\omega - r^2 \sin(j-1)\omega}{(1+r^2)\sin\omega} r^j = \frac{\cos(j\omega + \theta)}{\cos\theta} r^j \quad (j \geq 0) \tag{18}$$

となる．ただし，$\cos\theta = (1+r^2)\sin\omega/\sqrt{(1-r^2)^2 + 4r^2 \sin^2\omega}$ であり，位相 θ は，$\tan\theta = -(1-r^2)\tan\omega/(1+r^2)$ をみたす $-\pi/2 < \theta < \pi/2$ となる実数である．このことから，自己相関は，基本周期 $2\pi/\omega$ を保ちながら減衰することがわかる．

例えば，次の AR(2) モデル

$$y_t = 0.8 y_{t-1} - 0.64 y_{t-2} + \varepsilon_t \tag{19}$$

を考えてみよう．方程式 $z^2 - 0.8z + 0.64 = 0$ の根は，$a_1, a_2 = 2(1 \pm \sqrt{3}i)/5 = 0.8 e^{\pm \pi i/3}$ となるので，$r = 0.8$, $\omega = \pi/3$ を得る．また，$\cos\theta = (1+r^2)\sin\omega/\sqrt{(1-r^2)^2 + 4r^2\sin^2\omega} = 41/(2\sqrt{427}) \fallingdotseq 0.99206$ であり，$\tan\theta = -(1-r^2)\tan\omega/(1+r^2) = 0.1267354$ より，$\theta = -0.1261$ を得る．したがって，(19) の AR(2) モデルの自己相関は，

$$\rho(j) = \frac{(0.8)^j}{0.99206} \times \cos\left(\frac{\pi j}{3} - 0.1261\right) \quad (j \geq 0) \tag{20}$$

となる．このコレログラムを図 1-5 に示してある．基本周期 $2\pi/(\pi/3) = 6$ で減衰する様子を見ることができる．

(ii) 特性方程式 (11) が重根をもつとき

p 個の根 (実根あるいは複素根) のうち，異なる根を $\xi_1, \cdots, \xi_k$ として，重複度をそれぞれ $m_1, \cdots, m_k$ とする $(m_1 + \cdots + m_k = p)$．このとき，(11) の一般解は，

$$\begin{aligned}\rho(j) = &c_{11}/\xi_1^j + c_{12}j/\xi_1^j + \cdots + c_{1m_1}j^{m_1-1}/\xi_1^j + \cdots \\ &+ c_{k1}/\xi_k^j + c_{k2}j/\xi_k^j + \cdots + c_{km_k}j^{m_k-1}/\xi_k^j \quad (j \geq 0)\end{aligned} \tag{21}$$

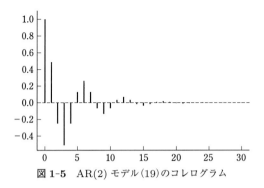
図 1-5 AR(2) モデル (19) のコレログラム

で与えられる．ここで，係数 $c_{11}, c_{12}, \cdots, c_{km_k}$ (全部で p 個) を求めるには，初期条件 $\rho(1), \cdots, \rho(p-1)$ を (15) の連立方程式から求めた後，(16) と同様の連立方程式を解けばよい．

例として，次の AR(2) モデルを考えよう．

$$y_t = y_{t-1} - 0.25 y_{t-2} + \varepsilon_t \tag{22}$$

特性方程式 $\phi(x) = 1 - x + 0.25x^2 = (1 - 0.5x)^2 = 0$ の根は 2 (重根) であるから，(21) を使って，一般解

$$\rho(j) = c_{11}/2^j + c_{12}\, j/2^j$$

を得る．したがって，

$$\rho(0) = 1 = c_{11}, \qquad \rho(1) = c_{11}/2 + c_{12}/2 = (1 + c_{12})/2$$

であり，(15) を使って，$\rho(1) = 0.8$ となるから，$c_{12} = 0.6$ を得る．以上より，(22) の AR(2) モデルの自己相関は，

$$\rho(j) = (1 + 0.6j)/2^j \quad (j \geq 0)$$

となる．

(c) 分散の求め方

分散 $\gamma(0)$ を求めるために，式 (9) の両辺に y_t をかけて期待値を取ると，

$$\gamma(0) = \phi_1 \gamma(1) + \phi_2 \gamma(2) + \cdots + \phi_p \gamma(p) + \sigma^2$$
$$= \gamma_0 \left(\phi_1 \rho(1) + \phi_2 \rho(2) + \cdots + \phi_p \rho(p) \right) + \sigma^2$$

となる.これより,

$$\gamma(0) = \frac{\sigma^2}{1 - \phi_1 \rho(1) - \phi_2 \rho(2) - \cdots - \phi_p \rho(p)} \tag{23}$$

が得られる.なお,自己共分散 $\gamma(j)$ を求めるには,$\gamma(j) = \gamma(0) \rho(j)$ とすればよい.

(d) 係数の求め方

逆に,AR(p) モデルの自己相関が与えられたとき,係数 $\phi_1, \cdots, \phi_p$ を求めるには,次のようにすればよい.(13)において $j = 1, 2, \cdots, p$ の場合を考えると,次の p 本の方程式が得られる.

$$\begin{aligned}
\rho(1) &= \phi_1 + \phi_2 \rho(1) + \cdots + \phi_p \rho(p-1) \\
\rho(2) &= \phi_1 \rho(1) + \phi_2 + \cdots + \phi_p \rho(p-2) \\
&\quad\cdot \quad\quad\cdot \quad\quad\cdot \quad\quad\cdot \quad\quad\cdot \\
\rho(p) &= \phi_1 \rho(p-1) + \phi_2 \rho(p-2) + \cdots + \phi_p
\end{aligned} \tag{24}$$

上の p 本の方程式を行列やベクトルを使って,コンパクトに表現すると

$$\boldsymbol{R}\boldsymbol{\phi} = \boldsymbol{\rho} \quad \Leftrightarrow \quad \begin{pmatrix} 1 & \rho(1) & \cdots & \rho(p-1) \\ \rho(1) & 1 & \cdots & \rho(p-2) \\ \vdots & \vdots & \ddots & \vdots \\ \rho(p-1) & \rho(p-2) & \cdots & 1 \end{pmatrix} \begin{pmatrix} \phi_1 \\ \cdot \\ \cdot \\ \cdot \\ \phi_p \end{pmatrix} = \begin{pmatrix} \rho(1) \\ \cdot \\ \cdot \\ \cdot \\ \rho(p) \end{pmatrix} \tag{25}$$

となる.これを **Yule-Walker 方程式**という.Yule-Walker 方程式は,母集団自己相関を標本自己相関で置き換えることにより,$\phi_1, \cdots, \phi_p$ を推定する手がかりを与えている.

例えば,式(25)において,$p = 2$ の場合を考えると,次の解を得る.

$$\phi_1 = \frac{\rho(1)(1-\rho(2))}{1-\rho^2(1)}, \qquad \phi_2 = \frac{\rho(2)-\rho^2(1)}{1-\rho^2(1)}$$

1.5.2 MA(q) モデル

次のモデル

$$y_t = \varepsilon_t - \theta_1 \varepsilon_{t-1} - \cdots - \theta_q \varepsilon_{t-q} \iff y_t = \theta(L)\varepsilon_t \qquad (26)$$

において，$\{\varepsilon_t\} \sim $ i.i.d.$(0, \sigma^2)$ のとき，$\{y_t\}$ は，次数 q の MA(q) モデルに従うという．MA は，moving average(移動平均)の略である．MA(q) モデルは，AR(p) モデルと異なり，常に定常である．実際，MA(q) モデルは，(3)で定義した線形過程の1つである．なお，(3)で定義した線形過程は，$y_t = \alpha(L)\varepsilon_t$ と無限次のラグ多項式 $\alpha(L)$ を使って表されるので，MA(∞) モデルであるということができる．

式(26)の MA(q) モデルにおいては，明らかに，E(y_t) $= 0$, $\gamma(0) = \sigma^2(1 + \theta_1^2 + \cdots + \theta_q^2)$ である．また，

$$\gamma(j) = \mathrm{E}\left[(\varepsilon_t - \theta_1 \varepsilon_{t-1} - \cdots - \theta_q \varepsilon_{t-q})(\varepsilon_{t-j} - \theta_1 \varepsilon_{t-j-1} - \cdots - \theta_q \varepsilon_{t-j-q})\right]$$
$$= \sigma^2(-\theta_j + \theta_1\theta_{j+1} + \cdots + \theta_{q-j}\theta_q) \qquad (j=1,\cdots,q)$$

となり，$j > q$ のとき，$\gamma(j) = 0$ となる．したがって，

$$\rho(j) = \frac{-\theta_j + \theta_1\theta_{j+1} + \cdots + \theta_{q-j}\theta_q}{1 + \theta_1^2 + \cdots + \theta_q^2} \qquad (j=1,\cdots,q)$$

であり，$j > q$ のとき，$\rho(j) = 0$ である．自己共分散も自己相関も，モデルの次数 q のところで切断が生じる点が，AR モデルの場合との違いである．

MA(q) モデルは，常に定常であるから，定常性の観点からはパラメータに制約をおく必要はない．しかし，別の観点からパラメータ制約が生じる．その1つは，**反転可能性**である．それは，式(26)を ε_t に関して解いて，$y_t, y_{t-1}, \cdots$ の線形結合で表現できるかどうか，すなわち，AR(∞) 表現が可能かどうかという性質であり，そのための条件は，特性方程式 $\theta(x) = 0$ を使って，次のように述べることができる．

> **MA(q) モデルの反転可能性**
>
> 式 (26) の MA(q) モデルは,特性方程式
>
> $$\theta(x) = 1 - \theta_1 x - \theta_2 x^2 - \cdots - \theta_q x^q = 0 \qquad (27)$$
>
> の根の絶対値がすべて 1 より大きいならば反転可能である.

このことから,例えば,MA(1) モデル $y_t = \varepsilon_t - \varepsilon_{t-1}$ は反転不可能となる. MA モデルを使った分析においては,反転可能性を仮定するのが普通であるが,この条件よりも少しゆるやかな**識別可能性**が仮定される場合もある.それは,MA(q) モデルの自己共分散 $\gamma(0), \gamma(1), \cdots, \gamma(q)$ が与えられたとき,係数パラメータ $\theta_1, \cdots, \theta_q$ と,誤差項 ε_t の分散 σ^2 が一意に決められるための条件である.

例えば,次の 2 つの MA(1) モデル $(a), (b)$ を考えてみよう.

$$(a)\ x_t = \varepsilon_t - \theta \varepsilon_{t-1}, \quad \{\varepsilon_t\} \sim \text{i.i.d.}(0, \sigma^2)$$

$$(b)\ y_t = \xi_t - \frac{1}{\theta} \xi_{t-1}, \quad \{\xi_t\} \sim \text{i.i.d.}(0, \theta^2 \sigma^2)$$

これら 2 つのモデルは,明らかに,同一の $\gamma(0) = \sigma^2(1+\theta^2)$ と $\gamma(1) = -\theta \sigma^2$ をもち,識別不可能である.しかし,一般に,次の制約を置けば,このような事態は起こらない.

> **MA(q) モデルの識別可能性**
>
> 式 (26) の MA(q) モデルは,特性方程式
>
> $$\theta(x) = 1 - \theta_1 x - \theta_2 x^2 - \cdots - \theta_q x^q = 0$$
>
> の根の絶対値がすべて 1 以上ならば識別可能である.

識別可能性は,反転不可能性よりも弱い条件なので,後者が仮定されれば自動的に成り立つ.しかし,反転不可能性を仮定することが不適切な場合もある.例えば,1 回の階差を取ったら定常な線形過程となるような系列 $\{y_t\}$ は,

1回の階差が $(1-L)y_t = \alpha(L)\varepsilon_t$ のように線形過程で表現されるが,もう1度階差を取った系列は $(1-L)^2 y_t = (1-L)\alpha(L)\varepsilon_t$ となり,反転不可能となる.すなわち,**過剰階差**の場合は,反転不可能な MA モデルを排除することはできない.

以上の理由から,実際の分析においては,識別可能性は前提とするが,反転不可能性については必ずしも仮定しない.その場合,反転不可能な状況は,特性方程式 $\theta(x)=0$ の根の絶対値が1の場合に生じる.このような根は **MA 単位根**と呼ばれ,MA モデルが単位根をもつかどうかを調べる検定を,**MA 単位根検定**という.階差系列が MA 単位根をもつということは,モデルが反転不可能な状況であり,過剰階差が起きていることを意味し,階差を取る前の系列がすでに定常である.他方,階差変換後の時系列が MA 単位根をもたない場合は,階差は適切であり,反転可能な定常系列になっていることを意味する.この観点から,MA 単位根検定は,時系列の定常性の検定に使うことができる.この点については,第9章で再度説明する.

なお,定常性の検定の観点からは,**AR 単位根検定**を行うのが普通である.それは AR モデルの特性方程式の根の絶対値が1かどうかの検定であり,この点については,第8章で説明する.

1.5.3 ARMA(p,q) モデル

次のモデル

$$y_t = \phi_1 y_{t-1} + \cdots + \phi_p y_{t-p} + \varepsilon_t - \theta_1 \varepsilon_{t-1} - \cdots - \theta_q \varepsilon_{t-q}$$
$$\iff \phi(L)y_t = \theta(L)\varepsilon_t \tag{28}$$

において,特性方程式 $\phi(x) = 1 - \phi_1 x - \cdots - \phi_p x^p = 0$ と $\theta(x) = 1 - \theta_1 x - \cdots - \theta_q x^q = 0$ は互いに共通根をもたないとする.また,$\{\varepsilon_t\} \sim$ i.i.d.$(0,\sigma^2)$ とする.このとき,$\{y_t\}$ は ARMA(p,q) モデルに従うという.

ARMA(p,q) モデルの定常性,反転可能性,識別可能性は,AR(p) モデルや MA(q) モデルの場合と同様に,次のように与えられる.

> **ARMA(p,q) モデルの定常性**：$\phi(x) = 0$ の根がすべて $|x| > 1$
> **ARMA(p,q) モデルの反転可能性**：$\theta(x) = 0$ の根がすべて $|x| > 1$
> **ARMA(p,q) モデルの識別可能性**：$\theta(x) = 0$ の根がすべて $|x| \geq 1$

定常な ARMA モデルの自己共分散や自己相関の計算は，少々やっかいである．まず，(28) の両辺に $y_{t-h}(h > q)$ をかけて，両辺の期待値を取ると，$\mathrm{E}(\varepsilon_{t-j} y_{t-h}) = 0 (j < h)$ であることから，

$$\gamma(h) = \phi_1 \gamma(h-1) + \cdots + \phi_p \gamma(h-p) \qquad (h > q) \tag{29}$$

を得る．これは，AR(p) の自己共分散と同様の表現である．

他方，$\gamma(1), \cdots, \gamma(q)$ を求めるために，(28) の両辺に $y_{t-h}(h = 1, \cdots, q)$ をかけて，両辺の期待値を取る．その際，MA(∞) 表現

$$y_t = \phi^{-1}(L) \theta(L) \varepsilon_t = \sum_{j=0}^{\infty} \alpha_j \varepsilon_{t-j} \qquad (\alpha_0 = 1) \tag{30}$$

を使うと，

$$\begin{aligned}
\gamma(h) &= \phi_1 \gamma(h-1) + \cdots + \phi_p \gamma(h-p) \\
&\quad + \mathrm{E}\left((\varepsilon_t - \theta_1 \varepsilon_{t-1} - \cdots - \theta_q \varepsilon_{t-q}) \sum_{j=0}^{\infty} \alpha_j \varepsilon_{t-h-j} \right) \\
&= \phi_1 \gamma(h-1) + \cdots + \phi_p \gamma(h-p) + \sigma^2 \left(-\theta_h - \theta_{h+1} \alpha_1 - \cdots - \theta_q \alpha_{q-h} \right)
\end{aligned} \tag{31}$$

を得る．また，$\gamma(0)$ を求めるには，(28) の両辺に y_t をかけて，両辺の期待値を取ると，

$$\gamma(0) = \phi_1 \gamma(1) + \cdots + \phi_p \gamma(p) + \sigma^2 \left(1 - \theta_1 \alpha_1 - \cdots - \theta_q \alpha_q \right) \tag{32}$$

を得る．

例として，次の ARMA$(2,1)$ モデルを考えよう．

$$y_t = 0.8 y_{t-1} - 0.64 y_{t-2} + \varepsilon_t - 0.5 \varepsilon_{t-1} = \frac{1 - 0.5L}{1 - 0.8L + 0.64L^2} \varepsilon_t \tag{33}$$

式 (30) の MA(∞) 表現の係数は，$(1 - 0.8L + 0.64L^2)(1 + \alpha_1 L + \alpha_2 L^2 + \cdots) =$

$1 - 0.5L$ の関係から，$\alpha_1 = 0.3$, $\alpha_2 = -0.4$, 一般に $\alpha_j = 0.8\alpha_{j-1} - 0.64\alpha_{j-2}$ となる．したがって，(31) と (32) から，

$$\gamma(1) = \phi_1\gamma(0) + \phi_2\gamma(1) + \sigma^2(-\theta_1) = 0.8\gamma(0) - 0.64\gamma(1) - 0.5\sigma^2$$
$$\gamma(0) = \phi_1\gamma(1) + \phi_2\gamma(2) + \sigma^2(1 - \theta_1\alpha_1) = 0.8\gamma(1) - 0.64\gamma(2) + 0.85\sigma^2$$

を得る．この方程式の $\gamma(2)$ に，(29) の $\gamma(2) = 0.8\gamma(1) - 0.64\gamma(0)$ を代入すれば，$\gamma(0) = 1.603\sigma^2$, $\gamma(1) = 0.477\sigma^2$ を得る．

1.6 長期記憶時系列モデルの例

この節では，式 (8) で定義した ARFIMA$(0, d, 0)$ モデルを拡張した次のモデルを取り上げる．

$$(1 - L)^d y_t = u_t = \frac{\theta(L)}{\phi(L)}\varepsilon_t, \quad \{\varepsilon_t\} \sim \text{i.i.d.}(0, \sigma^2) \qquad (34)$$

ここで，$u_t = \phi^{-1}(L)\theta(L)\varepsilon_t$ は ARMA(p, q) に従うものとする．また，d は実数であり，$\{y_t\}$ は，$d < 1/2$ のとき，定常過程となることが知られている (Hosking 1981). $\{y_t\}$ に対するこのモデルを ARFIMA(p, d, q) モデルと呼ぶ．ARFIMA は，AutoRegressive Fractionally Integrated Moving Average の略である．

定常な ARFIMA(p, d, q) の線形過程表現は，次のように得られる．まず，次の二項展開を考える．

$$(1 - L)^{-d} = \sum_{j=0}^{\infty} \binom{-d}{j}(-L)^j = \sum_{j=0}^{\infty} \frac{(-d)(-d-1)\cdots(-d-j+1)}{j!}(-1)^j L^j$$
$$= \sum_{j=0}^{\infty} \frac{(d+j-1)(d+j-2)\cdots(d+1)d}{j!} L^j$$
$$= \frac{1}{\Gamma(d)} \sum_{j=0}^{\infty} \frac{\Gamma(j+d)}{\Gamma(j+1)} L^j$$

したがって，

$$y_t = (1 - L)^{-d} u_t = \frac{1}{\Gamma(d)} \sum_{j=0}^{\infty} \frac{\Gamma(j+d)}{\Gamma(j+1)} u_{t-j} \qquad (35)$$

が得られる.さらに,u_t を MA(∞) 表現することにより,$y_t = (1-L)^{-d}\phi^{-1}(L)\theta(L)\varepsilon_t$ の線形過程表現が得られることになる.

他方,次の展開

$$u_t = (1-L)^d y_t = \frac{1}{\Gamma(-d)} \sum_{j=0}^{\infty} \frac{\Gamma(j-d)}{\Gamma(j+1)} y_{t-j}$$

は,$d > -1/2$ のときに有効であり,これが反転可能性の条件となる (Hosking 1981).

定常な ARFIMA(p,d,q) モデルの自己共分散は,ARFIMA($0,d,0$) の場合は,式(7)に与えられた表現となるが,一般には明示的な表現は不可能である.しかし,$0 < d < 1/2$ ならば,ARFIMA(p,d,q) モデルは,定常かつ長期記憶的となることが知られている.

1.7 偏自己相関

相関の概念を拡張して偏相関が考えられるのと同様に,時系列に対しても,自己相関に基づいて**偏自己相関**を考えることができる.時系列 $\{y_t\}$ の時差 h の偏自己相関とは,時点 $t-h$ と時点 t の間に存在する $h-1$ 個の観測値 $y_{t-h+1}, \cdots, y_{t-1}$ からの影響を除去したあとの y_{t-h} と y_t の相関である.

観測値 y_t から $\boldsymbol{y}(h) = (y_{t-h+1}, \cdots, y_{t-1})'$ の影響を除去するということは,y_t を $\boldsymbol{y}(h)$ に回帰して残差 $v_t = y_t - \boldsymbol{\beta}'\boldsymbol{y}(h)$ を求めることである.ここで,

$$\boldsymbol{\beta} = \Sigma^{-1}\boldsymbol{\gamma}^h, \quad \Sigma = \mathrm{V}(\boldsymbol{y}(h)), \quad \boldsymbol{\gamma}^h = (\gamma(h-1), \gamma(h-2), \cdots, \gamma(1))'$$

である.同様に,y_{t-h} から $\boldsymbol{y}(h)$ の影響を除去するということは,y_{t-h} を $\boldsymbol{y}(h)$ に回帰して残差 $w_t = y_{t-h} - \boldsymbol{\delta}'\boldsymbol{y}(h)$ を求めることである.ここで,

$$\boldsymbol{\delta} = \Sigma^{-1}\boldsymbol{\gamma}_h, \quad \Sigma = \mathrm{V}(\boldsymbol{y}(h)), \quad \boldsymbol{\gamma}_h = (\gamma(1), \gamma(2), \cdots, \gamma(h-1))'$$

である.このとき,時差 h の偏自己相関 $\lambda(h)$ とは,2つの残差 v_t と w_t の相関であり,

$$\lambda(h) = \frac{\mathrm{Cov}(v_t, w_t)}{\sqrt{\mathrm{V}(v_t)\,\mathrm{V}(w_t)}} = \frac{\mathrm{Cov}\left(y_t - (\boldsymbol{\gamma}^h)' \Sigma^{-1}\boldsymbol{y}(h),\ y_{t-h} - \boldsymbol{\gamma_h}' \Sigma^{-1}\boldsymbol{y}(h)\right)}{\mathrm{V}\left(y_{t-h} - \boldsymbol{\gamma_h}' \Sigma^{-1}\boldsymbol{y}(h)\right)}$$

$$= \frac{\gamma(h) - \boldsymbol{\gamma_h}'\Sigma^{-1}\boldsymbol{\gamma}^h}{\gamma(0) - \boldsymbol{\gamma_h}'\Sigma^{-1}\boldsymbol{\gamma_h}} = \frac{\rho(h) - \boldsymbol{\rho_h}'\Phi^{-1}\boldsymbol{\rho}^h}{1 - \boldsymbol{\rho_h}'\Phi^{-1}\boldsymbol{\rho_h}} \qquad (h>1) \qquad (36)$$

で与えられる．ここで，$\rho(h) = \gamma(h)/\gamma(0)$, $\boldsymbol{\rho_h} = \boldsymbol{\gamma_h}/\gamma(0)$, $\boldsymbol{\rho}^h = \boldsymbol{\gamma}^h/\gamma(0)$, $\Phi = \Sigma/\gamma(0)$ である．また，$\lambda(1) = \rho(1)$ であり，このことから，$\lambda(2) = (\rho(2) - \rho^2(1))/(1 - \rho^2(1))$ が得られる．しかし，偏自己相関の実際の計算は，(36)から直接行うのではなく，低い時差の偏自己相関から逐次的に計算する方法が考案されており，**Durbin-Levinson アルゴリズム**として知られている (Brockwell-Davis 1996)．

上記の偏自己相関の定義は統計学的観点から与えたが，数学的には，定常過程 $\{y_t\}$ のラグ h の偏自己相関 $\lambda(h)$ とは，次の方程式における解 ϕ_{hh} に一致することがわかる．

$$\begin{pmatrix} 1 & \rho(1) & \cdots & \rho(h-1) \\ \rho(1) & 1 & \cdots & \rho(h-2) \\ \vdots & \vdots & \ddots & \vdots \\ \rho(h-1) & \rho(h-2) & \cdots & 1 \end{pmatrix} \begin{pmatrix} \phi_{h1} \\ \phi_{h2} \\ \cdot \\ \cdot \\ \phi_{hh} \end{pmatrix} = \begin{pmatrix} \rho(1) \\ \rho(2) \\ \cdot \\ \cdot \\ \rho(h) \end{pmatrix} \qquad (37)$$

AR(p) モデル $y_t = \phi_1 y_{t-1} + \cdots + \phi_p y_{t-p} + \varepsilon_t$ においては，$\phi_j = 0 (j>p)$ である．したがって，式(37)と(25)の Yule-Walker 方程式を比較することにより，AR(p) モデルの偏自己相関 $\lambda(h)$ は，$h>p$ ならば 0 となることがわかる．また，$\lambda(p) = \phi_p$ となることも了解されよう．このように，AR(p) モデルの偏自己相関は，ラグ p において切断を生じる．

他方，MA(1) モデル $y_t = \varepsilon_t - \theta_1 \varepsilon_{t-1}$ の偏自己相関は，

$$\lambda(1) = \rho(1) = \frac{-\theta_1}{1+\theta_1^2}, \qquad \lambda(2) = \frac{\rho(2) - \rho^2(1)}{1 - \rho^2(1)} = \frac{-\theta_1^2}{1+\theta_1^2+\theta_1^4}$$

であることから，一般に，

$$\lambda(h) = \frac{-\theta_1^h}{1+\theta_1^2+\cdots+\theta_1^{2h}} \qquad (h>0)$$

となることが示される．

以上のことから，AR(p) モデルの自己相関は切断することなく 0 に減衰するが，偏自己相関はラグ p のところで切断が生じる．他方，MA(q) モデルの自己相関はラグ q のところで切断が生じるが，偏自己相関は切断しないことがわかる．なお，ARMA モデルにおいては，自己相関も偏自己相関も切断は生じない．

1.8 逆自己相関と逆偏自己相関

定常，反転可能な ARMA モデルに対しては，自己相関，偏自己相関のほかに，ここで説明する 2 つの相関概念も定義される．そのために，定常過程 $\{y_t\}$ の時差 h の自己共分散を $\gamma(h)$ として，次の関数を導入しよう．

$$g(z) = \sum_{h=-\infty}^{\infty} \gamma(h) z^h \tag{38}$$

関数 $g(z)$ は，**自己共分散母関数**と呼ばれる．これに対して，

$$gi(z) = \frac{1}{g(z)} = \sum_{h=-\infty}^{\infty} \gamma i(h) z^h \tag{39}$$

を**逆自己共分散母関数**と呼ぶ．ここで，z^h の係数 $\gamma i(h)$ は，時差 h の**逆自己共分散**と呼ばれる．このとき，時差 h の**逆自己相関** $\rho i(h)$ は，$\rho i(h) = \gamma i(h)/\gamma i(0)$ で定義される．

上で与えた逆自己相関の定義は複雑であるが，ARMA モデルにおいては，きわめて明快な性質をもっている．それは，ARMA(p,q) モデルの逆自己相関は ARMA(q,p) モデルの自己相関になるということである．

例えば，AR(1) 過程 $y_t = \phi y_{t-1} + \varepsilon_t$ の場合，

$$g(z) = \frac{\sigma^2}{1-\phi^2} \sum_{h=-\infty}^{\infty} \phi^{|h|} z^h = \frac{\sigma^2}{(1-\phi z)(1-\phi z^{-1})}$$

となるので，

$$gi(z) = \frac{1}{\sigma^2} (1-\phi z)(1-\phi z^{-1})$$

を得る．したがって，

$$\gamma i(0) = \frac{1+\phi^2}{\sigma^2}, \quad \gamma i(1) = \gamma i(-1) = -\frac{\phi}{\sigma^2}, \quad \gamma i(h) = 0 \quad (|h| > 1)$$

となる．以上から，

$$\rho i(1) = \rho i(-1) = -\frac{\phi}{1+\phi^2}, \quad \rho i(h) = 0 \quad (|h| > 1)$$

となるので，結局，AR(1) の場合の逆自己相関は，MA(1) の自己相関と一致する．

このことが一般の ARMA モデルに対しても成り立つことは，第2章3節で説明するスペクトラムの議論から明らかとなる．以上から，ARMA モデルの逆自己相関は次のように定義することができる．

● **逆自己相関**　定常，反転可能な ARMA(p,q) モデル $\phi(L)y_t = \theta(L)\varepsilon_t$ に従う時系列 $\{y_t\}$ の時差 h の逆自己相関とは，ARMA(q,p) モデル $\theta(L)x_t = \phi(L)\varepsilon_t$ に従う時系列 $\{x_t\}$ の時差 h の自己相関のことである．

このことから，例えば，AR(p) モデルにおいては，自己相関は減衰するが，逆自己相関は，ラグ p で切断を生じることになる．逆自己相関に対しても，次のように，偏相関の概念を考えることができる．

● **逆偏自己相関**　定常，反転可能な ARMA(p,q) モデルにおける時差 h の逆偏自己相関とは，ARMA(q,p) モデルにおける時差 h の偏自己相関のことである．

このことから，例えば，MA(q) モデルにおいては，偏自己相関は減衰するが，逆偏自己相関は，ラグ q で切断を生じる．

今まで説明してきた4つの相関(自己相関，偏自己相関，逆自己相関，逆偏自己相関)は，母集団の未知パラメータであり，実際には，現実のデータから推定する必要がある．そのような推定量は，ARMA モデルの次数を決める際の重要な手がかりを与える．なお，これら4つの相関の推定量の性質については，第3章で説明する．また，実際の時系列モデルの推定については，第4章で説明する．

第2章
定常過程のスペクトル理論

この章では,確率過程や時系列モデルを周波数領域から眺め,第1章で説明した時間領域における分析と比較しつつ,その相違や特徴について述べる.時間領域においては自己共分散や自己相関が時間的な従属性に関する情報を与えるが,周波数領域ではスペクトル密度関数が周波数成分に関する重要な情報を提供する.

2.1 短期記憶過程のスペクトラム

まず,定常過程 $\{y_t\}$ が短期記憶的な場合について考える.すなわち,自己共分散 $\gamma(h)$ が,

$$S = \sum_{h=-\infty}^{\infty} |\gamma(h)| < \infty \tag{1}$$

をみたすものとする.このとき,自己共分散を係数とするフーリエ(Fourier)級数

$$f(\omega) = \frac{1}{2\pi} \sum_{h=-\infty}^{\infty} \gamma(h) e^{-ih\omega} \qquad (-\pi \leq \omega \leq \pi) \tag{2}$$

が定義されて,右辺の和は一様に絶対収束,そして極限の $f(\omega)$ は連続となる.$f(\omega)$ を $\{y_t\}$ の**スペクトル密度関数**,あるいは**スペクトラム**という.

スペクトラムは,原点対称,周期 2π の関数である.このことから,$f(\omega)$ の挙動は $[0, \pi]$ で考えれば十分である.このとき,ω は周波数の意味合いをもち,$2\pi/\omega$ は周期となる.周期は,周波数が π のときに最小値 2 を取り,周波数 0 で無限大となる.

なお,スペクトラムは,周波数 ω の代わりに,サイクル数 $\lambda = \omega/(2\pi)$ で定義されることがある.その場合のスペクトラムは,

$$g(\lambda) = 2\pi f(2\pi\lambda) = \sum_{h=-\infty}^{\infty} \gamma(h) e^{-2\pi i h \lambda} \quad (-1/2 \le \lambda \le 1/2) \quad (3)$$

で与えられ，周期は $1/\lambda$ となる．

スペクトラムは非負である．このことは，(2) の定義からは自明でないが，

$$f_T(\omega) = \frac{1}{2\pi T} E\left(\left|\sum_{t=1}^{T} y_t e^{-it\omega}\right|^2\right) = \frac{1}{2\pi T} \sum_{h=-(T-1)}^{T-1} (T-|h|)\gamma(h)e^{-ih\omega}$$

において，$f_T(\omega)$ は非負で，$T \to \infty$ のとき，$f(\omega)$ に収束することによる．

逆に，スペクトラムが与えられたときに，(2) の両辺に $e^{ih\omega}$ をかけて，$[-\pi, \pi]$ の範囲で ω に関して定積分することにより，自己共分散をスペクトラムの Fourier 変換

$$\gamma(h) = \mathrm{Cov}(y_t, y_{t+h}) = \int_{-\pi}^{\pi} e^{ih\omega} f(\omega)\, d\omega = \int_{-1/2}^{1/2} e^{2\pi i h \lambda} g(\lambda)\, d\lambda \quad (4)$$

から求めることができる．この意味で，自己共分散とスペクトラムの関係は，確率密度関数と特性関数の関係と同様に，1 対 1 に対応する．特に，

$$\gamma(0) = \mathrm{V}(y_t) = \int_{-\pi}^{\pi} f(\omega)\, d\omega = \int_{-1/2}^{1/2} g(\lambda)\, d\lambda \quad (5)$$

が成り立つから，$f(\omega)$ の値が大きければ大きいほど，時系列に含まれる周波数 ω，あるいはサイクル数 λ に対応する成分の変動の程度が強いことを意味する．

実際にスペクトラムを求めるためには，(2) の定義式に従って計算するのは一般に面倒である．簡単な計算方法は後述するとして，ここでは式 (2) からでも計算が容易であるような例を考えてみよう．

(**例 2.1**) 分散一定の無相関過程，すなわち，$\gamma(0) = \sigma^2$, $\gamma(h) = 0 (h \ne 0)$ の場合，スペクトラムは，$f(\omega) = \sigma^2/(2\pi)$ と定数になる．このことは，各周波数が同一の変動をもたらすことを意味し，それは，白色光の波長としての性質と同じことから，無相関過程は**ホワイト・ノイズ**とも呼ばれる．

(**例 2.2**) AR(1) 過程 $y_t = \phi y_{t-1} + \varepsilon_t$, $\{\varepsilon_t\} \sim$ i.i.d.$(0, \sigma^2)$ の場合には，$\gamma(h) = \sigma^2 \phi^{|h|}/(1-\phi^2)$ であるから，

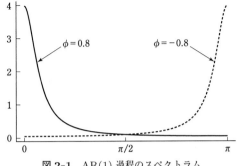

図 2-1 AR(1) 過程のスペクトラム

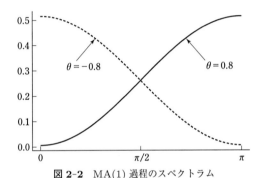

図 2-2 MA(1) 過程のスペクトラム

$$\begin{aligned}
f(\omega) &= \frac{\sigma^2}{2\pi(1-\phi^2)}\left(1 + \sum_{h=1}^{\infty} \phi^h \left(e^{-ih\omega} + e^{ih\omega}\right)\right) \\
&= \frac{\sigma^2}{2\pi(1-\phi^2)}\left(1 + \frac{\phi e^{-i\omega}}{1-\phi e^{-i\omega}} + \frac{\phi e^{i\omega}}{1-\phi e^{i\omega}}\right) \\
&= \frac{\sigma^2}{2\pi}\frac{1}{|1-\phi e^{i\omega}|^2} = \frac{\sigma^2}{2\pi}\frac{1}{|\phi(e^{i\omega})|^2}
\end{aligned}$$

となる．ただし，$\phi(x) = 1 - \phi x$ である．図 2-1 には，$\sigma^2 = 1$ の場合の 2 つの AR(1) 過程のスペクトラムが描かれている．実線は $\phi = 0.8$，破線は $\phi = -0.8$ の場合のスペクトラムである．前者は低周波(=長周期)成分の影響が強く，逆に，後者は高周波(=短周期)成分の影響が強いことがわかる．両者の周波数成分の相違は，前者の自己相関が正の値のままで減衰する(=長周期が支配的)のに対して，後者の自己相関は正負交互に振動しながら減衰する(=短周期

が支配的)ことによる.

(例 2.3) MA(1) 過程 $y_t = \varepsilon_t - \theta\varepsilon_{t-1}$, $\{\varepsilon_t\} \sim$ i.i.d.$(0, \sigma^2)$ の場合には, $\gamma(0) = (1+\theta^2)\sigma^2$, $\gamma(\pm 1) = -\theta\sigma^2$, $\gamma(h) = 0(|h| \geq 2)$ であるから,

$$f(\omega) = \frac{\sigma^2}{2\pi}\left(1 + \theta^2 - \theta(e^{-i\omega} + e^{i\omega})\right)$$
$$= \frac{\sigma^2}{2\pi}|1 - \theta e^{i\omega}|^2 = \frac{\sigma^2}{2\pi}|\theta(e^{i\omega})|^2$$

となる. ただし, $\theta(x) = 1 - \theta x$ である. 図 2-2 には, $\sigma^2 = 1$ の場合の 2 つの MA(1) 過程のスペクトラムが描かれている. 実線は $\theta = 0.8$, 破線は $\theta = -0.8$ の場合のスペクトラムである. 前者は高周波成分の影響が強く, 逆に, 後者は低周波成分の影響が強い. この違いは, 前者では $\gamma(1)$ が負であるので, 1 時点前の値と符号が変わる傾向があり, 他方, 後者では $\gamma(1)$ が正であるので, 1 時点前の値と同じ符号の値を取る傾向があることによる.

2.2　スペクトル分布関数

長期記憶的な定常過程では, (1)が成り立たない. したがって, 式(2)で定義した Fourier 級数が収束する保証はないので, スペクトラムが存在するとは限らない. しかし, このような場合でも, **スペクトル分布関数**は常に存在する. スペクトル分布関数 $F(\omega)$ とは, $[-\pi, \pi]$ 上で定義され, 単調非減少, 右連続, 原点に関して対称な増分をもつ非負の関数で, $F(-\pi) = 0$, $F(\pi) = \gamma(0)$ となるものである.

スペクトラムと自己共分散が 1 対 1 対応するのと同様に, スペクトル分布関数も自己共分散と一意的に対応する. 具体的には, 次の定理が成り立つ.

定理 2.1　定常過程の自己共分散 $\gamma(h)$ は, スペクトル分布関数 $F(\omega)$ を使って, 次のように表すことができる.

$$\gamma(h) = \int_{-\pi}^{\pi} e^{ih\omega}\,dF(\omega) \tag{6}$$

さらに，$F(\omega)$ が微分可能な場合はスペクトラム $f(\omega)$ が存在し，導関数 $F'(\omega)$ がスペクトラム $f(\omega)$ となる．このとき，式(6)の関係は，式(4)で表現される．

上の定理で使われる積分はスティルチェス (Stieltjes) 積分であり，一般には，有界変動関数に関する積分であるが，今の場合は，単調非減少な有界変動関数 $F(\omega)$ に関する積分である．例として，次の決定論的な確率過程を考えてみよう．

$$x_t = A \cos \theta t + B \sin \theta t \quad (7)$$

ここで，A と B は，ともに平均 0，分散 σ^2 で，互いに無相関な確率変数，θ は $0 < \theta < \pi$ となる定数である．このとき，スペクトル分布関数は，$-\theta$ と θ でジャンプをもつ次のような階段関数となる．

$$F(\omega) = \begin{cases} 0 & (\omega < -\theta) \\ \sigma^2/2 & (-\theta \leq \omega < \theta) \\ \sigma^2 & (\omega \geq \theta) \end{cases}$$

この場合，定理 2.1 が成り立つことは，次のように確認できる．

$$\int_{-\pi}^{\pi} e^{ih\omega} \, dF(\omega) = \frac{\sigma^2}{2} \left(e^{-ih\theta} + e^{ih\theta} \right) = \sigma^2 \cos h\theta = \gamma(h)$$

2.3　線形過程のスペクトラム

ここでは，第 1 章の式(3)で定義した線形過程

$$y_t = \sum_{j=0}^{\infty} \alpha_j \, \varepsilon_{t-j}, \quad \alpha_0 = 1, \quad \sum_{j=0}^{\infty} \alpha_j^2 < \infty, \quad \{\varepsilon_t\} \sim \text{i.i.d.}(0, \sigma^2) \quad (8)$$

のスペクトラム $f_y(\omega)$ を導出しよう．まず，$\{\varepsilon_t\}$ のスペクトラムは，明らかに $f_\varepsilon(\omega) = \sigma^2/(2\pi)$ である．このとき，$\{y_t\}$ の自己共分散を $\gamma_y(h)$ とすれば，定理 2.1 を使って，次の関係が得られる．

$$\gamma_y(h) = \mathrm{E}(y_t\, y_{t+h}) = \mathrm{E}\left(\sum_{j=0}^{\infty} \alpha_j\, \varepsilon_{t-j} \sum_{k=0}^{\infty} \alpha_k\, \varepsilon_{t+h-k}\right)$$
$$= \sum_{j=0}^{\infty} \sum_{k=0}^{\infty} \alpha_j\, \alpha_k\, \mathrm{E}(\varepsilon_{t-j}\, \varepsilon_{t+h-k})$$
$$= \sum_{j=0}^{\infty} \sum_{k=0}^{\infty} \alpha_j\, \alpha_k \int_{-\pi}^{\pi} e^{i(h+j-k)\omega}\, f_\varepsilon(\omega)\, d\omega$$
$$= \int_{-\pi}^{\pi} e^{ih\omega} \left|\sum_{j=0}^{\infty} \alpha_j\, e^{ij\omega}\right|^2 f_\varepsilon(\omega)\, d\omega$$

定理 2.1 を再度使うことにより,$\{y_t\}$ のスペクトラムが,次の定理のように得られる.

定理 2.2 (8) の線形過程 $\{y_t\}$ のスペクトラム $f_y(\omega)$ は,

$$f_y(\omega) = \left|\sum_{j=0}^{\infty} \alpha_j\, e^{ij\omega}\right|^2 f_\varepsilon(\omega) = \frac{\sigma^2}{2\pi}\, \left|\alpha(e^{i\omega})\right|^2 \tag{9}$$

で与えられる.ここで,$\alpha(x) = \sum_{j=0}^{\infty} \alpha_j\, x^j$ である.

定理 2.2 が示唆することは,2 つの定常過程 $\{x_t\}$ と $\{y_t\}$ が,$y_t = \beta(L)\, x_t$ の関係にあるならば,$\{y_t\}$ のスペクトラムは,$\{x_t\}$ のスペクトラムに $|\beta(e^{i\omega})|^2$ を乗じたものになる,ということである.工学では,$\beta(e^{i\omega})$ を**周波数応答関数**,$|\beta(e^{i\omega})|$ を**ゲイン関数**,$|\beta(e^{i\omega})|^2$ を**パワー伝達関数**という.したがって,2 つのスペクトラムは,パワー伝達関数で結び付けられる.

以上のことを使えば,ARMA(p,q) 過程のスペクトラムを求めることは簡単である.実際,次の定理に従えばよい.

定理 2.3 定常な ARMA(p,q) 過程

$$\phi(L)\, y_t = \theta(L)\varepsilon_t$$

ただし,

$$\phi(L) = 1 - \phi_1\, L - \cdots - \phi_p\, L^p, \qquad \theta(L) = 1 - \theta_1\, L - \cdots - \theta_q\, L^q$$

のスペクトラム $f_y(\omega)$ は,

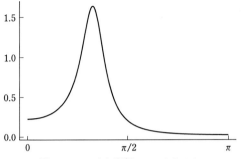

図 2-3　AR(2) 過程のスペクトラム

$$f_y(\omega) = \frac{\sigma^2}{2\pi} \frac{|\theta(e^{i\omega})|^2}{|\phi(e^{i\omega})|^2} \qquad (10)$$

で与えられる．

例として，第 1 章の (19) で取り上げた AR(2) モデル $y_t = 0.8y_{t-1} - 0.64y_{t-2} + \varepsilon_t$ を考えよう．定理 2.3 から，スペクトラムは

$$f_y(\omega) = \frac{\sigma^2}{2\pi} \frac{1}{|1 - 0.8e^{i\omega} + 0.64e^{2i\omega}|^2}$$

となる．図 2-3 には，$\sigma^2 = 1$ の場合のスペクトラムが図示されている．ピークは，$\omega = \pi/3$ のときで，周期 $2\pi/(\pi/3) = 6$ に対応する．第 1 章では，自己相関の一般解から周期成分を見つけたが，スペクトラムから検出する方が，はるかに容易であることが了解されよう．

2.4　長期記憶過程のスペクトラム

この節では，第 1 章の式 (34) で定義した ARFIMA(p, d, q) モデル

$$(1-L)^d y_t = u_t = \frac{\theta(L)}{\phi(L)} \varepsilon_t, \qquad \{\varepsilon_t\} \sim \text{i.i.d.}(0, \sigma^2) \qquad (11)$$

を取り上げる．ここで，$u_t = \phi^{-1}(L)\theta(L)\varepsilon_t$ は ARMA(p, q) に従う．また，d は，$0 < d < 1/2$ となる実数である．

以上の条件のもとで，$\{y_t\}$ は定常過程となり，$y_t = (1-L)^{-d}\phi^{-1}(L)\theta(L)\varepsilon_t$

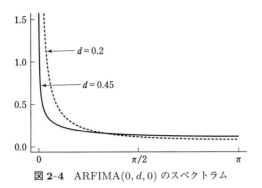

図 2-4　ARFIMA$(0, d, 0)$ のスペクトラム

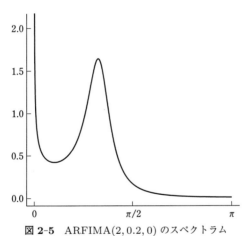

図 2-5　ARFIMA$(2, 0.2, 0)$ のスペクトラム

は，(8)のような線形過程表現をもつ．したがって，定理2.2を使って，$\{y_t\}$ のスペクトラムは，

$$f_y(\omega; d) = \frac{\sigma^2}{2\pi} \frac{1}{|1 - e^{i\omega}|^{2d}} \frac{|\theta(e^{i\omega})|^2}{|\phi(e^{i\omega})|^2} \tag{12}$$

で与えられる．ただし，長期記憶過程は条件(1)をみたさないので，スペクトラムの連続性は保証されない．実際，(12)のスペクトラムは原点で発散しており，原点の近傍では，

$$|1 - e^{i\omega}|^{-2d} = \left(4 \sin^2 \frac{\omega}{2}\right)^{-d} = O\left(\omega^{-2d}\right)$$

であるので，d が大きいほど，原点での発散度が大きく，長周期成分が支配的となる．図 2-4 には，$\sigma^2 = 1$ として，ARFIMA$(0, d, 0)$ に従う 2 つの確率過程のスペクトラムが描かれている．$d = 0.2$(破線)と $d = 0.45$(実線)の場合であり，どちらも原点で発散する単調減少関数である．図 2-5 は，ARFIMA$(2, 0.2, 0)$ の場合のスペクトラムであり，AR(2) 部分の係数は $\phi_1 = 0.8$, $\phi_2 = -0.64$ である．このスペクトラムは，図 2-4 と同様に原点で発散するが，AR(2) 部分が図 2-3 に示したスペクトラムと同一なので，$\omega = \pi/3$ でピークをもっている．

2.5　スペクトラムによる自己共分散の計算

2.5.1　ARMA モデルの場合

定常な ARMA 過程のスペクトラムが与えられれば，式 (4) の関係を使って，自己共分散を求めることができる．定積分の計算は一般に複素積分となるが，以下で説明する方法を使うことにより，第 1 章で説明した方法よりは簡単に計算できる場合もある．

式 (4) の積分計算を実行するためには，次の定理が必要である．これは，Cauchy の**留数定理**から導出されるものである．

定理 2.4　複素関数 $g(z)$ が，滑らかな閉曲線 C で囲まれた領域 D 内の有限個の点 $a_1, \cdots, a_n$ を除き，D の閉領域 $D \cup C$ で正則のとき，$g(z)$ の C 上での積分は，次のようになる．

$$\int_C g(z)\, dz = 2\pi i \sum_{j=1}^n \mathrm{Res}(g, a_j) \qquad (13)$$

ここで，$\mathrm{Res}(g, a)$ は，g の a における留数であり，a が g の k 次の極ならば，

$$\mathrm{Res}(g, a) = \frac{1}{(k-1)!} \lim_{z \to a} \frac{d^{k-1}}{dz^{k-1}} \left[(z-a)^k g(z) \right]$$

で計算される．特に，a が g の 1 次の極ならば，

$$\mathrm{Res}(g, a) = \lim_{z \to a} \left[(z-a)\, g(z) \right]$$

となる.

　この定理を使って，ARMA(p,q) 過程 $\phi(L)\,y_t = \theta(L)\,\varepsilon_t$ のスペクトラム $f_y(\omega)$ から，自己共分散 $\gamma_y(h)$ を計算するには，閉曲線 C を単位円の円周として，次のようにすればよい．

$$\begin{aligned}
\gamma_y(h) &= \int_{-\pi}^{\pi} f_y(\omega)\,e^{ih\omega}\,d\omega = \frac{\sigma^2}{2\pi}\int_{-\pi}^{\pi} \frac{|\theta(e^{i\omega})|^2}{|\phi(e^{i\omega})|^2}\,e^{ih\omega}\,d\omega \\
&= \frac{\sigma^2}{2\pi}\int_C \frac{|\theta(z)|^2}{|\phi(z)|^2}\,z^h\,\frac{dz}{iz} = \frac{\sigma^2}{2\pi i}\int_C \frac{|\theta(z)|^2}{|\phi(z)|^2}\,z^{h-1}\,dz \\
&= \frac{\sigma^2}{2\pi i}\int_C g(z)\,dz = \sigma^2 \sum_k \operatorname{Res}(g,a_k)
\end{aligned} \qquad (14)$$

ここで，$g(z) = |\phi(z)|^{-2}|\theta(z)|^2 z^{h-1}$ であり，$a_1, a_2, \cdots$ は，g の極である．

- **ARMA(2,1) モデルで重根がない場合**

 $\phi(L) = 1 - \phi_1 L - \phi_2 L^2 = (1-\alpha L)(1-\beta L),\ \alpha \neq \beta,\ \theta(L) = 1 - \gamma L$ とすれば，(13)の $g(z)$ は，

$$\begin{aligned}
g(z) &= \frac{|1-\gamma z|^2 \, z^{h-1}}{|1-\alpha z|^2\,|1-\beta z|^2} = \frac{(1-\gamma z)(1-\gamma z^{-1})z^{h-1}}{(1-\alpha z)(1-\alpha z^{-1})(1-\beta z)(1-\beta z^{-1})} \\
&= \frac{(1-\gamma z)(z-\gamma)z^h}{(1-\alpha z)(z-\alpha)(1-\beta z)(z-\beta)}
\end{aligned}$$

となる．単位円内の $g(z)$ の極は，α と β のみであり，$\alpha \neq \beta$ であるから，ともに 1 次の極である．したがって，$g(z)$ の留数は，$(z-\alpha)\,g(z)|_{z=\alpha} + (z-\beta)\,g(z)|_{z=\beta}$ となるから，定理 2.4 を使って，

$$\begin{aligned}
\gamma_y(h) &= \sigma^2 \left[\frac{(1-\gamma\alpha)(\alpha-\gamma)\alpha^h}{(1-\alpha^2)(1-\beta\alpha)(\alpha-\beta)} + \frac{(1-\gamma\beta)(\beta-\gamma)\beta^h}{(1-\alpha\beta)(\beta-\alpha)(1-\beta^2)} \right] \\
&= \sigma^2\,\frac{(1-\beta^2)(1-\gamma\alpha)(\alpha-\gamma)\alpha^h - (1-\alpha^2)(1-\gamma\beta)(\beta-\gamma)\beta^h}{(1-\alpha^2)(1-\beta^2)(1-\alpha\beta)(\alpha-\beta)}
\end{aligned}$$

を得る．

- **AR(2) モデルで重根がある場合**

 $\phi(L) = 1 - \phi_1 L - \phi_2 L^2 = (1-\alpha L)^2$ とすれば，(13)の $g(z)$ は，

$$g(z) = \frac{z^{h-1}}{|1-\alpha z|^4} = \frac{z^{h-1}}{(1-\alpha z)^2(1-\alpha z^{-1})^2}$$
$$= \frac{z^{h+1}}{(1-\alpha z)^2(z-\alpha)^2}$$

となる．単位円内の $g(z)$ の極は，α のみであり，2次の極である．したがって，$g(z)$ の α における留数は，

$$g(z,\alpha) = \lim_{z\to\alpha} \frac{d}{dz}\left[(z-\alpha)^2 g(z)\right] = \lim_{z\to\alpha} \frac{d}{dz} \frac{z^{h+1}}{(1-\alpha z)^2}$$
$$= \frac{\alpha^h \left[1+\alpha^2+h(1-\alpha^2)\right]}{(1-\alpha^2)^3}$$

となるから，自己共分散 $\gamma_y(h)$ と自己相関 $\rho_y(h)$ は，

$$\gamma_y(h) = \frac{\alpha^h \sigma^2 \left[1+\alpha^2+h(1-\alpha^2)\right]}{(1-\alpha^2)^3}, \qquad \rho_y(h) = \alpha^h \left[1+\frac{1-\alpha^2}{1+\alpha^2}h\right]$$

となる．

2.5.2 ARFIMA モデルの場合

長期記憶的な ARFIMA モデルでは，単位円周上に極をもち，しかも，被積分関数は実数次の極をもつから，式(13)のような留数計算をすることはできない．式(4)を使って数値積分を行うのが1つの方法であるが，一般には，自己共分散を明示的に求めるのは不可能である．ただし，ARFIMA$(0,d,0)$ の場合の自己共分散 $\gamma_y(h;d)$ は，明示的に求めることができ，

$$\gamma_y(h;d) = \int_{-\pi}^{\pi} f_y(\omega;d)\, e^{ih\omega}\, d\omega = \frac{\sigma^2}{4^d \pi} \int_0^{\pi} \left(\sin\frac{\omega}{2}\right)^{-2d} \cos h\omega\, d\omega$$
$$= \frac{\Gamma(h+d)\Gamma(1-2d)}{\Gamma(d)\Gamma(1-d)\Gamma(1+h-d)} = \frac{(-1)^h\, \Gamma(1-2d)}{\Gamma(1-h-d)\Gamma(1+h-d)} \quad (15)$$

となることが知られている (Adenstedt 1974, Hosking 1981)．

第3章
短期記憶過程の標本理論

この章では,短期記憶的な定常過程を考察の対象として,そこから得られるさまざまな統計量,例えば,標本平均,標本自己共分散,標本自己相関,ピリオドグラムなどの統計的な性質について議論する.なお,長期記憶的な定常過程の場合には,統計量の性質も異なってくるので,本章では除外して,第7章で扱うことにする.

3.1 はじめに

定常過程 $\{y_t\}$ は,次の線形過程に従うものとする.

$$y_t - \mu = \sum_{j=0}^{\infty} \alpha_j \varepsilon_{t-j} = \alpha(L)\varepsilon_t, \quad \alpha_0 = 1, \quad \{\varepsilon_t\} \sim \text{i.i.d.}(0, \sigma^2) \quad (1)$$

ここで,μ は $\{y_t\}$ の平均である.また,$\alpha(L) = \sum_{j=0}^{\infty} \alpha_j L^j$ であり,係数列 $\{\alpha_j\}$ については,第1章の式(3)で定義した線形過程よりも強い次の条件を仮定する.

$$\sum_{j=1}^{\infty} j|\alpha_j| < \infty, \quad \alpha(1) = \sum_{j=0}^{\infty} \alpha_j \neq 0 \quad (2)$$

このとき,(2)の前半の仮定から,$\{y_t\}$ は短期記憶的な定常過程となる.すなわち,自己共分散の総和が絶対収束する.さらに,次のことが成り立つ.

$$\sum_{h=1}^{\infty} h|\gamma(h)| = \sigma^2 \sum_{h=1}^{\infty} h \sum_{j=0}^{\infty} |\alpha_j||\alpha_{j+h}| \leq \sigma^2 \sum_{h=1}^{\infty} h|\alpha_h| \sum_{j=0}^{\infty} |\alpha_j| < \infty \quad (3)$$

この性質は,定常,反転可能な ARMA モデルならば当然みたされる.

他方,(2)の後半の条件は,特性方程式 $\alpha(x) = 0$ が単位根をもたないということであるが,さらに次の量を考えてみよう.

$$\sum_{h=-\infty}^{\infty} \gamma(h) = \sigma^2 \left(\sum_{j=0}^{\infty} \alpha_j\right)^2 = \sigma^2 \alpha^2(1) = 2\pi f_y(0)$$

ここで, $f_y(0)$ は, $\{y_t\}$ のスペクトラム

$$f_y(\omega) = \frac{1}{2\pi} \sum_{h=-\infty}^{\infty} \gamma(h) e^{-ih\omega} = \frac{\sigma^2}{2\pi} \left| \sum_{j=0}^{\infty} \alpha_j e^{ij\omega} \right|^2 = \frac{\sigma^2}{2\pi} \left| \alpha(e^{i\omega}) \right|^2 \quad (4)$$

の原点における値である．このことから, $\alpha(1) = 0$ は, スペクトラムの原点における値 $f_y(0)$ が 0 になることと同値であるから, 時系列の長周期成分がないことを意味し, ある種の退化が生じることを示唆する．このような場合を排除するのが, $\alpha(1) \neq 0$ である．この条件の必要性については, 次節で明らかになるであろう．

3.2 標本平均

標本平均を $\bar{y} = \sum_{t=1}^{T} y_t / T$ とすると, $\mathrm{E}(\bar{y}) = \mu$ であり, 分散は,

$$\mathrm{V}(\bar{y}) = \mathrm{V}\left(\frac{1}{T} \sum_{t=1}^{T} y_t\right) = \frac{1}{T^2} \mathrm{E}\left[\left\{\sum_{t=1}^{T} (y_t - \mu)\right\}^2\right]$$
$$= \frac{1}{T^2} \mathrm{E}\left[\sum_{s=1}^{T} \sum_{t=1}^{T} (y_s - \mu)(y_t - \mu)\right] = \frac{1}{T^2} \sum_{s=1}^{T} \sum_{t=1}^{T} \gamma(s-t)$$
$$= \frac{1}{T} \sum_{j=-(T-1)}^{T-1} \left(1 - \frac{|j|}{T}\right) \gamma(j)$$

となる．このことから,

$$T \mathrm{V}(\bar{y}) \quad \rightarrow \quad \sum_{j=-\infty}^{\infty} \gamma(j) = \sigma^2 \alpha^2(1) = 2\pi f_y(0)$$

を得る.

標本平均に関する中心極限定理を得るために, 次の変換を考える.

$$\alpha(1) - \alpha(L) = \sum_{j=0}^{\infty} \alpha_j (1 - L^j) = (1-L) \sum_{j=1}^{\infty} \alpha_j (1 + L + \cdots + L^{j-1})$$
$$= (1-L) \sum_{j=0}^{\infty} \tilde{\alpha}_j L^j = (1-L)\tilde{\alpha}(L), \quad \tilde{\alpha}_j = \sum_{k=j+1}^{\infty} \alpha_k \quad (5)$$

ここで, 新たに得られた係数列 $\{\tilde{\alpha}_j\}$ は, (2) の前半の仮定から,

$$\sum_{j=0}^{\infty} |\tilde{\alpha}_j| = \sum_{j=0}^{\infty} \left| \sum_{k=j+1}^{\infty} \alpha_k \right| \leq \sum_{j=0}^{\infty} \sum_{k=j+1}^{\infty} |\alpha_k| = \sum_{j=1}^{\infty} j |\alpha_j| < \infty \quad (6)$$

をみたす.

以上のことを使って，式(1)の線形過程表現を次のように変形する.

$$y_t - \mu = \alpha(L)\varepsilon_t = [\alpha(1) - (\alpha(1) - \alpha(L))]\varepsilon_t$$
$$= \alpha(1)\varepsilon_t - (1-L)\tilde{\alpha}(L)\varepsilon_t = \alpha(1)\varepsilon_t - (1-L)\tilde{\varepsilon}_t \quad (7)$$

ここで，確率過程 $\{\tilde{\varepsilon}_t\} = \{\tilde{\alpha}(L)\varepsilon_t\}$ は短期記憶的である．実際，式(6)が成り立つことから，

$$\sum_{h=0}^{\infty} |\text{Cov}(\tilde{\varepsilon}_t, \tilde{\varepsilon}_{t+h})| \leq \sigma^2 \sum_{h=0}^{\infty} \sum_{j=0}^{\infty} |\tilde{\alpha}_j||\tilde{\alpha}_{j+h}| \leq \sigma^2 \left(\sum_{j=0}^{\infty} |\tilde{\alpha}_j|\right)^2 < \infty \quad (8)$$

となる．そして，式(7)の最左辺と最右辺の関係から，

$$\sum_{t=1}^{T}(y_t - \mu) = \alpha(1)\sum_{t=1}^{T}\varepsilon_t + \tilde{\varepsilon}_0 - \tilde{\varepsilon}_T \quad (9)$$

を得る．この最後の表現において，右辺第1項は $O_p(\sqrt{T})$, 第2項と第3項は $O_p(1)$ である(確率的オーダー O_p の定義については，数学的付録第3節を参照)．第1項は，i.i.d. 過程の和の定数倍の量であるから，式(9)は，線形過程の和が，本質的にi.i.d.系列の和の定数倍で表されることを示唆している．このような表現をもたらす(7)の変換を **B-N 分解** と呼ぶ．B-N は，この方法を提案した論文 Beveridge-Nelson(1981) の著者の頭文字である．

式(9)の結果から，明らかに，中心極限定理

$$\sqrt{T}(\bar{y} - \mu) \quad \Rightarrow \quad N(0, \sigma^2\alpha^2(1))$$

が成り立つ.

以上の結果を，次の定理としてまとめることにする(別証明については，Anderson 1971, Fuller 1996 などを参照のこと).

定理 3.1 (2)の条件をみたす線形過程(1)に対して，次のことが成立する.

$$T\,\mathrm{V}(\bar{y}) = \sum_{h=-(T-1)}^{T-1} \left(1 - \frac{|h|}{T}\right) \gamma(h)$$

$$\lim_{T \to \infty} T\,\mathrm{V}(\bar{y}) = \sum_{h=-\infty}^{\infty} \gamma(h) = \sigma^2 \alpha^2(1) = 2\pi f_y(0)$$

$$\sqrt{T}\,(\bar{y} - \mu) \to \mathrm{N}\left(0, \sigma^2 \alpha^2(1)\right) = \mathrm{N}\left(0, 2\pi f_y(0)\right)$$

この定理には，(2) の後半で仮定した条件 $\alpha(1) \neq 0$ が使われており，$\sqrt{T}(\bar{y} - \mu)$ は退化しない極限分布をもつことが保証される．例えば，MA(1) モデル $y_t = \mu + \varepsilon_t - \varepsilon_{t-1}$ の場合は，$\alpha(1) = 0$ であり，$\bar{y} = (\varepsilon_T - \varepsilon_0)/T$ となるから，中心極限定理は成立しない．

標本平均の漸近分布の分散は，原点のスペクトラム (の定数倍) で表されることから，**長期分散**と呼ばれる．他方，

$$\mathrm{V}(y_t) = \gamma(0) = \sigma^2 \sum_{j=0}^{\infty} \alpha_j^2 \tag{10}$$

は，確率過程そのものの分散であり，**短期分散**と呼ばれる．両者の比は，

$$\frac{長期分散}{短期分散} = \frac{\sum_{h=-\infty}^{\infty} \gamma(h)}{\gamma(0)} = \frac{\left(\sum_{j=0}^{\infty} \alpha_j\right)^2}{\sum_{j=0}^{\infty} \alpha_j^2} = \sum_{h=-\infty}^{\infty} \rho(h) \tag{11}$$

となる．ただし，$\rho(h)$ は，$\{y_t\}$ の時差 h の自己相関である．一般に，正の自己相関が支配的であれば，長期分散は短期分散よりも大きくなることがわかる．なお，上の定理は，$\alpha_j = 0 (j \geq 1)$ ならば，i.i.d. 確率変数の和に関する古典的な中心極限定理に帰着する．そして，その場合には，長期分散と短期分散は一致して，ともに σ^2 となる．

- **AR(1) モデルの場合**

$\alpha_j = \phi_1^j$ より，$\alpha(1) = 1/(1 - \phi_1)$ となるので，

$$\sqrt{T}\,(\bar{y} - \mu) \to \mathrm{N}\left(0, \frac{\sigma^2}{(1 - \phi_1)^2}\right)$$

図 3-1 には，$y_t = 4 + 0.6 y_{t-1} + \varepsilon_t$ からの標本平均 $\bar{y}$ のヒストグラムを示してある．これは，標本サイズ $T = 100$，$\sigma^2 = 1$ として，1,000 回の繰り

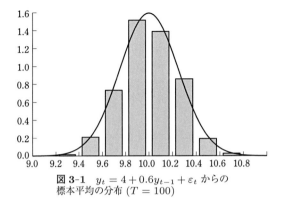

図 3-1 $y_t = 4 + 0.6 y_{t-1} + \varepsilon_t$ からの
標本平均の分布 $(T = 100)$

返しによるシミュレーションから得られたものである．曲線は，中心極限定理に基づく $\bar{y}$ の密度関数であり，それは，$\mu = \mathrm{E}(y_t) = 4/(1 - 0.6) = 10$，$\sqrt{T}(\bar{y} - 10) \to \mathrm{N}(0, 25/4)$ であることから，$\mathrm{N}(10, 1/16)$ の密度関数である．

- **MA(1) モデルの場合**

 $\alpha_0 = 1$, $\alpha_1 = -\theta_1$, $\alpha_j = 0 (j \geq 2)$ より，$\alpha(1) = 1 - \theta_1$ となるので，

$$\sqrt{T}(\bar{y} - \mu) \to \mathrm{N}\left(0, \sigma^2 (1 - \theta_1)^2\right)$$

なお，すでに述べたように，反転不可能な $\theta_1 = 1$ は除外される．他方，もう1つの反転不可能な $\theta_1 = -1$ の場合は定理が成り立つ．実際，この場合は，$\bar{y} = 2(\varepsilon_1 + \cdots + \varepsilon_{T-1})/T + (\varepsilon_0 + \varepsilon_T)/T \to \mathrm{N}(0, 4\sigma^2/T)$ となる．

- **ARMA(p, q) モデルの場合**

 ARMA(p, q) モデルを $\phi(L)(y_t - \mu) = \theta(L)\varepsilon_t$ と表すと，

$$\sqrt{T}(\bar{y} - \mu) \to \mathrm{N}(0, \sigma^2 \phi^{-2}(1)\theta^2(1))$$

を得る．例えば，ARMA$(2, 1)$ モデル

$$y_t = 8 + 0.8 y_{t-1} - 0.6 y_{t-2} + \varepsilon_t - 0.5\varepsilon_{t-1}$$

の場合，$\sqrt{T}(\bar{y} - 10) \to \mathrm{N}(0, 25\sigma^2/64)$ を得る．

3.3 標本自己共分散

時差 h の標本自己共分散を

$$\hat{\gamma}(h) = \frac{1}{T} \sum_{t=1}^{T-h} (y_t - \bar{y})(y_{t+h} - \bar{y}) \qquad (h \geq 0) \tag{12}$$

で定義して,以下,その性質を見てみよう.

まず,$\hat{\gamma}(0)$ の期待値は,

$$\mathrm{E}[\hat{\gamma}(0)] = \mathrm{E}\left[\frac{1}{T}\sum_{t=1}^{T}(y_t-\bar{y})^2\right] = \mathrm{E}\left[\frac{1}{T}\sum_{t=1}^{T}(y_t-\mu)^2\right] - \mathrm{E}\left[(\bar{y}-\mu)^2\right]$$

$$= \gamma(0) - \frac{1}{T}\sum_{j=-(T-1)}^{T-1}\left(1-\frac{|j|}{T}\right)\gamma(j)$$

となる.したがって,$T \to \infty$ のとき,$\mathrm{E}(\hat{\gamma}(0)) \to \gamma(0)$ となるので,$\hat{\gamma}(0)$ は,$\gamma(0)$ の漸近的不偏推定量である.さらに,高次の関係として,

$$\lim_{T\to\infty} T\left[\mathrm{E}(\hat{\gamma}(0))-\gamma(0)\right] = -\sum_{h=-\infty}^{\infty}\gamma(h) = -2\pi f_y(0) < 0$$

を得る.この結果から,$\hat{\gamma}(0)$ は,高次の性質として,下方へのバイアスをもつ推定量である,ということができる.

一般の自己共分散 $\hat{\gamma}(h)$ についても,次の定理のように,$\hat{\gamma}(0)$ と同様の性質が成り立つ.

定理 3.2 (2)の条件をみたす線形過程(1)に対して,次のことが成立する.

$$\lim_{T\to\infty} T\left[\mathrm{E}(\hat{\gamma}(h))-\gamma(h)\right] = -|h|\gamma(h) - \sum_{j=-\infty}^{\infty}\gamma(j) = -|h|\gamma(h) - 2\pi f_y(0)$$

なお,上の定理において,ラグ h の標本自己共分散を,式(12)の $\hat{\gamma}(h)$ ではなく,

$$\tilde{\gamma}(h) = \frac{1}{T-h}\sum_{t=1}^{T-h}(y_t-\bar{y})(y_{t+h}-\bar{y}) = \frac{T}{T-h}\hat{\gamma}(h) \qquad (h \geq 0)$$

で定義すれば,

$$\lim_{T\to\infty} T\left[\mathrm{E}(\tilde{\gamma}(h)) - \gamma(h)\right] = -\sum_{j=-\infty}^{\infty} \gamma(j) = -2\pi f_y(0)$$

となることが了解されよう．したがって，この場合の高次のバイアスは，ラグの値にかかわらず同一となる．

次に，標本自己共分散の2次モーメントについて考えよう．2次モーメントが存在するためには，線形過程 $\{y_t\}$ の4次モーメントが存在する必要があるので，以下では，$\mathrm{E}(y_t^4) < \infty$ を仮定する．このことは，誤差項の系列 $\{\varepsilon_t\}$ の4次モーメントの存在を仮定することを意味する．以下，$\mathrm{E}(\varepsilon_t^4) = \eta\sigma^4$ とする．

まず，(12)の標本自己共分散の定義で，$\bar{y}$ を母集団平均 μ で置き換えた次の量について考えよう．

$$C(h) = \frac{1}{T-h}\sum_{t=1}^{T-h}(y_t - \mu)(y_{t+h} - \mu) \qquad (h \geq 0) \qquad (13)$$

明らかに，$\mathrm{E}(C(h)) = \gamma(h)$ である．$C(h)$ の2次モーメントを計算するために，次の量を定義する．

$$\begin{aligned}\nu(a,b,c) &= \mathrm{E}\left[(y_t-\mu)(y_{t+a}-\mu)(y_{t+b}-\mu)(y_{t+c}-\mu)\right]\\&= \sum_{i=0}^{\infty}\sum_{j=0}^{\infty}\sum_{k=0}^{\infty}\sum_{l=0}^{\infty}\alpha_i\,\alpha_j\,\alpha_k\,\alpha_l\,\mathrm{E}\left[\varepsilon_{t-i}\,\varepsilon_{t+a-j}\,\varepsilon_{t+b-k}\,\varepsilon_{t+c-l}\right]\end{aligned}$$

ここで，最後の表現に現れる期待値は，$\{\varepsilon_t\}$ が i.i.d. 系列であることから，次のようになる．

$$\mathrm{E}\left[\varepsilon_{t-i}\,\varepsilon_{t+a-j}\,\varepsilon_{t+b-k}\,\varepsilon_{t+c-l}\right]$$
$$= \begin{cases} \eta\sigma^4 & (i=j-a=k-b=l-c \text{ のとき}) \\ \sigma^4 & (i=j-a,\, k-b=l-c,\, j-a\neq k-b \text{ のとき}) \\ \sigma^4 & (i=k-b,\, j-a=l-c,\, j-a\neq k-b \text{ のとき}) \\ \sigma^4 & (i=l-c,\, j-a=k-b,\, j-a\neq l-c \text{ のとき}) \\ 0 & (\text{その他}) \end{cases}$$

以上のことから，

$$\nu(a,b,c) = \sigma^4 \left[\eta \sum_j \alpha_j \, \alpha_{j-a} \, \alpha_{j-a+b} \, \alpha_{j-a+c} + \sum_{j-a \neq k-b} \alpha_j \, \alpha_{j-a} \, \alpha_k \, \alpha_{k-b+c} \right.$$
$$\left. + \sum_{j-a \neq k-b} \alpha_j \, \alpha_{j-a+c} \, \alpha_k \, \alpha_{k-b} + \sum_{j-a \neq l-c} \alpha_j \, \alpha_{j-a+b} \, \alpha_l \, \alpha_{l-c} \right]$$
$$= \gamma(a)\,\gamma(b-c) + \gamma(b)\,\gamma(a-c) + \gamma(c)\,\gamma(a-b)$$
$$+ \kappa_4 \sum_j \alpha_j \, \alpha_{j+a} \, \alpha_{j+b} \, \alpha_{j+c}$$

を得る. ここで, $\kappa_4 = (\eta - 3)\sigma^4$ であり, ε_t の 4 次のキュムラントを表すから, ε_t が正規分布に従えば 0 となる量である. 以上から,

$$\mathrm{Cov}\left[(y_s - \mu)(y_{s+a} - \mu), (y_t - \mu)(y_{t+b} - \mu)\right]$$
$$= \mathrm{E}\left[(y_s - \mu)(y_{s+a} - \mu)(y_t - \mu)(y_{t+b} - \mu)\right] - \gamma(a)\,\gamma(b)$$
$$= \nu(a, t-s, t-s+b) - \gamma(a)\,\gamma(b)$$
$$= \gamma(t-s)\gamma(t-s+b-a) + \gamma(t-s+b)\gamma(t-s-a)$$
$$+ \kappa_4 \sum_j \alpha_j \, \alpha_{j+a} \, \alpha_{j+t-s} \, \alpha_{j+t-s+b}$$

が得られる. したがって,

$$\mathrm{Cov}(C(a), C(b))$$
$$= \frac{1}{(T-a)(T-b)} \sum_s \sum_t \mathrm{Cov}\left[(y_s - \mu)(y_{s+a} - \mu), (y_t - \mu)(y_{t+b} - \mu)\right]$$
$$= \frac{1}{(T-a)(T-b)} \sum_s \sum_t [\gamma(t-s)\gamma(t-s+b-a)$$
$$+ \gamma(t-s+b)\gamma(t-s-a)]$$
$$+ \frac{\kappa_4}{(T-a)(T-b)} \sum_s \sum_t \sum_j \alpha_j \, \alpha_{j+a} \, \alpha_{j+t-s} \, \alpha_{j+t-s+b}$$

となる.

以上の計算は, 標本自己共分散 $\hat{\gamma}(h)$ に対しても, 同様である. そして, $\mathrm{Cov}(C(a), C(b))$ と $\mathrm{Cov}(\hat{\gamma}(a), \hat{\gamma}(b))$ は, ともに $1/T$ のオーダーで, 同一の漸近的な性質をもつことが示される. 具体的には, 次のことが成り立つ(詳細は, Anderson 1971, Fuller 1996 を参照されたい).

定理 3.3　線形過程 (1) に対して，(2) の条件，および $\mathrm{E}(\varepsilon_t^4) = \eta\sigma^4 < \infty$ を仮定する．そのとき，次のことが成立する．

$$\lim_{T\to\infty} T\,\mathrm{Cov}\,(\hat{\gamma}(a),\hat{\gamma}(b)) = \lim_{T\to\infty} T\,\mathrm{Cov}\,(C(a),C(b))$$

$$= \sum_{j=-\infty}^{\infty} [\gamma(j+a)\gamma(j+b) + \gamma(j+a)\gamma(j-b)] + (\eta-3)\,\gamma(a)\gamma(b) \quad (14)$$

$$= 4\pi \int_{-\pi}^{\pi} \cos a\omega\,\cos b\omega\,f_y^2(\omega)\,d\omega$$

$$+ (\eta-3)\int_{-\pi}^{\pi} f_y(\omega)\,e^{ia\omega}\,d\omega \int_{-\pi}^{\pi} f_y(\omega)\,e^{ib\omega}\,d\omega \quad (15)$$

上の定理において，式 (15) の右辺第 1 項を導く際には，次の関係

$$\sum_{j=-\infty}^{\infty} \gamma(j+a)\gamma(j+b) = 2\pi \int_{-\pi}^{\pi} f_y^2(\omega)\,e^{i(b-a)\omega}\,d\omega \quad (16)$$

を使っている．これは，次のように示すことができる．

$$\text{右辺} = (2\pi)^{-1} \int_{-\pi}^{\pi} \sum_{j=-\infty}^{\infty} \sum_{k=-\infty}^{\infty} \gamma(j)\,\gamma(k)\,e^{i(j-k+b-a)\omega}\,d\omega$$

$$= (2\pi)^{-1} \sum_{j=-\infty}^{\infty} \sum_{k=-\infty}^{\infty} \gamma(j)\,\gamma(k) \int_{-\pi}^{\pi} e^{i(j-k+b-a)\omega}\,d\omega$$

$$= \sum_{j=-\infty}^{\infty} \gamma(j)\,\gamma(j+b-a) = \sum_{j=-\infty}^{\infty} \gamma(j+a)\,\gamma(j+b) = \text{左辺}$$

式 (16) において，$a = b = 0$ の場合の関係は，Fourier 解析において **Parseval の等式**として知られているものである．

- **i.i.d.**$(0,\sigma^2)$ **の正規過程の場合**

  $f_y(\omega) = \sigma^2/(2\pi)$, $\eta = 3$ であるから，式 (15) から

  $$\lim_{T\to\infty} T\,\mathrm{Cov}\,(\hat{\gamma}(a),\hat{\gamma}(b)) = \frac{\sigma^4}{\pi} \int_{-\pi}^{\pi} \cos a\omega\,\cos b\omega\,d\omega$$

  $$= \begin{cases} 2\sigma^4 & (a = b = 0 \text{ のとき}) \\ \sigma^4 & (a = b \neq 0 \text{ のとき}) \\ 0 & (a \neq b \text{ のとき}) \end{cases}$$

- **AR(1) モデル** $y_t = \phi y_{t-1} + \varepsilon_t$ **の場合**

  $\gamma(j) = \sigma^2 \phi^{|j|}/(1-\phi^2)$ であるから，式 (14) から，$0 < a < b$ のとき，

$$\lim_{T\to\infty} T\,\mathrm{Cov}\,(\hat{\gamma}(a),\hat{\gamma}(b)) = \sum_{j=-\infty}^{\infty} \left[\phi^{|j+a|+|j+b|} + \phi^{|j+a|+|j-b|}\right] + \frac{(\eta-3)\phi^{a+b}\sigma^4}{(1-\phi^2)^2}$$

$$= \sigma^4 \left[\frac{2(\phi^{b+a+2} + \phi^{b-a+2})}{(1-\phi^2)^3} + \frac{(b+a+1)\phi^{b+a} + (b-a+1)\phi^{b-a}}{(1-\phi^2)^2} \right.$$

$$\left. + \frac{(\eta-3)\phi^{a+b}}{(1-\phi^2)^2}\right]$$

標本自己共分散 $\hat{\gamma}(h)$ に関する大数の法則や中心極限定理も，次のように成り立つことが示される(Anderson 1971, Fuller 1996)．

定理 3.4 線形過程(1)に対して，(2)の条件，および $\mathrm{E}(\varepsilon_t^4) = \eta\sigma^4 < \infty$ を仮定する．そのとき，次のことが成立する．

$$\mathop{\mathrm{plim}}_{T\to\infty} \hat{\gamma}(h) = \gamma(h), \qquad \sqrt{T}\,(\hat{\gamma}(h) - \gamma(h)) \to \mathrm{N}(0, \sigma_{hh})$$

ここで，

$$\sigma_{hh} = \sum_{j=-\infty}^{\infty} \left[\gamma^2(j+h) + \gamma(j+h)\gamma(j-h)\right] + (\eta - 3)\,\gamma^2(h)$$

$$= 4\pi \int_{-\pi}^{\pi} \cos^2 h\omega\, f_y^2(\omega)\, d\omega + (\eta-3)\left\{\int_{-\pi}^{\pi} f_y(\omega)\, e^{ih\omega}\, d\omega\right\}^2$$

さらに，m 次元ベクトル $\hat{\boldsymbol{\gamma}} - \boldsymbol{\gamma} = (\hat{\gamma}(h_1), \cdots, \hat{\gamma}(h_m))' - (\gamma(h_1), \cdots, \gamma(h_m))'$ に対して，$\sqrt{T}\,(\hat{\boldsymbol{\gamma}} - \boldsymbol{\gamma})$ は，$T \to \infty$ のとき，m 次元多変量正規分布 $\mathrm{N}(0, \Sigma)$ に収束する．ここで，Σ の (a,b) 要素は，定理3.3の式(14)あるいは(15)で与えられる．

図 3-2 には，図 3-1 と同一のモデル $y_t = 4 + 0.6 y_{t-1} + \varepsilon_t$ からの標本自己共分散 $\hat{\gamma}(0)$ のヒストグラムを示してある．これは，標本サイズ $T = 100$, $\sigma^2 = 1$ として，1,000 回の繰り返しによるシミュレーションから得られたものである．誤差項 $\{\varepsilon_t\}$ は正規乱数である．曲線は，中心極限定理に基づく $\hat{\gamma}(0)$ の密度関数であり，それは，平均 $\gamma(0) = 1/(1 - 0.6^2) = 1.5625$, 分散 $2\sigma^4(1 + \phi^2)/(T(1-\phi^2)^3) = 0.10376$ の正規分布の密度関数である．定理 3.2 にあるように，$\hat{\gamma}(0)$ は，$\gamma(0)$ の推定量として，下方へのバイアスがあることが見てとれる．

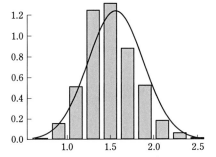

図 3-2 標本自己共分散 $\hat{\gamma}(0)$ の分布 ($T = 100$)

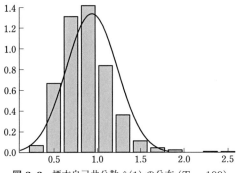

図 3-3 標本自己共分散 $\hat{\gamma}(1)$ の分布 ($T = 100$)

図 3-3 には，同じモデルからの $\hat{\gamma}(1)$ のヒストグラムと近似の密度関数が示されている．密度は，平均 $\gamma(1) = 0.6/(1-0.6^2) = 0.9375$，分散 $\sigma^4(1+4\phi^2 - \phi^4)/(T(1-\phi^2)^3) = 0.08813$ の正規分布の密度関数である．図 3-2 と同様に，$\hat{\gamma}(1)$ は，$\gamma(1)$ の推定量として，下方へのバイアスがあることが見てとれる．

3.4 標本自己相関

時差 h の標本自己相関を

$$\hat{\rho}(h) = \frac{\sum_{t=1}^{T-h}(y_t - \bar{y})(y_{t+h} - \bar{y})}{\sum_{t=1}^{T}(y_t - \bar{y})^2} = \frac{\hat{\gamma}(h)}{\hat{\gamma}(0)} \qquad (h \geq 0) \qquad (17)$$

で定義して，その統計的性質を調べよう．自己共分散が観測値の 2 次形式で

あるのに対して，自己相関は，そのような2次形式の比となっているので，取り扱いが面倒になる．ただし，Anderson (1971) や Fuller (1996) で説明されているように，標本自己相関の一様有界性やテーラー (Taylor) 展開を使うことにより，期待値の計算や中心極限定理の証明が可能となり，次の結果が成り立つ．

定理 3.5 線形過程 (1) に対して，(2) の条件，および $E(\varepsilon_t^4) = \eta \sigma^4 < \infty$ を仮定する．そのとき，$\hat{\rho}(h)$ は漸近的に不偏であり，次のことが成立する．

$$\rho_{ab} = \lim_{T \to \infty} T \operatorname{Cov}(\hat{\rho}(a), \hat{\rho}(b))$$
$$= \sum_{j=-\infty}^{\infty} [\rho(j+a)\rho(j+b) + \rho(j-a)\rho(j+b) - 2\rho(b)\rho(j)\rho(j+a)$$
$$- 2\rho(a)\rho(j)\rho(j+b) + 2\rho(a)\rho(b)\rho^2(j)] \tag{18}$$
$$= \frac{4\pi}{\gamma^2(0)} \int_{-\pi}^{\pi} (\cos a\omega - \rho(a))(\cos b\omega - \rho(b)) f_y^2(\omega) \, d\omega$$

$$\sqrt{T}(\hat{\boldsymbol{\rho}} - \boldsymbol{\rho}) = \begin{pmatrix} \sqrt{T}(\hat{\rho}(h_1) - \rho(h_1)) \\ \vdots \\ \sqrt{T}(\hat{\rho}(h_m) - \rho(h_m)) \end{pmatrix} \Rightarrow N(\mathbf{0}, \Omega) \tag{19}$$

ここで，Ω の (a,b) 要素は，ρ_{ab} で与えられる．

標本自己相関は標本自己共分散よりも複雑な統計量であるが，この定理によれば，その共分散 ρ_{ab} は4次のキュムラントに依存しない．特に，分散 ρ_{hh} は，式 (18) から，

$$\rho_{hh} = \sum_{j=1}^{\infty} \{\rho(j+h) + \rho(j-h) - 2\rho(j)\rho(h)\}^2 \tag{20}$$

と表されることがわかる．

例として，AR(1) モデル $y_t = \phi y_{t-1} + \varepsilon_t$ の場合について，標本自己相関の分散を計算すると次のようになる．

$$\rho_{hh} = \lim_{T \to \infty} T V(\hat{\rho}(h)) = \frac{(1+\phi^2)(1-\phi^{2h})}{1-\phi^2} - 2h\phi^{2h} \quad (h \geq 0)$$

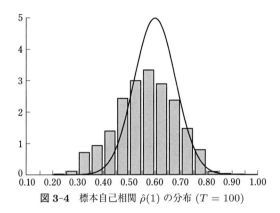

図 3-4 標本自己相関 $\hat{\rho}(1)$ の分布 ($T = 100$)

また，MA(1) モデル $y_t = \varepsilon_t - \theta\varepsilon_{t-1}$ においては，標本自己相関の分散は次のようになる．

$$\rho_{11} = 1 - 3\rho^2(1) + 4\rho^4(1) = \frac{1 + \theta^2 + 4\theta^4 + \theta^6 + \theta^8}{(1+\theta^2)^4}$$

$$\rho_{hh} = 1 + 2\rho^2(1) = \frac{1 + 4\theta^2 + \theta^4}{(1+\theta^2)^2} \qquad (h \geq 2)$$

図 3-4 には，図 3-1, 3-2, 3-3 と同一のモデル $y_t = 4 + 0.6y_{t-1} + \varepsilon_t$ からの標本自己相関 $\hat{\rho}(1)$ のヒストグラムを示してある(標本サイズ $T = 100$, $\sigma^2 = 1$, 繰り返し回数 1,000 回)．誤差項 $\{\varepsilon_t\}$ は正規乱数である．曲線は，中心極限定理に基づく $\hat{\rho}(1)$ の密度関数であり，それは，平均 $\rho(1) = 0.6$, 分散 $(1-\phi^2)/T = 0.0064$ の正規分布の密度関数である．自己共分散の場合よりも，漸近分布との乖離が大きい．また，$\hat{\rho}(1)$ は，$\rho(1)$ の推定量としては，$\hat{\gamma}(1)$ と同様に，下方へのバイアスがあることが見てとれる．

図 3-5 には，同じモデルからの $\hat{\rho}(2)$ のヒストグラムと近似の密度関数が示されている．密度は，平均 $\rho(2) = 0.36$, 分散 $((1+\phi^2)^2 - 4\phi^4)/T = 0.013312$ の正規分布の密度関数である．図 3-4 の場合よりも，分散が大きくなり，漸近分布との乖離，および下方へのバイアスも増大していることがわかる．$T = 100$ 程度では，標本自己相関の分布は，漸近分布との乖離が大きいことに留意する必要がある．

定理 3.5 に基づいて，$\rho(h)$ に関する信頼区間を構成することができる．信

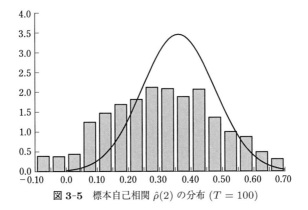

図 3-5 標本自己相関 $\hat{\rho}(2)$ の分布 ($T = 100$)

頼係数 $100\alpha\%$ の信頼区間は,ほぼ

$$\left[\hat{\rho}(h) - z_{\alpha/2} \times \sqrt{\frac{\hat{\rho}_{hh}}{T}},\ \hat{\rho}(h) + z_{\alpha/2} \times \sqrt{\frac{\hat{\rho}_{hh}}{T}}\right]$$

となる.ここで,$z_{\alpha/2}$ は,$N(0,1)$ の上側 $100\times\alpha/2\%$ 点である.また,$\hat{\rho}_{hh}$ は,母集団の分散 ρ_{hh} の推定量であり,母集団の自己相関を標本自己相関で置き換えたものである.無相関な定常過程ならば,上の信頼区間は,

$$\left[-z_{\alpha/2} \times \frac{1}{\sqrt{T}},\ z_{\alpha/2} \times \frac{1}{\sqrt{T}}\right]$$

となる.特に,95% 信頼区間は,0 の回りのほぼ $\pm 2/\sqrt{T}$ の区間となる.

3.5 標本偏自己相関

第 1 章 7 節で定義した母集団の偏自己相関に基づいて,時差 h の標本偏自己相関 $\hat{\phi}_{hh}$ は次の方程式から求めることができる.

$$\hat{R}_h \hat{\phi}_h = \hat{\rho}_h \iff \begin{pmatrix} 1 & \hat{\rho}(1) & \ldots & \hat{\rho}(h-1) \\ \hat{\rho}(1) & 1 & \ldots & \hat{\rho}(h-2) \\ \vdots & \vdots & \ddots & \vdots \\ \hat{\rho}(h-1) & \hat{\rho}(h-2) & \ldots & 1 \end{pmatrix} \begin{pmatrix} \hat{\phi}_{h1} \\ \hat{\phi}_{h2} \\ \cdot \\ \cdot \\ \hat{\phi}_{hh} \end{pmatrix}$$

$$= \begin{pmatrix} \hat{\rho}(1) \\ \hat{\rho}(2) \\ \cdot \\ \cdot \\ \hat{\rho}(h) \end{pmatrix} \tag{21}$$

一般の時系列モデルでは,標本偏自己相関の性質は複雑となるので,ここでは,AR(p) モデルの場合を考える.このとき,次の結果が得られる (Brockwell-Davis 1991).

定理 3.6 時系列 $\{y_t\}$ が AR(p) モデルに従うならば,p 次元統計量 $\hat{\boldsymbol{\phi}}_p = (\hat{\phi}_{p1}, \cdots, \hat{\phi}_{pp})'$ は次の漸近分布に従う.

$$\sqrt{T}(\hat{\boldsymbol{\phi}}_p - \boldsymbol{\phi}_p) \to N(0, \sigma^2 \Gamma_p^{-1}) \tag{22}$$

ここで,Γ_p は $\{y_t\}$ の自己共分散からなる p 次の行列であり,その (j,k) 要素は $\gamma(j-k)$ である.他方,$h > p$ ならば,次のことが成り立つ.

$$\sqrt{T}\hat{\phi}_{hh} \to N(0,1) \quad (h > p)$$

この定理から,例えば,AR(1) モデル $y_t = \phi_1 y_{t-1} + \varepsilon_t$ の場合は,

$$\hat{\phi}_{11} \to N\left(\phi_1, T^{-1}(1 - \phi_1^2)\right)$$

となり,AR(2) モデル $y_t = \phi_1 y_{t-1} + \phi_2 y_{t-2} + \varepsilon_t$ の場合は,

$$\hat{\phi}_{22} \to N\left(\phi_2, T^{-1}(1 - \phi_2^2)\right)$$

3.6 標本逆自己相関と標本逆偏自己相関

時差 h の母集団逆自己相関 $\rho i(h)$ については,第 1 章 8 節で定義したが,標本逆自己相関は,そのアナロジーとして,次のように定義できる.まず,標本自己共分散母関数を

$$\hat{g}(z) = \sum_{h=-(T-1)}^{T-1} \hat{\gamma}(h)\, z^h$$

で定義する.ここで,$\hat{\gamma}(h)$ は,時差 h の標本自己共分散である.さらに,

$$\hat{g}i(z) = 1/\hat{g}(z) = \sum_{h=-\infty}^{\infty} \hat{\gamma}i(h)\, z^h$$

を標本逆自己相関母関数とするとき,時差 h の標本逆自己相関 $\hat{\rho}i(h)$ は,

$$\hat{\rho}i(h) = \frac{\hat{\gamma}i(h)}{\hat{\gamma}i(0)} \tag{23}$$

で定義される.

標本逆自己相関については,標本自己相関と同様に,次の定理が成り立つ (Hosking 1980 参照).

定理 3.7 線形過程(1)に対して,(2)の条件,および $\mathrm{E}(\varepsilon_t^4) = \eta\sigma^4 < \infty$ を仮定する.そのとき,次のことが成立する.

$$\lim_{T\to\infty} \mathrm{E}(\hat{\rho}i(h)) = \rho i(h)$$

$$\begin{aligned}
\rho i_{ab} &= \lim_{T\to\infty} T\,\mathrm{Cov}(\hat{\rho}i(a), \hat{\rho}i(b)) \\
&= \sum_{j=-\infty}^{\infty} \big[\rho i(j+a)\rho i(j+b) + \rho i(j-a)\rho i(j+b) - 2\rho i(b)\rho i(j)\rho i(j+a) \\
&\qquad\qquad - 2\rho i(a)\rho i(j)\rho i(j+b) + 2\rho i(a)\rho i(b)\rho i^2(j)\big]
\end{aligned} \tag{24}$$

$$\sqrt{T}\,(\hat{\boldsymbol{\rho}}\boldsymbol{i} - \boldsymbol{\rho}\boldsymbol{i}) = \begin{pmatrix} \sqrt{T}(\hat{\rho}i(h_1) - \rho i(h_1)) \\ \vdots \\ \sqrt{T}(\hat{\rho}i(h_m) - \rho i(h_m)) \end{pmatrix} \Rightarrow \mathrm{N}(\boldsymbol{0}, \Omega i)$$

ここで，Ωi の (a,b) 要素は，ρi_{ab} で与えられる．

例えば，AR(1) モデル $y_t = \phi y_{t-1} + \varepsilon_t$ の場合について，ρi_{hh} を計算すると次のようになる．

$$\rho i_{11} = 1 - 3\rho i^2(1) + 4\rho i^4(1) = \frac{1 + \phi^2 + 4\phi^4 + \phi^6 + \phi^8}{(1+\phi^2)^4}$$

$$\rho i_{hh} = 1 + 2\rho i^2(1) = \frac{1 + 4\phi^2 + \phi^4}{(1+\phi^2)^2} \qquad (h \geq 2)$$

ここで，$\rho i(1) = -\phi/(1+\phi^2)$ である．

式(21)の標本偏自己相関と同様に，時差 h の標本逆偏自己相関 $\hat{\phi} i_{hh}$ は次の方程式から得られる．

$$\hat{\boldsymbol{R}} i_h \, \hat{\boldsymbol{\phi}} i_h = \hat{\boldsymbol{\rho}} i_h \iff \begin{pmatrix} 1 & \hat{\rho} i(1) & \dots & \hat{\rho} i(h-1) \\ \hat{\rho} i(1) & 1 & \dots & \hat{\rho} i(h-2) \\ \vdots & \vdots & \ddots & \vdots \\ \hat{\rho} i(h-1) & \hat{\rho} i(h-2) & \dots & 1 \end{pmatrix} \begin{pmatrix} \hat{\phi} i_{h1} \\ \hat{\phi} i_{h2} \\ . \\ . \\ \hat{\phi} i_{hh} \end{pmatrix}$$

$$= \begin{pmatrix} \hat{\rho} i(1) \\ \hat{\rho} i(2) \\ . \\ . \\ \hat{\rho} i(h) \end{pmatrix} \qquad (25)$$

一般の時系列モデルでは，標本逆偏自己相関の性質は複雑となるので，ここでは，MA(q) モデルの場合を考える．このとき，次の定理が得られる．

定理 3.8 時系列 $\{y_t\}$ が MA(q) モデル $y_t = \theta(L)\varepsilon_t$ に従うならば，q 次元統計量 $\hat{\boldsymbol{\phi}} i_q = (\hat{\phi} i_{q1}, \cdots, \hat{\phi} i_{qq})'$ は次の漸近分布に従う．

$$\sqrt{T}\,(\hat{\boldsymbol{\phi}} i_q - \boldsymbol{\phi} i_q) \to \mathrm{N}(0, \sigma^2 \Gamma_q^{-1}) \qquad (26)$$

ここで，Γ_q は，AR(q) 過程 $\theta(L)x_t = \varepsilon_t$ の自己共分散からなる q 次の行列で

あり，その (j,k) 要素は $\mathrm{Cov}(x_j, x_k)$ である．他方，$h > q$ ならば，次のことが成り立つ．

$$\sqrt{T}\,\hat{\phi i}_{hh} \to \mathrm{N}(0,1) \qquad (h > q)$$

この定理から，例えば，MA(1) モデル $y_t = \varepsilon_t - \theta_1 \varepsilon_{t-1}$ の場合は，

$$\hat{\phi i}_{11} \to \mathrm{N}\left(\theta_1, T^{-1}\left(1 - \theta_1^2\right)\right)$$

となり，MA(2) モデル $y_t = \varepsilon_t - \theta_1 \varepsilon_{t-1} - \theta_2 \varepsilon_{t-2}$ の場合は，

$$\hat{\phi i}_{22} \to \mathrm{N}\left(\theta_2, T^{-1}\left(1 - \theta_2^2\right)\right)$$

となる．

3.7 ピリオドグラムの標本理論

この節では，第2章で議論したスペクトラムに関連したさまざまな統計量を対象として，それらの統計的性質を調べることにする．そのために，まず，サイズ T の標本 $\boldsymbol{y} = (y_1, y_2, \cdots, y_T)'$ を**有限 Fourier 変換**した次の統計量を考えよう．

$$w(\omega_j) = \frac{1}{\sqrt{T}} \sum_{t=1}^{T} y_t\, e^{-it\omega_j}, \qquad \omega_j = \frac{2\pi}{T}\left([-T/2] + j\right) \qquad (j = 1, \cdots, T) \tag{27}$$

ここで，ω_j は**基本周波数**と呼ばれ，区間 $(-\pi, \pi]$ 上の値を取る．なお，有限 Fourier 変換は，周期 2π の周期関数であるから，幅 2π の任意の区間を考えてもよいことに注意されたい．

式(27)の有限 Fourier 変換は，ベクトル

$$\boldsymbol{w} = (w(\omega_1), w(\omega_2), \cdots, w(\omega_T))' : T \times 1$$

と，行列

$$\boldsymbol{P} = \begin{pmatrix} \boldsymbol{P}_1 \\ \boldsymbol{P}_2 \\ \vdots \\ \boldsymbol{P}_T \end{pmatrix} : T \times T, \qquad \boldsymbol{P}_j = \frac{1}{\sqrt{T}} \left(e^{-i\omega_j}, e^{-2i\omega_j}, \cdots, e^{-Ti\omega_j} \right) : 1 \times T$$

(28)

を定義すれば,次のように簡潔に表現することができる.

$$\boldsymbol{w} = \boldsymbol{P}\boldsymbol{y} \tag{29}$$

式(28)で定義した行列 $\boldsymbol{P}$ は,$\boldsymbol{P}^*\boldsymbol{P} = I_T$ をみたすことがわかる.ここで,$\boldsymbol{P}^*$ は,行列 $\boldsymbol{P}$ を転置して共役複素数に変換したもの(共役転置行列)である.このような行列 $\boldsymbol{P}$ は,**ユニタリー行列**と呼ばれる.当然ながら,要素が実数ならば,ユニタリー行列は直交行列である.このことから,時間領域における標本 $\boldsymbol{y}$ と,周波数領域における量 $\boldsymbol{w}$ は,1対1に対応し,しかも,等長変換となっている.すなわち,次のことが成り立つ.

$$\boldsymbol{w} = \boldsymbol{P}\boldsymbol{y} \;\Leftrightarrow\; \boldsymbol{y} = \boldsymbol{P}^*\boldsymbol{w}, \qquad |\boldsymbol{y}|^2 = \sum_{t=1}^{T} y_t^2 = |\boldsymbol{w}|^2 = \sum_{j=1}^{T} |w(\omega_j)|^2$$

(30)

有限 Fourier 変換を使って,次のように定義される統計量

$$I(\omega_j) = \frac{1}{2\pi} |w(\omega_j)|^2 = \frac{1}{2\pi T} \left| \sum_{t=1}^{T} y_t \, e^{-it\omega_j} \right|^2 \tag{31}$$

を,周波数 ω_j における**ピリオドグラム**と呼ぶ.ピリオドグラムは,時系列に含まれる周期成分の強さを表す統計量である.実際,時系列が周波数 ω_j に対応する周期成分を含むならば,$I(\omega_j)$ の値は大きくなり,含まないならば小さくなる.式(30)の後半から,

$$|\boldsymbol{y}|^2 = |\boldsymbol{w}|^2 = 2\pi \sum_{j=1}^{T} I(\omega_j) \tag{32}$$

が成り立つことがわかる.すなわち,時系列の標本変動の総和は,ピリオドグラムの総和(の定数倍)に等しい.あとで見るように,異なる周波数間におけるピリオドグラムは,ほぼ無相関となるので,変動の総和は,ピリオドグラムに

より，ほぼ無相関な変動に分解されることになる．

ピリオドグラムは，スペクトラムの標本バージョンと考えることができる．この意味は，スペクトラムが，

$$f(\omega) = \frac{1}{2\pi} \sum_{h=-\infty}^{\infty} \gamma(h) e^{-ih\omega}$$

と表されるのに対して，ピリオドグラムは，

$$I(\omega_j) = \frac{1}{2\pi} \sum_{h=-(T-1)}^{T-1} \hat{\gamma}(h) e^{-ih\omega_j} \tag{33}$$

と表されることによる．ただし，$\omega_j \neq 0$ とする．実際，

$$2\pi I(\omega_j) = \frac{1}{T} \left| \sum_{t=1}^{T} (y_t - \bar{y}) e^{-it\omega_j} \right|^2 = \frac{1}{T} \sum_{s=1}^{T} \sum_{t=1}^{T} (y_s - \bar{y})(y_t - \bar{y}) e^{-i(s-t)\omega_j}$$

$$= \frac{1}{T} \sum_{h=-(T-1)}^{T-1} \sum_{t \in S_h} (y_t - \bar{y})(y_{t+h} - \bar{y}) e^{-ih\omega_j}$$

となる．ここで，S_h は，$h \geq 0$ のとき，$S_h = \{1, 2, \cdots, T-h\}$，$h \leq h$ のとき，$S_h = \{1-h, 2-h, \cdots, T\}$ となる時点の集合である．このことから，上記の結果を得る．

逆に，

$$\hat{\gamma}(h) = \int_{-\pi}^{\pi} I(\omega) e^{ih\omega} d\omega \tag{34}$$

が成り立つ．これは，母集団における自己共分散とスペクトラムの関係

$$\gamma(h) = \int_{-\pi}^{\pi} f(\omega) e^{ih\omega} d\omega$$

の標本バージョンである．

今までの議論から，ピリオドグラムは，スペクトラムの推定量として使えるように思われるかもしれない．しかし，漸近的不偏であるものの，一致性は保証されない．実際，次の定理が成り立つ(証明は，Andserson 1971 を参照されたい)．

定理 3.9 時系列 $\{y_t\}$ が定常，反転可能な ARMA(p,q) モデルに従い，誤差項 $\{\varepsilon_t\}$ が 4 次のモーメントをもつとする．このとき，式 (31) で定義されたピ

リオドグラムは，次の性質をもつ．

$$\mathrm{E}(I(\omega)) = \frac{1}{2\pi} \sum_{h=-(T-1)}^{T-1} \left(1 - \frac{|h|}{T}\right) \gamma(h)\, e^{-ih\omega} \quad \to \quad f(\omega)$$

$$\lim_{T\to\infty} T\left[\mathrm{E}(I(\omega)) - f(\omega)\right] = -\frac{1}{2\pi} \sum_{h=-\infty}^{\infty} |h|\, \gamma(h)\, e^{-i\omega h}$$

$$\lim_{T\to\infty} \mathrm{V}(I(0)) = 2\, f^2(0), \qquad \lim_{T\to\infty} \mathrm{V}(I(\pm\pi)) = 2\, f^2(\pi)$$

$$\lim_{T\to\infty} \mathrm{V}(I(\omega)) = f^2(\omega) \qquad (\omega \neq 0, \pm\pi)$$

$$\lim_{T\to\infty} \mathrm{Cov}(I(\omega), I(\lambda)) = 0 \quad (\omega \neq \pm\lambda)$$

上の定理が伝えるメッセージは，ピリオドグラムが，(a)スペクトラムの漸近的不偏推定量である．(b)しかし，一致性はない．(c)異なる周波数間では，漸近的に無相関である，ということである．

ピリオドグラムは，スペクトラムの推定量としては一致性をもたないので，それ自体では有用でない．しかし，漸近的不偏性と異なる周波数間での漸近的な無相関性があるので，当該の周波数回りでの平均を取ることにより，一致性をもたらすような推定量を得ることができる．例えば，ω の回りの $2m+1$ 個の基本周波数におけるピリオドグラムの平均

$$\hat{f}(\omega) = \frac{1}{2m+1} \sum_{j \in A_{2m+1}(\omega)} I(\omega_j) \tag{35}$$

を考えることができる．ここで，$A_{2m+1}(\omega)$ は，周波数 ω に近接する $2m+1$ 個の基本周波数からなる集合である．項数 $2m+1$ が標本サイズ T とともに大きくなるならば，ただし，$m/T \to 0$ となるような発散のスピードならば，次のことが成り立つ (Fuller 1996)．

$$\lim_{T\to\infty} (2m+1)\,\mathrm{V}(\hat{f}(\omega)) = \begin{cases} f^2(\omega) & (\omega \neq 0, \pm\pi) \\ 2\, f^2(\omega) & (\omega = 0, \pm\pi) \end{cases}$$

スペクトラムの推定量に基づいて，スペクトラムに関する信頼区間を構成することも可能である．そのためには，次の事実を使う (Fuller 1996)．

$$\frac{2(2m+1)\,\hat{f}(\omega)}{f(\omega)} \;\Rightarrow\; \chi^2(2m+1)$$

このことから，$f(\omega)$ に対する信頼係数 $1-\alpha$ の信頼区間は，ほぼ

$$\frac{2(2m+1)\,\hat{f}(\omega)}{\chi^2_{\alpha/2}(2m+1)} \leq f(\omega) \leq \frac{2(2m+1)\,\hat{f}(\omega)}{\chi^2_{1-\alpha/2}(2m+1)}$$

となる．ここで，$\chi^2_{\alpha}(n)$ は，$\chi^2(n)$ 分布の上側 $100\alpha\%$ 点である．

スペクトラムの推定量は，式 (35) のようなピリオドグラムの平滑化で得られるもの以外にも，多くのものが提案されている．それらは，一般的に，

$$\tilde{f}(\omega) = \frac{1}{2\pi} \sum_{h=-K_T}^{K_T} k\left(\frac{h}{K_T}\right) \hat{\gamma}(h) e^{-ih\omega} \tag{36}$$

と表すことができる．ここで，$k(x)$ は，**ラグ・ウィンドウ**と呼ばれ，$[-1,1]$ 上で定義され，原点対称，$k(0)=1$，$|k(x)| \leq 1$ となるような連続関数である．また，K_T は，$T \to \infty$ のとき，$K_T \to \infty$，$K_T/T \to 0$ となるような数値であり，**ラグ打ち切り数**と呼ばれる．例えば，$k(x) = 1 - |x|$ としたものは，**Bartlett ウィンドウ**と呼ばれる．

式 (36) で定義されたスペクトラムの推定量は，次の性質をもつ (Anderson 1971, Fuller 1996)．

定理 3.10 時系列 $\{y_t\}$ が定常，反転可能な ARMA(p,q) モデルに従い，誤差項 $\{\varepsilon_t\}$ が 4 次のモーメントをもつとする．このとき，式 (36) で定義されたスペクトラムの推定量 $\tilde{f}(\omega)$ は，次の性質をもつ．

$$\lim_{T \to \infty} \frac{T}{K_T} \operatorname{Cov}(\tilde{f}(\omega), \tilde{f}(\lambda)) = \begin{cases} 2f^2(\omega) \int_{-1}^{1} k^2(x)\,dx & (\omega = \lambda = 0, \pm\pi) \\ f^2(\omega) \int_{-1}^{1} k^2(x)\,dx & (\omega = \lambda \neq 0, \pm\pi) \\ 0 & (\omega \neq \pm\lambda) \end{cases}$$

上の定理に従えば，Bartlett ウィンドウの場合には，

$$\int_{-1}^{1} k^2(x)\,dx = \int_{-1}^{1} (1-|x|)^2\,dx = \frac{2}{3}$$

となるので，

$$V(\tilde{f}(\omega)) \approx \frac{2\,K_T}{3\,T} f^2(\omega) \quad (\omega \neq 0, \pm\pi)$$

となる.

実際的な問題は，ラグ打ち切り数 K_T の選び方である．1つの方法は，推定量の MSE を最小にするようなオーダーを見つけることである．MSE は，次の形で与えられる (Anderson 1971).

$$\begin{aligned}\mathrm{MSE}(\tilde{f}(\omega)) &= \mathrm{E}\left[\tilde{f}(\omega) - f(\omega)\right]^2 = V(\tilde{f}(\omega)) + \left[\mathrm{E}(\tilde{f}(\omega)) - f(\omega)\right]^2 \\ &\approx \frac{K_T}{T} f^2(\omega) \int_{-1}^{1} k^2(x)\,dx + \left(\frac{\delta}{K_T^q}\right)^2 \left(f^{[q]}(\omega)\right)^2 \quad (37)\end{aligned}$$

ここで，

$$f^{[q]}(\omega) = \frac{1}{2\pi} \sum_{h=-\infty}^{\infty} |h|^q \gamma(h)\,e^{-ih\omega}$$

である．また，δ と q は,

$$\lim_{x \to 0} \frac{1 - k(x)}{|x|^q} = \delta$$

をみたす正数で，q は，δ が有限な値になるような最大のべきである．Bartlett ウィンドウの場合は，$1 - k(x) = |x|$ であるから，$q = 1$ となり，そのとき，$\delta = 1$ となる．そして，式(37)の MSE は，分散とバイアスの2乗のオーダーが同じになるときに最小のオーダーとなる．それは，$K_T/T = 1/K_T^{2q}$ となる場合，すなわち，$K_T = O(T^{1/(2q+1)})$ となる場合である．Bartlett ウィンドウならば，$K_T = O(T^{1/3})$ となる．

3.8　有限 Fourier 変換の効用

本節では，定常な ARMA 過程に従う時系列 $\{y_t\}$ の標本 $\boldsymbol{y} = (y_1, y_2, \cdots, y_T)'$ を，周波数領域へ変換することの利点について，推定の観点から述べる．

時系列 $\{y_t\}$ が平均0の正規過程に従うものとすると，ベクトル $\boldsymbol{y}$ の対数尤度は,

$$L(\boldsymbol{\theta}) = -\frac{T}{2}\log(2\pi) - \frac{1}{2}\log|\Sigma| - \frac{1}{2}\boldsymbol{y}'\Sigma^{-1}\boldsymbol{y} \quad (38)$$

で与えられる．ここで，Σ は $\boldsymbol{y}$ の共分散行列であり，各要素は，ARMA 過程のパラメータ・ベクトル $\boldsymbol{\theta}$ の関数である．$L(\boldsymbol{\theta})$ を最大にする値 $\hat{\boldsymbol{\theta}}$ は，$\boldsymbol{\theta}$ の最尤推定量(MLE)となる．

式(38)は，行列式 $|\Sigma|$ と逆行列 Σ^{-1} を含んでおり，MLE を求めるためには，これらの繰り返し計算が必要となる．これらの計算量は，標本サイズ T が大きくなると莫大なものとなる．

しかし，式(28)で定義したユニタリー行列 $\boldsymbol{P}$ を使えば，行列 Σ を，ほぼ対角化できることが知られている．具体的には，次の近似が成り立つ．

$$\boldsymbol{P}\Sigma\boldsymbol{P}^* \approx 2\pi D_T, \qquad D_T = \mathrm{diag}\{f(\omega_1), \cdots, f(\omega_T)\} \tag{39}$$

ここで，$\mathrm{diag}\{a_1, \cdots, a_n\}$ は，対角要素が $a_1, \cdots, a_n$ であるような対角行列を表す．式(39)が示唆することは，観測値ベクトル $\boldsymbol{y}$ の有限 Fourier 変換 $\boldsymbol{w} = \boldsymbol{P}\boldsymbol{y}$ は，共分散行列 $\mathrm{V}(\boldsymbol{w}) = \boldsymbol{P}\Sigma\boldsymbol{P}^*$ を，ほぼ対角化するということである．

以上のことから，式(38)の対数尤度は，次のように変形することができる．

$$\begin{aligned}
L(\boldsymbol{\theta}) &= -\frac{T}{2}\log(2\pi) - \frac{1}{2}\log|\boldsymbol{P}\Sigma\boldsymbol{P}^*| - \frac{1}{2}(\boldsymbol{P}\boldsymbol{y})^*(\boldsymbol{P}\Sigma\boldsymbol{P}^*)^{-1}(\boldsymbol{P}\boldsymbol{y}) \\
&\approx -\frac{T}{2}\log(2\pi) - \frac{1}{2}\log|2\pi D_T| - \frac{1}{4\pi}\boldsymbol{w}^* D_T^{-1}\boldsymbol{w} \\
&= -\frac{T}{2}\log(2\pi) - \frac{1}{2}\sum_{j=1}^{T}\log(2\pi f(\omega_j)) - \frac{1}{2}\sum_{j=1}^{T}\frac{I(\omega_j)}{f(\omega_j)}
\end{aligned} \tag{40}$$

最後の表現では，行列式や逆行列の計算が回避されている．これは，近似に基づく尤度(擬似尤度)であるが，時間領域における厳密な尤度よりも計算しやすいことが了解されよう．この点が有限 Fourier 変換の効用であり，周波数領域で考えることの利点となっている．

第4章
ARMAモデルに基づく予測と推定

この章では，まず，時系列の将来の値を予測する問題を考える．今まで議論してきた定常な ARMA モデルの有用性の1つは，予測に使われることである．ここで考察する方法は，単に予測の問題だけでなく，欠測値の推定問題にも適用できることが示される．次に，実際のデータに ARMA モデルをあてはめる手続きについて説明する．時系列分析用の統計パッケージが数多く普及した現在では，データさえあれば，パソコンがたちどころに処理を実行して，モデルの推定をしてくれる．その意味では非常に便利になったが，通常は，アウトプットには当該のモデル分析に無関係なものも含めて大量の情報が画一的にもたらされる．その洪水の中から適切な情報を取捨選択するためには，推定方法やアウトプットの意味を正確に理解しなければならない．

4.1 最良予測

$\{y_t\}$ を平均 μ の定常過程として，$\boldsymbol{y}(T) = (y_1, \cdots, y_T)'$ に基づいて，y_{T+1} を予測する問題を考えよう．このとき，予測のための統計量を y_{T+1} の**予測量**といい，$\hat{y}_{T+1}$ と表すことにする．$\mathrm{E}(\hat{y}_{T+1}) = \mu$ となるとき，$\hat{y}_{T+1}$ は**不偏予測量**であるという．このことは，**予測誤差** $y_{T+1} - \hat{y}_{T+1}$ の平均が0となることと同等である．

さらに，望ましい予測を行うための基準として，予測の MSE (平均2乗誤差)

$$\mathrm{MSE}(\hat{y}_{T+1}) = \mathrm{E}\,(y_{T+1} - \hat{y}_{T+1})^2$$
$$= \mathrm{V}(y_{T+1} - \hat{y}_{T+1}) + \{\mathrm{E}(y_{T+1} - \hat{y}_{T+1})\}^2 \qquad (1)$$

を定義する．このとき，予測の MSE を最小にするような不偏予測量を**最良不偏予測量**という．予測が不偏ならば，予測の MSE は予測誤差の分散となる．したがって，最良不偏予測とは，不偏な予測の中で，予測誤差分散を最小にす

るものである.

次の定理は,そのような最良不偏予測量の計算方法を与えるものである.

定理 4.1 $\boldsymbol{y}(T) = (y_1, \cdots, y_T)'$ に基づいて,y_{T+1} を予測する場合の最良不偏予測量 y_{T+1}^* は,条件付き期待値 $\mathrm{E}(y_{T+1}|\boldsymbol{y}(T))$ である.

実際,このことは,次のようにして示すことができる.任意の不偏予測量を $\hat{y}_{T+1}$ とする.このとき,予測の MSE は,

$$\mathrm{MSE}(\hat{y}_{T+1}) = \mathrm{E}\left[\{(y_{T+1} - \mathrm{E}(y_{T+1}|\boldsymbol{y}(T))) - (\hat{y}_{T+1} - \mathrm{E}(y_{T+1}|\boldsymbol{y}(T)))\}^2\right]$$
$$= \mathrm{E}\left[\{y_{T+1} - \mathrm{E}(y_{T+1}|\boldsymbol{y}(T))\}^2\right] + \mathrm{E}\left[\{\hat{y}_{T+1} - \mathrm{E}(y_{T+1}|\boldsymbol{y}(T))\}^2\right]$$

であるから,これを最小にするのは,明らかに,最後の右辺第 2 項を 0 とする条件付き期待値 $\mathrm{E}(y_{T+1}|\boldsymbol{y}(T))$ である.そして,この予測量の平均は,期待値の繰り返しの公式から,

$$\mathrm{E}\left[\mathrm{E}(y_{T+1}|\boldsymbol{y}(T))\right] = \mathrm{E}(y_{T+1}) = \mu$$

となるので,不偏である.以上から,$y_{T+1}^* = \mathrm{E}(y_{T+1}|\boldsymbol{y}(T))$ は最良不偏予測量である.そして,予測の MSE は,条件付き分散

$$\mathrm{MSE}(y_{T+1}^*) = \mathrm{V}(y_{T+1}|\boldsymbol{y}(T)) = \mathrm{E}\left[\{y_{T+1} - \mathrm{E}(y_{T+1}|\boldsymbol{y}(T))\}^2\right]$$

で与えられる.

定理 4.1 では,予測の問題を念頭に置いて結果を述べているが,この結果は,(a) 欠測値の推定問題,(b) 信号抽出などの問題にも適用可能である.欠測値の推定問題とは,観測値のベクトルを $\boldsymbol{x}$,欠測値を y とするとき,y を推定する問題であり,最良推定量は $\mathrm{E}(y|\boldsymbol{x})$ となる.また,信号抽出問題とは,観測値 y が誤差あるいは雑音 u とともに $y = y_0 + u$ の形で観測されるとき,雑音を含まない y_0 を推定する問題である.このときの最良推定量は,$\mathrm{E}(y_0|y)$ となる.

しかし,条件付き期待値の計算は,確率過程の背後にある分布に依存して,一般には困難である.ただし,正規過程の場合には,次の例が示すように容易

に求めることができる.

(例 4.1) $\{y_t\}$ が平均 μ の正規定常過程であるとき,y_{T+1} の最良不偏予測量を求めよう.まず,$\boldsymbol{y}(T)$ と y_{T+1} の同時分布は

$$\boldsymbol{y}(T+1) = \begin{pmatrix} \boldsymbol{y}(T) \\ y_{T+1} \end{pmatrix} \sim \mathrm{N}(\mu \boldsymbol{e}(T+1), \Sigma)$$

と表される.ここで,

$$\boldsymbol{e}(T+1) = \begin{pmatrix} 1 \\ \vdots \\ 1 \end{pmatrix} : (T+1) \times 1, \quad \Sigma = \begin{pmatrix} \Sigma_{11} & \Sigma_{12} \\ \Sigma_{21} & \Sigma_{22} \end{pmatrix} : (T+1) \times (T+1)$$

であり,Σ_{11} は $\boldsymbol{y}(T)$ の分散行列 $(T \times T)$,Σ_{12} は $\boldsymbol{y}(T)$ と y_{T+1} の共分散からなるベクトル $(T \times 1)$,Σ_{22} は y_{T+1} の分散を表すスカラーである.このとき,y_{T+1} の最良不偏予測量 y_{T+1}^* は,多変量正規分布に関する条件付き分布の性質を使うことにより,

$$y_{T+1}^* = \mathrm{E}(y_{T+1}|\boldsymbol{y}(T)) = \mu + \Sigma_{21}\Sigma_{11}^{-1}(\boldsymbol{y}(T) - \mu\boldsymbol{e}(T)) \qquad (2)$$

となる.また,予測の MSE は次のようになる.

$$\mathrm{E}\left[\{y_{T+1} - \mathrm{E}(y_{T+1}|\boldsymbol{y}(T))\}^2\right] = \mathrm{E}\left[\{y_{T+1} - \mu - \Sigma_{21}\Sigma_{11}^{-1}(\boldsymbol{y}(T) - \mu\boldsymbol{e}(T))\}^2\right]$$
$$= \Sigma_{22} - \Sigma_{21}\Sigma_{11}^{-1}\Sigma_{12} \qquad (3)$$

y_{T+1} の不偏予測量としては,例えば,平均 μ を考えることもできる.しかし,その場合の予測誤差分散は $\mathrm{V}(y_{T+1} - \mu) = \Sigma_{22}$ であり,これは,最良不偏予測量の分散 $\Sigma_{22} - \Sigma_{21}\Sigma_{11}^{-1}\Sigma_{12}$ よりも大きい.ただし,独立な定常過程においては,正規過程でなくても,$\mathrm{E}(y_{T+1}|\boldsymbol{y}(T)) = \mathrm{E}(y_{T+1})$ が成り立つから,最良不偏予測量は,$\mathrm{E}(y_{T+1}|y(T)) = \mathrm{E}(y_{T+1}) = \mu$ となる.

条件付き期待値の計算は,一般には面倒である.そこで,予測量のクラスを制限した上で,次のような最適な予測量を考えることにする.

最良線形不偏予測量: y_{T+1} の線形予測量 $a_0 + a_1 y_1 + \cdots + a_T y_T$ の中で，予測の MSE を最小にする不偏予測量を最良線形不偏予測量という．

次の定理は，最良線形不偏予測量を具体的に計算するための方法を与えるものである．最良不偏予測量と違って，いかなる定常過程に対しても明示的に計算できることが了解されよう．

定理 4.2 $\boldsymbol{y}(T) = (y_1, \cdots, y_T)'$ に基づいて，y_{T+1} を予測する場合の最良線形不偏予測量 $\tilde{y}_{T+1}$ は，

$$\tilde{y}_{T+1} = \mu + \boldsymbol{\gamma}'(T)\,\Gamma_T^{-1}\,(\boldsymbol{y}(T) - \mu\,\boldsymbol{e}(T)) = a_0 + \boldsymbol{a}'(T)\,\boldsymbol{y}(T) \quad (4)$$

で与えられる．ここで，

$$\boldsymbol{e}(T) = \begin{pmatrix} 1 \\ \vdots \\ 1 \end{pmatrix}, \quad \boldsymbol{\gamma}(T) = \mathrm{Cov}(\boldsymbol{y}(T), y_{T+1}) = \begin{pmatrix} \gamma_y(T) \\ \vdots \\ \gamma_y(1) \end{pmatrix}, \quad \Gamma_T = \mathrm{V}(\boldsymbol{y}(T))$$

であり，$\boldsymbol{e}(T)$ と $\boldsymbol{\gamma}(T)$ は $T \times 1$ のベクトル，Γ_T は $T \times T$ の行列である．また，このときの a_0 と $\boldsymbol{a}(T) = (a_1, \cdots, a_T)'$ は，

$$a_0 = \mu\left(1 - \boldsymbol{\gamma}'(T)\,\Gamma_T^{-1}\,\boldsymbol{e}(T)\right) = \mu\left(1 - \boldsymbol{a}'(T)\,\boldsymbol{e}(T)\right), \qquad \boldsymbol{a}(T) = \Gamma_T^{-1}\,\boldsymbol{\gamma}(T) \quad (5)$$

となる．さらに，$\tilde{y}_{T+1}$ の MSE は，次のように表される．

$$\mathrm{MSE}(\tilde{y}_{T+1}) = \gamma_y(0) - \boldsymbol{\gamma}'(T)\,\Gamma_T^{-1}\,\boldsymbol{\gamma}(T) = \gamma_y(0) - \boldsymbol{a}'(T)\,\boldsymbol{\gamma}(T) = \frac{|\Gamma_{T+1}|}{|\Gamma_T|} \quad (6)$$

以上のことは，次のように示すことができる．線形予測の MSE

$$f(a_0, \boldsymbol{a}(T)) = \mathrm{E}\left(y_{T+1} - a_0 - a_1 y_1 - \cdots - a_T y_T\right)^2$$
$$= \mathrm{E}\left(y_{T+1} - a_0 - \boldsymbol{a}'(T)\,\boldsymbol{y}(T)\right)^2$$

の最小化を考えるために，$f(a_0, \boldsymbol{a}(T))$ を a_0 と $\boldsymbol{a}(T)$ で偏微分して 0 とおくこ

とにより，次の正規方程式を得る．

$$\frac{\partial f}{\partial a_0} = -2\,\mathrm{E}\left[y_{T+1} - a_0 - \boldsymbol{a}'(T)\,\boldsymbol{y}(T)\right] = 0 \tag{7}$$

$$\frac{\partial f}{\partial \boldsymbol{a}(T)} = -2\,\mathrm{E}\left[\boldsymbol{y}(T)\left\{y_{T+1} - a_0 - \boldsymbol{a}'(T)\,\boldsymbol{y}(T)\right\}\right] = 0 \tag{8}$$

式 (7) から，$a_0 = \mu\left(1 - \boldsymbol{a}'(T)\,\boldsymbol{e}(T)\right)$ を得るので，これを (8) に代入すると，

$$\mathrm{E}\left[\boldsymbol{y}(T)\left\{y_{T+1} - \mu - \boldsymbol{a}'(T)\left(\boldsymbol{y}(T) - \mu\,\boldsymbol{e}(T)\right)\right\}\right] = \boldsymbol{\gamma}(T) - \boldsymbol{\Gamma}(T)\,\boldsymbol{a}(T) = 0$$

となる．以上から，(5) が得られる．なお，不偏性は，(7) の正規方程式から必然的に成り立つ．また，式 (6) で与えられた予測の MSE は，次のように求めることができる．

$$\begin{aligned}
\mathrm{MSE}(\tilde{y}_{T+1}) &= \mathrm{E}\left[\left\{y_{T+1} - \mu - \boldsymbol{\gamma}'(T)\,\Gamma_T^{-1}\left(\boldsymbol{y}(T) - \mu\,\boldsymbol{e}(T)\right)\right\}^2\right] \\
&= \gamma_y(0) - 2\boldsymbol{\gamma}'(T)\,\Gamma_T^{-1}\boldsymbol{\gamma}(T) + \boldsymbol{\gamma}'(T)\,\Gamma_T^{-1}\,\Gamma_T\,\Gamma_T^{-1}\,\boldsymbol{\gamma}(T) \\
&= \gamma_y(0) - \boldsymbol{\gamma}'(T)\,\Gamma_T^{-1}\boldsymbol{\gamma}(T) = \gamma_y(0) - \boldsymbol{a}'(T)\,\boldsymbol{\gamma}(T)
\end{aligned}$$

式 (6) の最後の表現は，Γ_T が Γ_{T+1} の部分行列であることから，分割行列の行列式を考えれば得られる．

定理 4.2 の結果から，式 (2) で与えた正規過程の場合の最良不偏予測量と，(4) の最良線形不偏予測量は，全く同一であることがわかる．したがって，正規過程の場合には，最良線形不偏予測が最良不偏予測となる．しかし，正規過程でない一般の場合には，最良不偏予測量は，必ずしも線形とはならない．

最良線形不偏予測量は，推定の場合の最小2乗推定量と同様に，求め方が容易であり，いくつかの望ましい性質をもつことが知られている．それらをまとめると，次のようになる．なお，$f(\omega)$ は，$\{y_t\}$ のスペクトラムである．

最良線形不偏予測量 $\tilde{y}_{T+1}$ の性質

(a) $\tilde{y}_{T+1} = \mu + \boldsymbol{\gamma}'(T)\,\Gamma_T^{-1}\left(\boldsymbol{y}(T) - \mu\,\boldsymbol{e}(T)\right)$. 特に，無相関過程においては，$\tilde{y}_{T+1} = \mu$

(b) $\mathrm{MSE}(\tilde{y}_{T+1}) = \gamma_y(0) - \boldsymbol{\gamma}'(T)\,\Gamma_T^{-1}\boldsymbol{\gamma}(T)$ であり，$T \to \infty$ の極限は次の

ようになる．

$$\lim_{T\to\infty} \mathrm{MSE}(\tilde{y}_{T+1}) = \exp\left\{\frac{1}{2\pi}\int_{-\pi}^{\pi} \log(2\pi f(\omega))\,d\omega\right\}$$

（c）正規定常過程では，最良不偏予測量である．
（d）$\mathrm{E}[y_{T+1} - \tilde{y}_{T+1}] = 0$
（e）$\mathrm{E}[(y_{T+1} - \tilde{y}_{T+1})y_t] = 0 \ (t = 1, \cdots, T)$

上記の性質(b)の中で，予測の MSE に関する極限の表現は，Kolmogorov の**予測誤差分散公式**と呼ばれ，スペクトラムをもつような任意の定常過程に適用される結果である．特に，ARMA 過程においては，その値は誤差項の分散 σ^2 になることが知られている．実際，定常かつ反転可能な ARMA 過程の場合，$f(\omega) = \sigma^2 g(\omega)$ とすれば，

$$\int_{-\pi}^{\pi} \log(2\pi f(\omega))\,d\omega = 2\pi\log\sigma^2, \qquad \int_{-\pi}^{\pi} \log(2\pi g(\omega))\,d\omega = 0 \quad (9)$$

が成り立つ（Anderson 1971 参照）．また，性質(d)と(e)は，(7)と(8)の正規方程式そのものであるが，これらは，次節で述べる射影の概念と密接に結びついている．

4.2 最良線形予測と射影

定数 1 とベクトル $\boldsymbol{y}(T) = (y_1, \cdots, y_T)'$ の線形結合で作られる空間 M を考えよう．積の期待値で内積を定義することにより，M は計量ベクトル空間となる．そして，M に属する 2 つの点 u と v の距離の 2 乗は，$\mathrm{E}(u-v)^2$ で表される．このとき，最良線形予測とは，y_{T+1} との距離を最小にするような空間 M の点を見つけることである，ということができる．

予測問題を上記のように解釈すれば，その解 $\tilde{y}_{T+1}$ は，空間 M への射影となる．実際，$\tilde{y}_{T+1}$ は，前節で述べたように，(7)と(8)の正規方程式の解であり，それは，予測誤差が予測に使われるすべての変数と直交するという射影の条件にほかならない．なお，空間 M が定数 1 を含むのは，予測の不偏性を確保するためである．

線形予測を射影の観点から理解すると,予測量を求めるのも非常に容易になる.そのために,まず,射影の性質を見ることにしよう.今,u, v を確率変数,w を確率ベクトル ($T \times 1$) として,これらは分散が有限であるとする.そして,u を 1 と w により張られる空間に射影したものを $\Pi(u|1, w)$ と表すことにする.Π は,**射影演算子**と呼ばれる.このとき,次のことが成り立つ.

射影演算子 Π の性質

以下,$\alpha, \beta, \alpha_1, \cdots, \alpha_T$ を定数とする.

(a) $\Pi(u|1, w) = \mathrm{E}(u) + \Sigma_{uw} \Sigma_{ww}^{-1} (w - \mathrm{E}(w))$. ただし,$\Sigma_{uw} = \mathrm{Cov}(u, w)$,$\Sigma_{ww} = \mathrm{V}(w)$. 特に,$\Sigma_{uw} = 0$ ならば,$\Pi(u|1, w) = \mathrm{E}(u)$

(b) $\mathrm{E}[(u - \Pi(u|1, w))^2] = \mathrm{V}(u) - \Sigma_{uw} \Sigma_{ww}^{-1} \Sigma_{wu}$

(c) $\Pi(u|1) = \mathrm{E}(u)$

(d) $\Pi(\beta|1, w) = \beta$

(e) $\Pi(\alpha u + \beta v|1, w) = \alpha \Pi(u|1, w) + \beta \Pi(v|1, w)$

(f) $\Pi(\alpha' w|1, w) = \alpha' w$. ただし,$\alpha = (\alpha_1, \cdots, \alpha_T)'$

上記の性質は,すべて最良線形予測の観点から解釈することができる.まず,(a)と(b)は,それぞれ,最良線形予測の表現と予測の MSE を与える.また,(c)は確率変数を定数で予測する場合には期待値が最良であること,(d)は定数の最良予測は定数そのものであるという自明なこと,(e)は予測の線形性が成り立つこと,(f)は予測に使われる変数の予測は不要であることを意味している.

この中で,性質 (e) が成り立つことを示そう.$x = \alpha u + \beta v$ とおくと,$\mathrm{E}(x) = \alpha \mathrm{E}(u) + \beta \mathrm{E}(v)$,$\mathrm{Cov}(x, w) = \Sigma_{xw} = \alpha \Sigma_{uw} + \beta \Sigma_{vw}$ と表されるから,(a) に代入して,次の結果を得る.

$$\Pi(x|1, \boldsymbol{w}) = \mathrm{E}(x) + \Sigma_{xw}\Sigma_{ww}^{-1}(\boldsymbol{w} - \mathrm{E}(\boldsymbol{w}))$$
$$= \alpha\mathrm{E}(u) + \beta\mathrm{E}(v) + (\alpha\Sigma_{uw} + \beta\Sigma_{vw})\Sigma_{ww}^{-1}(\boldsymbol{w} - \mathrm{E}(\boldsymbol{w}))$$
$$= \alpha\left[\mathrm{E}(u) + \Sigma_{uw}\Sigma_{ww}^{-1}(\boldsymbol{w} - \mathrm{E}(\boldsymbol{w}))\right]$$
$$+ \beta\left[\mathrm{E}(v) + \Sigma_{vw}\Sigma_{ww}^{-1}(\boldsymbol{w} - \mathrm{E}(\boldsymbol{w}))\right]$$
$$= \alpha\,\Pi(u|1, \boldsymbol{w}) + \beta\,\Pi(v|1, \boldsymbol{w})$$

いくつかの例によって,最良線形不偏予測量を射影の観点から導出してみよう.

(例 4.2) 時系列 $\{y_t\}$ が定常な AR(p) モデル $y_t = m + \phi_1 y_{t-1} + \cdots + \phi_p y_{t-p} + \varepsilon_t$ に従う場合の予測を考えよう.まず,前節の方法で求めてみよう.最良線形予測量 $\tilde{y}_{T+1}$ を $a_0 + \boldsymbol{a}'(T)\boldsymbol{y}(T)$ と表すと,$T \geq p$ ならば,式 (5) より,

$$\boldsymbol{a}(T) = \Gamma_T^{-1}\boldsymbol{\gamma}(T) = (0,\cdots,0,\phi_p,\phi_{p-1},\cdots,\phi_1)'$$
$$a_0 = \mu(1 - \boldsymbol{a}'(T)\boldsymbol{e}(T)) = \mu(1 - \sum_{j=1}^{p}\phi_j) = m$$

となる.$\boldsymbol{a}(T)$ の表現は,Yule-Walker 方程式から得られるものである.以上より,

$$\tilde{y}_{T+1} = m + \phi_1 y_T + \phi_2 y_{T-1} + \cdots + \phi_p y_{T-p+1} \qquad (T \geq p) \qquad (10)$$

$$\mathrm{MSE}(\tilde{y}_{T+1}) = \gamma_y(0) - \boldsymbol{a}'(T)\boldsymbol{\gamma}(T) = \gamma_y(0) - (0,\cdots,0,\phi_p,\cdots,\phi_1)\begin{pmatrix}\gamma_y(T)\\ \vdots \\ \gamma_y(1)\end{pmatrix}$$

$$= \gamma_y(0) - \phi_1\gamma_y(1) - \cdots - \phi_p\gamma_y(p) = \sigma^2 \qquad (11)$$

となる.ただし,$T < p$ の場合には,上のような簡潔な表現は得られない.例えば,$T = 1 < p$ ならば,次のようになる.

$$\tilde{y}_{T+1} = \tilde{y}_2 = \mu + \frac{\gamma_y(1)}{\gamma_y(0)}(y_1 - \mu), \quad \mathrm{MSE}(\tilde{y}_1) = \gamma_y(0) - \frac{\gamma_y^2(1)}{\gamma_y(0)}$$

他方,射影演算子を使うことにより,$T \geq p$ ならば,容易に

$$\tilde{y}_{T+1} = \Pi(y_{T+1}|1, \boldsymbol{y}(T))$$
$$= \Pi(m + \phi_1 y_T + \phi_2 y_{T-1} + \cdots + \phi_p y_{T+1-p} + \varepsilon_{T+1}|1, y_T, \cdots, y_1)$$
$$= m + \phi_1 y_T + \phi_2 y_{T-1} + \cdots + \phi_p y_{T+1-p}$$

を得る.

(**例 4.3**) MA モデルの予測は，AR モデルほど容易ではない．このことを見るために，MA(1) モデル $y_t = \mu + \varepsilon_t - \theta\varepsilon_{t-1}$ を考えよう．式(4)を使って，次の表現を得る．

$$\tilde{y}_{T+1} = \mu + \sum_{t=1}^{T} a_t(y_t - \mu), \qquad a_t = -\frac{\theta^{T-t+1}(1+\theta^2+\cdots+\theta^{2(t-1)})}{1+\theta^2+\cdots+\theta^{2T}} \tag{12}$$

$$\mathrm{MSE}(\tilde{y}_{T+1}) = \frac{1+\theta^2+\cdots+\theta^{2(T+2)}}{1+\theta^2+\cdots+\theta^{2(T+1)}}\sigma^2 \tag{13}$$

他方，射影の考え方を使うと，

$$\Pi(y_{T+1}|1, \boldsymbol{y}_T) = \Pi(\mu + \varepsilon_{T+1} - \theta\varepsilon_T|1, \boldsymbol{y}_T) = \mu - \theta\,\Pi(\varepsilon_T|1, \boldsymbol{y}_T)$$

となり，この最後の射影を計算することにより，(12)が得られる．

MA モデルの予測は，MA(1) の場合でさえ，一般の AR モデルの場合よりも複雑であるが，モデルの次数が大きくなるにつれて，さらに複雑になる．そこで，問題を簡単にするために，無限の過去からの観測値が与えられたものとして，予測量を構成することを考える．すなわち，予測量として，

$$\tilde{y}_{T+1} = \Pi(y_{T+1}|1, y_T, y_{T-1}, \cdots)$$

を考える．この場合に考える空間は，定数 1 と $y_{T+1}, y_T, \cdots$ により張られる空間であり，積の期待値を内積とする Hilbert 空間となる．射影の概念は，このような無限の世界にも適用される．

例として，再度，MA(1) モデル $y_t = \mu + \varepsilon_t - \theta\varepsilon_{t-1}$ を取り上げよう．このとき，反転可能性を仮定すると，次の結果を得る．

$$\tilde{y}_{T+1} = \Pi(y_{T+1}|1, y_T, y_{T-1}, \cdots) = \Pi(\mu + \varepsilon_{T+1} - \theta\varepsilon_T | 1, y_T, y_{T-1}, \cdots)$$
$$= \mu - \theta\varepsilon_T$$
$$\mathrm{MSE}(\tilde{y}_{T+1}) = \mathrm{V}(y_{T+1} - \tilde{y}_{T+1}) = \mathrm{V}(y_{T+1} - \mu + \theta\varepsilon_T) = \mathrm{V}(\varepsilon_{T+1}) = \sigma^2$$

予測量には，誤差項 ε_T が含まれているが，反転可能性のもとで，無限の観測値 $y_T, y_{T-1}, \cdots$ が与えられることと，$\varepsilon_T, \varepsilon_{T-1}, \cdots$ が与えられることは同等になるから，表現として正当化される．このような考え方は，一般の MA モデルの場合にも適用することができる．

4.3　複数期先の予測

前節までは，1 時点先の予測を議論したが，一般に h 時点先の予測についても，同様に考えることができる．

定理 4.3　$\boldsymbol{y}(T) = (y_1, \cdots, y_T)'$ に基づいて，y_{T+h} を予測する場合の最良不偏予測量 y^*_{T+h} と最良線形不偏予測量 $\tilde{y}_{T+h}$ は，それぞれ，

$$y^*_{T+h} = E(y_{T+h}|\boldsymbol{y}(T)) \tag{14}$$
$$\tilde{y}_{T+h} = \Pi(y_{T+h}|1, \boldsymbol{y}(T)) = \mu + \boldsymbol{\gamma}'_h(T) \Gamma_T^{-1} (\boldsymbol{y}(T) - \mu\boldsymbol{e}(T)) \tag{15}$$

で与えられる．ここで，

$$\boldsymbol{e}(T) = \begin{pmatrix} 1 \\ \vdots \\ 1 \end{pmatrix}, \quad \boldsymbol{\gamma}_h(T) = \mathrm{Cov}(\boldsymbol{y}(T), y_{T+h}) = \begin{pmatrix} \gamma_y(T+h-1) \\ \vdots \\ \gamma_y(h) \end{pmatrix},$$
$$\Gamma_T = \mathrm{V}(\boldsymbol{y}(T))$$

であり，$\boldsymbol{e}(T)$ と $\boldsymbol{\gamma}_h(T)$ は $T \times 1$ のベクトル，Γ_T は $T \times T$ の行列である．さらに，これらの予測量の MSE は，次のように表される．

$$\mathrm{MSE}(y^*_{T+h}) = \mathrm{V}(y_{T+h}|\boldsymbol{y}(T)) = \mathrm{E}\left[\{y_{T+h} - \mathrm{E}(y_{T+h}|\boldsymbol{y}(T))\}^2\right] \tag{16}$$
$$\mathrm{MSE}(\tilde{y}_{T+h}) = \gamma_y(0) - \boldsymbol{\gamma}'_h(T) \Gamma_T^{-1} \boldsymbol{\gamma}_h(T) \tag{17}$$

ARMA モデルの場合には，h 期先の最良線形予測についても，射影の考え方を使えば容易である．以下，具体例を見てみよう．

(例 4.4) AR(1) モデル $y_t = m + \phi_1 y_{t-1} + \varepsilon_t$ の場合には，

$$\begin{aligned} y_{T+h} &= m + \phi_1 y_{T+h-1} + \varepsilon_{T+h} \\ &= m(1 + \phi_1 + \cdots + \phi_1^{h-1}) + \phi_1^h y_T + \varepsilon_{T+h} + \phi_1 \varepsilon_{T+h-1} + \cdots \\ &\quad + \phi_1^{h-1} \varepsilon_{T+1} \end{aligned}$$

であるから，次の結果を得る．

$$\tilde{y}_{T+h} = \Pi(y_{T+h}|1, \boldsymbol{y}(T)) = m(1 + \phi_1 + \cdots + \phi_1^{h-1}) + \phi_1^h y_T$$
$$\begin{aligned} \text{MSE}(\tilde{y}_{T+h}) &= \text{V}(\varepsilon_{T+h} + \phi_1 \varepsilon_{T+h-1} + \cdots + \phi_1^{h-1} \varepsilon_{T+1}) \\ &= \sigma^2 (1 + \phi_1^2 + \phi_1^4 + \cdots + \phi_1^{2(h-1)}) \\ &\to \frac{\sigma^2}{1 - \phi_1^2} = \text{V}(y_t) \quad (h \to \infty) \end{aligned}$$

(例 4.5) AR(p) モデル $y_t = m + \phi_1 y_{t-1} + \cdots + \phi_p y_{t-p} + \varepsilon_t$ の場合には，

$$\tilde{y}_{T+h} = m + \phi_1 \tilde{y}_{T+h-1} + \cdots + \phi_p \tilde{y}_{T+h-p} \tag{18}$$

となることがわかる．ただし，$\tilde{y}_k$ は，$k \leq T$ ならば y_k である．$h > p$ ならば，

$$\phi(L)(y_{T+h} - \tilde{y}_{T+h}) = \varepsilon_{T+h}$$

が成り立つから，$h \to \infty$ のとき，$\text{MSE}(\tilde{y}_{T+h}) = \text{V}(y_t)$ となる．

(例 4.6) MA(1) モデル $y_t = \mu + \varepsilon_t - \theta \varepsilon_{t-1}$ では，$h \geq 2$ の場合の予測は次のようになる．

$$\hat{y}_{T+h} = \Pi(\mu + \varepsilon_{T+h} - \theta \varepsilon_{T+h-1} | 1, \boldsymbol{y}(T)) = \mu$$
$$\text{MSE}(\hat{y}_{T+h}) = \text{V}(\varepsilon_{T+h} - \theta \varepsilon_{T+h-1}) = \sigma^2 (1 + \theta^2) = \text{V}(y_t)$$

(**例 4.7**) 一般の MA(q) モデル $y_t = \mu + \varepsilon_t - \theta_1\varepsilon_{t-1} - \cdots - \theta_q\varepsilon_{t-q}$ では, h 期先の予測量の表現が複雑になる. そこで, 前節と同様に, 無限の過去の観測値が与えられた場合の予測を考えることにする. このとき,

$$\tilde{y}_{T+h} = \Pi\left(\mu + \varepsilon_{T+h} - \theta_1\varepsilon_{T+h-1} - \cdots - \theta_q\varepsilon_{T+h-q}|1, y_T, y_{T-1}, \cdots\right)$$
$$= \mu + \tilde{\varepsilon}_{T+h} - \theta_1\tilde{\varepsilon}_{T+h-1} - \cdots - \theta_q\tilde{\varepsilon}_{T+h-q}$$

となる. ここで, $\tilde{\varepsilon}_k$ は, $k \leq T$ ならば ε_k, それ以外は 0 である. もっと一般に, MA(∞) 過程

$$y_t = \mu + \sum_{j=0}^{\infty} \alpha_j\,\varepsilon_{t-j}, \quad \alpha_0 = 1, \quad \sum_{j=0}^{\infty} \alpha_j^2 < \infty$$

における最良線形予測は, 次のようになる.

$$\tilde{y}_{T+h} = \mu + \sum_{j=h}^{\infty} \alpha_j\,\varepsilon_{T+h-j} \tag{19}$$

$$\mathrm{MSE}(\tilde{y}_{T+h}) = \mathrm{V}\left(\sum_{j=0}^{h-1} \alpha_j\,\varepsilon_{T+h-j}\right) = \sigma^2 \sum_{j=0}^{h-1} \alpha_j^2$$

$$\to \sigma^2 \sum_{j=0}^{\infty} \alpha_j^2 = \mathrm{V}(y_t) \qquad (h \to \infty) \tag{20}$$

4.4 射影の応用

射影の考え方を使って予測する場合, 段階的な予測が可能である. すなわち, 次の**段階的射影の法則**が成り立つ.

定理 4.4 X, Y, Z を確率変数, あるいは確率ベクトルとするとき, 次のことが成り立つ.

$$\Pi(X|Y, Z) = \Pi(X|Z) + \Pi\left(X - \Pi(X|Z)|Y - \Pi(Y|Z)\right) \tag{21}$$

このことは, 次のように示すことができる. まず, X を Y と Z に射影すると,

を得る. ここで,

$$\mathrm{E}(\varepsilon) = 0, \quad \mathrm{Cov}(Y, \varepsilon) = 0, \quad \mathrm{Cov}(Z, \varepsilon) = 0$$

$$X = \Pi(X|Y, Z) + \varepsilon = AY + BZ + \varepsilon \qquad (22)$$

である. 次に, 式(22)の両辺を Z に射影して,

$$\Pi(X|Z) = A\Pi(Y|Z) + BZ \qquad (23)$$

を得る. したがって, 式(22)から式(23)を差し引いて,

$$X - \Pi(X|Z) = A\left(Y - \Pi(Y|Z)\right) + \varepsilon$$

を得る. ここで, 右辺第1項と第2項は直交するから,

$$\Pi\left(X - \Pi(X|Z) \mid Y - \Pi(Y|Z)\right) = A\left(Y - \Pi(Y|Z)\right)$$

となり,

$$X = \Pi(X|Z) + \Pi\left(X - \Pi(X|Z) \mid Y - \Pi(Y|Z)\right) + \varepsilon \qquad (24)$$

を得る. 結局, 式(22)と(24)から, (21)が成り立つことになる.

段階的射影の法則は, 第6章で Kalman フィルターを導出する際に応用される. また, 別の応用として, 偏自己相関に関する次の事実を証明することができる.

定理 4.5 定常過程 $\{y_t\}$ における時差 h の偏自己相関は, 2つの予測誤差 $y_t - \Pi(y_t|y_{t+1}, \cdots, y_{t+h-1})$ と $y_{t+h} - \Pi(y_{t+h}|y_{t+1}, \cdots, y_{t+h-1})$ の相関係数に等しい.

実際, 時差 h の偏自己相関を ϕ_{hh} とするとき, 次のことを証明すればよい.

$$\phi_{hh} = \frac{\mathrm{Cov}(\tilde{e}_1, \tilde{e}_2)}{\sqrt{\mathrm{V}(\tilde{e}_1)\mathrm{V}(\tilde{e}_2)}}$$

ここで,

$$\tilde{e}_1 = y_t - \Pi(y_t|y_{t+1}, \cdots, y_{t+h-1}), \quad \tilde{e}_2 = y_{t+h} - \Pi(y_{t+h}|y_{t+1}, \cdots, y_{t+h-1})$$

4.5 モデルの特定化と推定

時系列モデルが広く使われるようになったのは，1970年に出版されたBox-Jenkinsの著書 *Time Series Analysis: Forecasting and Control* に負うところが大きい(その後，1976年に第2版，1994年に第3版が出版されている). 1930年代に起源をもつ時系列分析の方法は，数学的な難しさもあって，しばらくは一部の専門家の研究対象にとどまっていた．しかし，Box-Jenkinsは，工学的な発想から，時系列モデルの特定化(identification)，推定(estimation)，診断(diagnostic checking)，予測(forecasting)という一連の段階的な手続きとして時系列分析を定式化した．このようなモデル・ビルディングの発想は，コンピュータの進展という追い風を受けてパッケージ化され，専門家以外にも門戸を大きく開くことになった．

ARMAモデルを推定するためには，まず，標本の自己相関や偏自己相関，さらに，逆自己相関や逆偏自己相関などを手がかりとして，ARMA(p,q)モデルの次数pとqを特定化する必要がある．

このようなプロセスを経て，定常，反転可能な次のARMA(p,q)モデルを推定するものとしよう．

$$\phi(L)y_t = \theta(L)\varepsilon_t, \quad \{\varepsilon_t\} \sim \text{i.i.d.}(0, \sigma^2) \qquad (25)$$

このモデルでは，平均を0としているが，以下，平均が0でない場合は，標本平均を差し引いた時系列を考えることにする．このモデルに含まれるパラメータは，次の通りである．

$$\boldsymbol{\phi} = (\phi_1, \cdots, \phi_p)', \quad \boldsymbol{\theta} = (\theta_1, \cdots, \theta_q)', \quad \sigma^2 = \text{V}(\varepsilon_t)$$

これらのパラメータを推定するための主要な方法は，最小2乗法と最尤法に大きく分けられる．そして，それぞれについて，時間領域と周波数領域における方法が提案されている．以下，これらについて説明する．

4.5.1 時間領域における最小 2 乗法

標本サイズ T の観測値が与えられたとき，時間領域における ϕ と θ の最小 2 乗法による推定量は，次の関数を最小化することにより得られる．

$$f(\phi,\theta) = \sum_{t=1}^{T} \varepsilon_t^2 = \sum_{t=1}^{T} \left\{ \frac{\phi(L) y_t}{\theta(L)} \right\}^2 \tag{26}$$

この関数は，その形から明らかなように，MA 部分のラグ多項式 $\theta(L)$ が入り込むために複雑となっている．もし，MA 部分がない ($\theta(L) = 1$) ならば，すなわち，純粋な AR モデルならば，ε_t はパラメータ ϕ の線形関数となり，通常の回帰モデルの場合と同様に，推定も容易である．しかし，MA 部分が存在すると，ε_t は常にパラメータの非線形関数となる．したがって，そこから得られる推定量は**非線形最小 2 乗推定量 (NLSE)** と呼ばれる．式 (26) の最小化については，さまざまな方法が提案されており，Box-Jenkins-Reinsel (1994) に詳しい解説がある．

なお，σ^2 は，パラメータ ϕ と θ の NLSE に基づいて計算される残差を使って，事後的に推定することができる．

4.5.2 時間領域における最尤法

定常，反転可能な ARMA(p,q) モデルからの観測値ベクトル $\boldsymbol{y} = (y_1,\cdots,y_T)'$ が，多変量正規分布 N$(0, \sigma^2 \Sigma)$ に従うものとしよう．ここで，Σ は，T 次の正値定符号行列であり，各要素は ϕ と θ の関数である．このとき，対数尤度は，

$$L(\phi,\theta,\sigma^2) = -\frac{T}{2}\log(2\pi\sigma^2) - \frac{1}{2}\log|\Sigma| - \frac{1}{2\sigma^2} \boldsymbol{y}' \Sigma^{-1} \boldsymbol{y} \tag{27}$$

となる．パラメータ ϕ と θ が与えられれば，(27) を最大にする σ^2 は，$\boldsymbol{y}' \Sigma^{-1} \boldsymbol{y}/T$ であるので，これを σ^2 に代入することにより，集約対数尤度関数

$$l(\phi,\theta) = -\frac{T}{2}\log(\boldsymbol{y}' \Sigma^{-1} \boldsymbol{y}) - \frac{1}{2}\log|\Sigma| \tag{28}$$

が定義される．これを最大化することにより，ϕ と θ の MLE (最尤推定量) が得られる．そして，σ^2 は，$\hat{\sigma}^2 = \boldsymbol{y}' \hat{\Sigma}^{-1} \boldsymbol{y}/T$ により推定できる．ここで，$\hat{\Sigma}$

は，Σ に含まれる ϕ と θ を MLE で置き換えたものである．

 以上の方法で，時間領域における MLE が得られるが，T が大きくなると，行列式 $|\Sigma|$ や逆行列 Σ^{-1} の計算量は莫大なものとなるので，計算上の工夫が必要となる．詳しくは，Box-Jenkins-Reinsel(1994)，Brockwell-Davis(1996) などを参照されたい．

 一般に，MLE は，前節で述べた NLSE よりも望ましい性質をもっている．しかし，漸近的には，両者は同等であり，次のことが成り立つ．

定理 4.6 定常，反転可能な ARMA モデルにおいては，パラメータ $\boldsymbol{\beta} = (\boldsymbol{\phi}', \boldsymbol{\theta}')'$ の NLSE および MLE は，漸近的に同一の正規分布に従い，次のことが成り立つ．

$$\sqrt{T}(\hat{\boldsymbol{\beta}} - \boldsymbol{\beta}) \quad \Rightarrow \quad N(0, \Omega^{-1})$$

ここで，$\hat{\boldsymbol{\beta}}$ は $\boldsymbol{\beta}$ の MLE あるいは NLSE である．また，Ω は，パラメータ $\boldsymbol{\beta}$ に関するフィッシャー(Fisher)の情報行列であり，次のように求めることができる．

$$\Omega = \frac{1}{\sigma^2} \begin{pmatrix} E(\boldsymbol{U}_t \boldsymbol{U}_t') & E(\boldsymbol{U}_t \boldsymbol{V}_t') \\ E(\boldsymbol{V}_t \boldsymbol{U}_t') & E(\boldsymbol{V}_t \boldsymbol{V}_t') \end{pmatrix}$$

ここで，$\boldsymbol{U}_t = (u_t, \cdots, u_{t-p+1})'$，$\boldsymbol{V}_t = (v_t, \cdots, v_{t-q+1})'$ であり，$\{u_t\}$，$\{v_t\}$ は，それぞれ，AR(p) 過程 $\phi(L)u_t = -\varepsilon_t$，AR($q$) 過程 $\theta(L)v_t = \varepsilon_t$ に従う．

 なお，σ^2 の推定量は残差を使って事後的に求められ，漸近的には $\hat{\boldsymbol{\beta}}$ と独立に分布することが知られている．また，平均 μ を推定する場合には，μ の推定量は，σ^2 の推定量，および $\hat{\boldsymbol{\beta}}$ と漸近的に独立になることが示される．以下，定理 4.6 を若干の例に適用してみよう．

(例 4.8) AR(1) モデル $y_t = \phi y_{t-1} + \varepsilon_t$，あるいは MA(1) モデル $y_t = \theta y_{t-1} + \varepsilon_t$ の場合の Ω^{-1} は，次のようになる．

$$\text{AR}(1): \Omega^{-1} = 1 - \phi^2, \qquad \text{MA}(1): \Omega^{-1} = 1 - \theta^2$$

実際,AR(1) の場合には,$\boldsymbol{U}_t = u_t = -\varepsilon_t/(1 - \phi L)$ が AR(1) に従うことから,$\mathrm{E}(u_t^2)/\sigma^2 = 1/(1-\phi^2)$ となることを使えばよい.

(例 4.9) AR(2) モデル $y_t = \phi_1 y_{t-1} + \phi_2 y_{t-2} + \varepsilon_t$ の場合は,次の結果を得る.

$$\Omega^{-1} = \begin{pmatrix} 1 - \phi_2^2 & -\phi_1(1+\phi_2) \\ -\phi_1(1+\phi_2) & 1 - \phi_2^2 \end{pmatrix}$$

実際,Ω^{-1} は,定義により,

$$\Omega^{-1} = \sigma^2 \begin{pmatrix} \gamma(0) & \gamma(1) \\ \gamma(1) & \gamma(0) \end{pmatrix}^{-1}$$

であり,これを計算すれば得られる.MA(2) モデルの場合も同様である.

(例 4.10) ARMA(1,1) モデル $y_t = \phi y_{t-1} + \varepsilon_t - \theta \varepsilon_{t-1}$ の場合は,次のようになる.

$$\Omega^{-1} = \frac{1 - \phi\theta}{(\phi - \theta)^2} \begin{pmatrix} (1-\phi^2)(1-\phi\theta) & (1-\phi^2)(1-\theta^2) \\ (1-\phi^2)(1-\theta^2) & (1-\theta^2)(1-\phi\theta) \end{pmatrix}$$

実際,$u_t = \phi u_{t-1} - \varepsilon_t, v_t = \theta v_{t-1} + \varepsilon_t$ とするとき,Ω は次のように定義される行列となる.

$$\Omega = \frac{1}{\sigma^2} \begin{pmatrix} \mathrm{E}(u_t^2) & \mathrm{E}(u_t v_t) \\ \mathrm{E}(v_t u_t) & \mathrm{E}(v_t^2) \end{pmatrix} = \frac{1}{\sigma^2} \begin{pmatrix} \dfrac{\sigma^2}{1-\phi^2} & \dfrac{-\sigma^2}{1-\phi\theta} \\ \dfrac{-\sigma^2}{1-\phi\theta} & \dfrac{\sigma^2}{1-\theta^2} \end{pmatrix}$$

このことから,Ω^{-1} は,上のように与えられる.

今までは,平均 μ は既知として議論を進めてきたが,未知の場合には推定する必要がある.その場合には,$\boldsymbol{\beta}$ の推定量と μ の推定量は漸近的に独立で

あるから，β の推定量に関しては今までの結果がそのまま成り立つ．他方，μ の推定量，例えば，$\hat{\mu} = \bar{y}$ については，第3章1節で述べた結果から，

$$\sqrt{T}\,(\hat{\mu} - \mu) \quad \Rightarrow \quad N(0, 2\pi f(0))$$

が成り立つ．ここで，$f(0)$ は，$\{y_t\}$ のスペクトラムの原点における値である．例えば，ARMA(p,q) においては，$2\pi f(0) = \sigma^2 \left(1 - \theta_1 - \cdots - \theta_q\right)^2 / (1 - \phi_1 - \cdots - \phi_p)^2$ となる．なお，μ の最尤推定量も同一の漸近分布をもつことが知られている．

ARMA モデルにおいては，平均のパラメータではなく，定数項 m を推定したい場合がある．例えば，AR(p) モデル $\phi(L)y_t = m + \varepsilon_t$ の場合，$m = (1 - \phi_1 - \cdots - \phi_p)\mu = g(\boldsymbol{\phi}, \mu)$ であるから，Taylor 展開により，

$$\hat{m} = g(\hat{\boldsymbol{\phi}}, \hat{\mu}) = g(\boldsymbol{\phi}, \mu) + \frac{\partial g}{\partial \boldsymbol{\phi}'}(\hat{\boldsymbol{\phi}} - \boldsymbol{\phi}) + \frac{\partial g}{\partial \mu}(\hat{\mu} - \mu) + o_p(T^{-1/2})$$

$$= m + (-\mu)\boldsymbol{e}'(\hat{\boldsymbol{\phi}} - \boldsymbol{\phi}) + (1 - \phi_1 - \cdots - \phi_p)(\hat{\mu} - \mu) + o_p(T^{-1/2})$$

となる．ただし，$\boldsymbol{e}$ は，すべての成分が1からなる p 次元の列ベクトルである．このことから，定理4.6，および，$\hat{\boldsymbol{\phi}}$ と $\hat{\mu}$ の漸近的独立性を使って，

$$\sqrt{T}\,(\hat{m} - m) \quad \Rightarrow \quad N(0, \sigma_m^2), \qquad \sigma_m^2 = \sigma^2\left(1 + \mu^2 \boldsymbol{e}' \Gamma_p^{-1} \boldsymbol{e}\right)$$

を得る．ここで，Γ_p は，$\boldsymbol{U} = (y_t, \cdots, y_{t-p+1})'$ の共分散行列である．特に，AR(1) モデルの場合には，$\sigma_m^2 = \sigma^2 + (1 - \phi^2)\mu^2$ となる．

4.5.3 周波数領域における推定量

すでに述べたように，時間領域における MLE は，式(27)の対数尤度関数を最大化して得られるが，共分散行列の行列式と逆行列の計算は，標本サイズが大きくなるにつれて困難になる．この点を回避する1つの方法として，周波数領域における最尤推定量を考えることができる．

第3章7節で議論したように，有限 Fourier 変換

$$w(\omega_j) = \frac{1}{\sqrt{T}} \sum_{t=1}^{T} y_t\, e^{-it\omega_j}, \qquad \omega_j = \frac{2\pi}{T}\left([-T/2] + j\right) \qquad (j = 1, \cdots, T)$$

$$\tag{29}$$

を定義すると，これらをまとめたベクトル $\boldsymbol{w}$ は，次のように表すことができる．

$$\boldsymbol{w} = \begin{pmatrix} w(\omega_1) \\ \vdots \\ w(\omega_T) \end{pmatrix} = \boldsymbol{P}\boldsymbol{y} \quad \Leftrightarrow \quad \boldsymbol{y} = \boldsymbol{P}^* \boldsymbol{w} \tag{30}$$

ここで，$\boldsymbol{P}$ は，(j,t) 要素が $e^{-it\omega_j}/\sqrt{T}$ となる T 次のユニタリー行列であり，$\boldsymbol{P}^*$ は $\boldsymbol{P}$ の共役転置行列である．また，$\boldsymbol{y}$ はサイズ T の観測値ベクトルであり，その共分散行列を $\sigma^2 \Sigma$ で表すことにする．

式 (30) の両辺の共分散行列を評価しよう．そのために次の事実を使う (Fuller 1996 参照)．

$$\lim_{T \to \infty} \mathrm{E}\left(w(\omega_j)\, w^*(\omega_k)\right) = \begin{cases} 2\pi f(\omega_j) & (j = k \text{ のとき}) \\ 0 & (\text{それ以外のとき}) \end{cases}$$

このことから，次の近似が成り立つ．

$$\mathrm{V}(\boldsymbol{w}) = \sigma^2 \boldsymbol{P} \Sigma \boldsymbol{P}^* \approx \sigma^2 \Lambda = 2\pi \, \mathrm{diag}\{f(\omega_1), \cdots, f(\omega_T)\} \tag{31}$$

ここで，$\mathrm{diag}\{a_1, \cdots, a_n\}$ は，対角要素が $a_1, \cdots, a_n$ であるような対角行列を表す．式 (31) の表現から，定常な ARMA 過程の共分散行列 $\sigma^2 \Sigma$ の T 個の固有値は，近似的に $2\pi f(\omega_1), \cdots, 2\pi f(\omega_T)$ となり，固有値 $2\pi f(\omega_j)$ に対応する固有ベクトルは，近似的に $\boldsymbol{P}^*$ の第 j 列で与えられることがわかる．

以上から，正規性の仮定のもとで，式 (27) の対数尤度は，次のように書き換えることができる．

$$\begin{aligned} L(\boldsymbol{\phi}, \boldsymbol{\theta}, \sigma^2) &= -\frac{T}{2}\log(2\pi\sigma^2) - \frac{1}{2}\log|P \Sigma P^*| \\ &\quad - \frac{1}{2\sigma^2}(P\boldsymbol{y})^* (P\Sigma P^*)^{-1} (P\boldsymbol{y}) \\ &\approx -\frac{T}{2}\log(2\pi\sigma^2) - \frac{1}{2}\log|\Lambda| - \frac{1}{2\sigma^2}\boldsymbol{w}^* \Lambda^{-1} \boldsymbol{w} \\ &= -T\log(2\pi) - \frac{T}{2}\log(\sigma^2) - \frac{1}{2}\sum_{j=1}^{T}\log g(\omega_j) - \frac{1}{2\sigma^2}\sum_{j=1}^{T}\frac{I(\omega_j)}{g(\omega_j)} \end{aligned} \tag{32}$$

ここで, $I(\omega) = |w(\omega)|^2/(2\pi)$ はピリオドグラムである. また, $g(\omega) = f(\omega)/\sigma^2$ である.

パラメータ ϕ と θ が与えられれば, (32) を最大にする σ^2 は $\sum_{j=1}^{T}\{I(\omega_j)/g(\omega_j)\}/T$ であるので, これを σ^2 に代入して, 集約対数尤度

$$l(\phi, \theta) = -\frac{T}{2}\log\left[\sum_{j=1}^{T} I(\omega_j)/g(\omega_j)\right] - \frac{1}{2}\sum_{j=1}^{T}\log g(\omega_j) \quad (33)$$

が得られる. 周波数領域における ϕ と θ の MLE は, (33) を最大化するものである. また, σ^2 は,

$$\hat{\sigma}^2 = \frac{1}{T}\sum_{j=1}^{T} I(\omega_j)/\hat{g}(\omega_j)$$

で推定することができる. ここで, $\hat{g}(\omega)$ は, $g(\omega)$ に含まれる ϕ と θ を MLE で置き換えたものである.

他方, 式 (33) の第 1 項のみを最大化, 言い換えれば, $\sum_{j=1}^{T} I(\omega_j)/g(\omega_j)$ を最小化するものが, 周波数領域における ϕ と θ の NLSE である. このことが正当化される理由は, 式 (9) で述べた関係

$$\int_{-\pi}^{\pi} \log(2\pi g(\omega))\, d\omega = 0$$

が成り立つことから, 第 2 項を T で除した量は定数とみなすことができることによる.

周波数領域においても, MLE と NLSE は漸近的に同等であり, さらにまた, 時間領域の場合とも同等になる. 以下では, その結果を周波数領域で表現する.

定理 4.7 定常, 反転可能な ARMA モデルにおいては, パラメータ $\beta = (\phi', \theta')'$ の周波数領域における NLSE および MLE は, 漸近的に同一の正規分布に従う.

$$\sqrt{T}(\hat{\beta} - \beta) \Rightarrow \mathrm{N}(0, \Omega^{-1}), \quad \Omega = \begin{pmatrix} \Omega_{11} & \Omega_{12} \\ \Omega_{21} & \Omega_{22} \end{pmatrix}$$

ここで, $\hat{\beta}$ は β の周波数領域における MLE あるいは NLSE である. また,

Ω は，パラメータ β に関する Fisher の情報行列であり，その部分行列 Ω_{11}, $\Omega_{12} = (\Omega_{21})'$, Ω_{22} の各要素は，次のように求めることができる．

$$\Omega_{11}(j,k) = \frac{1}{2\pi} \int_{-\pi}^{\pi} \frac{e^{i(j-k)\omega}}{|\phi(e^{i\omega})|^2} d\omega \qquad (j,k=1,\cdots,p)$$

$$\Omega_{12}(j,l) = -\frac{1}{2\pi} \int_{-\pi}^{\pi} \frac{e^{i(j-l)\omega}}{\phi(e^{i\omega})\theta(e^{-i\omega})} d\omega \qquad (j=1,\cdots,p;\ l=1,\cdots,q)$$

$$\Omega_{22}(m,l) = \frac{1}{2\pi} \int_{-\pi}^{\pi} \frac{e^{i(m-l)\omega}}{|\theta(e^{i\omega})|^2} d\omega \qquad (m,l=1,\cdots,q)$$

4.6 モデルの診断

推定したモデルを ARMA(p,q) とするとき，このモデルが本当に適切かどうかを診断することが必要である．そのためには，仮説検定による方法と情報量規準によるモデル選択の方法がある．

4.6.1 仮説検定による方法

推定したモデルが適切ならば，そのモデルから計算される残差系列は無相関であると考えることができる．サイズ T の標本から ARMA(p,q) モデル $\phi(L)y_t = \theta(L)\varepsilon_t$ を推定した場合の残差は，

$$e_t = y_t - \sum_{j=1}^{p} \hat{\phi}_j y_{t-j} + \sum_{j=1}^{q} \hat{\theta}_j e_{t-j} \qquad (t=1,\cdots,T) \tag{34}$$

で計算される．ここで，$y_t(t \leq 0)$ は 0 である．また，残差の初期値 $e_t(t \leq 0)$ は 0 とする場合と**後退予測**により計算する場合がある(Box-Jenkins-Reinsel 1994 参照)．

このような残差系列を使って，ラグ h の**残差自己相関**を次のように計算する．

$$r_h = \frac{\sum_{t=1}^{T-h} e_t e_{t+h}}{\sum_{t=1}^{T} e_t^2} \qquad (h=1,\cdots,T-1) \tag{35}$$

ARMA(p,q) モデルを推定したあとの残差系列の場合は，モデルが適切なら

ば，$\sqrt{T}\,r_h$ の周辺分布は，漸近的に N(0, 1) となることが知られている．このことから，各 h ごとに，有意水準 5% で無相関が受容される r_h の範囲は，

$$\left[-1.96 \times \frac{1}{\sqrt{T}},\ 1.96 \times \frac{1}{\sqrt{T}}\right]$$

となる．すなわち，0 のまわりのほぼ $\pm 2/\sqrt{T}$ の区間である．

各ラグごとの残差自己相関の有無を判断する以外に，これらを一括して検定する方法も提案されている．そのために，次の定理は重要である (Box-Pierce 1970, McLeod 1978)．

定理 4.8 定常，反転可能な ARMA(p, q) モデルに基づく残差自己相関のベクトルを $\boldsymbol{r}_m = (r_1, \cdots, r_m)'\ (m > p + q)$ とするとき，次の中心極限定理が成り立つ．

$$\sqrt{T}\,\boldsymbol{r}_m \ \Rightarrow\ \mathrm{N}(0, I_m - J\,\Omega^{-1}\,J') \tag{36}$$

ここで，Ω は定理 4.7 で定義された情報行列である．また，$J = (-J_1, J_2)$ は，$m \times (p + q)$ 行列であり，$J_1 (m \times p)$ の (j, k) 要素は a_{j-k}，$J_2 (m \times q)$ の (j, k) 要素は b_{j-k} である．ただし，a_j, b_j は，次の展開で現れる係数であり，$a_0 = b_0 = 1$，$a_k = b_k = 0\,(k < 0)$ である．

$$\frac{1}{\phi(L)} = \sum_{j=0}^{\infty} a_j\,L^j, \qquad \frac{1}{\theta(L)} = \sum_{j=0}^{\infty} b_j\,L^j$$

この定理は残差自己相関の分布について述べているが，誤差項 $\{\varepsilon_t\}$ を使った自己相関

$$\hat{\rho}_h = \frac{\sum_{t=1}^{T-h} \varepsilon_t\,\varepsilon_{t+h}}{\sum_{t=1}^{T} \varepsilon_t^2} \tag{37}$$

との違いを見てみよう．この場合，$\sqrt{T}\,\hat{\rho}_h$ の周辺分布は，残差自己相関と同様に，漸近的に N(0, 1) である．他方，第 3 章 4 節の議論から，固定された m に対して，$\hat{\boldsymbol{\rho}} = (\hat{\rho}_1, \cdots, \hat{\rho}_m)'$ は，漸近的に

$$\sqrt{T}\,\hat{\boldsymbol{\rho}} \quad \Rightarrow \quad \mathrm{N}(0, I_m)$$

となるので，残差自己相関の共分散行列の方が小さくなる．

ところで，残差自己相関の共分散行列の表現 $I_m - J\Omega^{-1}J'$ において，m を大きくすると，J と Ω の定義の意味を考えれば，近似的に $J'J = \Omega$ が成り立つことがわかる．したがって，近似的に

$$(I_m - J\Omega^{-1}J')^2 = I_m - J\Omega^{-1}J' - J\Omega^{-1}J' + J\Omega^{-1}J'J\Omega^{-1}J'$$
$$= I_m - J\Omega^{-1}J'$$

となることから，共分散行列は，べき等に近いことがわかる．べき等行列のランクは，トレースに等しいから，

$$\mathrm{rank}(I_m - J\Omega^{-1}J') = \mathrm{tr}(I_m - J\Omega^{-1}J') = m - p - q$$

となる．以上から，統計量

$$Q = \left(\sqrt{T}\,\boldsymbol{r}_m\right)' \sqrt{T}\,\boldsymbol{r}_m = T\sum_{h=1}^{m} r_h^2 \tag{38}$$

は，m がある程度大きいならば，ARMA(p,q) モデルが適切であるという帰無仮説のもとで，自由度 $m-p-q$ の χ^2 分布に従う．Q は，**Box-Pierce 統計量**と呼ばれる．なお，この統計量は，帰無仮説のもとで χ^2 分布よりも小さめな値になることが知られており，修正統計量

$$\tilde{Q} = T(T+2) \sum_{h=1}^{m} \frac{1}{T-h} r_h^2 \tag{39}$$

が提案されている．$\tilde{Q}$ は，**Ljung-Box 統計量**と呼ばれており，帰無仮説のもとで，漸近的に自由度 $m-p-q$ の χ^2 分布に従うことから，この値が大きいときに無相関の仮説を棄却する検定を考えることができる．

4.6.2 モデル選択規準による方法

適切なモデルを選択する際，候補となるモデルが多数あれば，前節で述べた検定の手続きによって最終的なモデルを決定するのは，かなり大変な作業となる．また，残差系列の無相関性に関する検定にパスするようなモデルが複数あ

れば，どのモデルを採用したらよいか，判断に迷うこともありうる．

このような場合，実際のデータが従う真の分布との距離を各モデルごとに推定し，その推定値が最小になるようなモデルを最良のモデルとして選択する方法が提案されている．ここで，真の分布との距離は，情報理論における **Kullback-Leibler 情報量** の考え方を援用して測ることができる．その代表的なものは，Akaike(1973)により提案された **AIC** (Akaike's Information Criterion：赤池情報量基準)である．平均が未知の ARMA(p,q) モデルに対する AIC は，

$$\text{AIC}(p,q) = -2 \times 対数尤度の最大値 + 2(p+q+1) \qquad (40)$$

により定義される．この値を最小にする p と q の組み合わせからなる ARMA(p,q) モデルを最適なものとして選択するのが AIC によるモデル選択規準である．式(40)において，右辺第1項は，モデルのデータへの当てはまりのよさを表す．一般に，モデルを複雑にすればするほど，単調に減少する項である．これに対して，第2項は，パラメータの個数 $p+q$ の単調増加関数であり，モデルを複雑にすることに対するペナルティーを考慮した項である．当然ながら，当てはまりが同程度のモデルの中では，単純なモデルをよしとする原理である．なお，AIC 以外にも，その修正版や改良版がいくつか提案されている．代表的なものは，Schwarz(1978)により提案されたもので，

$$\text{SBC}(p,q) = -2 \times 対数尤度の最大値 + (p+q+1)\log T \qquad (41)$$

を最小にするモデル選択規準である．SBC (Schwarz's Bayesian Information Criterion：Schwarz のベイジアン情報量基準)の第2項は AIC の第2項よりも大きいので，SBC は推定すべきパラメータの追加に対してペナルティーが厳しくなっている．したがって，SBC 規準は，AIC 規準よりも「ケチの原理」が強く，より単純なモデルを選ぶ傾向がある．

4.7 実際例

時系列 $\{y_t\}$ が次の AR(3) 過程に従うものとする．

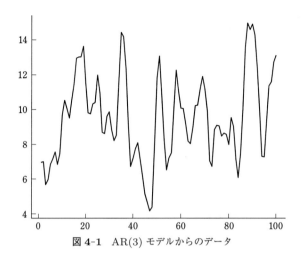

図 4-1 AR(3) モデルからのデータ

$$y_t = m + \phi_1 y_{t-1} + \phi_2 y_{t-2} + \phi_3 y_{t-3} + \varepsilon_t$$

$$m = 1.5, \quad \phi_1 = 1.55, \quad \phi_2 = -1.1, \quad \phi_3 = 0.4, \quad \sigma^2 = 1$$

平均は，$E(y_t) = m/(1 - \phi_1 - \phi_2 - \phi_3) = 10$ である．このモデルから，コンピュータにより，次の 100 個のデータを生成した．

```
 6.95  6.99  5.68  5.96  6.84  7.14  7.55  6.84  7.44  9.69
10.52 10.05  9.51 10.55 11.45 12.95 13.02 13.03 13.63 11.52
 9.81  9.75 10.32 10.40 11.98 10.96  8.69  8.62  9.60  9.86
 8.81  8.21  8.52 11.63 14.43 14.17 12.36  9.20  6.72  7.18
 7.73  8.09  7.10  6.16  5.15  4.65  4.17  4.38  8.20 11.83
13.07 10.79  8.18  6.52  7.20  7.50  9.98 12.26 11.01 10.08
10.05  9.16  8.18  8.04  8.97 10.22 10.25 11.19 11.90 11.17
 9.92  7.04  6.72  8.84  9.09  9.06  8.47  8.64  8.57  7.99
 9.53  9.02  7.12  6.08  7.42 10.05 13.54 14.96 14.59 14.90
14.30 12.38 10.01  7.30  7.27  9.33 11.35 11.59 12.73 13.12
```

図 4-1 には，このデータをプロットしてある．全体として，母集団平均 10 のまわりに変動していることが見てとれる．

時系列モデルを推定するために，まず，標本コレログラム，逆自己相関，偏自己相関を求めた．その結果，AR(2) あるいは AR(3) モデルをあてはめるのが適切であると判断された．そこで，平均が未知の AR(2) および AR(3) モデルを推定した．これら 2 つのモデルから得られる残差の系列相関に関する

検定は，いずれのモデルもパスしている．しかし，AIC および SBC の値は，AR(3) モデルの方が小さくなっているので，AR(3) モデルを適切なモデルとして選択する．これらの具体的な計算結果は，次の通りである．

```
                         The ARIMA Procedure

                       Name of Variable = y

                  Mean of Working Series      9.5264
                  Standard Deviation          2.4948
                  Number of Observations       100

                         Autocorrelations

Lag Covariance  Correlation -1 9 8 7 6 5 4 3 2 1 0 1 2 3 4 5 6 7 8 9 1

  0    6.223785    1.00000 |                    |********************|
  1    5.068201    0.81433 |              .     |****************    |
  2    2.879384    0.46264 |              .     |*********           |
  3    0.938577    0.15080 |              .     |***       .         |
  4   -0.192393   -.03091  |              .    *|          .         |
  5   -0.423147   -.06799  |              .    *|          .         |
  6   -0.165243   -.02655  |              .    *|          .         |
  7    0.182442    0.02931 |              .     |*         .         |
  8    0.356247    0.05724 |              .     |*         .         |
  9    0.281228    0.04519 |              .     |*         .         |
 10   -0.077232   -.01241  |              .     |          .         |
 11   -0.557524   -.08958  |              .   **|          .         |
 12   -1.029537   -.16542  |              .  ***|          .         |
 13   -1.375893   -.22107  |              . ****|          .         |
 14   -1.319469   -.21200  |              . ****|          .         |
 15   -0.876019   -.14075  |              .  ***|          .         |
 16   -0.388810   -.06247  |              .    *|          .         |
 17   -0.121595   -.01954  |              .     |          .         |
 18   -0.050138   -.00806  |              .     |          .         |
 19   -0.090055   -.01447  |              .     |          .         |
 20   -0.209336   -.03363  |              .    *|          .         |
 21   -0.335039   -.05383  |              .    *|          .         |
 22   -0.504986   -.08114  |              .   **|          .         |
 23   -0.507186   -.08149  |              .   **|          .         |
 24   -0.501701   -.08061  |              .   **|          .         |

                      Inverse Autocorrelations

           Lag    Correlation   -1 9 8 7 6 5 4 3 2 1 0 1 2 3 4 5 6 7 8 9 1
```

第 4 章　ARMA モデルに基づく予測と推定　87

```
1     -0.78346    |    ***************|    .              |
2      0.43534    |              .    |*********          |
3     -0.26444    |           *****|   .                  |
4      0.22307    |              .    |****               |
5     -0.17315    |             .***| .                   |
6      0.12805    |              .    |***.               |
7     -0.12192    |             . **|  .                  |
8      0.12470    |              .    |** .               |
9     -0.10945    |             . **|  .                  |
10     0.07761    |              .    |** .               |
11    -0.03984    |              . *|  .                  |
12     0.02702    |              .    |*  .               |
13    -0.06064    |              . *|  .                  |
14     0.10762    |              .    |** .               |
15    -0.09701    |             . **|  .                  |
16     0.07302    |              .    |*  .               |
17    -0.10033    |             . **|  .                  |
18     0.15617    |              .    |***.               |
19    -0.19436    |            ****|   .                  |
20     0.22950    |              .    |*****              |
21    -0.26638    |           *****|   .                  |
22     0.24812    |              .    |*****              |
23    -0.14953    |             .***| .                   |
24     0.04498    |              .    |*  .               |
```

Partial Autocorrelations

Lag   Correlation   -1 9 8 7 6 5 4 3 2 1 0 1 2 3 4 5 6 7 8 9 1

```
1      0.81433    |              .    |****************   |
2     -0.59515    |    ************|   .                  |
3      0.15854    |              .    |***.               |
4      0.00226    |              .    |   .               |
5      0.10315    |              .    |** .               |
6     -0.05480    |              . *|  .                  |
7      0.03775    |              .    |*  .               |
8     -0.03386    |              . *|  .                  |
9     -0.00918    |              .    |   .               |
10    -0.11962    |             . **|  .                  |
11    -0.01129    |              .    |   .               |
12    -0.11301    |             . **|  .                  |
13    -0.03805    |              . *|  .                  |
14     0.08825    |              .    |** .               |
15    -0.00040    |              .    |   .               |
16    -0.07460    |              . *|  .                  |
17    -0.01821    |              .    |   .               |
18     0.05511    |              .    |*  .               |
```

```
19    -0.01595    |         .  |  .              |
20    -0.05553    |         . *|  .              |
21    -0.00825    |         .  |  .              |
22    -0.08424    |         . **|  .             |
23     0.10365    |         .  |** .             |
24    -0.20967    |        ****|  .              |
```

Maximum Likelihood Estimation

| | | Standard | | Approx | |
Parameter	Estimate	Error	t Value	Pr > |t|	Lag
MU	9.53718	0.38308	24.90	<.0001	0
AR1,1	1.35248	0.07744	17.46	<.0001	1
AR1,2	-0.63497	0.07797	-8.14	<.0001	2

Constant Estimate	2.694195
Variance Estimate	1.202322
Std Error Estimate	1.096505
AIC	307.3525
SBC	315.1680

Autocorrelation Check of Residuals

To Lag	Chi-Square	DF	Pr > ChiSq	------------Autocorrelations------------					
6	7.48	4	0.1127	0.173	-0.124	-0.004	0.001	0.130	0.096
12	8.25	10	0.6040	-0.003	-0.022	0.070	-0.035	-0.017	0.004
18	13.52	16	0.6344	-0.126	-0.128	0.003	0.061	-0.068	-0.061
24	18.79	22	0.6582	-0.027	-0.021	0.059	-0.175	-0.045	0.053

Maximum Likelihood Estimation

| | | Standard | | Approx | |
Parameter	Estimate	Error	t Value	Pr > |t|	Lag
MU	9.51885	0.51146	18.61	<.0001	0
AR1,1	1.52681	0.09717	15.71	<.0001	1
AR1,2	-0.99935	0.15218	-6.57	<.0001	2
AR1,3	0.27050	0.09801	2.76	0.0058	3

The ARIMA Procedure

Constant Estimate	1.923223
Variance Estimate	1.126811
Std Error Estimate	1.061513

第4章 ARMAモデルに基づく予測と推定　89

```
            AIC                  302.0646
            SBC                  312.4853
```

```
              Autocorrelation Check of Residuals

 To    Chi-        Pr >
Lag   Square  DF  ChiSq ------------Autocorrelations------------

  6    1.76    3 0.6231  0.017 -0.051  0.070 -0.091  0.022  0.004
 12    3.66    9 0.9325 -0.035 -0.030  0.112 -0.040 -0.012  0.025
 18    7.31   15 0.9485 -0.104 -0.107  0.002  0.067 -0.062 -0.002
 24   13.82   21 0.8771  0.012 -0.041  0.119 -0.175 -0.009  0.057
```

第5章
ARIMAモデルとSARIMAモデル

　今までは，定常な時系列を対象にして議論をしてきたが，本章では，非定常な時系列モデルについて説明する．ここで扱うのは，有限回の差分を取れば定常となるような非定常性であり，そのような確率過程は，一般に，和分過程と呼ばれる．最初は，季節性を考慮しない場合を扱うが，経済時系列は，四半期や月次のデータとして得られるものが多い．そのような時系列を分析するためには，1年を周期とする季節変動を考慮したモデルを扱う必要がある．ここで考える季節変動は，確率的であり，定常，非定常いずれの季節変動にも対応できるものである．季節性を考慮した時系列モデルは，季節性がない場合よりも複雑な様相を呈するが，分析方法については，基本的に変わりはない．

5.1　ARIMA(p, d, q)モデル

　非定常な時系列 $\{y_t\}$ が，d 回の差分を取れば初めて定常になるとき，次数 d の**和分過程**，あるいは **I(d) 過程**に従うという．I は，Integrated（和分された）の頭文字である．また，d は**差分パラメータ**と呼ばれる．I(d) 過程の典型的な場合として，次のモデルを考えよう．

$$(1-L)^d y_t = \mu + u_t = \mu + \phi^{-1}(L)\theta(L)\varepsilon_t, \quad \{\varepsilon_t\} \sim \text{i.i.d.}(0, \sigma^2) \quad (1)$$

ここで，$\phi(L) = 1 - \phi_1 L - \cdots - \phi_p L^p$, $\theta(L) = 1 - \theta_1 L - \cdots - \theta_q L^q$ であり，2つの特性方程式 $\phi(x) = 0, \theta(x) = 0$ は，互いに共通根をもたず，根の絶対値はすべて1より大である．このとき，$\{y_t\}$ は，ARIMA(p, d, q) モデルに従うという．ARIMA の I は，I(d) 過程の I と同じ意味をもっている．

　最も単純な ARIMA$(0, 1, 0)$ の場合を考えると，

$$y_t = y_{t-1} + \mu + \varepsilon_t \iff y_t = \sum_{j=1}^{t}(\mu + \varepsilon_j) = \mu t + \varepsilon_1 + \cdots + \varepsilon_t \quad (2)$$

となる．ここで，初期値 y_0 は，$y_0 = 0$ と仮定した．このとき，

$$\mathrm{E}(y_t) = \mu t, \qquad \mathrm{Cov}(y_s, y_t) = \sigma^2 \min(s, t)$$

となるので，$\{y_t\}$ は非定常であり，**ドリフト付きランダム・ウォーク**に従うという．ドリフト付きランダム・ウォークは，平均が線形トレンドをもち，分散も時間に比例して増大するような確率過程である．時点 t が大きくなれば，$y_t = O_p(t)$ となり，オーダーは，線形トレンドの大きさで決まる．

他方，$\mu = 0$ ならば，$\{y_t\}$ は，単に，**ランダム・ウォーク**に従うという．あるいは，特性方程式の根が 1 であることから，**単位根モデル**に従うという．ランダム・ウォークは，平均は 0 で一定であるが，分散が時間に比例して増大するような確率過程であり，$y_t = O_p(\sqrt{t})$ となる．図 5-1 には，ドリフト付きランダム・ウォーク(実線)と，通常のランダム・ウォーク(破線)のサンプル・パスの例が図示されている．

ARIMA(p, d, q) モデルは，差分パラメータ d が大きくなるとともに，非定常性が強くなる．例えば，ARIMA$(0, 2, 0)$ は，初期値 y_0, y_{-1} を 0 とすれば，

$$y_t = 2y_{t-1} - y_{t-2} + \mu + \varepsilon_t$$

$$\Leftrightarrow \quad y_t = \sum_{s=1}^{t} \sum_{j=1}^{s} \{\mu + \varepsilon_j\} = \frac{\mu t(t+1)}{2} + \sum_{j=1}^{t} (t-j+1)\varepsilon_j \qquad (3)$$

と表される．したがって，

$$\mathrm{E}(y_t) = \frac{\mu t(t+1)}{2}, \qquad \mathrm{Cov}(y_s, y_t) = \sigma^2 \sum_{j=1}^{\min(s,t)} (s-j+1)(t-j+1)$$

となるから，平均は t^2 のオーダー，分散は，ほぼ $t^3/3$ で増大して行くことがわかる．このことから，$y_t = O_p(t^2)$ となり，トレンドの部分が支配的となる．他方，$\mu = 0$ ならば，$y_t = O_p(t^{3/2})$ となる．

現実に観測される非定常時系列では，$d = 2$ を超える場合は稀であるが，任意の自然数 d に対して，ARIMA(p, d, q) の場合は，$y_0 = y_{-1} = \cdots = y_{-(d-1)} = 0$ として，

$$y_t = \sum_{t_d=1}^{t} \sum_{t_{d-1}=1}^{t_d} \cdots \sum_{t_2=1}^{t_3} \sum_{t_1=1}^{t_2} \{\mu + u_{t_1}\} \qquad (4)$$

と d 重和で表されることが了解されよう．すなわち，ARIMA(p, d, q) 過程は，

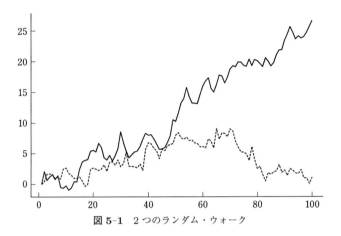

図 5-1 2つのランダム・ウォーク

定常系列の d 回の和分で得られるのである.このことから,ARIMA(p,d,q) 過程に従う時系列は,平均が $O(t^d)$,分散が $O(t^{2d-1})$ で発散して行くことがわかる(数学的付録の第 11 節を参照).

5.2 ARIMA モデルによる予測

この節では,時系列 $\{y_t\}$ が ARIMA(p,d,q) モデルに従うときの予測の問題を議論する.時点 T までの観測値 $\boldsymbol{y}(T) = (y_1, \cdots, y_T)'$ が与えられたとき,h 時点先の値 y_{T+h} の最良線形不偏予測量 $\tilde{y}_{T+h}$ は,第 4 章で述べた射影の考え方を使うことにより,

$$\tilde{y}_{T+h} = \Pi(y_{T+h}|1, \boldsymbol{y}(T))$$

により求めることができる.以下,実際例を考えてみよう.

(例 5.1)　ARIMA$(0,1,0) : (1-L)y_t = \mu + \varepsilon_t$ の場合は,

$$\tilde{y}_{T+h} = \Pi(y_{T+h}|1, \boldsymbol{y}(T)) = \Pi(y_{T+h-1} + \mu + \varepsilon_{T+h}|1, \boldsymbol{y}(T)) = \tilde{y}_{T+h-1} + \mu$$

をみたす.これは,$\{\tilde{y}_{T+h}\}$ に関する 1 階の非同次差分方程式であり,解は,

$$\tilde{y}_{T+h} = y_T + h\mu$$

で与えられる．したがって，予測誤差は，

$$y_{T+h} - \tilde{y}_{T+h} = y_T + h\mu + \varepsilon_{T+1} + \cdots + \varepsilon_{T+h} - \{y_T + h\mu\}$$
$$= \varepsilon_{T+1} + \cdots + \varepsilon_{T+h}$$

となるから，予測の MSE(平均 2 乗誤差)は，$\mathrm{MSE}(\tilde{y}_{T+h}) = h\sigma^2$ である．予測の MSE は，予測の精度を表すものであり，ARIMA$(0,1,0)$ の場合，$O(h)$ となることがわかる．

(例 5.2) ARIMA$(0,2,0) : (1-L)^2 y_t = \mu + \varepsilon_t$ の場合は，

$$\tilde{y}_{T+h} = 2\tilde{y}_{T+h-1} - \tilde{y}_{T+h-2} + \mu \quad \Leftrightarrow \quad (1-L)^2 \tilde{y}_{T+h} = \mu$$

で与えられる．これは，$\{\tilde{y}_{T+h}\}$ に関する 2 階の非同次差分方程式である．ここで，$z_{T+h} = (1-L)\tilde{y}_{T+h}$ とおくと，

$$(1-L)^2 \tilde{y}_{T+h} = (1-L)z_{T+h} = \mu \quad \Leftrightarrow \quad z_{T+h} = z_{T+h-1} + \mu = z_T + h\mu$$

となり，これより，

$$\tilde{y}_{T+h} = \tilde{y}_{T+h-1} + z_T + h\mu = y_T + h z_T + \frac{h(h+1)}{2}\mu$$

を得る．他方，$w_t = (1-L)y_t$ とおくと，

$$(1-L)^2 y_t = (1-L)w_t = \mu + \varepsilon_t \quad \Leftrightarrow \quad w_t = w_{t-1} + \mu + \varepsilon_t$$

であるから，

$$w_{T+h} = w_T + h\mu + \varepsilon_{T+1} + \cdots + \varepsilon_{T+h}$$

となる．これより，

$$y_{T+h} = y_{T+h-1} + w_T + h\mu + \varepsilon_{T+1} + \cdots + \varepsilon_{T+h}$$
$$= y_T + h w_T + \frac{h(h+1)}{2}\mu + h\varepsilon_{T+1} + (h-1)\varepsilon_{T+2} + \cdots + \varepsilon_{T+h}$$

を得る．したがって，$z_T = w_T = (1-L)y_T$ であることを使えば，予測誤差は，

$$y_{T+h} - \tilde{y}_{T+h} = h\varepsilon_{T+1} + (h-1)\varepsilon_{T+2} + \cdots + \varepsilon_{T+h}$$

となるので，予測の MSE は，

$$\mathrm{MSE}(\tilde{y}_{T+h}) = \sigma^2 \sum_{j=1}^{h} j^2 = \frac{h(h+1)(2h+1)}{6}\sigma^2$$

となる．すなわち，予測の精度は $O(h^3)$ となる．

(例 5.3) ARIMA$(1,1,0): (1-L)y_t = \mu + (1-\phi L)^{-1}\varepsilon_t = x_t$ の場合は，$y_t = y_{t-1} + x_t$ であるので，

$$\tilde{y}_{T+h} = \Pi(y_{T+h}|1, \boldsymbol{y}(T)) = \Pi(y_{T+h-1} + x_{T+h}|1, \boldsymbol{y}(T)) = \tilde{y}_{T+h-1} + \tilde{x}_{T+h}$$
$$= y_T + \tilde{x}_{T+h} + \tilde{x}_{T+h-1} + \cdots + \tilde{x}_{T+1}$$

を得る．ここで，

$$x_{T+h} = (1-\phi)\mu + \phi x_{T+h-1} + \varepsilon_{T+h}$$

であるから，

$$\tilde{x}_{T+h} = (1-\phi)\mu + \phi \tilde{x}_{T+h-1}$$

となる．ただし，$t \leq T$ ならば，$\tilde{x}_t = x_t = y_t - y_{t-1}$ である．予測誤差は，

$$y_{T+h} - \tilde{y}_{T+h} = \sum_{j=1}^{h} \{x_{T+j} - \tilde{x}_{T+j}\}$$
$$= \sum_{j=1}^{h} \left\{\phi^{j-1}\varepsilon_{T+1} + \phi^{j-2}\varepsilon_{T+2} + \cdots + \phi\varepsilon_{T+j-1} + \varepsilon_{T+j}\right\}$$

となり，予測の MSE は，

$$\mathrm{MSE}(\tilde{y}_{T+h}) = \sigma^2 \sum_{j=0}^{h-1} (1 + \phi + \phi^2 + \cdots + \phi^j)^2$$
$$= \frac{\sigma^2}{(1-\phi)^2} \left[h - \frac{2\phi(1-\phi^h)}{1-\phi} + \frac{\phi^2(1-\phi^{2h})}{1-\phi^2}\right]$$

で与えられる．予測の精度は，ARIMA$(0,1,0)$ の場合と同様に，$O(h)$ である．

(例 5.4) ARIMA$(0,1,1):(1-L)y_t = \mu + \varepsilon_t - \theta\varepsilon_{t-1}$ の場合は，

$$y_{t+h} = y_{t+h-1} + \mu + \varepsilon_{t+h} - \theta\varepsilon_{t+h-1}$$

であるから，

$$\tilde{y}_{T+h} = \tilde{y}_{T+h-1} + \mu = \tilde{y}_{T+1} + (h-1)\mu = y_T + h\mu - \theta\varepsilon_T$$

となる．ただし，ε_T は，1 と $\boldsymbol{y}(T)$ で張られる空間に属するものと仮定した．他方，$v_t = \varepsilon_t - \theta\varepsilon_{t-1}$ とおくと，

$$\begin{aligned} y_{T+h} &= y_{T+h-1} + \mu + v_{T+h} = y_T + h\mu + v_{T+1} + v_{T+2} + \cdots + v_{T+h} \\ &= y_T + h\mu - \theta\varepsilon_T + (1-\theta)\{\varepsilon_{T+1} + \cdots + \varepsilon_{T+h-1}\} + \varepsilon_{T+h} \end{aligned}$$

となるから，予測誤差は，

$$y_{T+h} - \tilde{y}_{T+h} = (1-\theta)\{\varepsilon_{T+1} + \cdots + \varepsilon_{T+h-1}\} + \varepsilon_{T+h}$$

となる．したがって，予測の MSE は，

$$\mathrm{MSE}(\tilde{y}_{T+h}) = \sigma^2\left[(1-\theta)^2(h-1) + 1\right] = \sigma^2\left[(1-\theta)^2 h + \theta(2-\theta)\right]$$

で与えられ，予測の精度は，ARIMA$(0,1,0)$ や ARIMA$(1,1,0)$ と同様に，$O(h)$ となる．

一般に，ARIMA(p,d,q) モデルの場合の h 期先の予測は，$T, h > \max(p,q)$ ならば，

$$\phi(L)\{(1-L)^d \tilde{y}_{T+h} - \mu\} = 0, \qquad \tilde{y}_k = y_k \qquad (k \leq T)$$

となる．このことから，

$$(1-L)^d (y_{T+h} - \tilde{y}_{T+h}) = \phi^{-1}(L)\theta(L)\varepsilon_{T+h}, \qquad \tilde{y}_k = y_k \qquad (k \leq T)$$

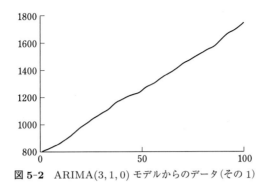

図 5-2 ARIMA$(3,1,0)$ モデルからのデータ(その 1)

が成り立ち，$h \to \infty$ ならば，予測の MSE は，$O(h^{2d-1})$ となることが示される．

5.3 ARIMA モデルの推定

ARIMA(p, d, q) モデルの推定は，差分パラメータ d の値がわかれば，ARMA(p, q) モデルの推定に帰着することができる．以下，2 つの例を取り上げる．

(**例 5.5**) 時系列 $\{y_t\}$ に対して，次のモデルを考えよう．

$$(1 - L)y_t = \mu + (1 - \phi_1 L - \phi_2 L^2 - \phi_3 L^3)^{-1} \varepsilon_t$$

$$\mu = 10, \quad \phi_1 = 1.55, \quad \phi_2 = -1.1, \quad \phi_3 = 0.4, \quad \sigma^2 = 1$$

このモデルは，第 4 章 8 節の例で示した定常な AR(3) モデルを和分したものである．差分後の $x_t = (1 - L)y_t$ の平均は 10 である．実際にコンピュータで生成した 100 個のデータは次の通りである．図 5-2 には，これらのデータがプロットされている．このデータは，線形トレンドを含んでいることが見てとれる．

```
   802.18    809.16    814.84    820.80    827.64    834.79    842.34
   849.18    856.62    866.31    876.83    886.88    896.39    906.94
   918.39    931.34    944.36    957.39    971.02    982.54    992.34
  1002.10   1012.42   1022.82   1034.80   1045.76   1054.45   1063.07
```

```
1072.67   1082.54   1091.35   1099.56   1108.07   1119.70   1134.13
1148.30   1160.66   1169.86   1176.58   1183.75   1191.48   1199.57
1206.67   1212.83   1217.99   1222.63   1226.80   1231.18   1239.37
1251.21   1264.28   1275.07   1283.25   1289.77   1296.97   1304.47
1314.45   1326.71   1337.72   1347.81   1357.85   1367.01   1375.20
1383.24   1392.21   1402.43   1412.68   1423.87   1435.77   1446.94
1456.86   1463.89   1470.62   1479.46   1488.55   1497.60   1506.07
1514.71   1523.28   1531.27   1540.81   1549.83   1556.95   1563.03
1570.44   1580.49   1594.03   1609.00   1623.59   1638.50   1652.80
1665.18   1675.19   1682.49   1689.75   1699.09   1710.43   1722.02
1734.76   1747.87
```

上のデータに対して，最尤法により ARIMA(3, 1, 0) をあてはめた結果は次の通りである．

```
                        Standard              Approx
Parameter    Estimate    Error     t Value   Pr > |t|    Lag

MU            9.59256   0.48856    19.63     <.0001      0
AR1,1         1.53335   0.09774    15.69     <.0001      1
AR1,2        -1.01625   0.15249    -6.66     <.0001      2
AR1,3         0.27160   0.09844     2.76      0.0058     3

             Constant Estimate      2.02687
             Variance Estimate      1.109608
             Std Error Estimate     1.053379
             AIC                  297.6164
             SBC                  307.9969
```

当然ながら，$d=1$ が真の値なので，差分系列 $\{x_t = (1-L)y_t\}$ にあてはめた ARMA(3, 0) モデルの推定結果は良好である．コンピュータでは，$T=120$ までのデータを生成して，$T=100$ において 20 時点先までを予測した．その結果を図 5-3 に図示してある．ここで，実線はデータ，破線が予測値，上下の点線が 95% 信頼区間の上限と下限である．信頼区間は，予測の MSE の推定値を求めることにより計算される．

(**例 5.6**) 上の例を少し変えて，時系列 $\{y_t\}$ に対して，次のモデルを考えよう．

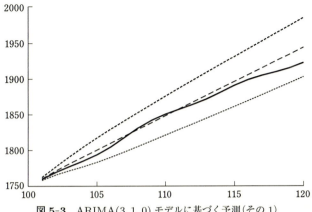

図 5-3 ARIMA$(3,1,0)$ モデルに基づく予測(その 1)

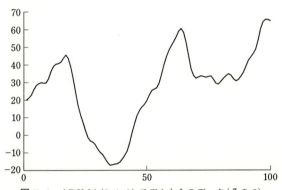

図 5-4 ARIMA$(3,1,0)$ モデルからのデータ(その 2)

$$(1-L)y_t = (1 - \phi_1 L - \phi_2 L^2 - \phi_3 L^3)^{-1}\varepsilon_t$$

$$\phi_1 = 1.55, \quad \phi_2 = -1.1, \quad \phi_3 = 0.4, \quad \sigma^2 = 1$$

差分後の $x_t = (1-L)y_t$ の平均は 0 である．この点が，(例 5.5)との違いである．実際にコンピュータで生成した 100 個のデータは次の通りである．図 5-4 には，これらのデータがプロットされている．このデータは，線形トレンドを含んでいないことが見てとれる．

20.01	21.23	22.74	25.93	28.25	29.34	29.92
29.61	29.74	32.19	36.28	39.14	40.34	40.67

41.48	43.69	45.54	43.64	38.74	32.10	24.14	
16.86	11.35	7.31	2.74	-1.33	-3.29	-4.01	
-5.42	-7.93	-9.79	-11.06	-13.28	-15.54	-17.06	
-16.86	-16.48	-16.21	-15.34	-13.64	-11.43	-9.05	
-4.27	1.44	6.61	11.01	13.93	16.01	17.49	
19.62	22.63	25.28	26.11	26.84	29.42	34.55	
39.83	44.50	47.95	50.72	53.10	55.99	59.03	
60.47	58.16	52.55	44.73	37.55	33.74	32.28	
33.01	33.61	33.21	32.81	33.24	33.51	31.69	
29.36	28.96	30.57	32.20	33.60	34.78	33.89	
31.90	30.72	31.52	33.30	35.62	38.87	42.36	
44.23	46.23	48.61	53.88	60.25	64.25	65.50	
65.40	64.64						

上のデータに対して，標本自己相関などの結果は次の通りである．自己相関の減少の程度が非常に遅いことから，原系列は非定常的である．

```
                       The ARIMA Procedure

                     Name of Variable = y

                Mean of Working Series     26.7425
                Standard Deviation         21.95475
                Number of Observations     100

                           Autocorrelations
 Lag    Covariance    Correlation    -1 9 8 7 6 5 4 3 2 1 0 1 2 3 4 5 6 7 8 9 1

  0       482.011      1.00000      |                   |********************|
  1       469.764      0.97459      |                .  |******************* |
  2       448.676      0.93084      |                .  |******************* |
  3       421.151      0.87374      |                .  |*****************   |
  4       389.737      0.80856      |                .  |****************    |
  5       356.596      0.73981      |                .  |***************     |
  6       323.175      0.67047      |                .  |*************       |
  7       289.485      0.60058      |                .  |************        |
  8       254.940      0.52891      |                .  |***********  .      |
  9       220.244      0.45693      |                .  |*********    .      |
 10       186.353      0.38662      |                .  |********     .      |
 11       154.425      0.32038      |                .  |******       .      |
 12       124.189      0.25765      |                .  |*****        .      |
 13        94.965093   0.19702      |                .  |****         .      |
 14        66.607229   0.13819      |                .  |***          .      |
 15        39.168614   0.08126      |                .  |**           .      |
 16        12.378922   0.02568      |                .  |*            .      |
 17       -13.737749  -.02850       |                .  *|            .      |
```

第 5 章 ARIMA モデルと SARIMA モデル　101

```
18   -38.636918    -.08016    |      .     **|       .     |
19   -61.369101    -.12732    |      .    ***|       .     |
20   -81.590996    -.16927    |      .    ***|       .     |
21   -98.683947    -.20473    |      .   ****|       .     |
22  -111.745       -.23183    |      .  *****|       .     |
23  -120.789       -.25059    |      .  *****|       .     |
24  -126.432       -.26230    |      .  *****|       .     |
```

他方，差分系列 $x_t = (1-L)y_t$ に対しては，次の結果を得た.

```
                Period(s) of Differencing                  1
                Mean of Working Series              0.450808
                Standard Deviation                  3.094235
                Number of Observations                    99
                Observation(s) eliminated by differencing  1

                              Autocorrelations

Lag   Covariance   Correlation   -1 9 8 7 6 5 4 3 2 1 0 1 2 3 4 5 6 7 8 9 1

 0    9.574288      1.00000     |                   |********************|
 1    8.518155      0.88969     |                .  |******************  |
 2    6.367829      0.66510     |                .  |*************       |
 3    4.442973      0.46405     |                .  |*********           |
 4    3.280033      0.34259     |                .  |*******.            |
 5    2.673234      0.27921     |                .  |******ー.            |
 6    2.230741      0.23299     |                .  |*****　.            |
 7    1.663784      0.17378     |                .  |***　  .            |
 8    0.845342      0.08829     |                .  |**　   .            |
 9    0.0032549     0.00034     |                .  |       .            |
10   -0.400310     -.04181      |                .  *|      .            |
11   -0.277264     -.02896      |                .  *|      .            |
12   -0.045086     -.00471      |                .   |      .            |
13   -0.156006     -.01629      |                .   |      .            |
14   -0.546950     -.05713      |                .  *|      .            |
15   -0.933999     -.09755      |                . **|      .            |
16   -1.295584     -.13532      |                .***|      .            |
17   -1.694256     -.17696      |                .****       .           |
18   -2.083938     -.21766      |                .****       .           |
19   -2.490731     -.26015      |                .*****      .           |
20   -3.148238     -.32882      |               .*******|      .         |
21   -4.049944     -.42300      |              .********|      .         |
22   -4.711639     -.49211      |              **********|      .        |
23   -4.761391     -.49731      |              **********|      .        |
24   -4.351504     -.45450      |              .*********|      .        |
```

差分系列に対して，最尤法により，平均 0 の AR(3) モデルをあてはめた結

果は，次の通りである．

Parameter	Estimate	Standard Error	t Value	Approx Pr > |t|	Lag
AR1,1	1.68789	0.09080	18.59	<.0001	1
AR1,2	-1.20993	0.14950	-8.09	<.0001	2
AR1,3	0.42009	0.09114	4.61	<.0001	3

Variance Estimate	1.04551
Std Error Estimate	1.022502
AIC	291.3922
SBC	299.1776
Number of Residuals	99

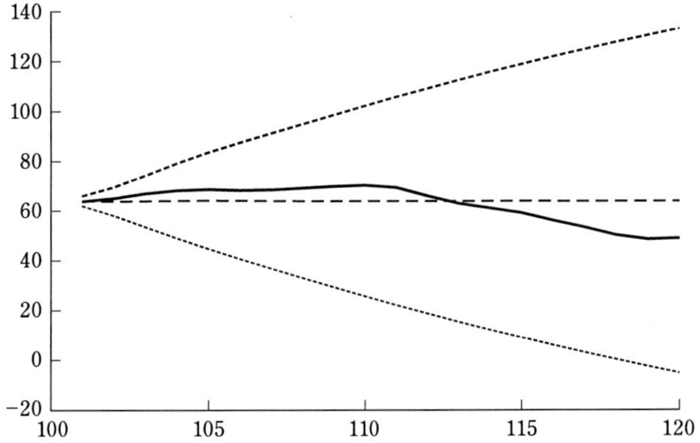

図 5-5　ARIMA(3,1,0) モデルに基づく予測(その 2)

他方，差分系列に対して，最尤法により，平均未知の AR(3) モデルをあてはめた結果は，次の通りである．

Parameter	Estimate	Standard Error	t Value	Approx Pr > |t|	Lag
MU	0.51047	0.92314	0.55	0.5803	0
AR1,1	1.68517	0.09137	18.44	<.0001	1
AR1,2	-1.20819	0.15018	-8.05	<.0001	2
AR1,3	0.41815	0.09169	4.56	<.0001	3

Constant Estimate	0.053535
Variance Estimate	1.053517
Std Error Estimate	1.02641
AIC	293.0906

```
SBC                        303.4711
Number of Residuals         99
```

差分系列に対して AR(3) モデルをあてはめるのに,平均を 0 とみなした場合と,未知で推定する場合の AIC と SBC は,ともに前者の方が小さい.したがって,ここでは,平均を 0 とみなしたモデルをふさわしいものとして採択する.このモデルを使って,(例 5.5)と同様に,$T=100$ の時点で,20 時点先までの予測を行った結果を図 5-5 に示してある.

5.4 SARIMA$(p,d,q) \times (P,D,Q)_S$ モデル

季節性を含む非定常時系列 $\{y_t\}$ に対するモデルとして,次のものを考えよう.
$$\phi(L)\Phi(L^S)(1-L)^d(1-L^S)^D y_t = a + \theta(L)\Theta(L^S)\varepsilon_t, \quad \{\varepsilon_t\} \sim \text{i.i.d.}(0,\sigma^2) \tag{5}$$

ここで,S は周期を表す自然数(四半期データでは $S=4$,月次データでは $S=12$)であり,$1-L^S$ は,S 時点前(=前年同期)との差分を表す.また,d と D は差分パラメータである.さらに,ラグ多項式は次のように定義される.

$$\phi(L) = 1 - \phi_1 L - \cdots - \phi_p L^p, \quad \theta(L) = 1 - \theta_1 L - \cdots - \theta_q L^q$$
$$\Phi(L^S) = 1 - \Phi_1 L^S - \Phi_2 L^{2S} - \cdots - \Phi_P L^{PS}$$
$$\Theta(L^S) = 1 - \Theta_1 L^S - \Theta_2 L^{2S} - \cdots - \Theta_Q L^{QS}$$

これらのラグ多項式から得られる特性方程式の根は,すべて単位円外にあるものと仮定される.したがって,$x_t = (1-L)^d(1-L^S)^D y_t$ は,定常,反転可能となる.このとき,式(5)で表されるモデルを **SARIMA**$(p,d,q) \times (P,D,Q)_S$ モデルと呼ぶ.SARIMA の S は,Seasonal(季節的)の頭文字である.このモデルは,パラメータの個数を節約するために,ラグ多項式が積の形で入り込んだ乗法的なモデルとなっている.

図 5-6 には,式(5)の特別な場合である次のモデル

$$(1-0.6L)(1-L^4)y_t = (1+0.4L)\varepsilon_t, \quad \{\varepsilon_t\} \sim \text{i.i.d.}(0,1) \tag{6}$$

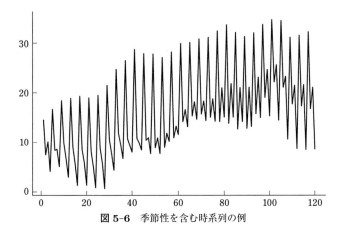

図 5-6 季節性を含む時系列の例

に従う時系列の例が示されている．この時系列は，季節差分 $(1-L^4)$ をもっているので非定常的であるが，周期がほぼ 4 であることが見てとれる．

SARIMA$(p,d,q) \times (P,D,Q)_S$ モデルは，ARIMA(p,d,q) モデルに比べて，季節差分のパラメータ D を含む分だけ非定常性が強くなっている．次のモデルを考えよう．

$$(1-L)^d(1-L^S)^D y_t = a + \varepsilon_t, \quad \{\varepsilon_t\} \sim \text{i.i.d.}(0, \sigma^2) \quad (7)$$

このモデルから，例えば，$d = D = 1$ の場合は，

$$(1-L^S)y_t = at + \varepsilon_1 + \cdots + \varepsilon_t \iff y_t = y_{t-S} + at + v_t,\ v_t = \varepsilon_1 + \cdots + \varepsilon_t$$

となる．ここで，$t = nS$ (n：自然数) として，

$$y_{nS} = y_{(n-1)S} + anS + v_{nS}$$
$$= aS(1 + \cdots + n) + n(\varepsilon_1 + \cdots + \varepsilon_S) + (n-1)(\varepsilon_{S+1} + \cdots + \varepsilon_{2S})$$
$$+ \cdots + 2(\varepsilon_{(n-2)S+1} + \cdots + \varepsilon_{(n-1)S}) + (\varepsilon_{(n-1)S+1} + \cdots + \varepsilon_{nS})$$

を得る．したがって，次の結果を得る．

$$\mathrm{E}(y_{nS}) = \frac{n(n+1)}{2}aS, \quad \mathrm{V}(y_{nS}) = \frac{n(n+1)(2n+1)}{6}S\sigma^2$$

一般には，$\mathrm{E}(y_{nS}) = O(n^{d+D})$, $\mathrm{V}(y_{nS}) = O(n^{2(d+D)-1})$ となることが示さ

れる. すなわち, $a \neq 0$ ならば $y_{nS} = O_p(n^{d+D})$, $a = 0$ ならば $y_{nS} = O_p(n^{d+D-1/2})$ となる.

以下, 簡単な SARIMA モデルを見てみよう.

(例 5.7) SARIMA$(1,0,0) \times (1,0,0)_4$ モデルは, 定常な四半期データを扱うためのモデルであり, 次のように表される.

$$(1-\phi L)(1-\Phi L^4)y_t = a + \varepsilon_t \quad \Leftrightarrow \quad y_t = a + \phi y_{t-1} + \Phi y_{t-4} - \phi\Phi y_{t-5} + \varepsilon_t \tag{8}$$

平均は, $\mathrm{E}(y_t) = a/((1-\phi)(1-\Phi))$ である. 自己共分散は, 差分方程式

$$\gamma(h) = \phi\gamma(h-1) + \Phi\gamma(h-4) - \phi\Phi\gamma(h-5) \quad (h \geq 5) \tag{9}$$

の解である. この方程式は, 第 1 章で説明した方法によって解くことができる.

図 5-7 には, $\phi = 0.4$, $\Phi = 0.8$, $\sigma^2 = 1$ の場合のスペクトラムが図示されている. 長周期の他に, 周期 $2\pi/(\pi/2) = 4$ と $2\pi/\pi = 2$ の成分が支配的であることが見てとれる.

(例 5.8) SARIMA$(0,1,1) \times (0,1,1)_{12}$ モデルは, 月次データを扱うための非定常なモデルであり,

$$(1-L)(1-L^{12})y_t = a + (1-\theta L)(1-\Theta L^{12})\varepsilon_t \tag{10}$$

で表される. $x_t = (1-L)(1-L^{12})y_t$ とおくと, x_t は, 特殊な MA(13) 過程

$$x_t = a + \varepsilon_t - \theta\varepsilon_{t-1} - \Theta\varepsilon_{t-12} + \theta\Theta\varepsilon_{t-13} \tag{11}$$

に従う. $\{x_t\}$ の 0 でない自己共分散は,

$$\gamma(0) = (1+\theta^2)(1+\Theta^2)\sigma^2, \quad \gamma(1) = -\theta(1+\Theta^2)\sigma^2$$
$$\gamma(11) = \theta\Theta\sigma^2, \quad \gamma(12) = -\Theta(1+\theta^2)\sigma^2, \quad \gamma(13) = \theta\Theta\sigma^2$$

で与えられる.

図 5-8 には, $\{x_t\}$ のスペクトラムが 2 つ図示されている. 実線は, $\theta =$

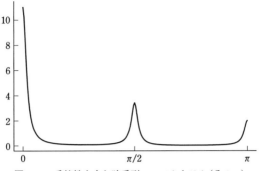

図 5-7 季節性を含む時系列のスペクトラム（その 1）

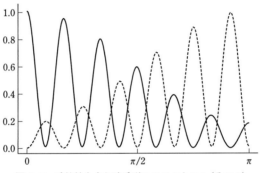

図 5-8 季節性を含む時系列のスペクトラム（その 2）

-0.4, $\Theta = -0.8$, $\sigma^2 = 1$ の場合，点線は，$\theta = 0.4$, $\Theta = 0.8$, $\sigma^2 = 1$ の場合である．前者のピークは，$j\pi/6(j = 1, \cdots, 6)$ で見られる．これらは，周期 $12/j$ に対応する．他方，後者のピークは，$(2j-1)\pi/12(j=1, \cdots, 6)$ であり，周期 $24/(2j-1)$ に対応する．両者の違いを時間領域で見ると，自己共分散がすべて正となるのが前者，ラグ 1 と 12 で負となるのが後者である．

5.5 SARIMA モデルによる複数期先予測

この節では，時系列 $\{y_t\}$ が SARIMA モデルに従うときの予測の問題を議論する．前と同様に，時点 T までの観測値 $\boldsymbol{y}(T) = (y_1, \cdots, y_T)'$ が与えられたときの y_{T+h} の最良線形不偏予測量を $\tilde{y}_{T+h}$ としよう．具体的に，$\tilde{y}_{T+h}$ を

求めるには，射影の考え方を使うのが便利である．以下，具体例で考えよう．

(例 5.9) 定常な SARIMA$(1,0,0) \times (1,0,0)_4$ モデルの場合は，式 (8) より，

$$y_{T+h} = a + \phi y_{T+h-1} + \Phi y_{T+h-4} - \phi\Phi y_{T+h-5} + \varepsilon_{T+h}$$

となるから，

$$\tilde{y}_{T+h} = \Pi(y_{T+h}|1, \boldsymbol{y}(T)) = a + \phi\tilde{y}_{T+h-1} + \Phi\tilde{y}_{T+h-4} - \phi\Phi\tilde{y}_{T+h-5}$$

を得る．ここで，$t \leq T$ ならば $\tilde{y}_t = y_t$ である．予測の MSE の評価は複雑であるが，$O(1)$ の大きさである．

(例 5.10) SARIMA$(0,1,1) \times (0,1,1)_{12}$ モデルの場合は，式 (10) と (11) より，

$$y_{T+h} = y_{T+h-1} + y_{T+h-12} - y_{T+h-13} + a + \varepsilon_{T+h} - \theta\varepsilon_{T+h-1} - \Theta\varepsilon_{T+h-12} \\ + \theta\Theta\varepsilon_{T+h-13}$$

が成り立つ．したがって，

$$\tilde{y}_{T+h} = \tilde{y}_{T+h-1} + \tilde{y}_{T+h-12} - \tilde{y}_{T+h-13} + a - \theta\tilde{\varepsilon}_{T+h-1} - \Theta\tilde{\varepsilon}_{T+h-12} \\ + \theta\Theta\tilde{\varepsilon}_{T+h-13}$$

を得る．ただし，簡単のため，$k \leq T$ のとき，$\tilde{\varepsilon}_k = \varepsilon_k$ であることを仮定した．また，$k > T$ のとき，$\tilde{\varepsilon}_k = 0$ である．以上から，$1 \leq h \leq 12$ のとき，次のことが成り立つ．

$$y_{T+h} - \tilde{y}_{T+h} = y_{T+h-1} - \tilde{y}_{T+h-1} + \varepsilon_{T+h} - \theta\varepsilon_{T+h-1}$$
$$= (1-\theta)\left[\varepsilon_{T+1} + \varepsilon_{T+2} + \cdots + \varepsilon_{T+h-1}\right] + \varepsilon_{T+h}$$
$$\mathrm{MSE}(\tilde{y}_{T+h}) = \sigma^2\left[(1-\theta)^2 h + \theta(2-\theta)\right]$$

また，$h = 13$ のとき，予測の MSE は，

$$\mathrm{MSE}(\tilde{y}_{T+h}) = \sigma^2\left[(1-\theta)^2 h + \theta(2-\theta) + 2(1-\theta)(1-\Theta)\right]$$

となる．

一般に，式(5)の SARIMA$(p,d,q) \times (P,D,Q)_S$ モデルにおける h 期先の予測は，h が十分に大きいならば，

$$\phi(L)\Phi(L^S)(1-L)^d(1-L^S)^D \tilde{y}_{T+h} = a, \quad \tilde{y}_k = y_k \quad (k \leq T)$$

をみたす．このことから，

$$\phi(L)\Phi(L^S)(1-L)^d(1-L^S)^D (y_{T+h} - \tilde{y}_{T+h}) = \theta(L)\Theta(L^S)\varepsilon_{T+h}$$

が成り立ち，$h \to \infty$ のとき，予測の MSE は，$O(h^{2(d+D)-1})$ となることが示される．

5.6 SARIMA モデルの推定

SARIMA モデルは，周期 S，1 期前との階差の次数 d および季節階差の次数 D が与えられれば，$x_t = (1-L)^d(1-L^S)^D y_t$ を定常な ARMA(p,q) モデルと想定することにより，推定が可能となる．

(例 5.11) Box-Jenkins-Reinsel(1994)で議論している国際線乗客数のデータを取り上げよう．データは次に示される月次データ(1949/1-1960/12，単位：1,000 人)であり，データ数は，$T = 144$ である．図 5-9 には，これらのデータを図示してある．この図から，データは線形トレンドを含み，かつ，時間とともに変動が大きくなっていることが読みとれる．そこで，まず，変動を安定化させるために，図 5-10 のように，データの対数値を取ってみる．その結果，線形トレンドは残るものの，変動については安定化されたことがわかる．以下，対数値データについて分析を進める．

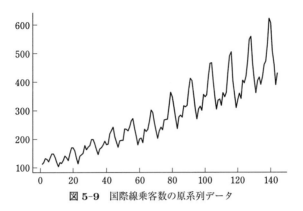
図 5-9　国際線乗客数の原系列データ

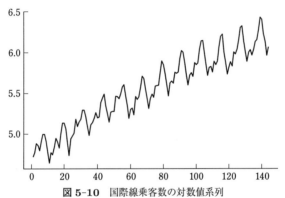
図 5-10　国際線乗客数の対数値系列

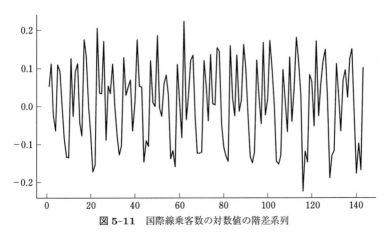
図 5-11　国際線乗客数の対数値の階差系列

```
112 118 132 129 121 135 148 148 136 119 104 118
115 126 141 135 125 149 170 170 158 133 114 140
145 150 178 163 172 178 199 199 184 162 146 166
171 180 193 181 183 218 230 242 209 191 172 194
196 196 236 235 229 243 264 272 237 211 180 201
204 188 235 227 234 264 302 293 259 229 203 229
242 233 267 269 270 315 364 347 312 274 237 278
284 277 317 313 318 374 413 405 355 306 271 306
315 301 356 348 355 422 465 467 404 347 305 336
340 318 362 348 363 435 491 505 404 359 310 337
360 342 406 396 420 472 548 559 463 407 362 405
417 391 419 461 472 535 622 606 508 461 390 432
```

まず,対数値系列 $\{y_t\}$ の1回階差を取った系列 $\{(1-L)y_t\}$ を考える.この系列は,図5-11 にプロットしてあり,標本自己相関などは下のようになった.図5-11 からは,階差系列が定常的に見えるものの,標本自己相関は,ラグ $12, 24, \cdots$ において,高い値を示しており,減少の程度も遅いので,依然として非定常的であることがわかる.

```
        Period(s) of Differencing                    1
        Mean of Working Series                 0.00944
        Standard Deviation                    0.106183
        Number of Observations                     143
        Observation(s) eliminated by differencing    1

                        Autocorrelations

Lag   Covariance   Correlation  -1 9 8 7 6 5 4 3 2 1 0 1 2 3 4 5 6 7 8 9 1

 0     0.011275     1.00000     |                  |********************|
 1     0.0022522    0.19975     |                  . |****                |
 2    -0.0013542   -.12010      |               .**|  .                   |
 3    -0.0016999   -.15077      |              .***|  .                   |
 4    -0.0036313   -.32207      |            ******|  .                   |
 5    -0.0009468   -.08397      |               . **|  .                  |
 6     0.00029065   0.02578     |                  . |*  .                |
 7    -0.0012511   -.11096      |               . **|  .                  |
 8    -0.0037965   -.33672      |            *******|  .                  |
 9    -0.0013032   -.11559      |               . **|  .                  |
10    -0.0012320   -.10927      |               . **|  .                  |
11     0.0023209    0.20585     |                  . |****                |
12     0.0094870    0.84143     |                  . |*****************   |
13     0.0024251    0.21509     |                  . |**** .              |
```

第5章 ARIMA モデルと SARIMA モデル

```
14    -0.0015734    -.13955    |         . ***|       .         |
15    -0.0013078    -.11600    |         .  **|       .         |
16    -0.0031450    -.27894    |         .******|     .         |
17    -0.0005830    -.05171    |         .   *|       .         |
18     0.00014046    0.01246   |         .    |        .         |
19    -0.0012894    -.11436    |         .  **|       .         |
20    -0.0038016    -.33717    |         *******|     .         |
21    -0.0012107    -.10738    |         .  **|       .         |
22    -0.0008480    -.07521    |         .  **|       .         |
23     0.0022490    0.19948    |         .    |****    .         |
24     0.0083086    0.73692    |         .    |**************   |
```

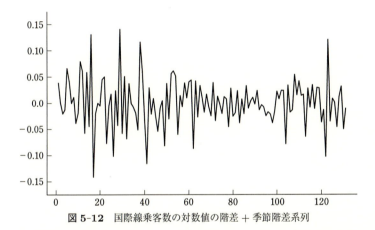

図 5-12　国際線乗客数の対数値の階差 + 季節階差系列

そこで、さらに季節階差を取った系列 $x_t = (1-L)(1-L^{12})y_t$ を考えると、図 5-12 の系列が得られた。この系列の標本自己相関などは下のようになる。

```
Period(s) of Differencing = 1,12.
Mean of working series = 0.000291
Standard deviation    = 0.045673
Number of observations =    131
NOTE: The first 13 observations were eliminated
      by differencing.

              Autocorrelations

Lag Covar   Corr     -1 9 8 7 6 5 4 3 2 1 0 1 2 3 4 5 6 7 8 9 1
  0 0.00209 1.00000  |                   |******************** |
  1 -0.0007 -.34112  |            *******|   .                  |
  2 0.00022 0.10505  |                .  |** .                  |
```

```
 3 -0.0004 -.20214   |           ****|   .       |
 4  0.00004 0.02136  |              . |   .       |
 5  0.00012 0.05565  |              . |*  .       |
 6  0.00006 0.03080  |              . |*  .       |
 7 -0.0001 -.05558   |              .*|   .       |
 8 -159E-8 -.00076   |              . |   .       |
 9  0.00037 0.17637  |              . |****       |
10 -0.0002 -.07636   |              .**|  .       |
11  0.00013 0.06438  |              . |*  .       |
12 -0.0008 -.38661   |       ********|    .       |
13  0.00032 0.15160  |              . |*** .      |
14 -0.0001 -.05761   |              .*|   .       |
15  0.00031 0.14957  |              . |*** .      |
16 -0.0003 -.13894   |              .***|  .      |
17  0.00015 0.07048  |              . |*  .       |
18  0.00003 0.01563  |              . |   .       |
19 -221E-7 -.01061   |              . |   .       |
20 -0.0002 -.11673   |              .**|  .       |
21  0.00008 0.03855  |              . |*  .       |
22 -0.0002 -.09136   |              .**|  .       |
23  0.00047 0.22327  |              . |****.      |
24 -384E-7 -.01842   |              . |   .       |
                       "." marks two standard errors
```

このように変換された系列 $x_t = (1 - L)(1 - L^{12})y_t$ の標本自己相関は，ラグ1と12以外では，特に有意ではなく，定常的とみなすことができる．モデルとしては，(例5.8)で扱ったSARIMA$(0,1,1) \times (0,1,1)_{12}$ モデルを使うことができる．最尤法により推定した結果は，次の通りである．この結果によれば，推定されたモデルは，

$$(1 - L)(1 - L^{12})y_t = (1 - 0.402L)(1 - 0.557L^{12})\varepsilon_t, \quad \hat{\sigma}^2 = 0.00137$$

となる．

```
                  Maximum Likelihood Estimation

                            Approx.
         Parameter   Estimate   Std Error   T Ratio   Lag
         MA1,1       0.40194    0.07988      5.03      1
         MA2,1       0.55686    0.08403      6.63     12

         Variance  Estimate = 0.00136901
         Std Error Estimate = 0.03700019
```

第5章 ARIMA モデルと SARIMA モデル

```
AIC                 = -485.39302
SBC                 = -479.64262
Number of Residuals=      131
```

推定されたモデルを使って，20期先までの予測を行った結果を図5-13に示す．この結果は，まず，モデルから，対数値に関する予測値と95%信頼区間の上限，下限を下のように求め，次に，それらを原系列に戻したものである．

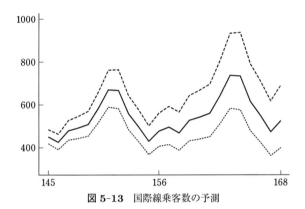

図 5-13 国際線乗客数の予測

対数値系列に対する予測

Obs	Forecast	Std Error	Lower 95%	Upper 95%
145	6.1102	0.0370	6.0377	6.1827
146	6.0538	0.0431	5.9693	6.1383
147	6.1717	0.0485	6.0767	6.2667
148	6.1993	0.0533	6.0949	6.3037
149	6.2326	0.0577	6.1195	6.3456
150	6.3688	0.0618	6.2477	6.4899
151	6.5073	0.0656	6.3787	6.6359
152	6.5029	0.0693	6.3672	6.6387
153	6.3247	0.0727	6.1822	6.4672
154	6.2090	0.0760	6.0601	6.3580
155	6.0635	0.0792	5.9083	6.2186
156	6.1680	0.0822	6.0069	6.3291
157	6.2064	0.0908	6.0285	6.3843
158	6.1500	0.0962	5.9614	6.3386
159	6.2680	0.1014	6.0692	6.4667
160	6.2956	0.1063	6.0872	6.5039
161	6.3288	0.1110	6.1113	6.5463
162	6.4650	0.1155	6.2387	6.6914

163	6.6035	0.1198	6.3687	6.8384
164	6.5992	0.1240	6.3561	6.8422
165	6.4209	0.1281	6.1700	6.6719
166	6.3053	0.1320	6.0466	6.5639
167	6.1597	0.1358	5.8936	6.4259
168	6.2643	0.1395	5.9909	6.5377

第6章
GARCHモデルとSVモデル

非定常な時系列を描写するモデルとしては,前章で説明したARIMAモデル以外にも数多く提案されている.この章では,その中でも,特に金融時系列を分析するために使われるモデルとして代表的なGARCHモデルとSVモデルを取り扱う.さらに,推定の困難さを克服する観点から,Kalmanフィルターを取り上げて,その考え方について説明する.

6.1 ARCH(p) モデル

$\{y_t\}$を金融時系列(例えば,株価,為替レートなど)とするとき,

$$x_t = \frac{y_t - y_{t-1}}{y_{t-1}}$$

を**収益率**と呼ぶ.収益率は,対数値の差分にほぼ等しい.なぜなら,

$$\log y_t - \log y_{t-1} = \log\left[1 + \frac{y_t - y_{t-1}}{y_{t-1}}\right] \approx \frac{y_t - y_{t-1}}{y_{t-1}}$$

となるからである.金融時系列を分析する場合は,収益率に変換した系列を考えることが多い.

収益率は,平均0のi.i.d.系列であると仮定されることが多い.このとき,対数値系列はランダム・ウォークに従うものと考えられる.以下では,もう少し一般的に,収益率は,**マルチンゲール差**に従うものと仮定する.マルチンゲール差とは,過去の値が与えられたときの条件付き期待値が0となる,すなわち,

$$\mathrm{E}(x_t|x_{t-1}, x_{t-2}, \cdots, x_1) = 0$$

が成り立つような確率過程のことである.特に,条件付き分散

$$V(x_t|x_{t-1}, x_{t-2}, \cdots, x_1) = \sigma_t^2$$

が存在すれば，マルチンゲール差は無相関の系列となる．しかし，必ずしも独立系列ではない．また，分散の均一性も保証されない．したがって，マルチンゲール差は，一般に，非定常な時系列である．なお，金融時系列においては，σ_t のことを**ボラティリティー**と呼ぶ．

マルチンゲール差に従う収益率 $\{x_t\}$ が，特に，次のモデルに従うとき，$\{x_t\}$ は **ARCH(1)** モデルに従うという．

$$x_t = \sigma_t \varepsilon_t, \quad \sigma_t^2 = \alpha_0 + \alpha_1 x_{t-1}^2, \quad \{\varepsilon_t\} \sim \mathrm{NID}(0,1) \qquad (1)$$

ここで，$\{\varepsilon_t\}$ は $x_{t-1}, x_{t-2}, \cdots$ と独立である．また，α_0 は正，α_1 は非負のパラメータである．$\alpha_1 = 0$ ならば，$\{x_t\}$ は $\mathrm{NID}(0, \alpha_0)$ の系列となる．ARCHとは，AutoRegressive Conditional Heteroscedasticity の略であり，その由来は

$$x_t^2 = \sigma_t^2 + (x_t^2 - \sigma_t^2) = \alpha_0 + \alpha_1 x_{t-1}^2 + u_t, \quad u_t = x_t^2 - \sigma_t^2 = \sigma_t^2(\varepsilon_t^2 - 1) \qquad (2)$$

のように，$\{x_t^2\}$ が AR(1) で表され，かつ，x_t^2 の条件付き期待値 σ_t^2 が不均一であることによる．なお，誤差項 $\{u_t\}$ も，$\{x_t\}$ と同様にマルチンゲール差である．

式 (2) にあるように，$\{x_t^2\}$ は AR(1) の表現となっているが，必ずしも定常ではない．定常性が保証される条件について考えよう．そのためには，無相関な誤差項 $\{u_t\}$ の分散が一定となる必要がある．したがって，$\{u_t\}$ は無相関な定常過程でなければならない．このとき，$\{x_t\}$ も無相関な定常過程となり，その分散は $\alpha_0/(1-\alpha_1)$ で与えられる．そして，次の定理が成り立つ．

定理 6.1 式 (1) で定義された ARCH(1) モデルに従う時系列 $\{x_t\}$ が無相関な定常過程ならば，その 2 乗の系列 $\{x_t^2\}$ は，$\alpha_1 < 1/\sqrt{3} = 0.577$ ならば，定常な AR(1) 過程に従い，自己共分散は，次のように与えられる．

$$\mathrm{Cov}(x_t^2, x_{t+h}^2) = \alpha_1^h \, V(x_t^2) \qquad (h > 0)$$

実際,$\{x_t^2\}$ が定常となるためには,$\mathrm{E}(x_t^4)$ が一定となる必要がある.したがって,

$$\beta \equiv \mathrm{E}(x_t^4) = \mathrm{E}(\sigma_t^4 \varepsilon_t^4) = 3\mathrm{E}(\sigma_t^4)$$

となるような正の定数 β が存在する条件を求める.ここで,

$$\begin{aligned}\mathrm{E}(\sigma_t^4) &= \mathrm{E}(\alpha_0^2 + 2\alpha_0\alpha_1 x_{t-1}^2 + \alpha_1^2 x_{t-1}^4) \\ &= \alpha_0^2 + 2\alpha_0\alpha_1 \frac{\alpha_0}{1-\alpha_1} + \alpha_1^2 \beta\end{aligned}$$

であるから,これを上の式の $\beta = 3\mathrm{E}(\sigma_t^4)$ に代入して,

$$(1 - 3\alpha_1^2)\beta = \frac{3\alpha_0^2(1+\alpha_1)}{1-\alpha_1}$$

を得る.このことから,正の β が存在する条件は,$1-3\alpha_1^2 > 0$ となり,$\alpha_1 < 1/\sqrt{3}$ が得られる.そして,

$$\begin{aligned}\mathrm{V}(x_t^2) &= \mathrm{E}(x_t^4) - \left(\mathrm{E}(x_t^2)\right)^2 = \frac{3\alpha_0^2(1+\alpha_1)}{(1-\alpha_1)(1-3\alpha_1^2)} - \left(\frac{\alpha_0}{1-\alpha_1}\right)^2 \\ &= \frac{2\alpha_0^2}{(1-\alpha_1)^2(1-3\alpha_1^2)}\end{aligned}$$

が成り立つ.このとき,$\{x_t^2\}$ の時差 h の自己相関は,定理で与えられた表現となる.なお,誤差項 $\{u_t\}$ は無相関な定常過程となり,その分散は,

$$\mathrm{V}(u_t) = (1-\alpha_1^2)\mathrm{V}(x_t^2) = \frac{2\alpha_0^2(1+\alpha_1)}{(1-\alpha_1)(1-3\alpha_1^2)}$$

で与えられる.

式 (1) の ARCH(1) モデルは,次のように拡張できる.

$$x_t = \sigma_t \varepsilon_t, \quad \sigma_t^2 = \alpha_0 + \alpha_1 x_{t-1}^2 + \cdots + \alpha_p x_{t-p}^2, \quad \{\varepsilon_t\} \sim \mathrm{NID}(0,1) \quad (3)$$

ここで,α_0 は正,$\alpha_1, \cdots, \alpha_p$ は非負である.このモデルを ARCH(p) モデルと呼ぶ.このとき,x_t^2 は,

$$x_t^2 = \sigma_t^2 + \left(x_t^2 - \sigma_t^2\right) = \alpha_0 + \alpha_1 x_{t-1}^2 + \cdots + \alpha_p x_{t-p}^2 + u_t \quad (4)$$

と表すことができる.すなわち,$\{x_t\}$ が ARCH(p) モデルに従うならば,

$\{x_t^2\}$ は AR(p) モデルに従うことになる．

6.2 ARCH モデルの推定

式 (3) の ARCH(p) モデルに含まれるパラメータは $\alpha_0, \alpha_1, \cdots, \alpha_p$ であり，式 (4) の AR(p) 表現を使えば，最小 2 乗法で推定することができる．しかし，最尤法を使うことも可能である．実際，

$f(\boldsymbol{x}_T) : \boldsymbol{x}_T = (x_1, \cdots, x_T)'$ の同時密度

$f(x_t|\boldsymbol{x}_{t-1}) : \boldsymbol{x}_{t-1}$ を与えたときの x_t の条件付き密度

を定義すれば，MLE は，次の対数尤度関数を最大にする値となる．

$$\log f(\boldsymbol{x}_T) = \sum_{t=1}^{T} \log f(x_t|\boldsymbol{x}_{t-1}) = -\frac{T}{2}\log(2\pi) - \frac{1}{2}\sum_{t=1}^{T}\log \sigma_t^2 - \frac{1}{2}\sum_{t=1}^{T}\frac{x_t^2}{\sigma_t^2} \tag{5}$$

(**例 6.1**) 図 6-1 に示された時系列は収益率データ (単位：%) であり，コンピュータにより

$$x_t = \sigma_t \varepsilon_t, \quad \sigma_t^2 = \alpha_0 + \alpha_1 x_{t-1}^2$$

から生成されたものである．ここで，$\alpha_0 = 1$, $\alpha_1 = 0.5$, $\{\varepsilon_t\} \sim \text{NID}(0,1)$ である．図 6-2 は収益率の 2 乗の系列である．このデータに対して，ARCH(1) モデルによる分析をしてみよう．

図 6-3 には 2 種類の標本自己相関がラグ 20 までプロットされている．実線は収益率，点線は収益率の 2 乗の自己相関である．この結果から，収益率は無相関であるが，収益率の 2 乗は相関をもつことが読みとれる．したがって，収益率は無相関であるが，独立でないことが推測される．

ARCH(1) モデルのパラメータ α_0 と α_1 の推定については，式 (2) に基づく LSE は，次のようになる．

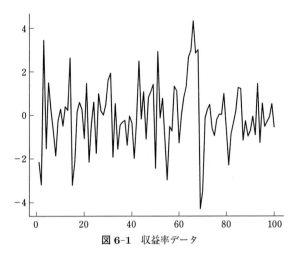

図 6-1 収益率データ

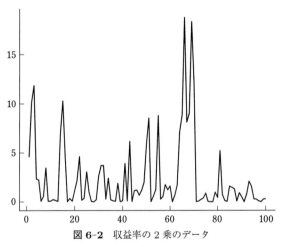

図 6-2 収益率の 2 乗のデータ

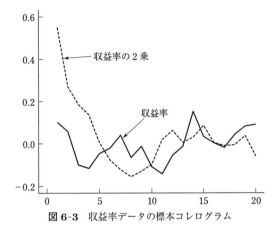

図 6-3 収益率データの標本コレログラム

ARCH(1) モデルの最小 2 乗推定

```
PARAMETER ESTIMATES     STD ERROR      T-RATIO

ALPHA_0    1.0629       0.3718         2.859
ALPHA_1    0.5535       0.0841         6.582

MEAN OF SQUARED SERIES =   2.381
VARIANCE OF SQUARED SERIES =   14.08
STANDARD DEVIATION OF SQUARED SERIES =   3.752

R-SQUARE =  0.3046    R-SQUARE ADJUSTED =  0.2975
```

他方,式(5)の最大化に基づく最尤推定の結果は次の通りである.

ARCH(1) モデルの最尤推定

```
PARAMETER ESTIMATES     STD ERROR      T-RATIO

ALPHA_0    0.9700       0.2155         4.501
ALPHA_1    0.5845       0.1930         3.029
```

6.3 GARCH(p, q) モデル

ARCH(p) モデルを,さらに拡張した次のモデル

第 6 章　GARCH モデルと SV モデル　121

$$x_t = \sigma_t \varepsilon_t, \quad \{\varepsilon_t\} \sim \mathrm{NID}(0,1) \tag{6}$$

$$\sigma_t^2 = \alpha_0 + \alpha_1 x_{t-1}^2 + \cdots + \alpha_p x_{t-p}^2 + \beta_1 \sigma_{t-1}^2 + \cdots + \beta_q \sigma_{t-q}^2 \tag{7}$$

を GARCH(p,q) モデルという. GARCH は, Generalized ARCH の略である.

前節では, 原系列が ARCH(p) のとき, 2 乗の系列が AR(p) になることを示したが, GARCH の場合にも, 次の定理のように同様な関係が成り立つ.

定理 6.2　$\{x_t\}$ が GARCH(p,q) モデルに従うとき, $\{x_t^2\}$ は ARMA(r,q) モデルに従う. ただし, $r = \max(p,q)$ である.

実際, $u_t = x_t^2 - \sigma_t^2 = \sigma_t^2(\varepsilon_t^2 - 1)$ とおくと, $\{u_t\}$ はマルチンゲール差となる. そして, $r = p$ のとき,

$$\begin{aligned}
x_t^2 &= \sigma_t^2 + (x_t^2 - \sigma_t^2) \\
&= \alpha_0 + \alpha_1 x_{t-1}^2 + \cdots + \alpha_p x_{t-p}^2 + \beta_1(x_{t-1}^2 - u_{t-1}) + \cdots \\
&\quad + \beta_q(x_{t-q}^2 - u_{t-q}) + u_t \\
&= \alpha_0 + (\alpha_1 + \beta_1)x_{t-1}^2 + \cdots + \alpha_p x_{t-p}^2 + u_t - \beta_1 u_{t-1} - \cdots - \beta_q u_{t-q}
\end{aligned}$$

を得る. これは, ARMA(p,q) の形である. 同様にして, $r = q$ のときは ARMA(q,q) となることがわかる.

GARCH モデルの推定には, 最小 2 乗法を使うことはできない. しかし, 対数尤度関数は式(5)の形で与えられるから, これを最大化することによりパラメータを最尤推定することができる. 次の例を考えてみよう.

(例 6.2)　(例 6.1)のデータに対して GARCH$(1,1)$ モデルを最尤推定した結果は次の通りである. このデータは, ARCH(1) から生成されたものであるから, 当然のことながら, β_1 は有意でない結果となっている.

GARCH$(1,1)$ モデルの最尤推定

PARAMETER ESTIMATES	STD ERROR	T-RATIO

ALPHA_0	1.0883	0.3332	3.2659
ALPHA_1	0.6060	0.1918	3.1603
BETA_1	-0.0681	0.1034	-0.6588

GARCH モデルは，ボラティリティーの 2 乗である σ_t^2 が，過去の収益率 $x_{t-1}, x_{t-2}, \cdots$ の 2 乗の関数となっている．このことは，例えば，1 期前の収益率が正の場合でも負の場合でも，今期のボラティリティーに与える影響が同一であることを意味する．ところが，その影響は，負の場合の方が大きいことが経験的に知られている．この点を考慮したモデルとして，次のようなモデルが提案されている．

$$x_t = \sigma_t \varepsilon_t, \quad \log \sigma_t^2 = a + b \log \sigma_{t-1}^2 + c\{|\varepsilon_{t-1}| - \mathrm{E}(|\varepsilon_{t-1}|)\} + d\varepsilon_{t-1}$$

このモデルでは，非対称性はパラメータ c に反映され，c が負となるときに上で述べた経験的事実と一致することになる．このモデルを **EGARCH モデル**という．EGARCH は，Exponential GARCH の略である．GARCH モデルを拡張したモデルとしては，EGARCH 以外にもさまざまなモデルが提案されている．詳しくは，Hamilton(1994)，Tsay(2005) などを参照されたい．

6.4 SV モデル

$\{x_t\}$ を収益率の時系列とするとき，次のモデルを **SV モデル**という．SV は，Stochastic Volatility(確率的ボラティリティー) の略である．

$$x_t = \sigma_t \varepsilon_t, \quad \log \sigma_t^2 = \gamma + \phi \log \sigma_{t-1}^2 + \eta_t \tag{8}$$
$$\{\varepsilon_t\} \sim \mathrm{NID}(0,1), \quad \{\eta_t\} \sim \mathrm{NID}(0, \sigma_\eta^2)$$

ここで，σ_t^2 は，GARCH モデルの場合と同様に，条件付き分散である．また，$\{\varepsilon_t\}$ と $\{\eta_t\}$ は互いに独立であると仮定する．したがって，$\{\varepsilon_t\}$ と $\{\sigma_t\}$ も互いに独立である．SV モデルは，EGARCH モデルと同様に，ボラティリティーの非対称性を考慮したモデルである．なお，SV モデルは，提案者にちなんで Taylor モデルとも呼ばれる．

SV モデルには，パラメータ $\gamma, \phi, \sigma_\eta^2$ が含まれている．しかし，GARCH モ

デルの場合と異なり，条件付き分布は正規分布でなく，尤度関数を導出するのは困難である．また，簡単な推定方法も存在しない．そこで，これらを推定するために，$\log x_t^2$ に対する表現を考える．まず，式(8)から，

$$\log x_t^2 = \mu + \log \sigma_t^2 + \xi_t, \quad \log \sigma_t^2 = \gamma + \phi \log \sigma_{t-1}^2 + \eta_t \qquad (9)$$

を得る．ここで，

$$\mu = \mathrm{E}(\log \varepsilon_t^2), \qquad \xi_t = \log \varepsilon_t^2 - \mu$$

である．

式(9)は，一般に，**状態空間モデル**と呼ばれるものである(次節を参照)．2本の方程式のうち，前者は観測方程式，後者は状態方程式である．状態方程式の変数 $\log \sigma_t^2$ は観測不可能であり，状態変数と呼ばれる．状態空間モデルの観点から推定問題を議論することもできるが，この点については次節で説明する．

ここでは，(9)の状態空間モデルから導かれる次のモデル

$$\log x_t^2 = \phi \log x_{t-1}^2 + \mu(1-\phi) + \gamma + \eta_t + \xi_t - \phi \xi_{t-1} \qquad (10)$$

を考える．ここで，$\{\eta_t\}$ と $\{\xi_t\}$ は，それぞれが独立系列であるから，誤差項 $\{\eta_t + \xi_t - \phi \xi_{t-1}\}$ は MA(1) に従う．結果として，$\{\log x_t^2\}$ は ARMA(1,1) モデルに従うことがわかる．ただし，誤差項は正規分布には従わないし，正確な尤度関数を求めるのも困難であるが，SV モデルの表現と異なり，誤差項を正規分布とみなした擬似最尤推定は実行可能である．

ところで，パラメータ μ は，定義から $\mu = \mathrm{E}(\log \varepsilon_t^2)$ であるから，次のように正確に計算することができる．まず，ε_t^2 が自由度1の χ^2 分布に従うことから，$\varepsilon_t^2 = W$ とおくとき，$\log W$ の積率母関数は，

$$m(\theta) = \mathrm{E}(e^{\theta \log W}) = \frac{1}{\sqrt{2\pi}} \int_0^\infty w^{\theta - 1/2} e^{-w/2} \, dw = \frac{2^{\theta+1/2} \Gamma(\theta + 1/2)}{\sqrt{2\pi}}$$

となる．したがって，

$$\mu = \frac{d}{d\theta}[\log m(\theta)]_{\theta=0} = \frac{d}{d\theta}\left[(\theta+1/2)\log 2 + \log\Gamma(\theta+1/2) - \log\sqrt{2\pi}\right]_{\theta=0}$$
$$= \log 2 + \frac{\Gamma'(1/2)}{\Gamma(1/2)} = \log 2 + \psi(1/2) = -1.270363$$

を得る (Abramowitz-Stegun 1972 参照). ここで, $\psi(x) = d\log\Gamma(x)/dx$ である. さらに,

$$\sigma_\xi^2 = \mathrm{V}(\xi) = \frac{d^2}{d\theta^2}[\log m(\theta)]_{\theta=0} = \frac{d}{dx}[\psi(x)]_{x=1/2} = \frac{\pi^2}{2} = 4.9348$$

が成り立つ.

以上から, SV モデルの性質は, 次のようにまとめることができる.

● **SV モデルの性質**

 (a) 収益率 $\{x_t\}$ の条件付き分布は正規分布でない.

 (b) モデル(8)に基づいて尤度関数を導出することは困難であり, パラメータの簡単な推定法も存在しない.

 (c) $\log x_t^2$ は, 式(10)の形の ARMA(1, 1) モデルに従うが, 誤差項は正規分布でなく, 厳密な尤度関数を導出することは困難である. ただし, 擬似最尤推定は可能である.

図 6-4 には, コンピュータで生成した SV モデルからの 100 個のデータの系列 $\{x_t\}$ がプロットされている. また, 図 6-5 は, それを変換した系列 $\{\log x_t^2\}$ のプロットである. $\{x_t\}$ は,

$$x_t = \sigma_t \varepsilon_t, \quad \log\sigma_t^2 = \gamma + \phi\log\sigma_{t-1}^2 + \eta_t, \qquad \gamma = 0, \qquad \phi = 0.6 \quad (11)$$
$$\{\varepsilon_t\} \sim \mathrm{NID}(0,1), \quad \{\eta_t\} \sim \mathrm{NID}(0,\sigma_\eta^2), \qquad \sigma_\eta^2 = 1 \tag{12}$$

から生成されたものである. 前述のように, $\{\log x_t^2\}$ は ARMA(1, 1) に従うが, 誤差項は正規分布でない. このことから, 図の系列にも正規分布の場合には見られないような異常値が存在する. 次に, このデータからパラメータを推定してみよう.

(**例 6.3**) 図 6-4 のデータに対して SV モデルに含まれるパラメータ γ と ϕ

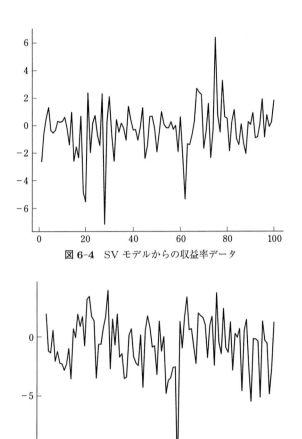

図 6-4 SV モデルからの収益率データ

図 6-5 収益率データの 2 乗の対数値系列

を推定しよう．そのために，原系列の 2 乗の対数値系列を使って，式(10)の ARMA(1,1) モデルを推定する．推定は正規分布に基づく最尤法によるが，実際には正規分布には従わないので，擬似最尤推定である．下の結果によれば，ϕ の推定値 $\hat{\phi}$ は 0.7419(真の値は 0.6)である．また，推定値 $\hat{\gamma}$ は，

$$\mu(1-\hat{\phi}) + \hat{\gamma} = -1.27 \times 0.2581 + \hat{\gamma} = -0.1673$$

を解いて，$\hat{\gamma} = 0.16$ を得る(真の値は0)．これらの推定値は，真の値との乖離が見られ，精度があまりよくないことがわかる．

非正規性を無視した最尤推定

分析系列 = 原系列の 2 乗の対数値

```
Mean of working series = -0.65155
Standard deviation     = 2.389239
Number of observations =      100
```

```
                          Autocorrelations
Lag Covar    Corr      -1 9 8 7 6 5 4 3 2 1 0 1 2 3 4 5 6 7 8 9 1
  0 5.70846 1.00000     |                   |*******************|
  1 0.64595 0.11316     |                 . |**  .               |
  2  0.7962 0.13948     |                 . |***.                |
  3 0.38575 0.06757     |                 . |*   .               |
  4 0.56572 0.09910     |                 . |**  .               |
  5  0.5304 0.09291     |                 . |**  .               |
  6 0.09337 0.01636     |                 . |    .               |
  7 -0.2401 -.04206     |                 .*|    .               |
  8 0.26546 0.04650     |                 . |*   .               |
  9 -0.5944 -.10413     |                 .**|    .               |
 10 -0.5146 -.09014     |                 .**|    .               |
 11 -0.4924 -.08626     |                 .**|    .               |
 12 -0.0574 -.01006     |                 . |    .               |
 13 -0.0949 -.01663     |                 . |    .               |
 14 -0.5001 -.08761     |                 .**|    .               |
 15 -0.4605 -.08067     |                 .**|    .               |
 16 -0.0828 -.01451     |                 . |    .               |
 17 -0.1128 -.01977     |                 . |    .               |
 18 0.08756 0.01534     |                 . |    .               |
 19 -0.2946 -.05161     |                 .*|    .               |
 20 -0.6611 -.11581     |                 .**|    .               |
 21 -1.0407 -.18231     |               ****|    .               |
 22 -0.1692 -.02964     |                 .*|    .               |
 23 -0.3377 -.05916     |                 .*|    .               |
 24 0.16488 0.02888     |                 . |*   .               |
```

Maximum Likelihood Estimation

```
Parameter  Estimates   Std Error   T Ratio
   MU        -0.6481     0.3448     -1.88
   MA1        0.6232     0.3675      1.70
   AR1        0.7419     0.3152      2.35
```

Constant Estimate = -0.1673

```
Variance  Estimate = 5.7000
Std Error Estimate = 2.3875
```

6.5 状態空間モデルと Kalman フィルター

時系列 $\{y_t\}$ が

$$\text{観測方程式：} \quad y_t = \beta_t + \varepsilon_t \tag{13}$$

$$\text{状態方程式：} \quad \beta_t = \delta + \rho\beta_{t-1} + \eta_t \tag{14}$$

と表されるものとする．ここで，
 (a) β_t は観測不可能な確率変数(**状態変数**)である．
 (b) 誤差項 ε_t と η_t は互いに独立である．
 (c) $\{\varepsilon_t\} \sim \text{NID}(0, \sigma^2)$, $\{\eta_t\} \sim \text{NID}(0, \lambda\sigma^2)$

前節で述べたように，このモデルを**状態空間モデル**という．状態空間モデルには，パラメータ $\delta, \rho, \lambda, \sigma^2$ が含まれている．これらが既知ならば，状態変数 β_t は各時点ごとに逐次的に推定することができる．そのためのアルゴリズムは **Kalman フィルター**と呼ばれる．今，

$\beta(t|s) = \text{E}(\beta_t|y_s, \cdots, y_1)$：時点 s までのデータに基づく β_t の条件付き期待値
$\sigma^2 P(t|s) = \text{E}(\beta(t|s) - \beta_t)^2$：$\beta(t|s)$ の MSE

とすると，初期値 $\beta(0|0), P(0|0)$ を与えられて，Kalman フィルターは次のように計算される．

$$\beta(t|t-1) = \delta + \rho\beta(t-1|t-1)$$

$$\beta(t|t) = \beta(t|t-1) + \frac{P(t|t-1)}{1 + P(t|t-1)}(y_t - \beta(t|t-1))$$

$$P(t|t-1) = \rho^2 P(t-1|t-1) + \lambda$$

$$P(t|t) = \frac{P(t|t-1)}{1 + P(t|t-1)}$$

Kalman フィルターの導出は，さまざまな方法が可能である (Jazwinski 1970)

が，以下では，第4章で述べた射影の考え方による方法を説明する．

- **Kalman フィルターの導出**

$\Pi(y|x)$ を，y の x への射影とするとき，正規性の仮定のもとで，

$$\beta(t|t-1) = \Pi(\delta + \rho\beta_{t-1} + \eta_t|y_{t-1}, \cdots, y_1) = \delta + \rho\beta(t-1|t-1)$$

を得る．次に，段階的射影に関する定理(第4章4節を参照)

$$\Pi(X|Y, Z) = \Pi(X|Z) + \Pi\left(X - \Pi(X|Z)|Y - \Pi(Y|Z)\right)$$

により，

$$\begin{aligned}\beta(t|t) &= \Pi(\beta_t|y_t, y_{t-1}, \cdots, y_1) \\ &= \Pi(\beta_t|y_{t-1}, \cdots, y_1) + \Pi\left[\beta_t - \Pi(\beta_t|y_{t-1}, \cdots, y_1)|y_t \right.\\ &\quad \left. -\Pi(y_t|y_{t-1}, \cdots, y_1)\right] \\ &= \beta(t|t-1) + \Pi\left[\beta_t - \beta(t|t-1)|\beta_t - \beta(t|t-1) + \varepsilon_t\right]\end{aligned}$$

を得る．ここで，

$$\Pi\left[\beta_t - \beta(t|t-1)|\beta_t - \beta(t|t-1) + \varepsilon_t\right] = a\left[\beta_t - \beta(t|t-1) + \varepsilon_t\right]$$

とすると，a は次の正規方程式をみたす．

$$\mathrm{E}\left[\{\beta_t - \beta(t|t-1) - a\left(\beta_t - \beta(t|t-1) + \varepsilon_t\right)\}\left(\beta_t - \beta(t|t-1) + \varepsilon_t\right)\right] = 0$$

このことから，

$$a = \frac{\mathrm{V}(\beta_t - \beta(t|t-1))}{\mathrm{V}(\beta_t - \beta(t|t-1) + \varepsilon_t)} = \frac{\sigma^2 P(t|t-1)}{\sigma^2 P(t|t-1) + \sigma^2}$$

となる．したがって，

$$\begin{aligned}\beta(t|t) &= \beta(t|t-1) + a\left[\beta_t - \beta(t|t-1) + \varepsilon_t\right] \\ &= \beta(t|t-1) + \frac{P(t|t-1)}{1 + P(t|t-1)}(y_t - \beta(t|t-1))\end{aligned}$$

を得る．

最後に，

$$\sigma^2 P(t|t-1) = \mathrm{E}(\beta_t - \beta(t|t-1))^2$$
$$= \mathrm{E}\left[(\rho(\beta_{t-1} - \beta(t-1|t-1)) + \eta_t)^2\right]$$
$$= \sigma^2 \left[\rho^2 P(t-1|t-1) + \lambda\right]$$

であり,

$$\sigma^2 P(t|t) = \mathrm{E}(\beta_t - \beta(t|t))^2 = \sigma^2 \frac{P(t|t-1)}{1 + P(t|t-1)}$$

を得る.

状態空間モデル(13)と(14)に含まれる未知パラメータ $\delta, \rho, \lambda, \sigma^2$ を推定するには, $\{y_t\}$ の条件付き分布が

$$y_t | y_{t-1}, \cdots, y_1 \sim \mathrm{N}\left(\beta(t|t-1), \sigma^2(1 + P(t|t-1))\right)$$

となることに注目する. このとき, 対数尤度関数は, 定数項を除外して,

$$L(\delta, \rho, \lambda, \sigma^2) = -\frac{1}{2} \sum_{t=1}^{T} \log\{\sigma^2(1 + P(t|t-1))\} - \frac{1}{2\sigma^2} \sum_{t=1}^{T} \frac{(y_t - \beta(t|t-1))^2}{1 + P(t|t-1)} \tag{15}$$

で与えられるから, この関数の最大化により, 最尤推定が可能となる.

ところで, 前節のSVモデルは, 式(9)の状態空間モデル

$$\log x_t^2 = \mu + \log \sigma_t^2 + \xi_t, \quad \log \sigma_t^2 = \gamma + \phi \log \sigma_{t-1}^2 + \eta_t \tag{16}$$

と同値である. ここで,

$$\mu = -1.270363, \quad \sigma_\xi^2 = V(\xi_t) = \pi^2/2$$

であるから, 未知のパラメータは, $\gamma, \phi, \lambda = V(\eta_t)/\sigma_\xi^2 = \sigma_\eta^2/\sigma_\xi^2$ である. 式(16)において, $\{\eta_t\}$ は正規分布であるが, $\{\xi_t\}$ はそうでない. したがって, 今の場合, 式(15)の対数尤度関数は, 正しいものではないが, 擬似的に使うことは可能である. ただし, 式(15)において,

$$y_t \to \log x_t^2 - \mu, \quad \beta_t \to \log \sigma_t^2$$

と置き換えて適用すればよい.

第7章
長期記憶時系列モデル

定常的な時系列の中には，時間的な従属性が強いために，自己相関の減少の程度が非常にゆるやかなものがある．このような時系列は，定常なARMAモデルで表すことは不可能である．本章では，そのような時系列を対象として，さまざまな性質を調べることにする．

7.1 長期記憶性

時系列 $\{y_t\}$ のラグ h の自己共分散を $\gamma(h)$ としよう．このとき，$\{y_t\}$ が長期記憶的であるとは，第1章4節で述べたように，

$$S = \sum_{h=-\infty}^{\infty} |\gamma(h)|$$

が発散することである．

長期記憶的な時系列の例として，次の決定論的過程がある(第1章3節を参照)．

$$x_t = A \cos \lambda t + B \sin \lambda t$$

ここで，A と B は，ともに平均 0，分散 σ^2 で，互いに無相関な確率変数，λ は定数である．この場合，時差 h の自己共分散は $\sigma^2 \cos \lambda h$ となり，絶対値の和は発散する．しかし，すでに述べたように，この確率過程は，統計的推測の観点からは興味のある対象ではない．

以下では，まず，第1章4節で導入した ARFIMA$(0,d,0)$ モデル

$$(1-L)^d y_t = \varepsilon_t, \quad \{\varepsilon_t\} \sim \text{i.i.d.}(0, \sigma^2), \quad 0 < d < 1/2 \quad (1)$$

を考える．ここで，差分パラメータ d は $0 < d < 1/2$ に制約されているので，第1章6節で説明したように，$\{y_t\}$ は，定常，反転可能な時系列となる．

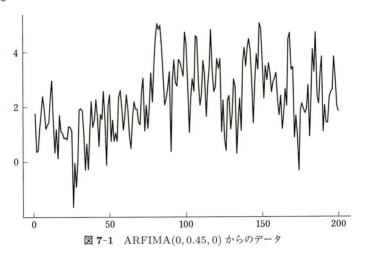

図 7-1　ARFIMA(0, 0.45, 0) からのデータ

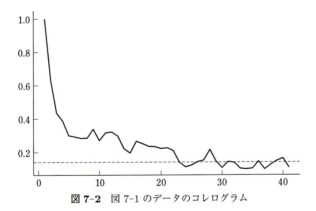

図 7-2　図 7-1 のデータのコレログラム

　図 7-1 は，ARFIMA(0, 0.45, 0) モデルからの実現値の例である ($T = 200$, $\sigma^2 = 1$)．このデータに対する標本自己相関が図 7-2 に示されている．データには非定常的な傾向が見られないが，自己相関が有意となるものが多く，減少のスピードが遅いことが見てとれる．
　モデル (1) の定常性に関しては，MA(∞) 表現

$$y_t = (1-L)^{-d}\varepsilon_t = \sum_{j=0}^{\infty}\psi_j\,\varepsilon_{t-j}, \qquad \psi_j = \frac{\Gamma(j+d)}{\Gamma(d)\,\Gamma(j+1)} \qquad (2)$$

における係数列 $\{\psi_j\}$ が，$j \to \infty$ のとき，$\psi_j^2 = O(j^{2d-2})$ であり，$-2 < 2d -$

$2 < -1$ となることから,自己共分散

$$\gamma(h) = \sigma^2 \sum_{j=0}^{\infty} \psi_j \psi_{j+h} \qquad (h \geq 0)$$

の存在が保証される.この具体的な値は,下の式(3)で与えられる.反転可能性は,$(1-L)^d$ の展開の有効性に関連するが,式(2)の $(1-L)^{-d}$ の場合と同様に考えれば,それは,$d > -1/2$ のときに有効であることから成り立つ.

ARFIMA$(0, d, 0)$ の長期記憶性は,次のように説明される.第1章4節で述べたように,この場合の自己共分散は,

$$\gamma(0) = \sigma^2 \frac{\Gamma(1-2d)}{\Gamma^2(1-d)}, \qquad \gamma(h) = \sigma^2 \frac{\Gamma(1-2d)\Gamma(h+d)}{\Gamma(d)\Gamma(1-d)\Gamma(h-d+1)} \quad (h > 0) \tag{3}$$

で与えられる.したがって,h が大きいとき,$\gamma(h) = O(h^{2d-1})$ となり,$-1 < 2d - 1 < 0$ であることから,自己共分散は減少の程度が遅く,絶対総和不可能となる.スペクトラムは

$$f(\omega) = \frac{\sigma^2}{2\pi} \frac{1}{|1-e^{i\omega}|^{2d}} = \frac{\sigma^2}{2\pi} \left(2 \sin \frac{\omega}{2}\right)^{-2d} \tag{4}$$

で定義されるが,原点で発散する.より具体的には,$\omega \to 0$ のとき,$f(\omega) = O(\omega^{-2d})$ である.このことは,長周期成分が支配的であることを意味しており,長期記憶時系列の特徴を表すものである.

ARFIMA$(0, d, 0)$ の長期記憶性は,自己相関や偏自己相関にも見られる.ラグ h の自己相関と偏自己相関を,それぞれ,$\rho(h), \phi_{hh}$ とすれば,

$$\rho(h) = \frac{\Gamma(1-d)\Gamma(h+d)}{\Gamma(d)\Gamma(h-d+1)}, \qquad \phi_{hh} = \frac{d}{h-d} \qquad (h > 0) \tag{5}$$

となる.したがって,$h \to \infty$ のとき,$\rho(h) = O(h^{2d-1}), \phi_{hh} = O(h^{-1})$ となる.なお,偏自己相関が上の形で与えられることについては,$\phi_{11} = \rho(1) = d/(1-d)$ は明らかであり,一般の ϕ_{hh} については,第1章7節で述べた Durbin-Levinson アルゴリズムを使って,数学的帰納法により証明できる (Hosking 1981 参照).

長期記憶時系列モデルとしては,より一般的な ARFIMA(p, d, q) モデル

$$(1-L)^d y_t = u_t = \frac{\theta(L)}{\phi(L)}\varepsilon_t, \quad \{\varepsilon_t\} \sim \text{i.i.d.}(0,\sigma^2), \quad 0 < d < 1/2 \quad (6)$$

を考えることができる．ここで，$\{u_t\}$ は，定常，反転可能な ARMA(p,q) 過程であり，$0 < d < 1/2$ であることから，$\{y_t\}$ も，定常，反転可能な系列となる．

ARFIMA(p,d,q) のスペクトラム $f(\omega)$ と自己共分散 $\gamma(h)$ は，

$$f(\omega) = \frac{\sigma^2}{2\pi}\frac{|\theta(e^{i\omega})|^2}{|1-e^{i\omega}|^{2d}|\phi(e^{i\omega})|^2}, \quad \gamma(h) = \int_{-\pi}^{\pi} f(\omega)\,e^{ih\omega}\,d\omega \quad (7)$$

で与えられる．ARFIMA$(0,d,0)$ の場合と同様に，スペクトラムは，$h \to 0$ のとき，$f(\omega) = O(\omega^{-2d})$ であり，自己共分散は，$h \to \infty$ のとき，$\gamma(h) = O(h^{2d-1})$ となることが示される (Hosking 1981) ので，長期記憶的である．

長期記憶時系列の性質は，短期記憶の場合と，さまざまな点で異なる．例えば，標本自己共分散の漸近分布は，d の値に依存して，正規分布になる場合とならない場合が生じる．このときの d の値の境界点は，自己共分散の2乗和が収束するかどうかに依存する (Hannan 1976)．例えば，ARFIMA$(0,d,0)$ の場合は，

$$G(d) = \sum_{h=0}^{\infty} \gamma^2(h) = \sigma^4 \frac{\Gamma^2(1-2d)}{\Gamma^2(d)\Gamma^2(1-d)} \sum_{h=0}^{\infty} \frac{\Gamma^2(h+d)}{\Gamma^2(h-d+1)}$$

が収束するかどうか，ということに関係する．この和は，$0 < d < 1/4$ ならば収束し，$1/4 \leq d < 1/2$ ならば発散する．したがって，$d = 1/4$ が境界点となって，自己共分散の分布は異なることになる．ARFIMA(p,d,q) の場合も，境界点が $d = 1/4$ であることに変わりはない．

以下，ARFIMA(p,d,q) モデルからのさまざまな統計量の標本分布について考えよう．

7.2 標本平均

まず，ARFIMA$(0,d,0)$ の場合を考えよう．このときの $\{y_t\}$ の自己共分散は，式(3)にあるように，

$$\gamma(h) = \mathrm{Cov}(y_t, y_{t+h}) = K\, \frac{\Gamma(h+d)}{\Gamma(h+1-d)}, \quad K = \frac{\sigma^2\, \Gamma(1-2d)}{\Gamma(d)\, \Gamma(1-d)} \quad (h > 0) \tag{8}$$

で与えられる．このことから，標本和の分散は次のように計算される．

$$\begin{aligned}
\mathrm{V}\left(\sum_{t=1}^{T} y_t\right) &= \mathrm{E}\left[\left\{\sum_{t=1}^{T}(y_t - \mu)\right\}^2\right] = \sum_{s=1}^{T}\sum_{t=1}^{T}\gamma(s-t) \\
&= T\gamma(0) + 2\sum_{h=1}^{T-1}(T-h)\,\gamma(h) = T\gamma(0) + 2\sum_{j=1}^{T-1}\sum_{h=1}^{T-j}\gamma(h) \\
&= K\left[T\,\frac{\Gamma(d)}{\Gamma(1-d)} + 2\sum_{j=1}^{T-1}\sum_{h=1}^{T-j}\frac{\Gamma(h+d)}{\Gamma(h+1-d)}\right] \\
&= \frac{\sigma^2\,\Gamma(1-2d)}{(1+2d)\Gamma(1+d)\Gamma(1-d)}\left[\frac{\Gamma(T+d+1)}{\Gamma(T-d)} + \frac{d\,\Gamma(1+d)}{\Gamma(1-d)}\right]
\end{aligned} \tag{9}$$

ここで，最後の結果を得るために，次の関係式を 2 回適用した (Sowell 1990 を参照)．

$$\sum_{j=1}^{n}\frac{\Gamma(a+j)}{\Gamma(b+j)} = \frac{1}{1+a-b}\left[\frac{\Gamma(n+a+1)}{\Gamma(n+b)} - \frac{\Gamma(a+1)}{\Gamma(b)}\right]$$

式 (9) の最右辺の値は，Stirling の公式から，T^{2d+1} のオーダーであることがわかる (第 1 章 4 節を参照)．短期記憶の場合は，T のオーダーであるから，長期記憶の方が大きなオーダーとなる．

以上から，標本平均の分散は，漸近的に，

$$\frac{1}{T^{2d+1}}\mathrm{V}\left(\sum_{t=1}^{T} y_t\right) = T^{1-2d}\,\mathrm{V}(\bar{y}) \;\to\; \sigma^2(d) = \frac{\sigma^2\,\Gamma(1-2d)}{(1+2d)\,\Gamma(1+d)\,\Gamma(1-d)} \tag{10}$$

である．短期記憶の場合には，第 3 章 2 節で述べたように，$\sqrt{T}\bar{y}$ の分散の極限が存在し，それはスペクトラムの原点における値 (の定数倍) であった．他方，長期記憶では，$T^{1/2-d}\bar{y}$ の分散の極限値が式 (10) のように与えられるが，スペクトラムは原点で発散するので，その値はスペクトラムの原点とは関係ない．

さらに，標本平均 $\bar{y}$ については，中心極限定理

$$T^{1/2-d}(\bar{y}-\mu) = \frac{1}{T^{d+1/2}} \sum_{t=1}^{T}(y_t-\mu) \quad \Rightarrow \quad N\left(0, \sigma^2(d)\right)$$

が成り立つ(数学的付録の第15節を参照).

一般の ARFIMA(p,d,q) モデルからの標本平均を扱うためには，第3章2節で説明した B-N 分解を利用する．そのために，式(6)の ARFIMA(p,d,q) モデルにおける ARMA 過程 $\{u_t\} = \{\phi^{-1}(L)\theta(L)\varepsilon_t\}$ を，線形過程

$$u_t = \phi^{-1}(L)\theta(L)\varepsilon_t = \sum_{j=0}^{\infty}\alpha_j\varepsilon_{t-j}, \quad \sum_{j=1}^{\infty}j|\alpha_j|<\infty, \quad \alpha(1)=\sum_{j=0}^{\infty}\alpha_j \neq 0 \quad (11)$$

として表現する．係数列 $\{\alpha_j\}$ に関する2つの制約は，定常，反転可能な ARMA 過程ならばみたされるものである．このとき，線形過程 $\{u_t\}$ に対して，B-N 分解を適用して，次の変形

$$u_t = \alpha(L)\varepsilon_t = \alpha(1)\varepsilon_t + \tilde{\varepsilon}_{t-1} - \tilde{\varepsilon}_t, \quad \tilde{\varepsilon}_t = \sum_{j=0}^{\infty}\left(\sum_{k=j+1}^{\infty}\alpha_k\right)\varepsilon_{t-j} \quad (12)$$

を考える．ここで，新たな線形過程 $\{\tilde{\varepsilon}_t\}$ は，(11)の条件により短期記憶的な定常過程となる．実際，このことは，

$$\sum_{j=0}^{\infty}\left|\sum_{k=j+1}^{\infty}\alpha_k\right| \leq \sum_{j=0}^{\infty}\sum_{k=j+1}^{\infty}|\alpha_k| = \sum_{j=1}^{\infty}j|\alpha_j|<\infty$$

であることから保証される．

以上のことから，ARFIMA(p,d,q) 過程は，次のように表現される．

$$y_t - \mu = (1-L)^{-d}u_t = \alpha(1)(1-L)^{-d}\varepsilon_t + (1-L)^{-d}\left(\tilde{\varepsilon}_{t-1}-\tilde{\varepsilon}_t\right)$$

したがって，和については，次の表現を得る．

$$\sum_{t=1}^{T}(y_t-\mu) = \alpha(1)\sum_{t=1}^{T}\left\{(1-L)^{-d}\varepsilon_t\right\} + (1-L)^{-d}\left(\tilde{\varepsilon}_0-\tilde{\varepsilon}_T\right) \quad (13)$$

ここで，右辺の第1項は ARFIMA$(0,d,0)$ に従う系列の和の定数倍であり，その確率的オーダーは，(9)の結果から $T^{d+1/2}$ である．他方，第2項は，差分パラメータ d の定常な ARFIMA 過程に従うから，確率的オーダーは $T^0 = 1$ である．したがって，第2項は，第1項に比べて微小であり，漸近的に無視することができる．すなわち，ARFIMA(p,d,q) 過程の和は，本質的に

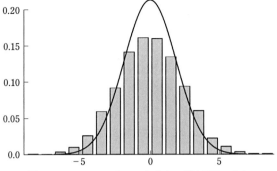

図 7-3 ARFIMA$(0, d, 0)$ からの標本平均の分布

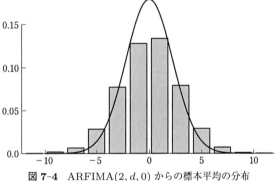

図 7-4 ARFIMA$(2, d, 0)$ からの標本平均の分布

ARFIMA$(0, d, 0)$ 過程の和(の定数倍)とみなすことができる．このことから，ARFIMA(p, d, q) 過程からの標本平均に関して次の結果を得る．

定理 7.1 式(6)の ARFIMA(p, d, q) モデルからの標本平均 $\bar{y}$ に対して，次の中心極限定理が成り立つ．

$$T^{1/2-d}(\bar{y} - \mu) = \frac{1}{T^{d+1/2}} \sum_{t=1}^{T}(y_t - \mu) \Rightarrow N\left(0, \sigma^2(d)\frac{\theta^2(1)}{\phi^2(1)}\right) \quad (14)$$

ここで，

$$\sigma^2(d) = \lim_{T \to \infty} V\left(\frac{1}{T^{d+1/2}} \sum_{t=1}^{T}(1-L)^{-d}\varepsilon_t\right) = \frac{\sigma^2\,\Gamma(1-2d)}{(1+2d)\,\Gamma(1+d)\,\Gamma(1-d)}$$

図 7-3 には,ARFIMA$(0,d,0)$ からの $T^{1/2-d}(\bar{y}-\mu)$ の分布のヒストグラムが示されている.これは,$d = 0.45, T = 100$ の場合であり,標準正規乱数から誤差項を生成し,5,000 回の繰り返しにより得られたものである.実線は,極限分布 N$(0, \sigma^2(d))$ である.ヒストグラムの分散は,5.59 である.他方,極限分布の分散は,$\sigma^2(0.45) = 3.498$ であり,標本分布よりもばらつきが小さい.図 7-4 は,図 7-3 と同様の分布を,ARFIMA$(2,d,0)$ の場合に図示したものである.ここで,$d = 0.45$, AR(2) の係数は,$\phi_1 = 0.8$, $\phi_2 = -0.64$ である.ヒストグラムの分散は 7.98,極限分布の分散は,$\sigma^2(0.45)/(1-\phi_1-\phi_2)^2 = 4.958$ である.

7.3 標本自己共分散

定常な ARMA モデルの場合と同様に,時差 h の標本自己共分散を

$$\hat{\gamma}(h) = \frac{1}{T}\sum_{t=1}^{T-h}(y_t - \bar{y})(y_{t+h} - \bar{y}) \qquad (h \geq 0) \tag{15}$$

で定義して,まず,この期待値を計算しよう.そのために,標本平均を母集団平均で置き換えた次の量

$$c(h) = \frac{1}{T}\sum_{t=1}^{T-h}(y_t - \mu)(y_{t+h} - \mu) \qquad (h \geq 0) \tag{16}$$

を定義しよう.明らかに,

$$\mathrm{E}(c(h)) = \frac{T-h}{T}\gamma(h) = \gamma(h) + O(T^{-1})$$

が成り立つ.

このとき,標本自己共分散は,

$$\begin{aligned}\hat{\gamma}(h) &= \frac{1}{T}\sum_{t=1}^{T-h}\{y_t - \mu - (\bar{y}-\mu)\}\{y_{t+h} - \mu - (\bar{y}-\mu)\} \\ &= c(h) - (1+h/T)(\bar{y}-\mu)^2 + T^{-1}(\bar{y}-\mu)\sum_{t=1}^{h}\{y_t - \mu + y_{T-t+1} - \mu\}\end{aligned} \tag{17}$$

と表すことができる.ここで,右辺第 3 項の期待値は,$T^{d-3/2}$ の大きさとな

る．実際，Cauchy-Schwarz の不等式と式(10)から，

$$[\mathrm{E}\{(\bar{y}-\mu)(y_t-\mu)\}]^2 \leq \mathrm{E}\left[(\bar{y}-\mu)^2\right]\mathrm{E}\left[(y_t-\mu)^2\right] = O(T^{2d-1})$$

であるから，各 t について，$\mathrm{E}\{(\bar{y}-\mu)(y_t-\mu)\} = O(T^{d-1/2})$ となる．他方，式(17)の第2項の期待値は，T^{2d-1} の大きさであるから，第3項は第2項に比べて微小であり，無視できる．以上のことと，式(14)から，次のことが成り立つ．

$$\lim_{T \to \infty} T^{1-2d}\,\mathrm{E}\left(\hat{\gamma}(h) - c(h)\right) = -\sigma^2(d) \tag{18}$$

他方，標本自己共分散の漸近分布については，d の値に依存して結果が異なる．それらをまとめると，次のようになる(詳しくは，Hosking 1996 を参照)．

定理 7.2 式(6)の ARFIMA(p, d, q) モデルからの標本自己共分散 $\hat{\gamma}(h)$ は，d の値に依存して，次の漸近分布をもつ．

（i）$0 < d < 1/4$ の場合は，短期記憶の場合と同様に，$\sqrt{T}\left(\hat{\gamma}(h) - \gamma(h)\right)$ が平均 0 の正規分布に収束し，その分散は，第3章3節の式(14)および(15)において $a = b = h$ としたもので与えられる．

（ii）$d = 1/4$ の場合は，$\sqrt{T/\log T}\left(\hat{\gamma}(h) - \gamma(h)\right)$ が平均 0 の正規分布に収束し，その分散は h に依存しない．

（iii）$1/4 < d < 1/2$ の場合は，$T^{1-2d}\left(\hat{\gamma}(h) - \gamma(h)\right)$ が平均 $-\sigma^2(d)$ の**修正 Rosenblatt 分布**に収束し，その任意のモーメントは h に依存しない．

上の定理が示すように，d が大きくなると，長期記憶性の程度が強くなり，標本自己共分散 $\hat{\gamma}(h)$ は正規性に従わない．また，定理の(ii), (iii)にあるような形に変換すれば，ラグの値に依存せず，同一の極限分布をもつ．この事実は，自己共分散の減衰の程度が非常に遅いことから，異なるラグの間での分布の違いが明瞭でない，という長期記憶性に由来するものである．さらに，$\hat{\gamma}(h)$ は，式(16)で定義した量 $c(h)$ とは異なる漸近分布をもつことが知られている．実際，$1/4 < d < 1/2$ の場合には，$T^{1-2d}\left(c(h) - \gamma(h)\right)$ は，平均 0 の **Rosenblatt 分布**に従うことがわかっている．

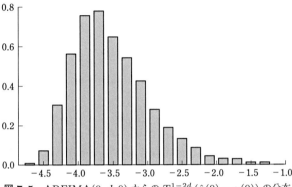

図 7-5　ARFIMA$(0, d, 0)$ からの $T^{1-2d}(\hat{\gamma}(0) - \gamma(0))$ の分布

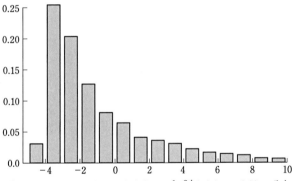

図 7-6　ARFIMA$(0, d, 0)$ からの $T^{1-2d}(c(0) - \gamma(0))$ の分布

図 7-5 には，ARFIMA$(0, d, 0)$ からの $T^{1-2d}(\hat{\gamma}(0) - \gamma(0))$ の分布のヒストグラムが示されている．これは，$d = 0.45$, $T = 100$ の場合であり，標準正規乱数から誤差項を生成し，5,000 回の繰り返しにより得られたものである．ヒストグラムの平均と標準偏差は，それぞれ，-3.4954, 0.5997 である．他方，極限分布(修正 Rosenblatt 分布)の平均と標準偏差は，それぞれ，$-\sigma^2(d) = -3.4982$, 0.5982 である．標準偏差の値については，Hosking(1996)を参照されたい．図 7-6 は，図 7-5 と同一の条件のもとでの $T^{1-2d}(c(0) - \gamma(0))$ の分布のヒストグラムである．平均と標準偏差は，それぞれ，-0.0537, 4.9103 である．極限分布(Rosenblatt 分布)の平均は 0 であり，標準偏差は 4.9949 である．2つの分布は，平均や標準偏差だけでなく，より高次のモーメントも

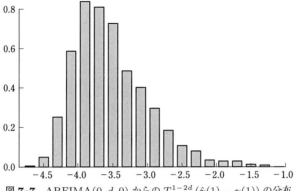

図 7-7　ARFIMA$(0, d, 0)$ からの $T^{1-2d}(\hat{\gamma}(1) - \gamma(1))$ の分布

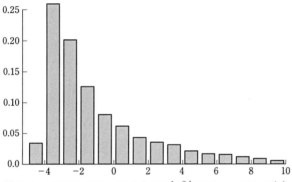

図 7-8　ARFIMA$(0, d, 0)$ からの $T^{1-2d}(c(1) - \gamma(1))$ の分布

異なることがわかっており，一般に，修正 Rosenblatt 分布の方が，歪度や尖度が小さい．

　定理 7.2 の重要なメッセージの 1 つは，上述したように，d が大きくなると，標本自己共分散の漸近分布が，定理で述べた形に変換すると，ラグの値に依存せずに同一となることである．このことを見るために，図 7-7 には，$T^{1-2d}(\hat{\gamma}(1) - \gamma(1))$ の分布のヒストグラム，図 7-8 には，$T^{1-2d}(c(1) - \gamma(1))$ の分布のヒストグラムを示した．これらは，図 7-5，図 7-6 と同一の条件のもとで得られたものである．図 7-7 の分布は図 7-5 と，図 7-8 の分布は図 7-6 とよく似た形状を示していることがわかる．

7.4 標本自己相関

時差 h の標本自己相関

$$\hat{\rho}(h) = \frac{\sum_{t=1}^{T-h}(y_t - \bar{y})(y_{t+h} - \bar{y})}{\sum_{t=1}^{T}(y_t - \bar{y})^2} = \frac{\hat{\gamma}(h)}{\hat{\gamma}(0)} \qquad (h > 0)$$

の漸近的な性質を見てみよう.

まず,期待値を求めるために,$\boldsymbol{\gamma} = (\gamma(0), \gamma(h))'$, $\hat{\boldsymbol{\gamma}} = (\hat{\gamma}(0), \hat{\gamma}(h))'$ とおいて,Taylor 展開

$$\hat{\rho}(h) = \frac{\hat{\gamma}(h)}{\hat{\gamma}(0)} = f(\hat{\boldsymbol{\gamma}}) = f(\boldsymbol{\gamma}) + \frac{\partial f(\boldsymbol{\gamma})}{\partial \boldsymbol{\gamma}'}(\hat{\boldsymbol{\gamma}} - \boldsymbol{\gamma}) + R_T(\hat{\boldsymbol{\gamma}}) \quad (19)$$

を考える.ここで,$R_T(\hat{\boldsymbol{\gamma}})$ は,Taylor 展開の剰余項である.また,

$$\frac{\partial f(\boldsymbol{\gamma})}{\partial \boldsymbol{\gamma}'} = \left(\frac{\partial f(\boldsymbol{\gamma})}{\partial \gamma(0)} \quad \frac{\partial f(\boldsymbol{\gamma})}{\partial \gamma(h)}\right) = \left(-\frac{\gamma(h)}{\gamma^2(0)} \quad \frac{1}{\gamma(0)}\right) = \left(-\frac{\rho(h)}{\gamma(0)} \quad \frac{1}{\gamma(0)}\right)$$

である.このことから,式(19)は,

$$\hat{\rho}(h) = \rho(h) + \frac{1}{\gamma(0)}\left(\hat{\gamma}(h) - \gamma(h) - \rho(h)(\hat{\gamma}(0) - \gamma(0))\right) + R_T(\hat{\boldsymbol{\gamma}})$$

となる.そして,両辺の期待値をとることにより,前節の自己共分散の期待値に関する結果を使って,次の結果を得る.なお,$\mathrm{E}(R_T(\hat{\boldsymbol{\gamma}})) \to 0$ となることなど,詳細は Fuller (1996) を参照されたい.

$$\lim_{T \to \infty} T^{1-2d} \mathrm{E}(\hat{\rho}(h) - \rho(h)) = -\frac{(1 - \rho(h))\sigma^2(d)}{\gamma(0)} \quad (20)$$

この結果から,標本自己相関は,すべてのラグにおいて,下方バイアスをもたらす推定量であることがわかる.

他方,標本自己相関の漸近分布については,標本自己共分散と同様に,d の値に依存して結果が異なる.それらをまとめると,次のようになる(詳しくは,Hosking 1996 を参照のこと).

定理 7.3 式(6)の ARFIMA(p, d, q) モデルからの標本自己相関 $\hat{\rho}(h)$ は,d の

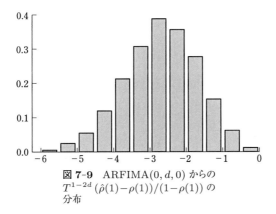

図 7-9 ARFIMA$(0, d, 0)$ からの
$T^{1-2d}(\hat{\rho}(1) - \rho(1))/(1 - \rho(1))$ の
分布

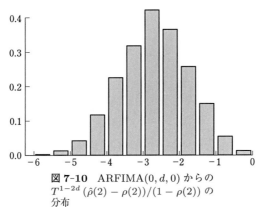

図 7-10 ARFIMA$(0, d, 0)$ からの
$T^{1-2d}(\hat{\rho}(2) - \rho(2))/(1 - \rho(2))$ の
分布

値に依存して，次の漸近分布をもつ．

(ⅰ) $0 < d < 1/4$ の場合は，短期記憶の場合と同様に，$\sqrt{T}(\hat{\rho}(h) - \rho(h))$ が平均 0 の正規分布に収束し，その分散は，第 3 章 4 節の式 (18) において $a = b = h$ としたもので与えられる．

(ⅱ) $d = 1/4$ の場合は，$\sqrt{T/\log T}(\hat{\rho}(h) - \rho(h))/(1 - \rho(h))$ が平均 0 の正規分布に収束し，その分散は h に依存しない．

(ⅲ) $1/4 < d < 1/2$ の場合は，$T^{1-2d}(\hat{\rho}(h) - \rho(h))/(1 - \rho(h))$ が平均 $-\sigma^2(d)/\gamma(0)$ の非正規分布に収束し，その任意のモーメントは h に依存しない．

図 7-9 には，ARFIMA$(0, d, 0)$ からの $T^{1-2d}(\hat{\rho}(1) - \rho(1))/(1 - \rho(1))$ の分布のヒストグラムが示されている．これは，前の図と同様に，$d = 0.45$, $T = 100$ の場合であり，標準正規乱数から誤差項を生成し，5,000 回の繰り返しにより得られたものである．ヒストグラムの平均は -2.70 である．他方，極限分布の平均は，$-\sigma^2(d)/\gamma(0) = -0.96$ であり，極限分布への収束は，かなり遅い．図 7-10 は，図 7-9 と同一の条件のもとでの $T^{1-2d}(\hat{\rho}(2) - \rho(2))/(1 - \rho(2))$ の分布のヒストグラムである．ヒストグラムの平均は -2.69 である．このヒストグラムも，図 7-9 と同一の極限分布をもつので，2 つのヒストグラムは形状がよく似ている．

7.5 差分パラメータの推定

式 (6) の ARFIMA(p, d, q) モデルに含まれるパラメータは，差分パラメータ d の他に，ARMA(p, q) モデルの場合と同様に，次のものがある．

$$\boldsymbol{\phi} = (\phi_1, \cdots, \phi_p)', \quad \boldsymbol{\theta} = (\theta_1, \cdots, \theta_q)', \quad \sigma^2 = V(\varepsilon_t)$$

以下，$\boldsymbol{\psi} = (d, \boldsymbol{\phi}', \boldsymbol{\theta}')'$ とおく．これらのパラメータを推定する方法としては，ARMA モデルの場合のように，時間領域と周波数領域における方法がある．さらに，新しい方法として**ウェーブレット領域**における推定法があるが，これについては，第 12 章で議論する．なお，以下では，平均 μ の値は 0 で既知として議論を進める．未知の場合は，標本平均を差し引いた時系列を考えることにする．ただし，標本平均は，μ の推定量としては精度が悪い点に注意されたい．実際，本章 2 節で説明したように，標本サイズ T に基づく標本平均 $\bar{y}$ は，$\bar{y} - \mu = O_p(T^{d-1/2})$ という性質をもち，d が 1/2 に近づくにつれ，推定精度が非常に悪くなる．

7.5.1 時間領域における推定

時系列 $\{y_t\}$ が，式 (6) の ARFIMA(p, d, q) モデルに従うとき，正規性の仮定のもとで，観測値ベクトル $\boldsymbol{y} = (y_1, \cdots, y_T)'$ が与えられた場合，対数尤度関数は，

$$L(\boldsymbol{\psi}, \sigma^2) = -\frac{T}{2}\log(2\pi\sigma^2) - \frac{T}{2}\log|\Sigma| - \frac{T}{2\sigma^2}\boldsymbol{y}'\Sigma^{-1}\boldsymbol{y} \quad (21)$$

となる．ここで，$\sigma^2\Sigma$ は，$\boldsymbol{y}$ の共分散行列であり，Σ の各要素は，一般に，$\boldsymbol{\psi} = (d, \boldsymbol{\phi}', \boldsymbol{\theta}')'$ の複雑な関数である．L を最大にするパラメータが最尤推定量(MLE)となるが，この方法は，Σ の各要素の計算，そして，逆行列や行列式の計算を伴うので，T が大きくなると，実際上は不可能である．

この問題を回避する1つの方法は，次の関数

$$h(\boldsymbol{\psi}) = \sum_{t=1}^{T}\varepsilon_t^2 = \sum_{t=1}^{T}\left\{\frac{\phi(L)(1-L)^d y_t}{\theta(L)}\right\}^2 \quad (22)$$

を最小化することにより得られる．ここで，$(1-L)^d y_t$ の計算は，$y_s = 0 (s \leq 0)$ であるから，有限和

$$(1-L)^d y_t = \sum_{j=0}^{t-1}\frac{\Gamma(j-d)}{\Gamma(-d)\,\Gamma(j+1)}y_{t-j} = \sum_{j=0}^{t-1}c_j\,y_{t-j} \quad (23)$$

で定義される．ただし，$c_0 = 1$，$c_j = (j-d-1)\,c_{j-1}/j (j \geq 1)$ である．このようにして得られる $\boldsymbol{\psi}$ の推定量 $\hat{\boldsymbol{\psi}} = (\hat{d}, \hat{\boldsymbol{\phi}}', \hat{\boldsymbol{\theta}}')'$ を非線形最小2乗推定量(NLSE)と呼ぶ．

なお，誤差項の分散 σ^2 の推定量 $\hat{\sigma}^2$ は，上で得られた推定量 $\hat{d}, \hat{\boldsymbol{\phi}}, \hat{\boldsymbol{\theta}}$ を使って，

$$\hat{\sigma}^2 = \frac{1}{T}h(\hat{\boldsymbol{\psi}}) = \frac{1}{T}\sum_{t=1}^{T}\hat{\varepsilon}_t^2 = \frac{1}{T}\sum_{t=1}^{T}\left\{\frac{\hat{\phi}(L)(1-L)^{\hat{d}} y_t}{\hat{\theta}(L)}\right\}^2 \quad (24)$$

により求めることができる．

MLE も NLSE も同一の漸近分布に従うことが知られており，次の定理が成り立つ(Beran 1994, Tanaka 1999 参照)．

定理 7.4 式(6)の ARFIMA(p, d, q) モデルのパラメータ $\boldsymbol{\psi} = (d, \boldsymbol{\phi}', \boldsymbol{\theta}')'$ に対する MLE と NLSE は，同一の漸近分布をもつ．具体的には，$\tilde{\boldsymbol{\psi}}$ を $\boldsymbol{\psi}$ の MLE とすれば，次のことが成り立つ．

$$\sqrt{T}\left(\tilde{\boldsymbol{\psi}} - \boldsymbol{\psi}\right) \;\Rightarrow\; \mathrm{N}(0, \Xi^{-1})$$

ここで，Ξ は，Fisher の情報行列であり，

$$\Xi = \begin{pmatrix} \pi^2/6 & \boldsymbol{\kappa}' \\ \boldsymbol{\kappa} & \Omega \end{pmatrix}, \qquad \boldsymbol{\kappa} = (\lambda_1, \cdots, \lambda_p, \mu_1, \cdots, \mu_q)'$$

で定義される．ただし，

$$\lambda_j = \sum_{k=j}^{\infty} \frac{1}{k} a_{k-j}, \qquad \mu_j = -\sum_{k=j}^{\infty} \frac{1}{k} b_{k-j}$$

であり，a_j と b_j は，それぞれ，$1/\phi(L)$ と $1/\theta(L)$ を展開したときの L^j の係数である．他方，Ω は，$\boldsymbol{\phi}$ と $\boldsymbol{\theta}$ の Fisher の情報行列であり，第 4 章 5 節の定理 4.6 で定義された Ω と同一である．

上の定理から，特に，d の推定量だけに注目すれば，

$$\sqrt{T}\,(\tilde{d} - d) \quad \Rightarrow \quad N(0, \nu^{-2}), \qquad \nu^2 = \frac{\pi^2}{6} - \boldsymbol{\kappa}' \Omega^{-1} \boldsymbol{\kappa}$$

を得る．ARFIMA$(0, d, 0)$ の場合には，

$$\sqrt{T}\left(\tilde{d} - d\right) \quad \Rightarrow \quad N(0, 6/\pi^2)$$

となるので，ARMA の未知パラメータが増えるにしたがって，d の推定精度が悪くなることが予想される．

実際，ARFIMA$(1, d, 0)$ の場合には，

$$\boldsymbol{\kappa} = \lambda_1 = \sum_{k=1}^{\infty} \frac{1}{k} a_{k-1} = \sum_{k=1}^{\infty} \frac{1}{k} \phi^{k-1} = -\frac{1}{\phi} \log(1 - \phi)$$

となり，また，$\Omega = 1/(1 - \phi^2)$ を得るので，

$$\nu^2 = \frac{\pi^2}{6} - \frac{1 - \phi^2}{\phi^2} \left(\log(1 - \phi)\right)^2$$

となる．また，この場合，$\tilde{d}$ と $\tilde{\phi}$ は負の相関をもつ．なぜなら，

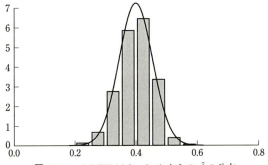
図 7-11　ARFIMA$(0,d,0)$ からの $\hat{d}$ の分布

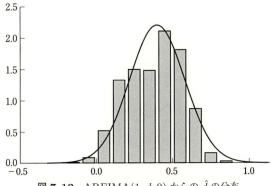
図 7-12　ARFIMA$(1,d,0)$ からの $\hat{d}$ の分布

$$\sqrt{T}\begin{pmatrix}\tilde{d}-d\\\tilde{\phi}-\phi\end{pmatrix}\;\Rightarrow\;\mathrm{N}(0,\Xi^{-1})$$

$$\Xi^{-1}=\begin{pmatrix}\dfrac{\pi^2}{6} & -\dfrac{1}{\phi}\log(1-\phi)\\-\dfrac{1}{\phi}\log(1-\phi) & \dfrac{1}{1-\phi^2}\end{pmatrix}^{-1}$$

$$=\dfrac{1}{\nu^2}\begin{pmatrix}1 & \dfrac{1-\phi^2}{\phi}\log(1-\phi)\\\dfrac{1-\phi^2}{\phi}\log(1-\phi) & \dfrac{\pi^2(1-\phi^2)}{6}\end{pmatrix}$$

が成り立つからである．表 7-1 には，$\sqrt{T}(\tilde{d}-d)$ の極限分布の標準偏差 ν^{-1}，および，$\sqrt{T}(\tilde{d}-d)$ と $\sqrt{T}(\tilde{\phi}-\phi)$ の極限分布の相関係数

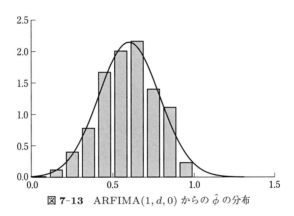

図 7-13　ARFIMA$(1, d, 0)$ からの $\hat{\phi}$ の分布

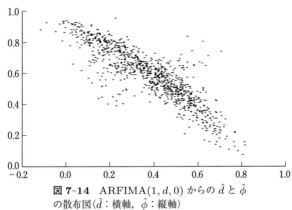

図 7-14　ARFIMA$(1, d, 0)$ からの $\hat{d}$ と $\hat{\phi}$ の散布図 ($\hat{d}$: 横軸, $\hat{\phi}$: 縦軸)

$$\mathrm{Corr} = \frac{\sqrt{6(1-\phi^2)}\log(1-\phi)}{\phi\pi}$$

を，さまざまな ϕ の値に対して求めてある．この結果から，d の推定は，ϕ の値に強く影響されることがわかる．特に，ϕ が 0.6 ないし 0.7 程度の値の場合，d の推定精度が非常に悪くなることがわかる．

表 7-1　さまざまな ϕ に対する ν^{-1} と Corr の値

ϕ	-0.8	-0.4	0	0.6	0.7	0.8	0.9	0.95
ν^{-1}	0.830	0.976	1.245	2.562	2.709	2.307	1.579	1.217
Corr	-0.344	-0.601	-0.780	-0.953	-0.958	-0.941	-0.870	-0.768

以上のことをシミュレーション実験により調べてみよう．図 7-11 は ARFIMA$(0, d, 0)$，図 7-12 は ARFIMA$(1, d, 0)$ の場合の NLSE $\hat{d}$ について調べたものである．いずれも，$d = 0.4$, $T = 200$ であり，後者では，AR(1) の係数は $\phi = 0.6$ である．ヒストグラムは 1,000 回のシミュレーションから得られたものであり，曲線は，定理 7.4 から得られる理論分布である．図 7-12 のヒストグラムは，図 7-11 と比較すると，かなりばらつきが大きくなっていることが見てとれる．なお，この場合の ϕ の値は，表 7-1 にあるように，推定精度が非常に落ちる場合に対応する．

図 7-13 は $\hat{\phi}$ の分布，図 7-14 は，$\hat{d}$ と $\hat{\phi}$ の散布図であり，相関係数は -0.869 であった．$\hat{\phi}$ のヒストグラムは，$\hat{d}$ よりも，理論分布に近いことがわかる．図 7-14 の結果は，2 つの推定量の間に強い負の相関があることを示しており，上述した理論的事実を裏付けるものである．

7.5.2 周波数領域における推定

時間領域の対数尤度 (21) は，第 4 章 5 節の式 (32) にあるように，次のように周波数領域の尤度に変形できる．

$$L(\psi, \sigma^2) \approx -T \log(2\pi) - \frac{T}{2} \log(\sigma^2) - \frac{1}{2} \sum_{j \in A} \log g(\omega_j) - \frac{1}{2\sigma^2} \sum_{j \in A} \frac{I(\omega_j)}{g(\omega_j)} \tag{25}$$

ここで，$\omega_j = 2\pi([-T/2] + j)/T$ であり，A は $\omega_j = 0$ となる j を除外した集合である．また，$I(\omega)$ はピリオドグラム，$g(\omega)$ はスペクトラム $f(\omega)$ から σ^2 を取り除いた部分，すなわち，$g(\omega) = f(\omega)/\sigma^2$ である．スペクトラムは原点で発散するので，除外して考える必要があることに注意されたい．パラメータの推定は，第 4 章 5 節で述べたように，まず，ψ に関して集約した尤度関数を最大にする ψ を求める．そして，事後的に，σ^2 を推定すればよい．

第8章
単位根検定——その1

ARIMA(p,d,q) モデルの分析においては，差分パラメータ d を既知として，原系列を差分変換して分析が進められる．しかし，この方法の問題点として，次の2点がある．(i)差分変換は，原系列が単位根を含むことを前提とするが，本当にそうなのかは検定すべきことである．(ii)差分変換により定常性が得られたとしても，分析の対象である原系列に関する情報が失われる可能性がある．この章と次の第9章では，主として(i)の問題を扱い，第10章と第11章では，(ii)について考察する．

8.1 単位根モデル

すでに，第5章で述べたように，AR(1) モデルの係数が1となるモデル

$$y_t = y_{t-1} + \varepsilon_t = \varepsilon_1 + \cdots + \varepsilon_t, \qquad y_0 = 0, \qquad \{\varepsilon_t\} \sim \text{i.i.d.}(0, \sigma^2) \quad (1)$$

を**単位根モデル**，あるいはランダム・ウォークという．また，このときの $\{y_t\}$ を**単位根系列**という．単位根系列は，**マルチンゲール**(martingale)である．すなわち，

$$\text{E}(y_{t+1}|y_t, \cdots, y_1) = y_t \quad \Leftrightarrow \quad \text{来期の最良予測量は今期の値}$$

が成り立つ．この意味で，単位根モデルは，経済学においては，さまざまな経済現象の公平性や効率性を表すモデルとして使われている．そして，単位根検定は，そのような性質が成り立つかどうかを検証する重要な手段となっている．

単位根モデルでは，式(1)が示すように，すべての過去の時点の確率的な誤差が同じウェイトで，現在および将来に影響を与えている．そして，$\text{V}(y_t) = t\sigma^2$ となることから，時間の経過とともに，時系列の変動が確率的に増大して

行く．この点は，定常な AR(1) モデルにおいて，過去の確率的な誤差が幾何級数的に減少し，時間が経過しても系列の変動は一定であることと対照的である．

時間の関数で表される通常のトレンドは，**確定的トレンド**と呼ばれる．これに対して，単位根系列は，**確率的トレンド**をもつ系列であると考えられる．この章のメイン・テーマである単位根検定は，時系列が単位根をもつ非定常過程であるかどうかを調べると同時に，モデルを拡張することにより，トレンドが確率的か，あるいは確定的かということも調べることができる．

8.2 単位根検定

単位根検定に使われる最も基本的なモデルは，確定的な線形トレンドからの乖離が AR(1) に従うモデルである．すなわち，

$$(1-\rho L)(y_t - \alpha - \beta t) = \varepsilon_t, \quad y_0 = 0, \quad \{\varepsilon_t\} \sim \text{i.i.d.}(0, \sigma^2) \quad (2)$$

であり，これは，

$$y_t = \alpha(1-\rho) + \beta\rho + \beta(1-\rho)t + \rho y_{t-1} + \varepsilon_t \quad (3)$$

のように書き換えることができる．

式(2)において，確定的トレンド $\alpha + \beta t$ のパラメータ α と β を制約することにより，次の3つのバリエーションを考えることができる．

モデル A: $\quad y_t = \rho y_{t-1} + \varepsilon_t \quad \Leftrightarrow \quad \Delta y_t = \delta y_{t-1} + \varepsilon_t \quad (4)$

モデル B: $\quad y_t = a + \rho y_{t-1} + \varepsilon_t \quad \Leftrightarrow \quad \Delta y_t = a + \delta y_{t-1} + \varepsilon_t \quad (5)$

モデル C: $\quad y_t = a + bt + \rho y_{t-1} + \varepsilon_t \quad \Leftrightarrow \quad \Delta y_t = a + bt + \delta y_{t-1} + \varepsilon_t \quad (6)$

ここで，$\Delta = 1 - L$ は差分演算子である．また，$\delta = \rho - 1$ である．モデル A は確定的トレンドが全く存在しない場合 ($\alpha = \beta = 0$)，モデル B は定数項のみが存在する場合 ($\beta = 0$)，モデル C は制約のない一般的な場合である．

これらのいずれのモデルに対しても，検定問題は，

$$H_0: \rho = 1 \quad \text{vs.} \quad H_1: \rho < 1 \quad \Leftrightarrow \quad H_0: \delta = 0 \quad \text{vs.} \quad H_1: \delta < 0 \quad (7)$$

である．これは，「単位根あり」の帰無仮説を，「単位根なし」の対立仮説に対して検定するものである．ここで注意すべきことは，確定的トレンドを考慮したモデル C においても，H_0 のもとでは，式 (3) からわかるように，$b=0$ となる．ただし，定数項 a は任意である．すなわち，確率的トレンドが存在する H_0 のもとでは確定的トレンドは存在しない．他方，確率的トレンドが存在しない H_1 のもとでは $b \neq 0$ となるから，確定的トレンドが存在する，という二分法が成り立っている．

もちろん，最初から線形トレンドはないとするモデル A と B では，確率的トレンドの有無だけが問題となる．ただし，モデル B では定数項 a を考慮しているが，式 (3) からわかるように，H_0 のもとでは 0 に制約される．

以上のモデルに対して，Dickey-Fuller (1979) は，2 種類の検定方式を提案した．1 つは，$\delta = \rho - 1$ の LSE (最小 2 乗推定量) $\hat{\delta}$ に基づく係数検定，もう 1 つは $\hat{\delta}$ の t 値に基づく t 検定である．どちらの検定も，統計量の値が小さいときに H_0 を棄却する．これらは **DF 検定** と総称されている．

しかし，これらの検定統計量の帰無分布は，正規分布や t 分布などの既知の分布には従わない．特に，標本サイズ T が大きくなるときは，**標準 Brown 運動** を含む複雑な分布に従う．

● **標準 Brown 運動** 区間 $[0,1]$ 上で定義され，次の 3 つの条件をみたす連続的確率過程 $\{W(t)\}$ を標準 Brown 運動と呼ぶ．

(a) $P(W(0) = 0) = 1$
(b) 任意の時点 $0 \leq t_0 < t_1 < \cdots < t_n \leq 1$ に対して，時点が重ならない増分 $W(t_1) - W(t_0), W(t_2) - W(t_1), \cdots, W(t_n) - W(t_{n-1})$ は互いに独立である．
(c) $0 \leq s < t \leq 1$ に対して，$W(t) - W(s) \sim \mathrm{N}(0, t-s)$

上の定義から，時差が同じ 2 つの増分 $W(t) - W(s)$ と $W(t+h) - W(s+h)$ は同一の分布をもつことになる．この意味で，標準 Brown 運動は，**定常独立増分** をもつという．明らかに，$\mathrm{E}(W(t)) = 0$ である．また，独立増分性を使うことにより，$s < t$ のとき，次のことが成り立つ．

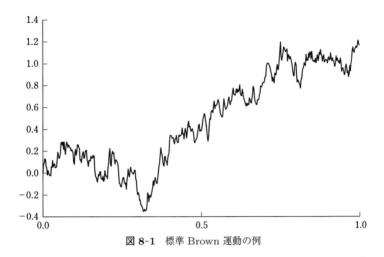

図 8-1 標準 Brown 運動の例

$$\begin{aligned}\mathrm{Cov}(W(s), W(t)) &= \mathrm{Cov}(W(s), W(s) + W(t) - W(s)) \\ &= \mathrm{Cov}(W(s), W(s)) + \mathrm{Cov}(W(s), W(t) - W(s)) \\ &= \mathrm{V}(W(s)) = s = \min(s, t)\end{aligned}$$

図 8-1 には,標準 Brown 運動の 1 つのサンプル・パスが示されている.標準 Brown 運動は,原点から出発し,連続なパスをもつ.しかし,いたるところで微分不可能であり,ジズザグなパスとなる.詳細は,数学的付録の第 5 節を参照されたい.

8.3 単位根分布——係数検定統計量の場合

前節で述べた単位根検定のための統計量の帰無分布を考えよう.本節では,係数検定の統計量 $T(\hat{\rho} - 1) = T\hat{\delta}$ を取り上げる.

モデル A の変形バージョン

$$\Delta y_t = \delta y_{t-1} + \varepsilon_t, \quad \delta = \rho - 1, \quad y_0 = 0 \quad (t = 1, \cdots, T) \quad (8)$$

を考えよう.このとき,δ の LSE $\hat{\delta}$ は,

第 8 章 単位根検定——その 1　　155

$$\hat{\delta} = \hat{\rho} - 1 = \frac{\sum_{t=2}^{T} y_{t-1} \Delta y_t}{\sum_{t=2}^{T} y_{t-1}^2}$$

となり，次の分布収束が成り立つ(詳細は数学的付録の第 9 節を参照)．

A:　$T\hat{\delta} = \dfrac{1}{T\sigma^2} \sum_{t=2}^{T} y_{t-1} \Delta y_t \Big/ \dfrac{1}{T^2\sigma^2} \sum_{t=2}^{T} y_{t-1}^2 \Rightarrow \dfrac{\int_0^1 W(t)\,dW(t)}{\int_0^1 W^2(t)\,dt} = \dfrac{U_A}{V_A}$
(9)

ここで，

$$U_A = \int_0^1 W(t)\,dW(t), \qquad V_A = \int_0^1 W^2(t)\,dt$$

である．この場合の極限分布，すなわち，U_A/V_A の分布を，モデル A に関する係数推定量の**単位根分布**という．極限確率変数は，確率過程の積分の比の形で表されており，分母 V_A は Riemann 積分，分子 U_A は**伊藤積分**が使われている(詳細は，数学的付録の第 6 節，7 節を参照)．

なお，V_A の表現に関しては，次の関係が成り立つ．

$$\int_0^1 W^2(t)\,dt \stackrel{\mathcal{D}}{=} \sum_{n=1}^{\infty} \frac{1}{(n-1/2)^2 \pi^2} Z_n^2 \stackrel{\mathcal{D}}{=} \int_0^1 \int_0^1 [1 - \max(s,t)]\,dW(s)\,dW(t)$$
(10)

ここで，$\{Z_n\} \sim \mathrm{NID}(0,1)$ である．また，$\stackrel{\mathcal{D}}{=}$ は，分布の意味での等号を表し，最右辺の重積分は，Riemann-Stieltjes 重積分である(数学的付録の第 6 節を参照)．他方，U_A に関しては，次のことが成り立つ(数学的付録の第 7 節を参照)．

$$U_A = \int_0^1 W(t)\,dW(t) = \frac{1}{2}\left(W^2(1) - 1\right)$$

したがって，U_A の分布は，本質的に，$\chi^2(1)$ 分布(自由度 1 の χ^2 分布)である．

図 8-2 の 2 つの曲線は，U_A と V_A のそれぞれの分布の密度関数である．U_A の密度関数 $g_A(x)$ は，

$$g_A(x) = \frac{1}{\sqrt{\pi(x+1/2)}} \exp\left\{-(x+1/2)\right\}$$

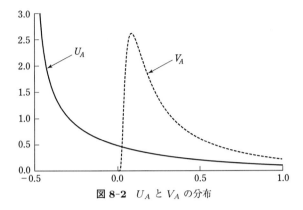

図 8-2 U_A と V_A の分布

である. また, V_A の密度関数 $f_A(x)$ は,

$$f_A(x) = \frac{1}{\pi} \int_0^\infty \mathrm{Re}\left[e^{-i\theta x}\phi_A(\theta)\right] d\theta$$

により求めることができる(数学的付録の第 18 節を参照). ここで, $\phi_A(\theta)$ は, V_A の特性関数であり,

$$\phi_A(\theta) = \mathrm{E}(\exp(i\theta V_A)) = \left(\cos\sqrt{2i\theta}\right)^{-1/2}$$

で与えられる(数学的付録の第 17 節を参照).

式(9)における U_A/V_A の分布関数 $F_A(x)$ は,

$$F_A(x) = P(U_A/V_A \leq x) = P(xV_A - U_A \geq 0)$$
$$= \frac{1}{2} + \frac{1}{\pi}\int_0^\infty \frac{1}{\theta}\mathrm{Im}\left[\phi_A(\theta;x)\right] d\theta$$

により求めることができる. ここで, $\phi_A(\theta;x)$ は, $xV_A - U_A$ の特性関数であり,

$$\phi_A(\theta;x) = e^{i\theta/2}\left[\cos\sqrt{2i\theta x} + i\theta\frac{\sin\sqrt{2i\theta x}}{\sqrt{2i\theta x}}\right]^{-1/2}$$

で与えられる(数学的付録の第 17 節を参照). したがって, 密度関数 $f_A(x)$ は,

$$f_A(x) = \frac{1}{\pi}\int_0^\infty \frac{1}{\theta}\mathrm{Im}\left[\frac{\partial \phi_A(\theta;x)}{\partial x}\right] d\theta \tag{11}$$

で計算することができる.

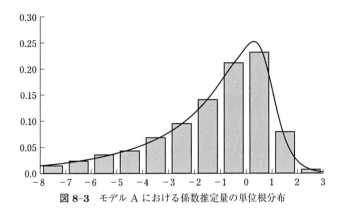

図 8-3 モデル A における係数推定量の単位根分布

図 8-3 の曲線は，単位根分布の密度関数 $f_A(x)$ である．また，ヒストグラムは，$T = 400$ の場合の $T(\hat{\rho} - 1)$ の標本分布をシミュレーションにより求めて作成したものである．標本分布は，極限分布にかなり近く，どちらも左にゆがんだ形状となっている．

モデル B の場合は，変形バージョン

$$\Delta y_t = a + \delta y_{t-1} + \varepsilon_t, \quad \delta = \rho - 1, \quad y_0 = 0 \quad (t = 1, \cdots, T) \quad (12)$$

を考える．このとき，

$$\hat{\delta} = \begin{vmatrix} \sum 1 & \sum \Delta y_t \\ \sum y_{t-1} & \sum y_{t-1}\Delta y_t \end{vmatrix} \bigg/ \begin{vmatrix} \sum 1 & \sum y_{t-1} \\ \sum y_{t-1} & \sum y_{t-1}^2 \end{vmatrix}$$

となる．そして，H_0 のもとでは $a = \delta = 0$ であるから，$\{y_t\}$ は，通常のランダム・ウォークになることを使って，次の結果を得ることができる．

$$\text{B:} \quad T\hat{\delta} \Rightarrow \frac{\begin{vmatrix} 1 & W(1) \\ \int_0^1 W(t)\,dt & \int_0^1 W(t)\,dW(t) \end{vmatrix}}{\begin{vmatrix} 1 & \int_0^1 W(t)\,dt \\ \int_0^1 W(t)\,dt & \int_0^1 W^2(t)\,dt \end{vmatrix}} = \frac{U_B}{V_B} \quad (13)$$

ここで，

$$U_B = \int_0^1 W_{(1)}(t)\,dW(t), \quad V_B = \int_0^1 W_{(1)}^2(t)\,dt$$

$$W_{(1)}(t) = W(t) - \int_0^1 W(t)\,dt$$

である．$W_{(1)}(t)$ は，区間 [0, 1] 上で $W(t)$ を定数に回帰したあとの残差過程であり，**平均調整済み Brown 運動**と呼ばれる．

モデル C の場合は，次の変形バージョン

$$\Delta y_t = a + b t + \delta y_{t-1} + \varepsilon_t, \quad \delta = \rho - 1, \quad y_0 = 0 \quad (t=1,\cdots,T) \quad (14)$$

を考える．このとき，

$$\hat{\delta} = \left| \begin{array}{ccc} \sum 1 & \sum t & \sum \Delta y_t \\ \sum t & \sum t^2 & \sum t\Delta y_t \\ \sum y_{t-1} & \sum ty_{t-1} & \sum y_{t-1}\Delta y_t \end{array} \right| \Big/ \left| \begin{array}{ccc} \sum 1 & \sum t & \sum y_{t-1} \\ \sum t & \sum t^2 & \sum ty_{t-1} \\ \sum y_{t-1} & \sum ty_{t-1} & \sum y_{t-1}^2 \end{array} \right|$$

となる．H_0 のもとでは $b = \delta = 0$ であるが，a は制約されていないから，$\{y_t\}$ は，ドリフト付きのランダム・ウォークとなる．しかし，この場合にも，$\hat{\delta}$ の分布を求めるのに，$\{y_t\}$ を通常のランダム・ウォークとみなしてよい (Hamilton 1994)．このことから，次の結果を得ることができる．

$$\text{C:} \quad T\hat{\delta} \Rightarrow \frac{\left| \begin{array}{ccc} 1 & 1/2 & W(1) \\ 1/2 & 1/3 & \int_0^1 t\,dW(t) \\ \int_0^1 W(t)\,dt & \int_0^1 tW(t)\,dt & \int_0^1 W(t)\,dW(t) \end{array} \right|}{\left| \begin{array}{ccc} 1 & 1/2 & \int_0^1 W(t)\,dt \\ 1/2 & 1/3 & \int_0^1 tW(t)\,dt \\ \int_0^1 W(t)\,dt & \int_0^1 tW(t)\,dt & \int_0^1 W^2(t)\,dt \end{array} \right|} = \frac{U_C}{V_C} \quad (15)$$

ここで，

$$U_C = \int_0^1 W_{(2)}(t)\,dW(t), \quad V_C = \int_0^1 W_{(2)}^2(t)\,dt$$

$$W_{(2)}(t) = W_{(1)}(t) - 12\left(t - \frac{1}{2}\right) \int_0^1 \left(s - \frac{1}{2}\right) W(s)\,ds$$

である．$W_{(2)}(t) = W(t) - \hat{\kappa} - \hat{\lambda} t$ は，区間 [0, 1] 上で $W(t)$ を直線 $\kappa + \lambda t$ に

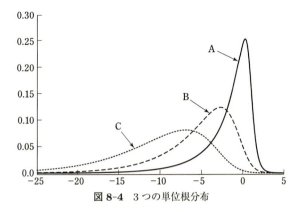

図 8-4 3つの単位根分布

表 8-1 $T(\hat{\rho} - 1) = T\hat{\delta}$ の極限帰無分布の特性値

モデル	1% 点	5% 点	10% 点	平均	標準偏差	歪度	尖度
A	-13.695	-8.039	-5.714	-1.781	3.180	-2.270	8.369
B	-20.626	-14.094	-11.251	-5.379	4.511	-1.551	4.015
C	-29.359	-21.711	-18.245	-10.246	6.033	-1.204	2.373

回帰したあとの残差過程であり，**トレンド調整済み Brown 運動**と呼ばれる．ただし，

$$\hat{\kappa} = \int_0^1 (4 - 6t)\, W(t)\, dt, \quad \hat{\lambda} = \int_0^1 (12t - 6)\, W(t)\, dt$$

である．実際，$\hat{\kappa}$ と $\hat{\lambda}$ は，正規方程式

$$\int_0^1 W(t)\, dt = \hat{\kappa} \int_0^1 dt + \hat{\lambda} \int_0^1 t\, dt, \quad \int_0^1 t\, W(t)\, dt = \hat{\kappa} \int_0^1 t\, dt + \hat{\lambda} \int_0^1 t^2\, dt$$

の解である．

図 8-4 には，上述した3つのモデル A, B, C から得られる単位根分布の密度関数が描かれている．モデルが複雑になるに従い，分布は左側にシフトして，ばらつきも大きくなることが見てとれる．なお，検定のためには，左すその分位点が必要となるが，モーメントとともに，表 8-1 に示しておいた(計算方法については，数学的付録の第 18 節を参照)．

8.4 単位根分布——t検定統計量の場合

モデル A, B, C の変形バージョンである (8), (12), (14) において，$\hat{\delta}$ の t 統計量は，

$$t_{\hat{\delta}} = \frac{\hat{\delta}}{s.e.(\hat{\delta})}$$

で与えられる．ここで，$s.e.(\hat{\delta})$ は，$\hat{\delta}$ を回帰係数の LSE とみなしたときの標準誤差の推定値を与えるものである．

モデル A の場合は，

$$s.e.(\hat{\delta}) = \frac{\hat{\sigma}}{\sqrt{\sum_{t=2}^{T} y_{t-1}^2}}, \quad \hat{\sigma}^2 = \frac{1}{T-1} \sum_{t=2}^{T} (\Delta y_t - \hat{\delta} y_{t-1})^2$$

であり，$\hat{\sigma}^2$ は，σ^2 に確率収束する．したがって，

$$t_{\hat{\delta}} = \frac{\hat{\delta}}{\hat{\sigma}/\sqrt{\sum y_{t-1}^2}} = \frac{1}{T\hat{\sigma}} \sum y_{t-1} \Delta y_t \bigg/ \sqrt{\frac{1}{T^2} \sum y_{t-1}^2} \quad \Rightarrow \quad \frac{U_A}{\sqrt{V_A}}$$

を得る．

モデル B については，

$$s.e.^2(\hat{\delta}) = \hat{\sigma}^2 \times \left[\begin{pmatrix} \sum 1 & \sum y_{t-1} \\ \sum y_{t-1} & \sum y_{t-1}^2 \end{pmatrix}^{-1} \text{の}(2,2)\text{要素} \right]$$

$$= \hat{\sigma}^2 \times (T-1) \bigg/ \left| \begin{pmatrix} \sum 1 & \sum y_{t-1} \\ \sum y_{t-1} & \sum y_{t-1}^2 \end{pmatrix} \right|$$

である．モデル C についても同様に定義される．

このとき，t 統計量の帰無分布について，次の分布収束が成り立つ．

$$t_{\hat{\delta}} \quad \Rightarrow \quad \frac{U_M}{\sqrt{V_M}} \quad (M = A, B, C)$$

$U_M/\sqrt{V_M}$ の分布を，モデル M に関する t 統計量の**単位根分布**という．係数推定量の単位根分布と異なり，t 統計量の単位根分布を正確に求めることは困難である．ただし，モーメントは正確に計算することが可能である (数学的付録

の第18節を参照).表 8-2 には,Fuller(1996)においてシミュレーションで計算された分位点,および Nabeya(1999)において数値積分で計算されたモーメントが示されている.$T(\hat{\rho}-1)$ の分布とは異なり,歪度が正となっていることから,少し右にゆがんだ形状となっていることがわかる.有限標本における t 統計量の帰無分布も,Fuller(1996)で報告されている.

表 8-2 $t_{\hat{\delta}}$ の極限帰無分布の特性値

モデル	1%点	5%点	10%点	平均	標準偏差	歪度	尖度
A	-2.58	-1.95	-1.62	-0.423	0.981	0.250	0.083
B	-3.42	-2.86	-2.57	-1.533	0.840	0.218	0.334
C	-3.96	-3.41	-3.13	-2.181	0.750	0.057	0.371

8.5 単位根検定の拡張

今まで扱ってきた単位根検定は,AR(1) モデルの係数が 1 かどうかの検定であるが,ここでは,より広いクラスのモデルにおける単位根検定として,I(1)性の検定を考える.そのために,2 通りの検定方法を取り上げる.

8.5.1 AR(p) モデルによる単位根検定

まず,第 1 の方法は,モデルとして,

$$\phi(L)(y_t - \alpha - \beta t) = \varepsilon_t, \quad \{\varepsilon_t\} \sim \text{i.i.d.}(0, \sigma^2) \tag{16}$$

を考える.ここで,$\phi(L)$ は p 次のラグ多項式であり,$\phi(x) = 0$ の根の絶対値は,すべて 1 以上であると仮定する.そして,絶対値が 1 となるものは高々 1 個であり,それは単位根に限られるものとする.

このとき,第 3 章で述べた B-N 分解と同様の考え方を使って,$\phi(L)$ は,

$$\begin{aligned}\phi(L) &= 1 - \phi_1 L - \cdots - \phi_p L^p = \phi(1) L + \Delta \psi(L) \\ &= \phi(1) L + \Delta \left(1 - \psi_1 L - \cdots - \psi_{p-1} L^{p-1}\right)\end{aligned} \tag{17}$$

のように表現することができる.ここで,$\psi(x) = 0$ の根の絶対値はすべて 1 より大きく,

$$\psi_j = -\sum_{i=j+1}^{p} \phi_i \quad (j=1,\cdots,p-1)$$

である.

さらに，式(17)を使って，式(16)を次のように表現することができる.

$$\triangle y_t = a + b\,t + \delta\,y_{t-1} + \psi_1\,\triangle y_{t-1} + \cdots + \psi_{p-1}\,\triangle y_{t-p+1} + \varepsilon_t \quad (18)$$

ここで，$\delta = -\phi(1)$ である．また，

$$a = \phi(1)\,\alpha + \beta\sum_{j=1}^{p} j\,\phi_j, \quad b = \beta\,\phi(1)$$

である.

以上より，拡張された単位根検定は，式(18)に基づいて，確定的トレンドの有無により，次の3つのモデルに基づいて行うことになる.

モデル A: $\quad \triangle y_t = \delta\,y_{t-1} + \psi_1\,\triangle y_{t-1} + \cdots + \psi_{p-1}\,\triangle y_{t-p+1} + \varepsilon_t \quad (19)$

モデル B: $\quad \triangle y_t = a + \delta\,y_{t-1} + \psi_1\,\triangle y_{t-1} + \cdots + \psi_{p-1}\,\triangle y_{t-p+1} + \varepsilon_t \quad (20)$

モデル C: $\quad \triangle y_t = a + b\,t + \delta\,y_{t-1} + \psi_1\,\triangle y_{t-1} + \cdots + \psi_{p-1}\,\triangle y_{t-p+1} + \varepsilon_t$
$$(21)$$

この場合の単位根検定は，

$$H_0 : \delta = 0 \quad \text{vs.} \quad H_1 : \delta < 0$$

となる．H_0 のもとでは，$\phi(1)=0$ であるから，(16), (17)より，

$$\triangle\,\psi(L)\,(y_t - \alpha - \beta\,t) = \varepsilon_t$$

となり，$\{y_t\}$ は I(1) となる．他方，H_1 のもとでは，$\phi(1) > 0$ である．このことは，仮定より，$\phi(x)=0$ の根の絶対値がすべて1より大きいことと同等となるから，$\{y_t - \alpha - \beta\,t\}$ が定常となる.

以上の設定のもとで，δ の LSE $\hat{\delta}$ に基づく係数検定と，$\hat{\delta}$ の t 値に基づく t 検定を考えることができる．これらは，**ADF検定**(A は Augmented の頭文字)と総称される.

モデル A の場合に，係数検定統計量の極限帰無分布を導出しよう．そのた

めに，次の諸量を定義する．

$$\boldsymbol{\gamma} = (\delta, \psi_1, \cdots, \psi_{p-1})' : p \times 1$$
$$D_T = \text{diag}(T, \sqrt{T}, \cdots, \sqrt{T}) : p \times p$$
$$\boldsymbol{u}_{t-1} = (\Delta y_{t-1}, \cdots, \Delta y_{t-p+1})' : (p-1) \times 1$$
$$U_A = \int_0^1 W(t)\,dW(t), \quad V_A = \int_0^1 W^2(t)\,dt, \quad \Gamma = \text{E}(\boldsymbol{u}_t \boldsymbol{u}_t')$$

ここで，$\text{diag}(a_1, a_2, \cdots)$ は，$a_1, a_2, \cdots$ を対角要素とする対角行列を表す．

式(19)から，$\boldsymbol{\gamma}$ のLSEを $\hat{\boldsymbol{\gamma}}$ とすると，H_0 のもとで，

$$D_T(\hat{\boldsymbol{\gamma}} - \boldsymbol{\gamma}) = \left(D_T^{-1} \sum_{t=p+1}^T \begin{pmatrix} y_{t-1} \\ \boldsymbol{u}_{t-1} \end{pmatrix} (y_{t-1}, \boldsymbol{u}_{t-1}') D_T^{-1} \right)^{-1}$$
$$\times D_T^{-1} \sum_{t=p+1}^T \begin{pmatrix} y_{t-1} \\ \boldsymbol{u}_{t-1} \end{pmatrix} \Delta y_t$$
$$\Rightarrow \begin{pmatrix} V_A/\psi^2(1) & 0 \\ 0 & \Gamma \end{pmatrix}^{-1} \begin{pmatrix} U_A/\psi(1) \\ \xi \end{pmatrix} = \begin{pmatrix} \psi(1) U_A/V_A \\ \Gamma^{-1}\xi \end{pmatrix}$$

を得る．ただし，$\xi \sim \text{N}(0, \sigma^2 \Gamma)$ であり，U_A/V_A とは独立に分布する(詳しくは，Chan-Wei 1988, Fuller 1996, 数学的付録の第9節を参照)．このことから，H_0 のもとで，

$$T\hat{\delta} \Rightarrow \psi(1) U_A/V_A = \psi(1) \frac{\int_0^1 W(t)\,dW(t)}{\int_0^1 W^2(t)\,dt}$$

を得る．

モデルB, Cについても，同様に考えることができる．結局，係数推定量の極限帰無分布は，

$$T\hat{\delta} \Rightarrow \psi(1) \times \frac{U_M}{V_M} \quad (M = A, B, C)$$

となることが示される(Fuller 1996 を参照)．ここで，U_M/V_M は本章3節で考察したAR(1)モデルの場合の係数推定量の極限である．今の場合，極限確率変数が未知パラメータ $\psi(1) = 1 - \psi_1 - \cdots - \psi_{p-1}$ に依存するので，その一致推定量 $\hat{\psi}(1)$ を求めて，検定統計量として $T\hat{\delta}/\hat{\psi}(1)$ を使えば，AR(1)の結果

をそのまま使うことができる．一致推定量としては，

$$\hat{\psi}(1) = 1 - \hat{\psi}_1 - \cdots - \hat{\psi}_{p-1}$$

を使うことができる．ここで，$\hat{\psi}_i$ は，各モデルから得られる ψ_i の LSE である．

他方，t 値に基づく検定は，AR(1) の場合と同様に，統計量として $t_{\hat{\delta}} = \hat{\delta}/s.e.(\hat{\delta})$ を使う．ここで，モデル A の場合には，

$$s.e.^2(\hat{\delta}) = \hat{\sigma}^2 \times \left[\left(\sum_{t=p+1}^{T} \begin{pmatrix} y_{t-1} \\ \boldsymbol{u}_{t-1} \end{pmatrix} (y_{t-1}, \boldsymbol{u}'_{t-1}) \right)^{-1} \right] \text{の} (1,1) \text{要素}$$

$$\hat{\sigma}^2 = \frac{1}{T-p} \sum_{t=p+1}^{T} \left(\Delta y_t - \hat{\delta} y_{t-1} - \hat{\psi}_1 \Delta y_{t-1} - \cdots - \hat{\psi}_{p-1} \Delta y_{t-p+1} \right)^2$$

である．係数検定統計量と異なり，拡張されたモデル A, B, C においても，$t_{\hat{\delta}}$ の極限帰無分布は，AR(1) の場合と同一であることが示される (Fuller 1996)．したがって，ADF 検定としては t 値に基づく検定を使うことが多い．

(例 8.1) TOPIX と為替レートに関する ADF 検定

図 8-5 には，TOPIX と為替レートの対数値系列がプロットされている．これらは，1992 年 1 月から 2001 年 6 月までの月次データ (データ数 114) であり，実線は TOPIX，点線は為替レートである．いずれも，各月平均データを分散安定化のために対数値系列に変換してある．図 8-6 は，これらの系列の標本自己相関のプロットである．両者の自己相関は減衰の程度がゆるやかであり，定常性からの乖離がうかがえる．

それぞれのデータに拡張されたモデル A, B, C をあてはめると，AIC 規準により，次の結果が得られる．

（i）TOPIX

$$\Delta y_t = -0.00022 y_{t-1} + 0.241 \Delta y_{t-1} + e_{At}$$
$$= 0.651 - 0.0898 y_{t-1} + 0.283 \Delta y_{t-1} + e_{Bt}$$
$$= 0.682 - 0.000074 t - 0.0935 y_{t-1} + 0.287 \Delta y_{t-1} + e_{Ct}$$

（ii）為替レート

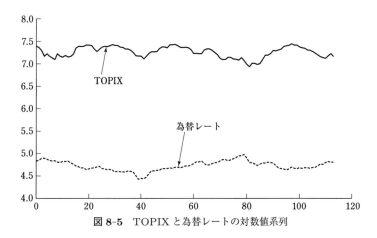

図 8-5 TOPIX と為替レートの対数値系列

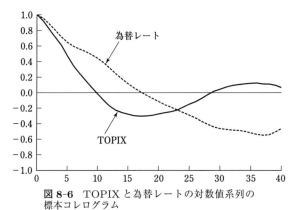

図 8-6 TOPIX と為替レートの対数値系列の標本コレログラム

$$\Delta y_t = -0.00011 y_{t-1} + 0.351 \Delta y_{t-1} - 0.072 \Delta y_{t-2} + 0.17 \Delta y_{t-3}$$
$$\quad - 0.229 \Delta y_{t-4} - 0.08 \Delta y_{t-5} - 0.049 \Delta y_{t-6} + e_{At}$$
$$= 0.217 - 0.046 y_{t-1} + 0.368 \Delta y_{t-1} - 0.048 \Delta y_{t-2} + 0.187 \Delta y_{t-3}$$
$$\quad - 0.206 \Delta y_{t-4} - 0.062 \Delta y_{t-5} - 0.025 \Delta y_{t-6} + e_{Bt}$$
$$= 0.243 + 0.00013 t - 0.053 y_{t-1} + 0.358 \Delta y_{t-1} - 0.054 \Delta y_{t-2}$$
$$\quad + 0.179 \Delta y_{t-3} - 0.208 \Delta y_{t-4} - 0.067 \Delta y_{t-5} - 0.031 \Delta y_{t-6} + e_{Ct}$$

また，単位根に関する ADF 検定については，表 8-3 の結果を得た．最後の欄

には，表 8-1 あるいは表 8-2 から得られた 10% 点を示してある．これらの結果から，TOPIX のモデル B を除いては，単位根仮説は，係数検定と t 検定のいずれによっても，10% の有意水準で受容される．なお，TOPIX のモデル B では，5% で受容されることがわかる．

表 8-3 TOPIX と為替レート時系列の単位根 ADF 検定

モデル	統計量	TOPIX	為替レート	10% 点
A	$T\hat{\delta}/\hat{\psi}(1)$	-0.032	-0.012	-5.71
	t 値	-0.38	-0.19	-1.62
B	$T\hat{\delta}/\hat{\psi}(1)$	-13.78	-6.15	-11.25
	t 値	-2.60	-1.68	-2.57
C	$T\hat{\delta}/\hat{\psi}(1)$	-14.42	-6.80	-18.25
	t 値	-2.65	-1.92	-3.13

(**例 8.2**) 貸し出し金利と証券利回りの ADF 検定

図 8-7 は，Fuller(1996)で与えられている 2 つの時系列をプロットしたものである．実線は Federal funds rate(預金受け入れ金融機関が連邦準備銀行に預け入れる準備預金の貸し出し金利)，点線は TB-rate(財務省証券の 90 日物利回り)であり，1960 年 1 月から 1979 年 8 月までの月次データ(データ数 236)である．両者は，よく似た動きをしていることが見てとれる．

図 8-8 は，2 つの時系列の標本自己相関であり，図 8-6 と同様に，減衰の程度がゆるやかである．しかも，今の場合は，両者のパターンが似かよっていることが特徴的である．このことは，図 8-7 の時系列プロットからも予想されることである．

(例 8.1)の場合と同様に，推定された時系列モデルは次の通りである．

（ⅰ）貸し出し金利

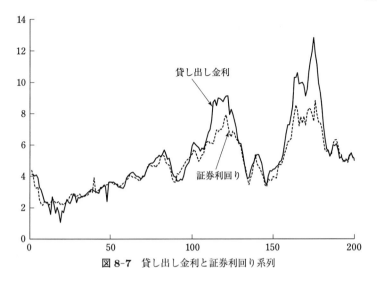

図 8-7　貸し出し金利と証券利回り系列

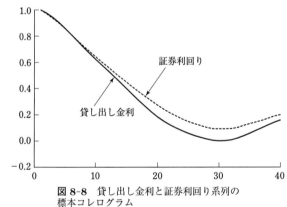

図 8-8　貸し出し金利と証券利回り系列の
　　　　標本コレログラム

$$\Delta y_t = -0.00082 y_{t-1} + 0.277 \Delta y_{t-1} + 0.135 \Delta y_{t-2} + 0.098 \Delta y_{t-3} + e_{At}$$

$$= 0.123 - 0.0198 y_{t-1} + 0.280 \Delta y_{t-1} + 0.146 \Delta y_{t-2} + 0.116 \Delta y_{t-3} + e_{Bt}$$

$$= 0.105 + 0.0014 t - 0.0470 y_{t-1} + 0.278 \Delta y_{t-1} + 0.156 \Delta y_{t-2}$$
$$+ 0.136 \Delta y_{t-3} + e_{Ct}$$

（ii）証券利回り

$$\Delta y_t = 0.0033 y_{t-1} + 0.131 \Delta y_{t-1} + 0.051 \Delta y_{t-2} + 0.022 \Delta y_{t-3}$$
$$+ 0.085 \Delta y_{t-4} + 0.039 \Delta y_{t-5} - 0.185 \Delta y_{t-6} + 0.008 \Delta y_{t-7} + e_{At}$$
$$= 0.1 - 0.015 y_{t-1} + 0.14 \Delta y_{t-1} + 0.058 \Delta y_{t-2} + 0.033 \Delta y_{t-3}$$
$$+ 0.097 \Delta y_{t-4} + 0.052 \Delta y_{t-5} - 0.169 \Delta y_{t-6} + 0.024 \Delta y_{t-7} + e_{Bt}$$
$$= 0.138 + 0.0011 t - 0.05 y_{t-1} + 0.154 \Delta y_{t-1} + 0.071 \Delta y_{t-2} + 0.046 \Delta y_{t-3}$$
$$+ 0.112 \Delta y_{t-4} + 0.07 \Delta y_{t-5} - 0.151 \Delta y_{t-6} + 0.04 \Delta y_{t-7} + e_{Ct}$$

単位根に関するADF検定については，表8-4の結果を得た．貸し出し金利のモデルCを除いては，単位根仮説は，係数検定とt検定のいずれによっても，10%の有意水準で受容される．貸し出し金利のモデルCでは，係数検定は5%で有意，t検定では10%で有意という結果となっている．すなわち，線形トレンドのまわりで定常的である可能性が示唆される．

表 8-4 貸し出し金利と証券利回り系列の単位根 ADF 検定

モデル	統計量	貸し出し金利	証券利回り	10% 点
A	$T\hat{\delta}/\hat{\psi}(1)$	-0.39	0.90	-5.71
	t 値	-0.19	0.79	-1.62
B	$T\hat{\delta}/\hat{\psi}(1)$	-10.01	-4.55	-11.25
	t 値	-1.89	-1.14	-2.57
C	$T\hat{\delta}/\hat{\psi}(1)$	-25.35	-17.73	-18.25
	t 値	-3.27	-2.41	-3.13

8.5.2 線形過程に基づく単位根検定

I(1)性を検定する第2の方法は，モデルとして，

$$y_t = \alpha + \beta t + \eta_t, \qquad \eta_t = \rho \eta_{t-1} + u_t \tag{22}$$

を考えるものである．ここで，誤差項 $\{u_t\}$ は，定常な線形過程

$$u_t = \alpha(L)\varepsilon_t = \sum_{j=0}^{\infty} \alpha_j \varepsilon_{t-j}, \quad \alpha_0 = 1, \quad \{\varepsilon_t\} \sim \text{i.i.d.}(0, \sigma^2)$$

に従い，係数列 $\{\alpha_j\}$ は，次の条件をみたすものとする．

第 8 章 単位根検定——その 1　　169

$$\alpha(1) \neq 0, \qquad \sum_{j=0}^{\infty} |\alpha_j| < \infty$$

前と同様に，確定的トレンドの有無に依存して，次の 3 つのバリエーションが得られる．

モデル A:　$y_t = \eta_t, \qquad \Delta\eta_t = \delta\,\eta_{t-1} + u_t$ 　　(23)

モデル B:　$y_t = a + \eta_t, \qquad \Delta\eta_t = \delta\,\eta_{t-1} + u_t$ 　　(24)

モデル C:　$y_t = a + b\,t + \eta_t, \qquad \Delta\eta_t = \delta\,\eta_{t-1} + u_t$ 　　(25)

ここで，$\delta = 1 - \rho$ であり，その推定量は，

$$\hat{\delta} = \sum_{t=2}^{T} \hat{\eta}_{t-1}\Delta\hat{\eta}_t \Big/ \sum_{t=2}^{T} \hat{\eta}_{t-1}^2, \qquad \hat{\eta}_t = \begin{cases} y_t & (\text{モデル A}) \\ y_t - \bar{y} & (\text{モデル B}) \\ y_t - \hat{a} - \hat{b}\,t & (\text{モデル C}) \end{cases}$$

である．ただし，$\hat{a}, \hat{b}$ は，モデル C から得られる a と b の LSE である．

このとき，$H_0: \delta = 0$ のもとで，次の分布収束が成り立つ(Phillips 1987a, 1987b, および数学的付録の第 9 節を参照)．

$$T\hat{\delta} \quad\Rightarrow\quad \frac{U_M}{V_M} + \frac{1-\lambda}{2V_M} \qquad (M = A, B, C) \qquad (26)$$

ここで，U_M, V_M は，本章 3 節で定義した確率変数である．また，λ は，定常過程 $\{u_t\}$ の短期分散と長期分散の比であり，

$$\lambda = \frac{\sigma_S^2}{\sigma_L^2}, \qquad \sigma_S^2 = \sigma^2 \sum_{j=0}^{\infty} \alpha_j^2, \qquad \sigma_L^2 = \sigma^2 \left(\sum_{j=0}^{\infty} \alpha_j\right)^2$$

で定義される．

式(26)の結果に見られるように，$T\hat{\delta}$ の極限帰無分布は，未知のパラメータ σ_S^2 と σ_L^2 に依存するので，検定統計量として使うことはできない．しかし，これらの一致推定量 $\hat{\sigma}_S^2, \hat{\sigma}_L^2$ が得られるならば，H_0 のもとで，次の分布収束が成り立つ．

$$Z_\rho \equiv \hat{\delta} + \frac{\hat{\sigma}_S^2 - \hat{\sigma}_L^2}{2\sum_{t=2}^{T} \hat{\eta}_{t-1}^2 \Big/ T^2} \quad\Rightarrow\quad \frac{U_M}{V_M} \qquad (M = A, B, C) \qquad (27)$$

したがって，左辺の統計量を使えば，AR(1) モデルの場合と同様の単位根検

定が実行できる．なお，一致推定量としては，

$$\hat{\sigma}_S^2 = \frac{1}{T} \sum_{t=2}^{T} \{\Delta\hat{\eta}_t\}^2, \qquad \hat{\sigma}_L^2 = \hat{\sigma}_S^2 + \frac{2}{T} \sum_{j=1}^{l} \left(1 - \frac{j}{l+1}\right) \sum_{t=j+1}^{T} \Delta\hat{\eta}_t \Delta\hat{\eta}_{t-j}$$

を使うことができる．ただし，l は，ラグ打ち切り数であり，一致性を保証するためには，T とともに大きく，しかし，$l = o(T^{1/4})$ とする必要がある (Phillips-Perron 1988)．

上記のような統計量の変換は，定常過程をモデル化しないので，個々のパラメータを推定する必要がない．ただ，短期分散と長期分散を推定することにより，通常の分布を用いる統計量に修正することができる．これを，**ノンパラメトリック修正**と呼ぶ．

t 統計量についても，次の分布収束が成り立つことが示される．

$$t_{\hat{\delta}} = \frac{\hat{\delta}}{\hat{\sigma}_S \left/ \sqrt{\sum_{t=2}^{T} \hat{\eta}_{t-1}^2}\right.} \quad \Rightarrow \quad \frac{\sigma_L}{\sigma_S} \frac{U_M + (1-\lambda)/2}{\sqrt{V_M}} \qquad (M = A, B, C)$$

このことから，ノンパラメトリック修正により，次の結果を得る．

$$Z_t \equiv \frac{\hat{\sigma}_S}{\hat{\sigma}_L} t_{\hat{\delta}} - \frac{1}{2} \left(\hat{\sigma}_L^2 - \hat{\sigma}_S^2\right) \left/ \left(\hat{\sigma}_L \sqrt{T^{-2} \sum_{t=2}^{T} \hat{\eta}_{t-1}^2}\right)\right.$$

$$\Rightarrow \frac{U_M}{\sqrt{V_M}} \qquad (M = A, B, C) \tag{28}$$

(**例 8.3**) (例 8.1)のデータに対する線形過程による単位根検定

表 8-5 には，(例 8.1)で扱った TOPIX と為替レートのデータに対して，式 (27) の統計量 Z_ρ と，式 (28) の統計量 Z_t の値が示されている．ここで，ラグ打ち切り数 l は，$l = 4$ と $l = 8$ の 2 通りを使っている．ラグ打ち切り数による違いは，あまり見られない．また，この検定結果は，ADF 検定に関する表 8-3 と同様の結果であることがわかる．

(**例 8.4**) (例 8.2)のデータに対する線形過程による単位根検定

表 8-6 には，(例 8.2)で扱った貸し出し金利と証券利回りのデータに対して，表 8-5 と同様に，統計量 Z_ρ と Z_t の値が示されている．ここで，ラグ打

表 8-5 TOPIXと為替レート時系列の線形過程による単位根検定

モデル	統計量	TOPIX		為替レート		10% 点
		$l=4$	$l=8$	$l=4$	$l=8$	
A	Z_ρ	−0.036	−0.036	−0.009	−0.008	−5.71
	Z_t	−0.43	−0.43	−0.10	−0.10	−1.62
B	Z_ρ	−13.01	−14.32	−7.34	−6.35	−11.25
	Z_t	−2.60	−2.71	−1.94	−1.81	−2.57
C	Z_ρ	−13.41	−14.63	−7.48	−6.29	−18.25
	Z_t	−2.62	−2.73	−2.00	−1.85	−3.13

ち切り数としては，$l=5$ と $l=10$ を使っているが，両者の違いは，わずかである．しかし，単位根ありの帰無仮説は，有意水準 10% で，すべて受容される．この点は，ADF 検定の結果を示した表 8-3 の結果と異なっている．

表 8-6 貸し出し金利と証券利回り系列の線形過程による単位根検定

モデル	統計量	貸し出し金利		証券利回り		10% 点
		$l=5$	$l=10$	$l=5$	$l=10$	
A	Z_ρ	0.19	0.07	0.53	0.50	−5.71
	Z_t	0.12	0.04	0.45	0.42	−1.62
B	Z_ρ	−5.01	−5.78	−3.22	−3.59	−11.25
	Z_t	−1.32	−1.45	−0.92	−1.00	−2.57
C	Z_ρ	−13.07	−14.60	−14.27	−15.64	−18.25
	Z_t	−2.51	−2.66	−2.65	−2.78	−3.13

以上，I(1) 性を検定する方法として，AR(p) モデルによる方法と，線形過程による方法を説明した．後者は，より一般的な方法であるが，有限標本のもとでは，極限分布との乖離が大きいことが知られている．モデルに関する先験的な情報が使える場合は，前者の方法を使うのが望ましいといえる．

8.6 最適性をもつ単位根検定

今まで説明してきた単位根検定については，最適性を考慮しないで ad hoc

に取り上げてきたが，ここでは，最適性の観点から望ましい検定方式を導出する．

単位根検定のためのモデルとしては，誤差項に正規性を仮定して，

$$y_t = \boldsymbol{x}_t' \boldsymbol{\beta} + \eta_t, \quad \eta_t = \rho \eta_{t-1} + \varepsilon_t, \quad \eta_0 = 0, \quad \{\varepsilon_t\} \sim \mathrm{NID}(0, \sigma^2) \quad (29)$$

を考える．ここで，説明変数 $\boldsymbol{x}_t$ は，定数項や線形トレンドなどを含む $p \times 1$ のベクトルである．サイズ T の標本が与えられて，上のモデルは，次のように表現することができる．

$$\boldsymbol{y} = X\boldsymbol{\beta} + \boldsymbol{\eta}, \quad \boldsymbol{\eta} \sim \mathrm{N}\left(\boldsymbol{0}, \sigma^2 \Omega(\rho)\right) \quad (30)$$

ここで，$\Omega(\rho) = C(\rho)\,C'(\rho)$ と表すことができる．ただし，

$$C(\rho) = \begin{pmatrix} 1 & & & & \\ \rho & 1 & & 0 & \\ \cdot & & \cdot & & \\ \cdot & & & \cdot & \\ \cdot & & & & \\ \rho^{T-1} & \rho^{T-2} & \cdots & & 1 \end{pmatrix}, \quad C^{-1}(\rho) = \begin{pmatrix} 1 & & & & \\ -\rho & 1 & & 0 & \\ & \cdot & \cdot & & \\ & & \cdot & \cdot & \\ & & & \cdot & \\ 0 & & & -\rho & 1 \end{pmatrix}$$

以下では，最適な検定として，**LBI 検定**を導出する．LBI は，Locally Best Invariant（局所最良不変）の略である．LBI 検定は，与えられた有意水準のもとで，帰無仮説の近くでの検出力が最大となるような検定である (Ferguson 1967)．検定問題として，

$$H_0 : \rho = 1 \quad \text{vs.} \quad H_1 : \rho < 1 \quad (31)$$

を考えると，この問題は，変換群

$$\boldsymbol{y} \to a\boldsymbol{y} + X\boldsymbol{b}, \quad (\rho, \boldsymbol{\beta}, \sigma^2) \to (\rho, a\boldsymbol{\beta} + \boldsymbol{b}, a^2\sigma^2)$$

に関して不変である．ここで，a は正の実数，$\boldsymbol{b}$ は p 次元のベクトルである．Kariya (1980) の議論に従って，

$$M = I_T - X(X'X)^{-1}X'$$

を定義して，$H'H = I_{T-p}$, $HH' = M$ となるような $T \times (T-p)$ 行列 H を見つける．このとき，$MX = HH'X = 0$ となる．したがって，$H'X = 0$ となるから，

$$H'\boldsymbol{y} \sim \mathrm{N}\left(\boldsymbol{0}, \sigma^2 H'\Omega(\rho)H\right)$$

を得る．統計量 $H'\boldsymbol{y}$ の分布は，攪乱母数 $\boldsymbol{\beta}$ に依存しない．以下，$H'\boldsymbol{y}$ の関数となるような統計量を考えると，変換群

$$H'\boldsymbol{y} \to aH'\boldsymbol{y}, \qquad (\rho, \sigma^2) \to (\rho, a^2\sigma^2)$$

のもとで，統計量 $\boldsymbol{v} = H'\boldsymbol{y}/\sqrt{\boldsymbol{y}'HH'\boldsymbol{y}}$ は最大不変量になるので，不変検定は，$\boldsymbol{v}$ の関数となるものだけに限定することができる (Ferguson 1967)．

このとき，検定問題(31)に対する LBI 検定の棄却域は，

$$\left.\frac{\partial \log f(\boldsymbol{v}|\rho)}{\partial \rho}\right|_{\rho=1} < c \tag{32}$$

となる (Ferguson 1967)．ここで，c は定数，$f(\boldsymbol{v}|\rho)$ は $\boldsymbol{v}$ の密度関数であり，

$$f(\boldsymbol{v}|\rho) = \frac{1}{2}\Gamma\left(\frac{T-p}{2}\right)\pi^{-(T-p)/2}\left|H'\Omega(\rho)H\right|^{-1/2}$$
$$\times \left(\boldsymbol{v}'(H'\Omega(\rho)H)^{-1}\boldsymbol{v}\right)^{-(T-p)/2}$$

で与えられる (Kariya 1980, King 1980)．このことから，次の棄却域が得られる．

$$\frac{\boldsymbol{y}'H(H'\Omega(1)H)^{-1}H'\boldsymbol{dd}'H(H'\Omega(1)H)^{-1}H'\boldsymbol{y}}{\boldsymbol{y}'H(H'\Omega(1)H)^{-1}H'\boldsymbol{y}} < c \tag{33}$$

ここで，$\boldsymbol{d} = (1, \cdots, T)'$ である．

LBI 統計量を具体的に導出するためには，行列 H を特定化する必要がある．そのためには，定数項やトレンド $\boldsymbol{d}$ を含む説明変数 X を特定化しなければならない．ここでは，前と同様，次の3つの場合を考える．

モデル (a): $\quad y_t = \eta_t, \qquad \eta_t = \rho\,\eta_{t-1} + \varepsilon_t \tag{34}$

モデル (b): $\quad y_t = a + \eta_t, \qquad \eta_t = \rho\,\eta_{t-1} + \varepsilon_t \tag{35}$

モデル (c): $\quad y_t = a + bt + \eta_t, \qquad \eta_t = \rho\,\eta_{t-1} + \varepsilon_t \tag{36}$

モデル (a) の場合は, $H = I_T$ としてよいから, LBI 統計量は,

$$S_{1T} = \frac{\boldsymbol{y}'\Omega^{-1}(1)\boldsymbol{dd}'\Omega^{-1}(1)\boldsymbol{y}}{\boldsymbol{y}'\Omega^{-1}(1)\boldsymbol{y}} = \frac{y_T^2}{\sum_{t=1}^{T}(y_t - y_{t-1})^2} \qquad (37)$$

となる. H_0 のもとでは, 明らかに, $S_{1T} \Rightarrow \chi^2(1)$ となる.

モデル (b) では,

$$Q_2' = \begin{pmatrix} 1 & -1 & & & \\ & \cdot & \cdot & & 0 \\ & & \cdot & \cdot & \\ & 0 & & \cdot & \cdot \\ & & & & 1 & -1 \end{pmatrix} : \quad (T-1) \times T$$

を定義して, F を $(T-1) \times (T-1)$ の正則行列として, $H = Q_2 F$ とする. ただし, $F'Q_2'Q_2 F = I_{T-1}$, $Q_2 F F' Q_2' = M = I_T - \boldsymbol{ee}'/T$ となるように F を選ぶ. ここで, $\boldsymbol{e} = (1, \cdots, 1)' : T \times 1$ であり, $H'\boldsymbol{e} = F'Q_2'\boldsymbol{e} = 0$ が成り立っている. このとき, LBI 統計量は, F に依存せずに, 次の形で与えられる.

$$S_{2T} = \frac{\boldsymbol{y}'Q_2(Q_2'\Omega(1)Q_2)^{-1}Q_2'\boldsymbol{dd}'Q_2(Q_2'\Omega(1)Q_2)^{-1}Q_2'\boldsymbol{y}}{\boldsymbol{y}'Q_2(Q_2'\Omega(1)Q_2)^{-1}Q_2'\boldsymbol{y}} = \frac{(y_T - y_1)^2}{\sum_{t=2}^{T}(y_t - y_{t-1})^2} \qquad (38)$$

H_0 のもとでは, S_{1T} と同様に, $S_{2T} \Rightarrow \chi^2(1)$ となる.

モデル (c) では, 説明変数として $\boldsymbol{e}$ と $\boldsymbol{d}$ を含む. したがって, $H'\boldsymbol{e} = 0$, $H'\boldsymbol{d} = 0$ となるように H を選ばねばならない. しかし, このとき, 式(33) の棄却域の表現において, 左辺は 0 となってしまう. このことは, 式(32) の左辺にある密度の対数の 1 階微分が定数になることを意味する. そこで, 別の検定方式を考える必要がある. ここでは, **LBIU 検定**を考える. LBIU は, LBI Unbiased(局所最良不変不偏)の略であり, LBIU 検定とは, 不偏性をもつような LBI 検定である. その棄却域は, 一般に,

$$\left.\frac{\partial^2 \log f(\boldsymbol{v}\mid\rho)}{\partial \rho^2}\right|_{\rho=1} + \left(\left.\frac{\partial \log f(\boldsymbol{v}\mid\rho)}{\partial \rho}\right|_{\rho=1}\right)^2 > c_1 + c_2 \left.\frac{\partial \log f(\boldsymbol{v}\mid\rho)}{\partial \rho}\right|_{\rho=1}$$

で与えられ, 今の場合は,

$$\frac{\boldsymbol{y}'H(H'\Omega(1)H)^{-1}H'\left.\dfrac{d^2\Omega(\rho)}{d\rho^2}\right|_{\rho=1}H(H'\Omega(1)H)^{-1}H'\boldsymbol{y}}{\boldsymbol{y}'H(H'\Omega(1)H)^{-1}H'\boldsymbol{y}} > c$$

となる (Ferguson 1967). このことから, モデル (c) の場合の LBIU 検定は,

$$S_{3T} = \frac{1}{T}\frac{\displaystyle\sum_{t=2}^{T}\left(y_t - y_1 - \frac{t-1}{T-1}(y_T - y_1)\right)^2}{\displaystyle\sum_{t=2}^{T}(y_t - y_{t-1})^2 - \frac{1}{T-1}(y_T - y_1)^2} \tag{39}$$

が小さいときに H_0 を棄却するものとなり, H_0 のもとで次のことが成り立つ (詳しくは, Tanaka 1996 を参照).

$$S_{3T} \Rightarrow \int_0^1\int_0^1 [\min(s,t) - st]\,dW(s)\,dW(t) \stackrel{\mathcal{D}}{=} \int_0^1 (W(t) - tW(1))^2\,dt \tag{40}$$

次の定理は, 今までの議論をまとめたものである.

定理 8.1 モデル (29) に対して, 単位根検定問題 (31) を考えるとき,
1) モデル (a) では, (37) の S_{1T} は LBI であり, H_0 のもとで, $S_{1T} \Rightarrow \chi^2(1)$ となる.
2) モデル (b) では, (38) の S_{2T} は LBI であり, H_0 のもとで, $S_{2T} \Rightarrow \chi^2(1)$ となる.
3) モデル (c) では, (39) の S_{3T} は LBIU であり, H_0 のもとで, (40) の分布収束に従う.

8.7　Lagrange 乗数検定

前節で述べた LBI 検定, および LBIU 検定は, 局所的に最適な検定であるが, その導出は面倒である. ここでは, **LM 検定**の観点から, これらの検定が自然に導かれることを示す. なお, LM は Lagrange Multiplier の略である.

モデル (30) に対する LM 検定は, 次のように導出される. 正規性の仮定のもとで, 対数尤度関数は,

$$l(\rho, \boldsymbol{\beta}, \sigma^2) = -\frac{T}{2}\log(2\pi\sigma^2) - \frac{1}{2}\log|\Omega(\rho)| - \frac{1}{2\sigma^2}(\boldsymbol{y} - X\boldsymbol{\beta})'\Omega^{-1}(\rho)(\boldsymbol{y} - X\boldsymbol{\beta})$$

で与えられる．したがって，

$$\frac{\partial l(\rho, \boldsymbol{\beta}, \sigma^2)}{\partial \rho} = K - \frac{1}{2\sigma^2}(\boldsymbol{y} - X\boldsymbol{\beta})'\frac{d\Omega^{-1}(\rho)}{d\rho}(\boldsymbol{y} - X\boldsymbol{\beta})$$

を得る．ここで，K は定数を表す．今，$H_0 : \rho = 1$ のもとでの $\rho, \boldsymbol{\beta}, \sigma^2$ の MLE を，$\tilde{\rho}, \tilde{\boldsymbol{\beta}}, \tilde{\sigma}^2$ とすると，

$$\tilde{\rho} = 1, \quad \tilde{\boldsymbol{\beta}} = (X'\Omega^{-1}(1)X)^{-1}X'\Omega^{-1}(1)\boldsymbol{y}, \quad \tilde{\sigma}^2 = \frac{1}{T}\tilde{\boldsymbol{\eta}}'\Omega^{-1}(1)\tilde{\boldsymbol{\eta}}$$

である．ここで，

$$\tilde{\boldsymbol{\eta}} = \tilde{M}\boldsymbol{y}, \quad \tilde{M} = I_T - X(X'\Omega^{-1}(1)X)^{-1}X'\Omega^{-1}(1)$$

である．$\tilde{\boldsymbol{\beta}}$ は，H_0 のもとでの $\boldsymbol{\beta}$ の GLSE（一般化 LSE）である．また，$\tilde{\boldsymbol{\eta}} = \tilde{M}\boldsymbol{y}$ は，GLS 残差ベクトルである．

以上の準備のもとに，LM 検定は，

$$\left. \frac{\partial l(\rho, \boldsymbol{\beta}, \sigma^2)}{\partial \rho} \right|_{\rho=1, \boldsymbol{\beta}=\tilde{\boldsymbol{\beta}}, \sigma^2=\tilde{\sigma}^2} \tag{41}$$

の値が小さいときに H_0 を棄却するものとなる．すなわち，LM 検定の棄却域は，

$$\text{LM}_1 = \frac{\boldsymbol{y}'\tilde{M}'\Omega^{-1}(1)\left.\frac{d\Omega(\rho)}{d\rho}\right|_{\rho=1}\Omega^{-1}(1)\tilde{M}\boldsymbol{y}}{\boldsymbol{y}'\tilde{M}'\Omega^{-1}(1)\tilde{M}\boldsymbol{y}} < c \tag{42}$$

となる．他方，前節で扱った LBI 検定の棄却域は，

$$\frac{\boldsymbol{y}'H(H'\Omega(1)H)^{-1}H'\left.\frac{d\Omega(\rho)}{d\rho}\right|_{\rho=1}H(H'\Omega(1)H)^{-1}H'\boldsymbol{y}}{\boldsymbol{y}'H(H'\Omega(1)H)^{-1}H'\boldsymbol{y}} < c \tag{43}$$

である．ここで，

$$H(H'\Omega(1)H)^{-1}H' = \tilde{M}'\Omega^{-1}(1)\tilde{M} = \tilde{M}'\Omega^{-1}(1) = \Omega^{-1}(1)\tilde{M} \tag{44}$$

が成り立つ．実際，

$$G = \begin{pmatrix} H'\Omega(1) \\ X' \end{pmatrix} : T \times T$$

とおくと，G は正則であり，$H'X = 0$ であることから，次のことが成り立つ．

$$G\left[H(H'\Omega(1)H)^{-1}H' - (\Omega^{-1}(1) - \Omega^{-1}(1)X(X'\Omega^{-1}(1)X)^{-1}X'\Omega^{-1}(1))\right] = 0$$

このことから，式(44)が成り立つことがわかる．

以上の議論から，LM検定とLBI検定は一致する．したがって，LBI検定を導出するのに，行列 H を見つける必要がある(43)を使わずに，(42)を使って計算すればよいことになる．その結果，次の形の統計量が得られる．

$$S_T = \frac{\tilde{\eta}_T^2}{\displaystyle\sum_{t=1}^{T}(\tilde{\eta}_t - \tilde{\eta}_{t-1})^2}$$

これから，前節のモデル (a) では(37)の統計量 S_{1T}，モデル (b) では(38)の統計量 S_{2T} の表現が求められる．

しかし，モデル (c) では，$\tilde{\eta}_T = 0$ となるので，LM検定を実行することはできない．そこで，対数尤度の2階微分を使って，

$$\left.\frac{\partial^2 l(\rho, \boldsymbol{\beta}, \sigma^2)}{\partial \rho^2}\right|_{\rho=1,\, \boldsymbol{\beta}=\tilde{\boldsymbol{\beta}},\, \sigma^2=\tilde{\sigma}^2} > c$$

のとき，H_0 を棄却する検定を考える．これから，統計量

$$\mathrm{LM}_2 = \frac{\boldsymbol{y}'\tilde{M}'\Omega^{-1}(1)\left.\dfrac{d^2\Omega(\rho)}{d\rho^2}\right|_{\rho=1}\Omega^{-1}(1)\tilde{M}\boldsymbol{y}}{\boldsymbol{y}'\tilde{M}'\Omega^{-1}(1)\tilde{M}\boldsymbol{y}} \tag{45}$$

が得られる．他方，前節で導出した LBIU 統計量は，

$$\frac{\boldsymbol{y}'H(H'\Omega(1)H)^{-1}H'\left.\dfrac{d^2\Omega(\rho)}{d\rho^2}\right|_{\rho=1}H(H'\Omega(1)H)^{-1}H'\boldsymbol{y}}{\boldsymbol{y}'H(H'\Omega(1)H)^{-1}H'\boldsymbol{y}} \tag{46}$$

であり，前と同様の議論により，LM_2 と一致することがわかる．式(45)を使

って，モデル (c) に対する統計量を計算すると，

$$S_T = \frac{1}{T} \frac{\sum\limits_{t=1}^{T} \tilde{\eta}_t^2}{\sum\limits_{t=1}^{T} (\tilde{\eta}_t - \tilde{\eta}_{t-1})^2}$$

となり，これは，(39) の LBIU 統計量 S_{3T} と一致することがわかる．

8.8 単位根検定の検出力

ここでは，いくつかの単位根検定の検出力について調べてみよう．モデルとしては，前節に引き続き，式 (30) で定義した次のモデルを考えよう．

$$\boldsymbol{y} = X\boldsymbol{\beta} + \boldsymbol{\eta}, \qquad \boldsymbol{\eta} \sim \mathrm{N}(0, \sigma^2 \Omega(\rho)) \tag{47}$$

上のモデルに対して，OLS 残差 $\hat{\boldsymbol{\eta}} = \boldsymbol{y} - X\hat{\boldsymbol{\beta}}$ と GLS 残差 $\tilde{\boldsymbol{\eta}} = \boldsymbol{y} - X\tilde{\boldsymbol{\beta}}$ を定義する．ここで，$\hat{\boldsymbol{\beta}}$ は $\boldsymbol{\beta}$ の OLSE (通常の LSE)，$\tilde{\boldsymbol{\beta}}$ は GLSE (一般化 LSE) である．

取り上げる検定統計量は，これらの残差の関数で表されるもので，次の 4 つである．

（ⅰ）LBI 統計量

$$R_1 = \frac{\tilde{\eta}_T^2}{\sum\limits_{t=1}^{T} (\tilde{\eta}_t - \tilde{\eta}_{t-1})^2}$$

（ⅱ）LBIU 統計量

$$R_2 = \frac{1}{T} \frac{\sum\limits_{t=1}^{T} \tilde{\eta}_t^2}{\sum\limits_{t=1}^{T} (\tilde{\eta}_t - \tilde{\eta}_{t-1})^2}$$

（ⅲ）DF 統計量

$$R_3 = T(\hat{\rho} - 1), \qquad \hat{\rho} = \sum_{t=2}^{T} \hat{\eta}_{t-1} \hat{\eta}_t \bigg/ \sum_{t=2}^{T} \hat{\eta}_{t-1}^2$$

（ⅳ）DW 統計量

$$R_4 = \frac{1}{T} \frac{\sum_{t=1}^{T} \hat{\eta}_t^2}{\sum_{t=2}^{T} (\hat{\eta}_t - \hat{\eta}_{t-1})^2}$$

(i) と (ii) は GLS 残差から構成される統計量，(iii) と (iv) は OLS 残差から構成される統計量である．(iii) は，DF 検定の係数検定統計量である．また，(iv) は，通常の Durbin-Watson 統計量の逆数を T で除したものであり，OLS 残差を使うことを除けば，LBIU 統計量と同じ形をしている．これらの単位根検定は，すべて，統計量の値が小さいときに単位根の帰無仮説を棄却するものである．

以下では，まず，これら 4 つの統計量の極限分布を，局所対立仮説

$$H_1 : \rho = 1 - \frac{c}{T}$$

のもとで評価する．ここで，c は正の定数である．

局所対立分布を導出するためには，モデルを特定化する必要がある．ここでは，前節と同様に，3 つのモデル (a), (b), (c) を考える．このとき，それぞれのモデルに対して，局所対立分布は，次のようになる (詳細は，Tanaka 1996 参照)．

定理 8.2 式 (34) のモデル (a) に対して，4 つの検定統計量は，局所対立仮説 $\rho = 1 - (c/T)$ のもとで，次の極限分布に従う．

$$R_1 \Rightarrow \frac{1 - e^{-2c}}{2c} \chi^2(1)$$
$$R_2 \Rightarrow \int_0^1 Z^2(t)\, dt$$
$$R_3 \Rightarrow \int Z(t)\, dZ(t) \bigg/ \int_0^1 Z^2(t)\, dt$$
$$R_4 \Rightarrow \int_0^1 Z^2(t)\, dt$$

ここで，$\{Z(t)\}$ は，

$$dZ(t) = -cZ(t)\, dt + dW(t), \quad Z(0) = 0 \quad \Leftrightarrow \quad Z(t) = e^{-ct} \int_0^t e^{cs}\, dW(s)$$

(48)

で定義され，**O-U 過程**と呼ばれる．O-U は，Ornstein-Uhlenbeck の略である．

O-U 過程は，パラメータ c が 0 ならば，標準 Brown 運動に一致する．なお，R_3 の極限分布は，伊藤積分を含むが，次の関係が成り立つ（数学的付録の第 8 節を参照）．

$$\int_0^1 Z(t)\,dZ(t) = \frac{1}{2}\left(Z^2(1) - 1\right)$$

定理 8.2 にあるように，モデル (a) では，当然のことながら，LBIU 統計量と DW 統計量は一致する．しかし，モデル (b) では，異なる結果をもたらす．

定理 8.3 式 (35) のモデル (b) に対して，4 つの検定統計量は，局所対立仮説 $\rho = 1 - (c/T)$ のもとで，次の極限分布に従う．

$$R_1 \Rightarrow \frac{1 - e^{-2c}}{2c}\chi^2(1)$$

$$R_2 \Rightarrow \int_0^1 Z^2(t)\,dt$$

$$R_3 \Rightarrow \int_0^1 Z_{(1)}(t)\,dZ(t) \Big/ \int_0^1 \left\{Z_{(1)}(t)\right\}^2 dt$$

$$R_4 \Rightarrow \int_0^1 \left\{Z_{(1)}(t)\right\}^2 dt$$

ここで，$\{Z_{(1)}(t)\}$ は，**平均調整済み O-U 過程**と呼ばれ，次のように定義される．

$$Z_{(1)}(t) = Z(t) - \int_0^1 Z(s)\,ds$$

平均調整済み O-U 過程は，平均調整済み Brown 運動と同様に，区間 $[0, 1]$ 上で $Z(t)$ を定数に回帰したあとの残差過程である．モデル (b) では，4 つの統計量は，すべて異なる極限分布をもつ．ただし，R_1 と R_2 は，それぞれ，モデル (a) の場合と同一の分布をもつ．

定理 8.4 式 (36) のモデル (c) に対して，R_1 以外の 3 つの検定統計量は，局

所対立仮説 $\rho = 1 - (c/T)$ のもとで，次の極限分布に従う．

$$R_2 \Rightarrow \int_0^1 (Z(t) - tZ(1))^2 \, dt$$
$$R_3 \Rightarrow \int_0^1 Z_{(2)}(t) \, dZ(t) \Big/ \int_0^1 \{Z_{(2)}(t)\}^2 \, dt$$
$$R_4 \Rightarrow \int_0^1 \{Z_{(2)}(t)\}^2 \, dt$$

ここで，$\{Z_{(2)}(t)\}$ は，**トレンド調整済み O-U 過程**と呼ばれ，次のように定義される．

$$Z_{(2)}(t) = Z(t) - \int_0^1 (4-6s)Z(s)\,ds - t\int_0^1 (12s-6)Z(s)\,ds$$

トレンド調整済み O-U 過程は，区間 $[0,1]$ 上で $Z(t)$ を直線に回帰したあとの残差過程である．なお，モデル (c) では，LBI 検定は適用不可能なので除外してある．

以上の結果を使えば，局所対立仮説のもとでの漸近的な検出力を計算することができる．そのためには，統計量の極限分布の分布関数の計算が必要となるが，ここでは省略する（詳細は，Nabeya-Tanaka 1990b, Tanaka 1996, および数学的付録の第 18 節を参照されたい）．

8.9 検出力の包絡線

単位根検定においては，一様最強力検定は存在しない．局所最良な検定は存在するが，そのよさについては，検出力を調べる必要がある．また，複数の検定が存在する場合には，検出力により，相対的なよさを比較することが望ましい．

ここでは，単位根検定のよさを評価するための追加的な方法として，**検出力の包絡線**を求めて比較する．検出力の包絡線とは，単純対立仮説に対して得られる最強力検定の検出力を結んでできる検出力曲線である．

具体的には，次のように求めることができる．まず，検定問題を

$$H_0 : \rho = 1 \quad \text{vs.} \quad H_1 : \rho = \rho_1 = 1 - \frac{\theta}{T}$$

で定義する．ここで，θ は，与えられた正の定数であり，対立仮説は，単純仮説である．このとき，前節のモデル $(m)(m = a, b, c)$ に対する最強力不変検定は，

$$S_T^{(m)}(\theta) = T \frac{\sum_{t=1}^{T} \left(\tilde{\eta}_t^{(0)} - \tilde{\eta}_{t-1}^{(0)} \right)^2 - \sum_{t=1}^{T} \left(\tilde{\eta}_t^{(1)} - \rho_1 \tilde{\eta}_{t-1}^{(1)} \right)^2}{\sum_{t=1}^{T} \left(\tilde{\eta}_t^{(0)} - \tilde{\eta}_{t-1}^{(0)} \right)^2} \quad (49)$$

が大きいときに H_0 を棄却するものである (Tanaka 1996 参照)．ここで，

$$\tilde{\boldsymbol{\eta}}^{(0)} = \left(\tilde{\eta}_1^{(0)}, \cdots, \tilde{\eta}_T^{(0)} \right)' = \boldsymbol{y} - X\tilde{\boldsymbol{\beta}}^{(0)}, \quad \tilde{\boldsymbol{\eta}}^{(1)} = \left(\tilde{\eta}_1^{(1)}, \cdots, \tilde{\eta}_T^{(1)} \right)' = \boldsymbol{y} - X\tilde{\boldsymbol{\beta}}^{(1)}$$

$$\tilde{\boldsymbol{\beta}}^{(0)} = \left(X' \Omega^{-1}(1) X \right)^{-1} X' \Omega^{-1}(1) \boldsymbol{y}, \quad \tilde{\boldsymbol{\beta}}^{(1)} = \left(X' \Omega^{-1}(\rho_1) X \right)^{-1} X' \Omega^{-1}(\rho_1) \boldsymbol{y}$$

であり，$\tilde{\boldsymbol{\eta}}^{(0)}$ と $\tilde{\boldsymbol{\eta}}^{(1)}$ は，それぞれ，H_0 と H_1 のもとでの GLS 残差ベクトルである．

パラメータ ρ の真の値を $\rho_0 = 1 - (c/T)$ とすれば，各モデルに対して，式 (49) の $S_T^{(m)}(\theta)$ は，$T \to \infty$ のとき，次の $S^{(m)}(c, \theta)$ に分布収束する (Elliott et al. 1996, Tanaka 1996 を参照)．

$$S^{(a)}(c, \theta) = S^{(b)}(c, \theta) = -\theta^2 \int_0^1 Z^2(t)\, dt - 2\theta \int_0^1 Z(t)\, dZ(t)$$

$$S^{(c)}(c, \theta) = -\theta^2 \left[\int_0^1 Z^2(t)\, dt - \frac{2(\theta + 1)}{\delta} Z(1) \int_0^1 tZ(t)\, dt \right.$$

$$\left. + \frac{\theta + 1}{3\delta} Z^2(1) - \frac{\theta^2}{\delta} \left(\int_0^1 tZ(t)\, dt \right)^2 \right] + \theta$$

ここで，$\{Z(t)\}$ は，式 (48) で定義された O-U 過程，$\delta = (\theta^2 + 3\theta + 3)/3$ である．

以上から，検出力の包絡線は，次のように計算することができる (Tanaka 1996)．

定理 8.5 モデル $(m)(m = a, b, c)$ に対する有意水準 α のもとでの単位根検定の検出力の包絡線は，

$$P\left(S^{(m)}(c,c) \geq x_{c,\alpha}^{(m)}\right) = \frac{1}{\pi} \int_0^\infty \text{Re}\left[\frac{1-e^{-iau}}{iu}\phi^{(m)}(u;c)\right]du \quad (50)$$

で計算される．ここで，$a = \left(c - x_{c,\alpha}^{(m)}\right)/c^2$ である．また，$\phi^{(m)}(u;c)$ は，$\left(c - S^{(m)}(c,c)\right)/c^2$ の特性関数であり，

$$\phi^{(m)}(u;c) = e^{c/2}\left[\cos\mu - \frac{\mu}{c}\sin\mu\right]^{-1/2} \quad (m=a,b)$$
$$= e^{c/2}\left[-\frac{c^2}{\mu^2}\cos\mu + \left(c+1+\frac{c^2}{\mu^2}\right)\frac{\sin\mu}{\mu}\right]^{-1/2} \quad (m=c)$$

で与えられる．ただし，$\mu = \sqrt{2iu - c^2}$ である．さらに，$x_{c,\alpha}^{(m)}$ は，$S^{(m)}(0,c)$ の分布の上側 $100\alpha\%$ 点であり，次の関係式から決められる．

$$\alpha = P\left(S^{(m)}(0,c) \geq x_{c,\alpha}^{(m)}\right) = \frac{1}{\pi}\int_0^\infty \text{Re}\left[\frac{1-e^{-iau}}{iu}\phi^{(m)}(u)\right]du$$

ここで，$\phi^{(m)}(u)$ は，$\left(c - S^{(m)}(0,c)\right)/c^2$ の特性関数であり，次のように定義される．

$$\phi^{(m)}(u) = \left[\cos\nu - \frac{\nu}{c}\sin\nu\right]^{-1/2} \quad (m=a,b)$$
$$= \left[\frac{1}{\gamma}\left\{-\frac{c^2}{\nu^2}\cos\nu + \left(c+1+\frac{c^2}{\nu^2}\right)\frac{\sin\nu}{\nu}\right\}\right]^{-1/2} \quad (m=c)$$

ただし，$\gamma = (c^2 + 3c + 3)/3$，$\nu = \sqrt{2iu}$ である．

式 (49) の統計量 $S_T^{(m)}(\theta)$ に基づく検定は，一様最強力ではない．対立仮説は，単純仮説であり，検出力の包絡線を求めるために設定された仮説である．しかし，対立仮説の値 θ を適当に指定することにより，実行可能な検定である．そして，ρ の真の値が $\rho = \rho_1 = 1 - (\theta/T)$ であるならば，この点においてのみ最強力である．もちろん，その近傍においても高い検出力が期待できる．このような検定は，一般に，**PO 検定** (Point Optimal Test：一点最適検定) と呼ばれる．統計量 $S_T^{(m)}(\theta)$ に基づく検定は，**POI 検定** (PO Invariant Test) であり，その検出力は，次のように求めることができる．

定理 8.6 式 (49) の $S_T^{(m)}(\theta)$ に基づく POI 検定を考える．有意水準 α のもと

で，ρ の真の値が $\rho = 1 - (c/T)$ のときの極限検出力は，次のように与えられる．

$$P\left(S^{(m)}(c,\theta) \geq x^{(m)}_{\theta,\alpha}\right) = \frac{1}{\pi} \int_0^\infty \mathrm{Re}\left[\frac{1-e^{-ibu}}{iu}\phi^{(m)}(u;c,\theta)\right] du \quad (51)$$

ここで，$x^{(m)}_{\theta,\alpha}$ は，$\left(S^{(m)}(0,\theta)\right)$ の分布の上側 $100\alpha\%$ 点，$b = \left(\theta - x^{(m)}_{\theta,\alpha}\right)/\theta^2$ である．さらに，$\phi^{(m)}(u;c,\theta)$ は，$\left(\theta - S^{(m)}(c,\theta)\right)/\theta^2$ の特性関数であり，次のように定義される．

$$\begin{aligned}
\phi^{(m)}(u;c,\theta) &= e^{c/2}\left[\cos\mu + \left(c - \frac{2iu}{\theta}\right)\frac{\sin\mu}{\mu}\right]^{-1/2} \quad (m=a,b) \\
&= e^{c/2}\left[\left\{-\frac{c^2}{\mu^2} + \frac{2iu}{\delta\mu^4}(c-\theta)(c+c\theta+\theta)\right\}\cos\mu \right. \\
&\quad + \left\{c + \frac{2iu}{3\delta\mu^2}\left((c^2+6)(\theta+1) - c\theta^2\right)\right. \\
&\quad \left.\left. + \frac{2iu}{\delta\mu^4}\left((c+1)\theta^2 - 2iu(\theta+1)\right)\right\}\frac{\sin\mu}{\mu}\right]^{-1/2} \quad (m=c)
\end{aligned}$$

ただし，$\mu = \sqrt{2iu - c^2}$, $\delta = (\theta^2 + 3\theta + 3)/3$ である．

この定理において，$\theta = c$ とおけば，$\phi^{(m)}(u;c,\theta)$ は，定理 8.5 の $\phi^{(m)}(u;c)$ になることがわかる．POI 検定を実行するためには，θ の値をいかに選ぶかということが問題となる．1 つの選択は，検出力の包絡線が 50% の検出力を達成するような c の値を θ とすることである．この点については，次節で説明する．

8.10 検出力の比較

この節では，今まで説明してきた単位根検定に対して，局所対立仮説 $\rho = 1 - (c/T)$ のもとでの漸近的な検出力を実際に計算した結果について述べる．そして，検出力曲線や検出力の包絡線を描いて，さまざまな単位根検定のよさを相互比較する．

対象とする検定は，本章 8 節で述べた (i) LBI (ii) LBIU (iii) DF (iv) DW の 4 つの検定であり，これらを (34), (35), (36) で定義した 3 つのモデル (a)， (b), (c) に適用した場合について考える.

まず,各統計量の極限帰無分布の 1% および 5% 有意点は,数値計算により,表 8-7 のように求められる.ただし,モデル (c) の場合には,LBI 検定は適用不可能なので,有意点は空欄にしてある.なお,DF 検定の有意点は,表 8-1 に示した係数推定量の単位根分布から得られるものである.

表 8-7 4 つの検定統計量の極限帰無分布の有意点

有意水準		LBI	LBIU	DF	DW
モデル (a)	1%	0.000157	0.0345	-13.695	0.0345
	5%	0.00393	0.0565	-8.039	0.0565
モデル (b)	1%	0.000157	0.0345	-20.626	0.0248
	5%	0.00393	0.0565	-14.094	0.0366
モデル (c)	1%		0.0248	-29.359	0.0173
	5%		0.0366	-21.711	0.0234

表 8-8 は,局所対立仮説 $\rho = 1 - (c/T)$ のもとでの漸近的な検出力を 5% の有意水準で計算したものである.この表からは,次の事実を観測することができる.

ⅰ) 検出力は,モデルが定数項や線形トレンドを含むにつれて低下する.

ⅱ) LBI 検定の最適性は,きわめて局所的である.実際,c が 1 を超えると,他の検定の方がよくなる.

ⅲ) LBIU 検定の最適性は局所的でなく,モデル (b), (c) では,DF 検定よりも検出力が高い検定である.

ⅳ) 最も頻繁に使われる DF 検定は,モデル (a) に対しては良好な検定であるが,定数項を含むモデル (b), (c) に対しては,劣った検定となる.

ⅴ) それぞれのモデルにおいて,DW 検定よりもよい検定が存在する.実際,モデル (a) では DF 検定,(b) では LBIU 検定,(c) では LBIU 検定の方が優れている.

以上の結果は,漸近的な検出力の結果であるが,有限標本の場合の近似として使うこともできる.例えば,標本サイズ $T = 200$ の場合,$\rho = 0.95$ に対する検出力は,$c = T(1-\rho) = 200 \times 0.05 = 10$ に対応する極限検出力で近似できることになる.ここには示してないが,その近似は,かなり良好である.

次に,単位根検定の検出力の包絡線を計算する.そのためには,定理 8.5 を

表 8-8　5% 有意水準における 4 つの検定の
漸近的な局所検出力　　　　　　　　　　（単位：%）

	c	LBI	LBIU	DF	DW
モデル (a)	0.2	5.507	5.474	5.492	5.474
	0.5	6.286	6.253	6.302	6.253
	1	7.598	7.741	7.858	7.741
	10	22.085	73.115	75.570	73.115
	20	30.833	99.830	99.882	99.830
モデル (b)	0.5	6.286	6.253	6.074	6.162
	1	7.598	7.741	7.187	7.452
	10	22.085	73.115	45.925	52.350
	20	30.833	99.830	94.367	96.439
モデル (c)	0.5		5.084	5.070	5.073
	1		5.319	5.265	5.279
	10		29.781	23.255	25.520
	20		76.536	70.703	74.639

使って，$S^{(m)}(0,c)$ の分布の上側 $100\alpha\%$ 点 $x_{c,\alpha}^{(m)}$ を求めてから，式 (50) の積分を計算する．表 8-9 には，いくつかの c の値に対して，有意水準 5% 点 $x_{c,0.05}^{(m)}$ と，検出力の包絡線の値が示されている．この結果と，表 8-8 で示された 4 つの検定の検出力を比較すると，次のことが見てとれる．

表 8-9　有意水準 5% のもとでの検出力の包絡線と POI 検定の検出力
（単位：%）

		$c=1$	5	7	10	13	20
モデル (a), (b)	$x_{c,0.05}^{(m)}$	0.9061	3.2391	3.6945	3.5135	2.3043	−4.492
	包絡線	7.972	31.948	49.940	75.818	91.975	99.885
	$\theta=5$	7.931	31.948	49.815	74.948	90.461	99.384
	$\theta=7$	7.912	31.892	49.940	75.613	91.433	99.700
	$\theta=10$	7.890	31.730	49.825	75.818	91.895	99.834
モデル (c)	$x_{c,0.05}^{(m)}$	0.9641	4.1677	5.4033	6.8138	7.6988	7.7389
	包絡線	5.319	11.485	17.600	31.005	48.367	85.526
	$\theta=5$	5.318	11.485	17.588	30.850	47.763	83.314
	$\theta=10$	5.315	11.463	17.585	31.005	48.322	85.034
	$\theta=13$	5.314	11.443	17.555	30.983	48.367	85.352

ⅰ) モデル (a) では，DF 検定の検出力は包絡線に非常に近く，到達可能な検出力を，ほぼ達成している．

ⅱ) モデル (b) と (c) では，LBIU 検定が相対的に優れた振る舞いをするが，包絡線との乖離が見られる．

以上のことから，モデル (b) と (c) においては，検出力を改善する余地が残されている．そこで，前節で述べた POI 検定を考えることにする．モデ

ル (a) と (b) に対しては，$\theta = 5, 7, 10$ の 3 通り，モデル (c) に対しては，$\theta = 5, 10, 13$ の 3 通りの対立仮説を設定し，POI 検定を実行してみることにする．この場合の漸近的な検出力は，定理 8.6 の (51) に従って計算することができる．表 8-9 には，有意水準 5% における結果が示されている．検出力が θ において 50% になるような検定を好ましいとする立場からは，モデル (a) と (b) では，$\theta = 7$，モデル (c) では，$\theta = 13$ における POI 検定が選択される．モデル (a) では，DF 検定との優劣はつけがたいが，モデル (b) と (c) では，他の検定よりも優れたものとなっていることが了解されよう．

第9章

単位根検定——その2

前章ではARモデルにおける単位根検定を議論した．本章では，そこから派生した単位根検定を扱う．具体的なトピックスは，(i)季節性を含む時系列の単位根検定，(ii)MAモデルに基づく単位根検定，(iii)定常性の検定，(iv)フラクショナルな和分次数の検定，(v)構造変化を含む時系列の単位根検定である．

9.1 季節性を含む時系列の単位根検定

この節では，月次や四半期などの季節性を含むモデルに対する単位根検定として，2種類のものを考える．1つは，周期に対応する過去の値への自己回帰における係数の単位根検定，もう1つは，単位根を複素数にまで拡張した場合の検定である．

まず，前者の単位根検定のためのモデルとしては，S を周期として，

$$y_t = \sum_{j=1}^{S} (\alpha_j + \beta_j t) D_{jt} + \eta_t, \quad \eta_t = \rho_S \eta_{t-S} + \varepsilon_t, \quad \{\varepsilon_t\} \sim \text{i.i.d.}(0, \sigma^2) \tag{1}$$

を考えることができる．ここで，D_{jt} は，$t-j$ が S の倍数ならば 1，さもなければ 0 をとるダミー変数である．もちろん，$S=1$ の場合は，$D_{jt}=1$ となり，前章の場合に帰着する．$S>1$ の場合，例えば，$S=4$ の四半期データならば，式(1)は，

$$y_t = \alpha_1 + \beta_1 t + \eta_t \quad (t = 4k+1 \text{ のとき})$$
$$= \alpha_2 + \beta_2 t + \eta_t \quad (t = 4k+2 \text{ のとき})$$
$$= \alpha_3 + \beta_3 t + \eta_t \quad (t = 4k+3 \text{ のとき})$$
$$= \alpha_4 + \beta_4 t + \eta_t \quad (t = 4k \text{ のとき})$$

と表され,すべての場合について,$\eta_t = \rho_4 \eta_{t-4} + \varepsilon_t$ である.このモデルでは,確定的なトレンドは季節ごとに独自の切片と傾きをもつことが想定されている.もちろん,モデルの変形として,α_j や β_j が 0 に制約されるモデルや,確定的トレンドが季節間で不変なモデルを考えることもできる.

式(1)のモデルに対して,検定問題

$$H_0 : \rho_S = 1 \quad \text{vs.} \quad H_1 : \rho_S < 1$$

を考えよう.この検定問題に対して,前章で議論した $S=1$ の場合と同様の検定統計量を考えることができる.すなわち,次の4つの検定統計量を考えよう.なお,以下では,標本サイズ T は,S の倍数であるものとして,$N = T/S$ が自然数になると仮定する.

(ⅰ) LBI 統計量

$$R_{S1} = S \times \frac{\sum_{t=T-S+1}^{T} \tilde{\eta}_t^2}{\sum_{t=1}^{T} (\tilde{\eta}_t - \tilde{\eta}_{t-S})^2}$$

(ⅱ) LBIU 統計量

$$R_{S2} = \frac{S^2}{T} \frac{\sum_{t=1}^{T} \tilde{\eta}_t^2}{\sum_{t=1}^{T} (\tilde{\eta}_t - \tilde{\eta}_{t-S})^2}$$

(ⅲ) DF 統計量

$$R_{S3} = N(\hat{\rho}_S - 1), \qquad \hat{\rho}_S = \sum_{t=S+1}^{T} \hat{\eta}_{t-S} \hat{\eta}_t \bigg/ \sum_{t=S+1}^{T} \hat{\eta}_{t-S}^2$$

(ⅳ) DW 統計量

$$R_{S4} = \frac{S^2}{T} \frac{\sum_{t=1}^{T} \hat{\eta}_t^2}{\sum_{t=S+1}^{T} (\hat{\eta}_t - \hat{\eta}_{t-S})^2}$$

ここで,$\hat{\eta}$ は,モデル(1)から得られる OLS 残差,$\tilde{\eta}$ は GLS 残差を表す.

これらの統計量の分布を,局所対立仮説 $\rho_S = 1 - (c/N) = 1 - (cS/T)$ のもとで評価する.その場合,(1)のモデルにおいて,パラメータ α_j と β_j にゼロ制約を課すかどうかで分布が異なる.以下では,前章と同様に,3通りのモ

デルについて，それぞれ次の結果を得る(詳しくは，Tanaka 1996，および数学的付録の第 16 節を参照されたい)．

定理 9.1 (1)のモデルにおいて，$\alpha_j = \beta_j = 0$ の場合，4つの検定統計量は，局所対立仮説 $\rho_S = 1 - (cS/T)$ のもとで，次の極限分布に従う．

$$R_{S1} \Rightarrow \frac{1 - e^{-2c}}{2c} \chi^2(S), \qquad R_{S2} \Rightarrow \sum_{i=1}^{S} \int_0^1 Z_i^2(t)\,dt$$

$$R_{S3} \Rightarrow \frac{\sum_{i=1}^{S} \int_0^1 Z_i(t)\,dZ_i(t)}{\sum_{i=1}^{S} \int_0^1 Z_i^2(t)\,dt}, \qquad R_{S4} \Rightarrow \sum_{i=1}^{S} \int_0^1 Z_i^2(t)\,dt$$

ここで，$\{Z_i(t)\}(i=1,\cdots,S)$ は，互いに独立に，O-U 過程

$$Z_i(t) = e^{-ct} \int_0^t e^{cs}\,dW_i(s)$$

に従い，$\{W_i(t)\}(i=1,\cdots,S)$ は，互いに独立に標準 Brown 運動に従う．

定理 9.2 (1)のモデルにおいて，$\beta_j = 0$ の場合，4つの検定統計量は，局所対立仮説 $\rho_S = 1 - (cS/T)$ のもとで，次の極限分布に従う．

$$R_{S1} \Rightarrow \frac{1 - e^{-2c}}{2c} \chi^2(S), \qquad R_{S2} \Rightarrow \sum_{i=1}^{S} \int_0^1 Z_i^2(t)\,dt$$

$$R_{S3} \Rightarrow \frac{\sum_{i=1}^{S} \int_0^1 Z_{i(1)}(t)\,dZ_i(t)}{\sum_{i=1}^{S} \int_0^1 Z_{i(1)}^2(t)\,dt}, \qquad R_{S4} \Rightarrow \sum_{i=1}^{S} \int_0^1 Z_{i(1)}^2(t)\,dt$$

ここで，$\{Z_{i(1)}(t)\}(i=1,\cdots,S)$ は，互いに独立に，平均調整済み O-U 過程

$$Z_{i(1)}(t) = Z_i(t) - \int_0^1 Z_i(s)\,ds$$

に従う．

定理 9.3 (1)のモデルにおいて，α_j と β_j が無制約の場合，R_{S1} 以外の3つの検定統計量は，局所対立仮説 $\rho_S = 1-(cS/T)$ のもとで，次の極限分布に従う．

$$R_{S2} \Rightarrow \sum_{i=1}^{S} \int_0^1 (Z_i(t) - tZ_i(1))^2 \, dt, \qquad R_{S3} \Rightarrow \frac{\sum_{i=1}^{S} \int_0^1 Z_{i(2)}(t) \, dZ_i(t)}{\sum_{i=1}^{S} \int_0^1 Z_{i(2)}^2(t) \, dt}$$

$$R_{S4} \Rightarrow \sum_{i=1}^{S} \int_0^1 Z_{i(2)}^2(t) \, dt$$

ここで，$\{Z_{i(2)}(t)\}(i=1,\cdots,S)$ は，互いに独立に，トレンド調整済み O-U 過程

$$Z_{i(2)}(t) = Z_i(t) - \int_0^1 (4-6s)Z_i(s)\,ds - t\int_0^1 (12s-6)Z_i(s)\,ds$$

に従う．

以上の結果を，前章で得られた $S=1$ の場合と比較して，次のことが指摘できる．
i) 季節性を含む単位根検定統計量の分布は，たたみ込みの性質をもっている．すなわち，$S=1$ の場合の分布に従う確率変数の独立な S 個の和の分布となっている．
ii) モデルが線形トレンドを含む定理 9.3 の場合は，LBI 統計量は常に 0 となり，検定は実行不可能となる．

表 9-1 には，有意水準 5%のもとでのこれらの検定の有意点と検出力が示されている．表の結果から，次のことが見てとれる．LBI 検定は，$S=1$ の場合には振る舞いが悪かったが，今の場合は良好な結果をもたらしている．特に，$\beta_j = 0$ の場合には，DF 検定よりも優れている．LBIU 検定は，$S=1$ の場合と同様に，制約がない場合のモデルでは，DF 検定よりも優れている．他方，DW 検定については，$S=1$ の場合と同様に，それぞれのモデルにおいて，よりよい検定が存在していることがわかる．

検出力の包絡線や POI 検定についても，$S=1$ の場合と同様に導出することができる．具体的には，まず，検定問題を

$$H_0: \rho_S = 1 \quad \text{vs.} \quad H_1: \rho_S = \rho_S(\theta) = 1 - \frac{\theta}{N} = 1 - \frac{\theta S}{T}$$

で定義する．ここで，θ は与えられた正の定数である．このとき，最強力不変

表 9-1　漸近的な局所検出力　　(有意水準：5%, 単位：%)

	検定	$S=4$				$S=12$			
		5%点	$c=1$	5	10	5%点	$c=0.5$	1	5
$\alpha_j=\beta_j=0$ の場合	LBI	0.711	19.9	87.0	99.3	5.226	23.6	56.1	100.0
	LBIU	0.641	17.9	98.2	100.0	3.223	19.5	47.5	100.0
	DF	-2.268	20.0	99.2	100.0	-0.965	23.3	57.7	100.0
	DW	0.641	17.9	98.2	100.0	3.223	19.5	47.5	100.0
$\beta_j=0$ の場合	LBI	0.711	19.9	87.0	99.3	5.226	23.6	56.1	100.0
	LBIU	0.641	17.9	98.2	100.0	3.223	19.5	47.5	100.0
	DF	-6.961	13.1	66.7	99.6	-4.929	14.6	28.1	99.4
	DW	0.301	15.3	80.4	99.9	1.271	17.3	37.7	100.0
制約なしの場合	LBIU	0.301	5.99	34.2	89.6	1.271	5.53	7.21	80.4
	DF	-13.067	5.74	23.8	76.7	-10.360	5.39	6.55	56.8
	DW	0.156	5.80	27.0	82.9	0.588	5.42	6.70	65.2

検定は，

$$R_T(\theta) = T \frac{\sum_{t=1}^T \left(\tilde{\eta}_t^{(0)} - \tilde{\eta}_{t-S}^{(0)}\right)^2 - \sum_{t=1}^T \left(\tilde{\eta}_t^{(1)} - \rho_S(\theta)\tilde{\eta}_{t-S}^{(1)}\right)^2}{\sum_{t=1}^T \left(\tilde{\eta}_t^{(0)} - \tilde{\eta}_{t-S}^{(0)}\right)^2} \quad (2)$$

が大きいときに H_0 を棄却するものである (Tanaka 1996 を参照). ここで, $\tilde{\eta}_t^{(0)}$ と $\tilde{\eta}_t^{(1)}$ は，それぞれ，H_0 と H_1 のもとでの GLS 残差である．このとき, 次の結果が成り立つ.

定理 9.4　(1) のモデルにおいて, $\rho_S = 1 - (c/N) = 1 - (cS/T)$ とする．このとき, $R_T(\theta) \Rightarrow R(c,\theta)$ となる．ここで, $R(c,\theta)$ は，$\alpha_j = \beta_j = 0$, あるいは $\beta_j = 0$ と制約されるならば,

$$R(c,\theta) = -\sum_{i=1}^S \left[\theta^2 \int_0^1 Z_i^2(t)\,dt + 2\theta \int_0^1 Z_i(t)\,dZ_i(t)\right]$$

となる. また, α_j, β_j ともに無制約ならば,

$$R(c,\theta) = -\theta^2 \sum_{i=1}^S \left[\int_0^1 Z_i^2(t)\,dt - \frac{2(\theta+1)}{\delta} Z_i(1) \int_0^1 t Z_i(t)\,dt \right.$$
$$\left. + \frac{\theta+1}{3\delta} Z_i^2(1) - \frac{\theta^2}{\delta}\left(\int_0^1 t Z_i(t)\,dt\right)^2\right] + \theta S$$

となる．ここで, $\delta = (\theta^2 + 3\theta + 3)/3$ である.

表 9-2 検出力の包絡線と POI 検定の局所検出力
(有意水準:5%, 単位:%)

		$S=4$				$S=12$			
		$c=1$	2	5	10	$c=0.5$	1	2	5
$\alpha_j=\beta_j=0$ あるいは $\beta_j=0$ の場合	包絡線	20.84	49.98	99.19	100.00	23.85	58.30	97.89	100.00
	$\theta=1$	20.84	49.16	97.08	100.00	23.73	58.30	97.63	100.00
	$\theta=1.5$	20.77	49.83	98.14	100.00	23.50	58.10	97.84	100.00
	$\theta=2$	20.65	49.98	98.65	100.00	23.25	57.65	97.89	100.00
制約なしの場合	包絡線	5.99	9.01	35.48	94.53	5.53	7.21	15.46	83.04
	$\theta=4$	5.98	8.99	35.45	93.74	5.53	7.19	15.40	82.98
	$\theta=5$	5.98	8.98	35.48	94.08	5.52	7.17	15.34	83.04
	$\theta=6$	5.97	8.96	35.46	94.29	5.52	7.16	15.28	83.00

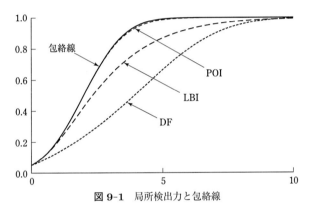

図 9-1 局所検出力と包絡線

上の結果から,有意水準 α のもとでの検出力の包絡線は,$P(R(c,c) \geq x_{c,\alpha})$ により求められる.ここで,$x_{c,\alpha}$ は,$R(0,c)$ の分布の上側 $100\alpha\%$ 点である.他方,POI 検定の検出力は,$P(R(c,\theta) \geq x_{\theta,\alpha})$ により求められる.ここで,$x_{\theta,\alpha}$ は,$R(0,\theta)$ の分布の上側 $100\alpha\%$ 点である.

表 9-2 には,有意水準 5% のもとでの検出力の包絡線と,いくつかの θ の値で実行した POI 検定の検出力が示されている.α_j や β_j が制約されている場合の POI 検定は,$S=4$ ならば $\theta=2$,$S=12$ ならば $\theta=1$ とすれば,これらの点において,ほぼ 50% の検出力を達成する.他方,α_j と β_j が無制約な場合には,$S=4$ ならば $\theta=6$,$S=12$ ならば $\theta=4$ において,ほぼ 50% の検出力を達成することが読みとれる.

図 9-1 は,$\beta_j=0$ の制約のもとでの $S=4$ の場合におけるモデルに対する

LBI, DF, POI 検定の検出力, および包絡線を示している. この場合の POI 検定は, $\theta = 2$ で実行されているので, 検出力は $c = 2$ で包絡線と一致している. 全体としても, 包絡線にほぼ一致していることが見てとれる. 他方, LBI 検定は $S = 1$ の場合には振る舞いが非常に悪かった(第 8 章 10 節参照)が, 今の場合は, DF 検定よりも優れていることがわかる.

今まで議論してきた単位根検定は, モデルの誤差項に独立性を仮定したが, 一般には, その仮定をゆるめる必要がある. そのための方法としては, 前章で述べた 2 つのモデル, すなわち, AR 部分のラグを導入するモデルと, 誤差項を線形過程として表現するモデルを使う方法がある. 前者については Dickey-Hasza-Fuller(1984), 後者については数学的付録の第 16 節を参照されたい.

季節性を含む単位根検定の別の方法について説明しよう. そのために, 次のモデルを考えよう.

$$(1 - re^{i\theta}L)(1 - re^{-i\theta}L)y_t = u_t \quad \Leftrightarrow \quad y_t = 2r\cos\theta\, y_{t-1} - r^2 y_{t-2} + u_t \tag{3}$$

ここで, パラメータ r は $0 < r \leq 1$, θ は $0 < \theta < \pi$ となるような定数である. また, $\{u_t\}$ は, 線形過程

$$u_t = \sum_{j=0}^{\infty} \alpha_j \varepsilon_{t-j}, \qquad \sum_{j=1}^{\infty} j|\alpha_j| < \infty, \qquad \{\varepsilon_t\} \sim \text{i.i.d.}(0, \sigma^2)$$

に従う. 初期値は, $y_{-1} = y_0 = 0$ とおく.

モデル(3)は, 周期 $2\pi/\theta$ をもつような時系列を描写するモデルである. 実際, 特性方程式の根は, 共役複素根 $e^{i\theta}/r$, $e^{-i\theta}/r$ であり, $r = 1$ ならば, 共役複素単位根 $e^{\pm i\theta}$ となる. ここでは, θ を固定された既知の値として, 複素単位根検定

$$H_0 : r = 1 \quad \text{vs.} \quad H_1 : r < 1 \tag{4}$$

を考える.

検定統計量を構成するために, モデル(3)を次のように書き換える.

$$y_t = \phi_1 y_{t-1} + \phi_2 y_{t-2} + u_t, \qquad y_{-1} = y_0 = 0 \qquad (t = 1, \cdots, T) \tag{5}$$

ここで, $\phi_1 = 2r\cos\theta$, $\phi_2 = -r^2$ である.

以下，帰無仮説 $r = 1$ のもとでの $\boldsymbol{\phi} = (\phi_1, \phi_2)'$ の LSE $\hat{\boldsymbol{\phi}} = (\hat{\phi}_1, \hat{\phi}_2)'$ の分布を調べよう．帰無仮説のもとでの $\boldsymbol{\phi}$ の値を $\boldsymbol{\phi}_0$ とすれば，$\boldsymbol{\phi}_0 = (2\cos\theta, -1)'$ である．このとき，次の定理が成り立つ(詳細は，Chan-Wei 1988，および数学的付録の第 16 節を参照されたい)．

定理 9.5 モデル (3) を書き換えたモデル (5) において，$\boldsymbol{\phi}$ の LSE を $\hat{\boldsymbol{\phi}}$，帰無仮説のもとでの $\boldsymbol{\phi}$ の値を $\boldsymbol{\phi}_0$ とする．このとき，帰無仮説のもとで，

$$T(\hat{\boldsymbol{\phi}} - \boldsymbol{\phi}_0) = A_T^{-1} b_T \quad \Rightarrow \quad \begin{pmatrix} Z_1 \\ Z_2 \end{pmatrix} \tag{6}$$

を得る．ここで，

$$Z_1 = \frac{2}{\pi f(\theta) \int_0^1 \boldsymbol{W}'(t) \boldsymbol{W}(t)\, dt} \Bigg[\pi f(\theta) \int_0^1 \{(W_1(t)\, dW_2(t) \\ -W_2(t)\, dW_1(t))\sin\theta + \boldsymbol{W}'(t)\, d\boldsymbol{W}(t) \cos\theta\} \\ + \sin\theta \sum_{j=1}^\infty \mathrm{E}(u_0 u_j) \sin j\theta \Bigg] \tag{7}$$

$$Z_2 = \frac{-2 \int_0^1 \boldsymbol{W}'(t)\, d\boldsymbol{W}(t)}{\int_0^1 \boldsymbol{W}'(t) \boldsymbol{W}(t)\, dt} \tag{8}$$

であり，$\boldsymbol{W}(t) = (W_1(t), W_2(t))'$ は，2 次元の標準 Brown 運動である．また，$f(\theta)$ は，$\{u_t\}$ のスペクトラムの θ における値である．

Z_2 は，帰無仮説のもとでの統計量 $S_T = T(\hat{\phi}_2 + 1)$ の極限確率変数であり，その分布は θ に依存しないだけでなく，モデルの誤差項の構造にも依存しない．表 9-3 には，Z_2 の分位点とモーメントが示されている．対立仮説のもとでは，$\phi_2 = -r^2$ であることから，$\hat{\phi}_2$ は大きくなる．したがって，S_T も大きくなるので，複素単位根の帰無仮説は，S_T が大きいときに棄却される．

表 9-3 検定統計量 $T(\hat{\phi}_2 + 1)$ の極限帰無分布
(平均 = 1.664, 標準偏差 = 3.460)

確　率	0.01	0.05	0.1	0.5	0.9	0.95	0.99
分位点	−2.956	−2.028	−1.539	0.775	6.010	8.389	14.115

9.2 MA 部分の単位根検定

単位根検定は，特性方程式の根に関する検定であり，今までは AR 部分に関する検定だけを議論してきたが，MA 部分の単位根検定についても考えることができる．その主たる必要性は，原系列に対して，過剰な階差変換をしていないかどうかを調べるものである．以下で見るように，それはまた，AR 部分の単位根検定と解釈することも可能である．

MA 部分の単位根検定のための基本的なモデルは，MA(1) モデル

$$y_t = \varepsilon_t - \alpha\,\varepsilon_{t-1}, \qquad \{\varepsilon_t\} \sim \mathrm{i.i.d.}(0, \sigma^2) \tag{9}$$

であり，y_t は観測値そのものでも階差変換後の値でもよい．検定問題は，

$$H_0 : \alpha = 1 \quad \text{vs.} \quad H_1 : \alpha < 1$$

である．

系列 $\{y_t\}$ が階差系列の場合，すなわち，$y_t = (1-L)x_t$ ならば，H_0 のもとでは，$(1-L)x_t = (1-L)\varepsilon_t$ となり，過剰階差の状況となる．この結果，因数 $1-L$ が消去され，原系列は AR 部分に単位根をもたない．他方，H_1 のもとでは適切な階差変換であり，原系列は AR 部分に単位根をもつことになる．したがって，階差系列に対する MA 部分の単位根検定は，AR 部分に「単位根なし」という帰無仮説を，「単位根あり」という対立仮説に対して検定するものであり，通常とは逆向きの検定となる．

モデル (9) の誤差項 $\{\varepsilon_t\}$ に正規性を仮定すると，観測値ベクトル $\boldsymbol{y} = (y_1, \cdots, y_T)'$ に対する未知パラメータ α と σ^2 の対数尤度関数は，

$$L(\alpha, \sigma^2) = -\frac{T}{2}\log(2\pi\sigma^2) - \frac{1}{2}\log|\Omega(\alpha)| - \frac{1}{2\sigma^2}\boldsymbol{y}'\,\Omega^{-1}(\alpha)\,\boldsymbol{y} \tag{10}$$

で与えられる．ここで，

$$\Omega(\alpha) = \begin{pmatrix} 1+\alpha^2 & -\alpha & & & 0 \\ -\alpha & 1+\alpha^2 & \cdot & & \\ & \cdot & \cdot & \cdot & \\ & & \cdot & \cdot & -\alpha \\ 0 & & & -\alpha & 1+\alpha^2 \end{pmatrix}$$

である．

検定統計量として自然なものは，α の MLE(最尤推定量)$\hat{\alpha}$ に基づく係数検定であろう．しかし，$\hat{\alpha}$ の帰無分布，すなわち，反転不可能な MA(1) モデルにおける $\hat{\alpha}$ の分布はわかっていない．ただし，AR の場合の係数推定量と異なり，$T(\hat{\alpha} - 1)$ の極限帰無分布は，負の部分で連続な密度と原点を正の確率でとる分布の混合となることがわかっている(Tanaka-Satchell 1989, Davis-Dunsmuir 1996)．

実際，α に集約された対数尤度を $l(\alpha)$ とすると，

$$l(\alpha) = L(\alpha, \hat{\sigma}^2(1)) = -\frac{T}{2}\log(2\pi\, \boldsymbol{y}'\,\Omega^{-1}(\alpha)\,\boldsymbol{y}/T) - \frac{1}{2}\log|\Omega(\alpha)| - \frac{T}{2} \tag{11}$$

となる．ただし，$\hat{\sigma}^2(\alpha) = \boldsymbol{y}'\Omega^{-1}(\alpha)\,\boldsymbol{y}/T$ である．したがって，

$$\frac{dl(1)}{d\alpha} = \frac{T}{2}\,\frac{\boldsymbol{y}'\,\Omega^{-1}\Omega\Omega^{-1}\,\boldsymbol{y}}{\boldsymbol{y}'\,\Omega^{-1}\,\boldsymbol{y}} - \frac{1}{2}\operatorname{tr}(\Omega^{-1}\Omega) = 0, \quad \Omega = \Omega(1)$$

となることがわかる．このことから，α の真の値が 1 のとき，尤度関数が $\alpha = 1$ を極大値とする確率は，漸近的に，

$$\lim_{T\to\infty} P(\hat{\alpha}=1) = \lim_{T\to\infty} P\left(\left.\frac{d^2l(\alpha)}{d\alpha^2}\right|_{\alpha=1} < 0\right)$$
$$= P\left(\sum_{n=1}^{\infty}\frac{Z_n^2}{n^2\pi^2} < \frac{1}{6}\right) = 0.6574, \quad \{Z_n\} \sim \mathrm{NID}(0,1)$$

となる(Tanaka 1996 参照)．すなわち，$T(\hat{\alpha}-1)$ の極限帰無分布は，原点を確率 0.6574 でとるような分布に従うことになる．なお，負の値に対しては連続な密度をもつが，極限確率変数の明示的な表現は得られていない．

そこで，対数尤度の α に関する偏微分に基づく検定を考える．上述のよう

に，1階微分は H_0 のもとで恒等的に 0 となるので，2階微分に基づく検定を考える．このとき，

$$S_{T1} = \frac{1}{T} \frac{\boldsymbol{y}' \Omega^{-2} \boldsymbol{y}}{\boldsymbol{y}' \Omega^{-1} \boldsymbol{y}} \tag{12}$$

が大きいときに H_0 を棄却する検定は，AR モデルにおける単位根検定と同様の理由で LBIU となる．そして，S_{T1} に基づく検定は，局所対立仮説 $\alpha = 1 - (c/T)$ のもとで，次の漸近的な性質をもっている (詳細は，Tanaka 1996, 数学的付録の第 17 節を参照).

定理 9.6 式 (12) の LBIU 検定統計量 S_{T1} は，局所対立仮説 $\alpha = 1 - (c/T)$ のもとで，次の分布収束に従う．

$$S_{T1} \Rightarrow S_1 = \int_0^1 \int_0^1 \left[K_1(s,t) + c^2 K_{1(2)}(s,t) \right] dW(s)\, dW(t)$$
$$\stackrel{\mathcal{D}}{=} \sum_{n=1}^\infty \left[\frac{1}{n^2 \pi^2} + \frac{c^2}{n^4 \pi^4} \right] Z_n^2, \qquad \{Z_n\} \sim \mathrm{NID}(0,1) \tag{13}$$

ここで，

$$K_1(s,t) = \min(s,t) - st, \qquad K_{1(2)}(s,t) = \int_0^1 K_1(s,u)\, K_1(u,t)\, du$$

である．

上の定理において，関数 $K_{1(2)}$ は，関数 K_1 の **重複核** と呼ばれる．S_{T1} の極限分布を計算するためには，極限確率変数 S_1 の特性関数を求める必要がある．今の場合は，式 (13) の無限和表現から簡単に求めることができる．

定理 9.7 定理 9.6 で与えられた確率変数 S_1 の特性関数は，次の形で与えられる．

$$\mathrm{E}(e^{i\theta S_1}) = \left[\frac{\sin \mu}{\mu} \frac{\sin \nu}{\nu} \right]^{-1/2} \tag{14}$$

ここで，

$$\mu = \sqrt{i\theta + \sqrt{-\theta^2 + 2ic^2\theta}}, \qquad \nu = \sqrt{i\theta - \sqrt{-\theta^2 + 2ic^2\theta}}$$

今までは，最も単純な MA(1) モデルの単位根検定を扱ってきたが，AR モデルにおける単位根検定と同様に，次のモデルに拡張できる．

$$y = X\beta + \eta, \quad \mathrm{E}(\eta) = 0, \quad \mathrm{V}(\eta) = \sigma^2 \Omega(\alpha) \quad (15)$$

そして，前と同様に，誤差項 η に正規性を仮定することにより，対数尤度の 2 階微分から，LBIU 検定統計量

$$S_T = \frac{1}{T} \frac{\tilde{\eta}' \Omega^{-2} \tilde{\eta}}{\tilde{\eta}' \Omega^{-1} \tilde{\eta}}, \quad \tilde{\eta} = \tilde{M} y, \quad \tilde{M} = I_T - X(X' \Omega^{-1} X)^{-1} X' \Omega^{-1} \quad (16)$$

を導出することができる．ここで，X は説明変数の行列であり，次の 2 通りを考える．

$$X = \begin{pmatrix} 1 \\ 1 \\ \vdots \\ 1 \end{pmatrix} = e \quad \text{あるいは} \quad X = \begin{pmatrix} 1 & 1 \\ 1 & 2 \\ \vdots & \vdots \\ 1 & T \end{pmatrix} = (e, d)$$

前者は定数項のみを含む MA(1) モデル，後者は定数項と線形トレンドを含む MA(1) モデルである．これらの場合の統計量 S_T の漸近分布については，次の定理が成り立つ (Tanaka 1996, 数学的付録の第 17 節を参照)．

定理 9.8 モデル (15) に対して，(16) で定義された単位根検定の統計量 S_T は LBIU 統計量であり，局所対立仮説 $\alpha = 1 - (c/T)$ のもとで，次の分布収束に従う．

$$S_T \;\Rightarrow\; S = \int_0^1 \int_0^1 \left[K(s,t) + c^2 K_{(2)}(s,t) \right] dW(s)\, dW(t)$$

ここで，$K_{(2)}$ は K の重複核である．また，極限分布の特性関数は，

$$\mathrm{E}(e^{i\theta S}) = \left[D\left(i\theta + \sqrt{-\theta^2 + 2ic^2\theta}\right) D\left(i\theta - \sqrt{-\theta^2 + 2ic^2\theta}\right) \right]^{-1/2}$$

で与えられる．関数 $K(s,t)$ と $D(\lambda)$ は，説明変数 X の 2 通りの特定化に依存して，次のように与えられる．

　i) $X = e$ の場合

$$K(s,t) = \min(s,t) - st - 3st(1-s)(1-t)$$
$$D(\lambda) = \frac{12}{\lambda^2}\left(2 - \sqrt{\lambda}\sin\sqrt{\lambda} - 2\cos\sqrt{\lambda}\right)$$

ii) $X = (\boldsymbol{e}, \boldsymbol{d})$ の場合

$$K(s,t) = \min(s,t) - st - 2st(1-s)(1-t)(4 - 5s - 5t + 10st)$$
$$D(\lambda) = \frac{8640}{\lambda^4}\left(2 + \frac{\lambda}{3} - \sqrt{\lambda}\left(2 - \frac{\lambda}{12}\right)\sin\sqrt{\lambda} - \left(2 - \frac{2\lambda}{3}\right)\cos\sqrt{\lambda}\right)$$

関数 $D(\lambda)$ は，関数 $K(s,t)$ の **Fredholm 行列式** と呼ばれる（数学的付録の第 17 節を参照）．図 9-2 には，純粋な MA(1) モデルも含めた 3 つのモデルの場合について，LBIU 統計量の極限帰無分布が図示されている．実線が純粋な MA(1) モデル，破線が定数項のみを含む MA(1) モデル，点線が定数項と 1 次のトレンドを含む MA(1) モデルの場合である．図 9-3 には，同じ 3 つの場合について，局所対立仮説のもとでの漸近的な検出力が図示されている．モデルに定数項やトレンドを含む場合の方が，検出力は低くなることが見てとれる．これらは，AR モデルにおける単位根分布の計算と同様に，特性関数の反転公式を数値積分により計算したものである（その方法については，数学的付録の第 18 節を参照されたい）．

MA モデルの単位根検定は，誤差項を i.i.d. から従属過程へ拡張した次のような場合にも考えることができる．

$$y_t = a + bt + u_t - \alpha u_{t-1},$$
$$u_t = \sum_{j=0}^{\infty}\phi_j\,\varepsilon_{t-j}, \quad \sum_{j=1}^{\infty}j|\phi_j| < \infty, \quad \sum_{j=0}^{\infty}\phi_j \neq 0 \tag{17}$$

である．

このとき，(16) の統計量 S_T は，次の性質をもつ (Tanaka 1990, 1996)．

定理 9.9 式 (16) で定義された検定統計量 S_T は，モデル (17) に対しては，局所対立仮説 $\alpha = 1 - (c/T)$ のもとで，次の分布収束に従う．

$$S_T \;\Rightarrow\; \frac{\sigma_L^2}{\sigma_S^2}\int_0^1\int_0^1\left[K(s,t) + c^2 K_{(2)}(s,t)\right]dW(s)\,dW(t)$$

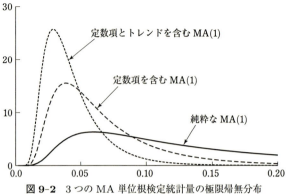

図 9-2 3 つの MA 単位根検定統計量の極限帰無分布

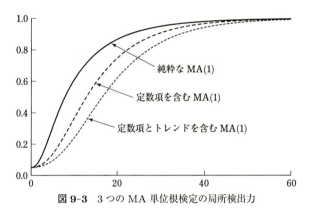

図 9-3 3 つの MA 単位根検定の局所検出力

ここで,

$$\sigma_L^2 = \sigma^2 \left(\sum_{j=0}^{\infty} \phi_j \right)^2, \quad \sigma_S^2 = \sigma^2 \sum_{j=0}^{\infty} \phi_j^2$$

である.

定理における σ_L^2 と σ_S^2 は, $\{u_t\}$ の長期分散と短期分散であり, これらの一致推定量 $\tilde{\sigma}_L^2$ と $\tilde{\sigma}_S^2$ は, 次のように構成することができる. まず,

$$\tilde{\boldsymbol{u}} = (\tilde{u}_1, \cdots, \tilde{u}_T)' = H \left(I_T - X(X'\Omega^{-1}X)^{-1}X'\Omega^{-1} \right) \boldsymbol{y} = H \tilde{\boldsymbol{\eta}}$$

を定義する. ここで, H は Ω^{-1} の Cholesky 分解 $\Omega^{-1} = H'H$ を与える下三

角行列であり，

$$H = \begin{pmatrix} \dfrac{1}{\sqrt{2}} & & & \\ \dfrac{1}{\sqrt{6}} & \dfrac{2}{\sqrt{6}} & & 0 \\ \cdot & \cdot & \cdot & \\ \cdot & \cdot & & \cdot \\ \cdot & \cdot & & \\ \dfrac{1}{\sqrt{T(T+1)}} & \dfrac{2}{\sqrt{T(T+1)}} & \cdots & \dfrac{T}{\sqrt{T(T+1)}} \end{pmatrix}$$

により定義される．このとき，一致推定量は，

$$\tilde{\sigma}_S^2 = \frac{1}{T}\sum_{t=1}^{T}\tilde{u}_t^2 = \frac{1}{T}\tilde{\boldsymbol{\eta}}'\Omega^{-1}\tilde{\boldsymbol{\eta}},$$

$$\tilde{\sigma}_L^2 = \tilde{\sigma}_S^2 + \frac{2}{T}\sum_{j=1}^{l}\left(1 - \frac{j}{l+1}\right)\sum_{t=j+1}^{T}\tilde{u}_t\tilde{u}_{t-j}$$

で与えられる．ここで，l は，$o(T^{1/4})$ となるようなラグ打ち切り数である．

以上から，拡張されたモデル(17)においては，局所対立仮説のもとで，次のことが成り立つ．

$$\tilde{S}_T = \frac{\tilde{\sigma}_S^2}{\tilde{\sigma}_L^2}S_T = \frac{1}{T^2}\frac{\tilde{\boldsymbol{\eta}}'\Omega^{-2}\tilde{\boldsymbol{\eta}}}{\tilde{\sigma}_L^2}$$
$$\Rightarrow \int_0^1\int_0^1\left[K(s,t) + c^2 K_{(2)}(s,t)\right]dW(s)\,dW(t)$$

したがって，この場合にも，統計量 $\tilde{S}_T$ を使うことにより，通常の MA モデルの単位根検定を行うことができる．

9.3 定常性の検定

上で議論した MA モデルにおける単位根検定は，AR モデルの場合と異なり，「単位根あり」が帰無仮説である．ここでは，同様の検定が可能となる例として，次の状態空間モデルを考えよう．

$$y_t = \boldsymbol{x}_t'\boldsymbol{\beta} + \gamma_t + \varepsilon_t, \quad \gamma_t = \gamma_{t-1} + \xi_t, \quad \gamma_0 = 0 \qquad (18)$$

ここで，観測可能な系列は，$\{y_t\}$ と $\{x_t\}$ であり，後者は，定数や線形トレンドなどを含む説明変数のベクトルである．また，β は係数ベクトルである．$\{\varepsilon_t\}$ と $\{\xi_t\}$ は，それぞれが i.i.d.$(0, \sigma_\varepsilon^2)$, i.i.d.$(0, \sigma_\xi^2)$ の誤差項であり，互いに独立である．σ_ε^2 は正，σ_ξ^2 は非負値である．

このモデルに対して，検定問題

$$H_0 : \delta = \frac{\sigma_\xi^2}{\sigma_\varepsilon^2} = 0 \quad \text{vs.} \quad H_1 : \delta > 0 \qquad (19)$$

を考える．H_0 のもとでは $\gamma_t \equiv 0$ となるので，$\{y_t\}$ は単位根をもたない．しかし，H_1 のもとでは単位根をもつことになる．したがって，この検定は「単位根なし」の帰無仮説を「単位根あり」の対立仮説に対して検定するものであり，AR モデルの単位根検定とは逆向きの検定である．

この場合の自然な検定は，δ の MLE $\hat{\delta}$ に基づくものであろう．しかし，H_0 のもとでの $\hat{\delta}$ の分布は，反転不可能な MA(1) モデルの係数の MLE と同様に，未知である．ただし，$T^2 \hat{\delta}$ の極限帰無分布は，正の部分で連続な密度と原点を正の確率で取る分布との混合となることがわかっている．

以下では，対数尤度の偏導関数に基づく LM 検定を考える．そのために，まず，パラメータ $\delta, \sigma_\varepsilon^2, \beta$ の尤度関数を求める．式(18)から，$y_t = x_t' \beta + \varepsilon_t + \xi_1 + \cdots + \xi_t$ となるので，誤差項 $\{\varepsilon_t\}$ と $\{\xi_t\}$ に正規性を仮定すると，観測値ベクトル $y = (y_1, \cdots, y_T)'$ が次の分布をもつことがわかる．

$$y = X\beta + C\xi + \varepsilon \sim N\left(X\beta, \sigma_\varepsilon^2(I_T + \delta CC')\right) \qquad (20)$$

ここで，$X = (x_1, \cdots, x_T)'$, $\xi = (\xi_1, \cdots, \xi_T)'$, $\varepsilon = (\varepsilon_1, \cdots, \varepsilon_T)'$ である．また，C は下三角行列で，その (i,j) 要素は $i \geq j$ のとき 1，その他の場合は 0 である．したがって，対数尤度は，

$$L(\delta, \sigma_\varepsilon^2, \beta) = -\frac{T}{2}\log(2\pi\sigma_\varepsilon^2) - \frac{1}{2}\log|I_T + \delta CC'|$$
$$- \frac{1}{2\sigma_\varepsilon^2}(y - X\beta)'(I_T + \delta CC')^{-1}(y - X\beta) \qquad (21)$$

で与えられる．これより，

$$\left.\frac{\partial L(\delta, \sigma_\varepsilon^2, \beta)}{\partial \delta}\right|_{H_0} = -\frac{T(T+1)}{4} + \frac{T}{2} \frac{(y - X\hat{\beta})' CC' (y - X\hat{\beta})}{(y - X\hat{\beta})'(y - X\hat{\beta})}$$

が得られる.ただし,$\hat{\boldsymbol{\beta}} = (X'X)^{-1}X'\boldsymbol{y}$は,モデル(20)における$\boldsymbol{\beta}$のOLS推定量である.このとき,検定統計量として,

$$S_T = \frac{1}{T} \frac{(\boldsymbol{y} - X\hat{\boldsymbol{\beta}})' CC' (\boldsymbol{y} - X\hat{\boldsymbol{\beta}})}{(\boldsymbol{y} - X\hat{\boldsymbol{\beta}})' (\boldsymbol{y} - X\hat{\boldsymbol{\beta}})} \tag{22}$$

を考えることができる.S_Tが大きいときに帰無仮説を棄却する検定はLBIとなる.

S_Tの分布は,説明変数Xの値に依存する.ここでは,次の3つの場合を取り上げる.

 i) Xを含まない場合   ii) $X = \boldsymbol{e}$の場合   iii) $X = (\boldsymbol{e}, \boldsymbol{d})$の場合

ここで,$\boldsymbol{e} = (1, \cdots, 1)', \boldsymbol{d} = (1, 2, \cdots, T)'$である.このとき,局所対立仮説$\lambda = c^2/T^2$のもとでの極限分布について,次の定理が成り立つ(Nabeya-Tanaka 1988, Tanaka 1996参照).

定理 9.10 モデル(20)に対する検定問題(19)において,式(22)の統計量S_TはLBIであり,説明変数Xを上記3つの場合に特定化するとき,局所対立仮説$\lambda = c^2/T^2$のもとで,次の極限分布と特性関数をもつ.

$$S_T \Rightarrow S = \int_0^1 \int_0^1 \left[K(s,t) + c^2 K_{(2)}(s,t) \right] dW(r) \, dW(s)$$

$$\mathrm{E}(e^{i\theta S}) = \left[D\left(i\theta + \sqrt{-\theta^2 + 2ic^2\theta}\right) D\left(i\theta - \sqrt{-\theta^2 + 2ic^2\theta}\right) \right]^{-1/2}$$

ここで,$K_{(2)}$はKの重複核,$D(\lambda)$はKのFredholm行列式であり,DとKは,説明変数Xの特定化に依存して,次のようになる.

 i) Xを含まない場合

$$K(s,t) = 1 - \max(s,t), \qquad D(\lambda) = \cos\sqrt{\lambda}$$

 ii) $X = \boldsymbol{e}$の場合

$$K(s,t) = \min(s,t) - st, \qquad D(\lambda) = \frac{\sin\sqrt{\lambda}}{\sqrt{\lambda}}$$

 iii) $X = (\boldsymbol{e}, \boldsymbol{d})$の場合

$$K(s,t) = \min(s,t) - st - 3st(1-s)(1-t)$$
$$D(\lambda) = \frac{12}{\lambda^2}\left(2 - \sqrt{\lambda}\sin\sqrt{\lambda} - 2\cos\sqrt{\lambda}\right)$$

上の結果は，MA(1) モデルの単位根検定に関して得られた前節の結果と類似している．実際，定理 9.10 において，定数項を含む ii) の場合は，純粋な MA(1) モデルの場合の結果と同一である．また，定数項と 1 次のトレンドを含む iii) の場合は，定数項のみを含む MA(1) モデルの結果と同一である．もし，定数項，1 次および 2 次のトレンドを含む状態空間モデルを考えれば，その結果は，定数項と 1 次のトレンドを含む MA(1) モデルの結果に帰着するであろう．このことの直観的な理由は，例えば，状態空間モデルが，定数項と 1 次のトレンドをもつ場合には，

$$\Delta y_t = b + \xi_t + \Delta \varepsilon_t \tag{23}$$

と書き換えられ，$\{\Delta y_t\}$ が定数項を含む MA(1) モデルに従うものとみなされることによる．

他方，定理 9.10 の i) の場合は，MA(1) モデルとの対応関係が存在しない．ここでは省略するが，この場合の LBI 検定の検出力は，ii) や iii) の場合よりもよいことが示される．

今まで扱った状態空間モデルは，観測方程式の誤差項が独立という制約的な場合であり，検定問題は，帰無仮説が「独立系列」，対立仮説が「単位根系列」というものである．帰無仮説を「定常性」とするためには，観測方程式の誤差項を定常過程に拡張すればよい．例えば，次のモデル

$$y_t = \bm{x}_t'\bm{\beta} + \gamma_t + u_t, \quad \gamma_t = \gamma_{t-1} + \xi_t, \quad \gamma_0 = 0 \tag{24}$$

を考える．ここで，$\{u_t\}$ は，式 (17) で定義された線形過程に従う．このとき，(22) の検定統計量 S_T は，局所対立仮説 $\delta = c^2/T^2$ のもとで，定理 9.9 と同一の分布収束に従う．今の場合，$\{u_t\}$ の短期分散 σ_S^2 と長期分散 σ_L^2 の一致推定量 $\hat{\sigma}_S^2$ と $\hat{\sigma}_L^2$ は，次のように構成することができる．

$$\hat{\sigma}_S^2 = \frac{1}{T}\sum_{t=1}^{T}\hat{u}_t^2, \quad \hat{\sigma}_L^2 = \hat{\sigma}_S^2 + \frac{2}{T}\sum_{j=1}^{l}\left(1 - \frac{j}{l+1}\right)\sum_{t=j+1}^{T}\hat{u}_t\,\hat{u}_{t-j}$$

ここで，$\hat{u}_t$ は，H_0 のもとで得られる残差である．以上から，統計量 $\hat{S}_T = \hat{\sigma}_S^2 S_T/(T\hat{\sigma}_L^2)$ を使うことにより，最初の状態空間モデルに基づいた検定を行うことができる．なお，有限標本における $\hat{S}_T$ の分位点が，Kwiatkowski et al.(1992)においてシミュレーションにより求められている．

9.4 フラクショナルな和分次数の検定

単位根検定は，通常は原系列が I(1) か I(0) であるかを判断するために行われる．すなわち，和分の次数 d が 1 か 0 かを調べるものである．これに対して，第 7 章で議論した ARFIMA モデルを使って，d が実数の場合の I(d) 過程を考えて，d の値に関する検定を行うこともできる．この問題は，最初，Robinson(1994)において周波数領域で考察されたが，以下では，Tanaka (1999)に従って，時間領域の検定を考える

まず，簡単のために，次の ARFIMA$(0, d, 0)$ モデルを考えよう．

$$(1-L)^d y_t = \varepsilon_t, \quad \{\varepsilon_t\} \sim \text{i.i.d.}(0, \sigma^2) \qquad (25)$$

ここで，パラメータ d は，正の任意の実数とする．また，誤差項 $\{\varepsilon_t\}$ は，4 次のモーメントをもつとする．このとき，$\{y_t\}$ の確率的オーダーは，d の値に依存して，次のようになる．

$$y_T = \begin{cases} O_p(1) & (d < 1/2) \\ O_p(\sqrt{\log T}) & (d = 1/2) \\ O_p(T^{d-1/2}) & (d > 1/2) \end{cases}$$

第 7 章では，定常性が保証される $d < 1/2$ の場合だけを考えたが，以下では，$d \geq 1/2$ の場合も考える．そのために，式(25)に対する MA 表現は，無限和ではなく，途中で打ち切った次の形を想定する．

$$(1-L)^d y_t = \varepsilon_t \iff y_t = \sum_{j=0}^{t-1}\frac{\Gamma(j+d)}{\Gamma(d)\Gamma(j+1)}\varepsilon_{t-j} = \sum_{j=0}^{t-1}\psi_j\,\varepsilon_{t-j} \quad (26)$$

ここで，$\psi_j = \Gamma(j+d)/(\Gamma(d)\Gamma(j+1)) = (j+d-1)\psi_{j-1}/j \ (j \geq 1)$ である．

このとき，$\{y_t\}$ の漸近的な性質に関して，次のことが成り立つ (Tanaka 1999, 数学的付録の第 15 節を参照).

定理 9.11 モデル (26) から得られる時系列 $\{y_t\}$ は，次の分布収束に従う．

$$\frac{1}{T^{d+1/2}} \sum_{t=1}^T y_t \to N\left(0, \frac{\sigma^2}{(2d+1)\,\Gamma^2(d+1)}\right) \quad (0 < d < 1/2)$$

$$\frac{1}{\sqrt{\log T}} y_T \to N\left(0, \frac{\sigma^2}{\pi}\right) \quad (d = 1/2)$$

$$\frac{1}{T^{d-1/2}} y_T \to N\left(0, \frac{\sigma^2}{(2d-1)\,\Gamma^2(d)}\right) \quad (d > 1/2)$$

この定理において，$0 < d < 1/2$ の場合の結果は，標本の和に関する中心極限定理であるが，極限分布の分散は，第 7 章で述べた場合の分散 $\sigma^2 \Gamma(1-2d)/((1+2d)\Gamma(1+d)\Gamma(1-d))$ と異なる．その理由は，今の場合，$\{y_t\}$ を，式 (26) のように有限項の打ち切りにより生成しているのに対して，第 7 章では打ち切りせずに定義していることによる．その結果，今の場合の方が，分散は小さくなっている．また，$d \geq 1/2$ のときは，T が大きいとき，y_T 自体が漸近的正規性に従うことがわかる．

モデル (26) のもとで，検定問題として，

$$H_0 : d = d_0 \quad \text{vs.} \quad H_1 : d > d_0$$

を考える．ここで，対立仮説は左片側あるいは両側にすることも可能である．

検定方式としては，誤差項に正規性を仮定した上で，標本サイズ T に基づく対数尤度 $L(d, \sigma^2)$ の d に関する偏導関数に基づくものを考えよう．このとき，検定統計量として，

$$S_{T1} = \frac{1}{\sqrt{T}} \left.\frac{\partial L(d, \sigma^2)}{\partial d}\right|_{H_0} \bigg/ \sqrt{\frac{\pi^2}{6}} = \sqrt{T} \sum_{j=1}^{T-1} \frac{1}{j} \hat{\rho}_j \bigg/ \sqrt{\frac{\pi^2}{6}} \quad (27)$$

を得る (Tanaka 1999). ただし，

$$\hat{\rho}_j = \sum_{t=1}^{T-j} \hat{\varepsilon}_t \hat{\varepsilon}_{t+j} \bigg/ \sum_{t=1}^T \hat{\varepsilon}_t^2, \quad \hat{\varepsilon}_t = (1-L)^{d_0} y_t$$

である．$\hat{\rho}_j$ は，H_0 のもとでのモデルの残差 $\hat{\varepsilon}_t$ に対するラグ j の自己相関で

ある.

右側対立仮説に対して，S_{T1} が大きいときに H_0 を棄却する検定は，漸近的に LBI である．そして，局所対立仮説 $d = d_0 + (\delta/\sqrt{T})$ $(\delta > 0)$ のもとで，統計量の極限分布は次のようになる.

$$S_{T1} \Rightarrow \mathrm{N}\left(\sqrt{\frac{\pi^2}{6}}\delta, 1\right) \tag{28}$$

したがって，有意水準 α のもとでの N(0,1) の上側 $100\alpha\%$ 点を z_α とするとき，局所検出力は，漸近的に

$$P(S_{T1} > z_\alpha) \to P\left(Z > z_\alpha - \sqrt{\frac{\pi^2}{6}}\delta\right)$$

となる．ここで，$Z \sim \mathrm{N}(0,1)$ である．

図 9-4 のヒストグラムは，$H_0 : d = 1$ の場合の統計量 S_{T1} の帰無分布である．これは，$T = 200$ として，1,000 回の繰り返しによるシミュレーションで求めたものである．曲線は，N(0,1) の密度関数であり，理論のあてはまりが良好であることが見てとれる．他方，図 9-5 のヒストグラムは，図 9-4 と同じモデルにおける d の非線形最小 2 乗推定量の分布であり，曲線は理論的な正規分布である．$d = 1$ という非定常な場合であるが，第 7 章で議論した定常な場合の結果が同様に成立することが了解されよう.

以上の議論は ARFIMA$(0, d, 0)$ の場合であるが，次の ARFIMA(p, d, q) への拡張を考えることもできる.

$$\phi(L)(1-L)^d y_t = u_t = \theta(L)\varepsilon_t, \quad \{\varepsilon_t\} \sim \mathrm{i.i.d.}(0, \sigma^2)$$

ここで，

$$\phi(L) = 1 - \phi_1 L - \cdots - \phi_p L^p, \quad \theta(L) = 1 - \theta_1 L - \cdots - \theta_q L^q$$

であり，$(1-L)^d y_t = \phi^{-1}(L)\theta(L)\varepsilon_t$ は定常である.

前と同様に，正規性のもとで，対数尤度 $L(d, \boldsymbol{\phi}, \boldsymbol{\theta}, \sigma^2)$ の d に関する偏導関数に基づく検定を考えると，統計量として，

$$R_T = \frac{1}{\sqrt{T}}\frac{\partial L(d, \boldsymbol{\phi}, \boldsymbol{\theta}, \sigma^2)}{\partial d}\bigg|_{H_0} = \sqrt{T}\sum_{j=1}^{T-1}\frac{1}{j}\hat{\rho}_j$$

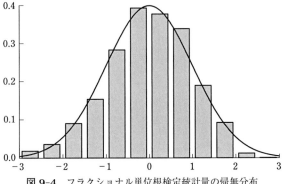

図 9-4 フラクショナル単位根検定統計量の帰無分布

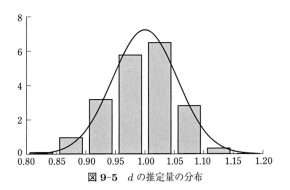

図 9-5 d の推定量の分布

が得られる. $\hat{\rho}_j$ は, H_0 のもとで推定されたモデルの残差に対するラグ j の自己相関である. このとき, 局所対立仮説 $d = d_0 + (\delta/\sqrt{T})$ のもとで,

$$R_T \to \mathrm{N}\left(\delta\omega,\, \omega^2\right)$$

となる. ここで,

$$\omega^2 = \frac{\pi^2}{6} - (\lambda_1, \cdots, \lambda_p, \mu_1, \cdots, \mu_q)\, \Omega^{-1}\, (\lambda_1, \cdots, \lambda_p, \mu_1, \cdots, \mu_q)'$$

$$\lambda_j = \sum_{k=j}^{\infty} \frac{1}{j} a_{k-j}, \qquad \mu_j = -\sum_{k=j}^{\infty} \frac{1}{j} b_{k-j}$$

であり, a_j と b_j は, それぞれ, $\phi^{-1}(L)$ と $\theta^{-1}(L)$ を Taylor 展開したときの L^j の係数である. また, 行列 Ω は, ARMA(p,q) モデルにおけるパラメータ $\boldsymbol{\phi}$ と $\boldsymbol{\theta}$ の Fisher の情報行列であり, MLE $\hat{\boldsymbol{\phi}}, \hat{\boldsymbol{\theta}}$ に関する中心極限定理

$$\sqrt{T}\begin{pmatrix}\hat{\boldsymbol{\phi}}-\boldsymbol{\phi}\\\hat{\boldsymbol{\theta}}-\boldsymbol{\theta}\end{pmatrix} \rightarrow \mathrm{N}\left(\mathbf{0},\Omega^{-1}\right)$$

に現れる行列でもある(第4章6節,および第7章5節を参照).

以上のことから,ARFIMA(p,d,q)モデルにおけるdに関する検定統計量として,

$$S_{T2} = \sqrt{T}\sum_{j=1}^{T-1}\frac{1}{j}\hat{\rho}_j \Big/ \hat{\omega}$$

を考えることができる.ここで,$\hat{\omega}$は,ωの一致推定量である.S_{T2}の帰無分布は,漸近的にN$(0,1)$であり,右片側検定に対しては,帰無仮説はS_{T2}が大きいときに棄却される.

例として,ARFIMA$(1,d,0)$の場合を考えよう.このとき,$\phi(L)=1-\phi L$と表すと,第7章5節で説明したように,

$$a_j = \phi^j, \qquad \kappa_1 = \sum_{j=1}^{\infty}\frac{1}{j}\phi^j = -\frac{1}{\phi}\log(1-\phi), \qquad \Phi = 1-\phi^2$$

となるから,統計量の表現として,

$$S_{T2} = \sqrt{T}\sum_{j=1}^{T-1}\frac{1}{j}\hat{\rho} \Big/ \sqrt{\frac{\pi^2}{6} - \frac{1-\hat{\phi}^2}{\hat{\phi}^2}\left(\log(1-\hat{\phi})\right)^2}$$

を得る.ここで,$\hat{\phi}$は,ϕの一致推定量である.なお,ARFIMA$(0,d,1)$の場合の統計量の表現も,上と同一になることがわかる.ただし,その場合のϕは,MA(1)モデル$u_t = \varepsilon_t - \phi\varepsilon_{t-1}$における係数である.

9.5 構造変化を含む時系列の単位根検定

単位根検定の統計量は,モデルの特定化に誤りがあれば,その影響を受けて,想定した分布とは異なる分布をもたらす.その要因としては,大きく2つの場合を考えることができる.1つは,誤差項の特定化の誤りである.例えば,誤差項が従属的な定常過程であるにもかかわらず,独立系列としてモデル化するような場合である.その違いによる影響については,すでに,前章で議論した.

もう1つは，説明変数の特定化の誤りによるものである．すなわち，含めるべき変数をモデルに取り込まない場合である．そのような例としては，**構造変化を表す変数をモデルに含めない場合**がある．この問題は，Perron(1989)が最初に取り上げたものである．以下では，構造変化を考慮した単位根検定について考えよう．

今，構造変化が起きた時点を T_B とするとき，単純な例としてレベル・シフトを表す次の場合を考えることができる．

$$f(t) = \begin{cases} \alpha_0 & (t \leq T_B) \\ \alpha_0 + \alpha_1 & (t > T_B) \end{cases} \quad (29)$$

ここでは，以下の説明を簡単にするためにレベル・シフトだけを想定しているが，傾きの変化も考慮したトレンド・シフトの場合を考えることも，もちろん可能である．

上記のようなレベル・シフトの構造変化は，ダミー変数

$$D_t(T_B) = \begin{cases} 0 & (t \leq T_B) \\ 1 & (t > T_B) \end{cases} \quad (30)$$

を定義することにより，次のようにコンパクトに表現できる．

$$f(t) = \alpha_0 + \alpha_1 D_t(T_B) \quad (31)$$

したがって，この場合の単位根検定のためのモデルは，

$$y_t = \alpha_0 + \alpha_1 D_t(T_B) + \eta_t, \quad \eta_t = \rho\, \eta_{t-1} + \varepsilon_t, \quad \{\varepsilon_t\} \sim \text{i.i.d.}(0, \sigma^2) \quad (32)$$

となり，次のように書き換えることができる．

$$\triangle y_t = a + b\, D_{t-1}(T_B) + \alpha_1 I_t(T_B + 1) + (\rho - 1)\, y_{t-1} + \varepsilon_t \quad (33)$$

ここで，$a = \alpha_0(1-\rho)$, $b = \alpha_1(1-\rho)$ であり，H_0 のもとでは，ともに0となるパラメータである．また，$I_t(T_B + 1)$ は，

$$I_t(T_B+1) = \begin{cases} 0 & (t \neq T_B+1) \\ 1 & (t = T_B+1) \end{cases} \tag{34}$$

で定義される一点ダミーであるので，漸近的には無視できる項である．

検定方式として，ρ の OLS 推定量 $\hat{\rho}$ に基づく検定を考えよう．$\hat{\rho}$ の漸近分布を導出するために，T_B の値と標本サイズ T の比は，漸近的に一定値 λ ($0 < \lambda < 1$) に収束することを仮定する．すなわち，

$$\lim_{T \to \infty} \left(\frac{T_B}{T} \right) = \lambda \quad (0 < \lambda < 1)$$

であり，λ は既知とする．

以上の設定のもとで，DF 検定の係数統計量 $T(\hat{\rho}-1)$ は次の極限帰無分布をもつ．ただし，和の表現において，$\sum$ は $1 \leq t \leq T$ に関する和，$\overset{*}{\sum}$ は $T_B+2 \leq t \leq T$ に関する和を表す．

$$T(\hat{\rho}-1) = T \times \frac{\begin{vmatrix} \sum 1 & \overset{*}{\sum} 1 & \sum \triangle y_t \\ \overset{*}{\sum} 1 & \overset{*}{\sum} 1 & \overset{*}{\sum} \triangle y_t \\ \sum y_{t-1} & \overset{*}{\sum} y_{t-1} & \sum y_{t-1} \triangle y_t \end{vmatrix}}{\begin{vmatrix} \sum 1 & \overset{*}{\sum} 1 & \sum y_{t-1} \\ \overset{*}{\sum} 1 & \overset{*}{\sum} 1 & \overset{*}{\sum} y_{t-1} \\ \sum y_{t-1} & \overset{*}{\sum} y_{t-1} & \sum y_{t-1}^2 \end{vmatrix}} \tag{35}$$

$$\Rightarrow \frac{\begin{vmatrix} 1 & 1-\lambda & W(1) \\ 1-\lambda & 1-\lambda & W(1)-W(\lambda) \\ \int_0^1 W(r)\,dr & \int_\lambda^1 W(r)\,dr & \int_0^1 W(r)\,dW(r) \end{vmatrix}}{\begin{vmatrix} 1 & 1-\lambda & \int_0^1 W(r)\,dr \\ 1-\lambda & 1-\lambda & \int_\lambda^1 W(r)\,dr \\ \int_0^1 W(r)\,dr & \int_\lambda^1 W(r)\,dr & \int_0^1 W^2(r)\,dr \end{vmatrix}}$$

以上の結果は，レベル・シフトだけを想定した場合のものである．より一般的な場合については，Perron(1989) を参照されたい．また，この結果は，構造変化が起きる時点が既知であることを前提にしている点で制約的である．未知

とした場合については，Zivot-Andrews(1992)，Vogelsang-Perron(1998)などで議論されている．

第10章
共和分分析——その1

　個々には和分過程に従う非定常時系列が,線形結合により定常過程になる場合を共和分という.和分過程の線形結合は,一般には和分過程であるので,共和分は例外的な現象である.経済学的には,線形結合は長期的な均衡関係からの乖離を表しており,共和分は,その乖離が安定的で定常的であることを意味する.また,統計学的には,共和分は,線形結合を取ることにより,非定常から定常に退化した1次従属関係となるから,確率的な多重共線と解釈することができる.本章では,共和分の基本的な理論を説明して,次の章では,共和分の推定と検定について議論する.

10.1 共和分の定義

　$\{\boldsymbol{y}_t\}$ を $t = 0, 1, \cdots$ で定義される q 次元多変量時系列として,各系列が I(1) 過程に従うものとする.このとき,次のモデルを考えることができる.

$$(1-L)\boldsymbol{y}_t = \Delta \boldsymbol{y}_t = \boldsymbol{u}_t = \sum_{j=0}^{\infty} C_j \boldsymbol{\varepsilon}_{t-j} = C(L)\boldsymbol{\varepsilon}_t, \quad \{\boldsymbol{\varepsilon}_t\} \sim \text{i.i.d.}(0, I_q) \tag{1}$$

初期値 $\boldsymbol{y}_0$ は,大きさが $O_p(1)$ であるような任意の値とする.また,$\{\boldsymbol{u}_t\}$ は q 次元定常過程であり,係数行列 $\{C_j\}$ については,次のことを仮定する.

$$\sum_{j=1}^{\infty} j \|C_j\| < \infty, \quad C = C(1) = \begin{pmatrix} A_1' \\ \vdots \\ A_q' \end{pmatrix}, \quad A_i' \neq \boldsymbol{0}'$$

ここで,$\|C_j\| = [\text{tr}(C_j'C_j)]^{1/2}$ である.なお,C_0 は,正則な下三角行列とする.このとき,$V(\boldsymbol{\varepsilon}_j) = I_q$ を仮定しても一般性を失わないことに注意されたい.また,上の最後の条件 $A_i' \neq \boldsymbol{0}'$ は,ラグ多項式 $C(L)$ の各行が因数 $1-L$

をもたない条件であり，時系列が定常となることを排除するものである．

以上の設定のもとで，式(1)は，B-N 分解を使うことにより，次のように変形できる．

$$\Delta \boldsymbol{y}_t = [C + (C(L) - C)]\,\boldsymbol{\varepsilon}_t = C\boldsymbol{\varepsilon}_t + \Delta \tilde{C}(L)\,\boldsymbol{\varepsilon}_t \qquad (2)$$

ここで，

$$\tilde{C}(L) = \sum_{j=0}^{\infty} \tilde{C}_j L^j, \qquad \tilde{C}_j = - \sum_{k=j+1}^{\infty} C_k$$

であり，$\tilde{C}(L)\,\boldsymbol{\varepsilon}_t$ は定常過程となる．実際，

$$\sum_{j=0}^{\infty} \|\tilde{C}_j\| \le \sum_{j=0}^{\infty} \sum_{k=j+1}^{\infty} \|C_k\| = \sum_{k=1}^{\infty} k\|C_k\| < \infty$$

となる．このとき，式(2)から，

$$\boldsymbol{y}_t = C \sum_{j=1}^{t} \boldsymbol{\varepsilon}_j + \boldsymbol{y}_0 + \tilde{C}(L)\,\boldsymbol{\varepsilon}_t - \tilde{C}(L)\,\boldsymbol{\varepsilon}_0 \qquad (3)$$

を得る．この右辺は，$t \to \infty$ のとき，第1項が支配的となる．そして，$\{\boldsymbol{y}_t\}$ の標本2次モーメントに関して，次の分布収束が成り立つ(数学的付録の第12節を参照)．

$$\frac{1}{T^2} \sum_{t=1}^{T} \boldsymbol{y}_t \boldsymbol{y}_t' \;\Rightarrow\; CZC', \qquad Z = \int_0^1 \boldsymbol{W}(t)\,\boldsymbol{W}'(t)\,dt \qquad (4)$$

ここで，$\{\boldsymbol{W}(t)\}$ は，q 次元標準 Brown 運動である．すなわち，次の性質をもつ連続的確率過程である．

(a) $P(\boldsymbol{W}(0) = \boldsymbol{0}) = 1$

(b) 任意の時点 $0 \le t_0 < t_1 < \cdots < t_n \le 1$ に対して，時点が重ならない増分 $\boldsymbol{W}(t_1) - \boldsymbol{W}(t_0), \boldsymbol{W}(t_2) - \boldsymbol{W}(t_1), \cdots, \boldsymbol{W}(t_n) - \boldsymbol{W}(t_{n-1})$ は互いに独立である．

(c) $0 \le s < t \le 1$ に対して，$\boldsymbol{W}(t) - \boldsymbol{W}(s) \sim \mathrm{N}(0, (t-s)I_q)$

式(4)において，確率行列 Z は確率1で正則であることが知られている．したがって，標本2次モーメントが漸近的に退化するのは，行列 C が正則でない場合である．このとき，ベクトル $\boldsymbol{y}_t$ の成分間に確率的な意味での線形従属な関係が存在することになる．これが，共和分の1つの解釈である．

他方，C が正則でなければ，$\boldsymbol{\alpha}'C = \boldsymbol{0}'$ となるようなベクトル $\boldsymbol{\alpha}'(\neq \boldsymbol{0}')$ が存在するから，式(2)の最左辺と最右辺の左側から $\boldsymbol{\alpha}'$ をかけると，

$$\Delta \boldsymbol{\alpha}' \boldsymbol{y}_t = \boldsymbol{\alpha}' C \boldsymbol{\varepsilon}_t + \Delta \boldsymbol{\alpha}' \tilde{C}(L) \boldsymbol{\varepsilon}_t = \Delta \boldsymbol{\alpha}' \tilde{C}(L) \boldsymbol{\varepsilon}_t$$

となる．したがって，

$$\boldsymbol{\alpha}' \boldsymbol{y}_t = \boldsymbol{\alpha}' \tilde{C}(L) \boldsymbol{\varepsilon}_t$$

である．この右辺は定常過程であるから，結局，非定常な I(1) 過程である $\{\boldsymbol{y}_t\}$ は，その線形結合が定常となるという結果が得られる．このとき，$\boldsymbol{\alpha}' \boldsymbol{y}_t$ の線形結合に含まれる $\{\boldsymbol{y}_t\}$ の各要素は，共和分の関係があるといい，$\boldsymbol{\alpha}$ を**共和分ベクトル**という．$\boldsymbol{\alpha}$ が共和分ベクトルならば，その任意のスカラー倍も共和分ベクトルとなるので，0でない特定の成分を1に基準化するのが普通である．特に，$\boldsymbol{\alpha}$ の最後の要素が0でないときは，上の表現は，次のように書き換えることができる．

$$y_{2t} = \boldsymbol{\beta}' \boldsymbol{y}_{1t} + v_t, \quad \boldsymbol{\alpha} = \begin{pmatrix} -\boldsymbol{\beta} \\ 1 \end{pmatrix}, \quad \boldsymbol{y}_t = \begin{pmatrix} \boldsymbol{y}_{1t} \\ y_{2t} \end{pmatrix}, \quad v_t = \boldsymbol{\alpha}' \tilde{C}(L) \boldsymbol{\varepsilon}_t \tag{5}$$

この表現は，定常な誤差項をもつ I(1) 系列間の回帰であり，**共和分回帰**と呼ばれる．

このように，共和分関係は，行列 C が正則でない場合に起きる現象である．特に，$\text{rank}(C) = r$ ならば，$\boldsymbol{\alpha}'C = \boldsymbol{0}'$ となるような $\boldsymbol{\alpha}$ の解空間の次元は $q-r$ となり，それは，1次独立な共和分ベクトルの最大数となる．このとき，$q-r$ のことを**共和分ランク**という．

Engle-Granger(1987)は，共和分に関して，もっと一般的な定義を与えている．それは，d を任意の自然数として，ベクトル値 I(d) 過程に従うような時系列 $\{\boldsymbol{y}_t\}$ の線形結合 $\boldsymbol{\alpha}' \boldsymbol{y}_t$ が I(b) 過程となるような場合である．ただし，$0 \leq b < d$ である．このとき，線形結合は原系列よりも，$d-b$ の次数だけ非定常性が減少するものと考えられる．このとき，$\{\boldsymbol{y}_t\} \sim \text{CI}(d, d-b)$ と表すことにする．上で説明した共和分は，$\text{CI}(1,1)$ という最もありふれた場合であ

る.

10.2 見せかけの相関と回帰

前節で述べた共和分回帰は,意味のある回帰であるが,共和分の関係がない場合にも回帰を考えると,それは無意味である.例として,消費 C_t と所得 Y_t の時系列の間で回帰関係

$$C_t = \alpha + \beta Y_t + u_t$$

を考えよう.これは,経済学では消費関数と呼ばれる確率モデルである.ここで,消費と所得がともに I(1) 過程であるとしよう.このとき,誤差項 u_t が定常となるような α と β が存在すれば,消費と所得は共和分関係をもつことになり,上の回帰式は共和分回帰となる.

他方,どのように α と β を選んでも,誤差項 u_t が I(1) のままであれば,上の回帰式は無意味である.そのような回帰は,**見せかけの回帰**と呼ばれる.

見せかけの回帰を説明する前に,まず,**見せかけの相関**について議論しよう.そのために,2 次元のランダム・ウォーク系列

$$\triangle \boldsymbol{z}_t = \begin{pmatrix} \triangle x_t \\ \triangle y_t \end{pmatrix} = \boldsymbol{\xi}_t, \quad \{\boldsymbol{\xi}_t\} \sim \text{i.i.d.}(0, \Sigma), \quad \Sigma = \begin{pmatrix} \sigma_x^2 & 0 \\ 0 & \sigma_y^2 \end{pmatrix} > 0 \quad (6)$$

を考えよう.誤差項の共分散行列 Σ は対角行列であるから,2 つのランダム・ウォーク $\{x_t\}$ と $\{y_t\}$ は互いに無相関である.

このとき,$\{x_t\}$ と $\{y_t\}$ の相関係数

$$r_{xy} = \frac{\sum\limits_{t=1}^{T}(x_t - \bar{x})(y_t - \bar{y})}{\sqrt{\sum\limits_{t=1}^{T}(x_t - \bar{x})^2 \sum\limits_{t=1}^{T}(y_t - \bar{y})^2}}$$

を考えよう.2 つの系列は互いに無相関であるから,通常は,標本相関係数は 0 に確率収束すると考えられる.しかし,今の場合は,I(1) 系列の特殊性から,次の結果が成り立つ(数学的付録の第 12 節を参照).

$$r_{xy} \Rightarrow \frac{\int_0^1 \tilde{W}_1(t)\,\tilde{W}_2(t)\,dt}{\sqrt{\int_0^1 \tilde{W}_1^2(t)\,dt \int_0^1 \tilde{W}_2^2(t)\,dt}}$$

ここで，$\{\tilde{W}_i(t)\}$ は，平均調整済み Brown 運動であり，$\{W_1(t)\}$ と $\{W_2(t)\}$ は互いに独立な標準 Brown 運動である．この結果より，互いに無相関な I(1) 系列の相関係数は 0 には収束せずに，退化しない分布をもつことがわかる．これが，見せかけの相関と呼ばれる現象である．

見せかけの相関を一歩進めると，見せかけの回帰が得られる．式 (6) から生成される $\{x_t\}$ と $\{y_t\}$ に対して，次の 2 つの回帰式を考えよう．

$$y_t = \hat{\beta}_1 x_t + \hat{u}_t, \qquad y_t = \hat{\alpha} + \hat{\beta}_2 x_t + \hat{v}_t \quad (t = 1, \cdots, T) \qquad (7)$$

ここで，$\hat{\alpha}, \hat{\beta}_1, \hat{\beta}_2$ は OLS 推定量である．

式 (7) において，残差系列 $\{\hat{u}_t\}$，あるいは $\{\hat{v}_t\}$ が定常的ならば，$\{x_t\}$ と $\{y_t\}$ は共和分関係にあり，回帰は意味がある．しかし，2 つの I(1) 系列は互いに無相関なので，共和分関係はありえない．したがって，残差系列 $\{\hat{u}_t\}$ と $\{\hat{v}_t\}$ には I(1) 性が残ることになる．

互いに無相関な 2 つの変数間で回帰を行えば，通常の場合，回帰係数の推定量は 0 に確率収束する．しかし，今の場合の説明変数は I(1) 系列であり，次の分布収束が成り立つ．

$$\hat{\beta}_1 = \frac{\sum_{t=1}^{T} x_t\, y_t}{\sum_{t=1}^{T} x_t^2} \quad \Rightarrow \quad R_1 = \frac{\sigma_y}{\sigma_x} \frac{\int_0^1 W_1(t)\,W_2(t)\,dt}{\int_0^1 W_1^2(t)\,dt} \qquad (8)$$

$$\hat{\beta}_2 = \frac{\sum_{t=1}^{T} (x_t - \bar{x})(y_t - \bar{y})}{\sum_{t=1}^{T} (x_t - \bar{x})^2} \quad \Rightarrow \quad R_2 = \frac{\sigma_y}{\sigma_x} \frac{\int_0^1 \tilde{W}_1(t)\,\tilde{W}_2(t)\,dt}{\int_0^1 \tilde{W}_1^2(t)\,dt} \qquad (9)$$

この結果から，係数推定量は 0 には確率収束せずに，退化しない分布をもつことがわかる．

上の 2 つの極限確率変数 R_1 と R_2 の k 次のモーメントを，それぞれ $\mu_1(k)$，$\mu_2(k)$ とすれば，次のようになる (Tanaka 1993，および数学的付録の第 18 節を参

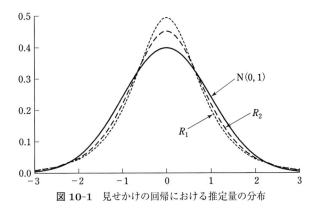

図 10-1　見せかけの回帰における推定量の分布

照).

$$\mu_1(1) = 0, \quad \mu_1(2) = \frac{0.8907\,\sigma_y^2}{\sigma_x^2}, \quad \mu_1(3) = 0, \quad \mu_1(4) = 4.9539\,\mu_1^2(2)$$

$$\mu_2(1) = 0, \quad \mu_2(2) = \frac{0.3965\,\sigma_y^2}{\sigma_x^2}, \quad \mu_2(3) = 0, \quad \mu_2(4) = 4.0838\,\mu_2^2(2)$$

図 10-1 には,$R_1/\sqrt{\mu_1(2)}$ と $R_2/\sqrt{\mu_2(2)}$ の密度関数が,それぞれ点線と破線で図示されている.いずれも,平均 0,分散 1 である.さらに,比較のために,N(0, 1) の密度関数が実線で示されている.R_1 の分布の尖度 $\mu_1(4)/\mu_1^2(2)$ -3 は 1.9539,R_2 の分布の尖度は 1.0838 であり,いずれも正規分布よりは尖った分布となっている.

式 (7) の回帰式に関連する統計量は,回帰係数以外にも,t 統計量,決定係数,DW 統計量などがあり,通常の回帰とは異なる結果をもたらす.この事実を,Granger-Newbold(1974) はシミュレーションにより発見し,Phillips (1986) は上記のような方法で理論的に解明した.その主要な結果は次の通りである.

(a) $\hat{\alpha} = O_p(\sqrt{T}), \quad \hat{\beta}_1 = O_p(1), \quad \hat{\beta}_2 = O_p(1)$
(b) 係数の t 統計量 $= O_p\left(\sqrt{T}\right)$
(c) 決定係数 $= O_p(1)$
(d) 残差の 2 乗和 $= O_p(T^2)$
(e) DW 統計量 $= O_p(1/T)$

上の事実の (b) と (c) にあるように,t 統計量や決定係数が回帰の有意性を示

唆しており，回帰がもっともらしいという誤った結論をもたらす危険性がある．他方，(d)と(e)の結果は，回帰に問題があることを示唆している．すなわち，(d)では，残差系列が非定常的であることを意味している．また，(e)では，DW統計量のオーダーが$1/T$であることから，残差に非常に強い正の系列相関があることを示唆し，残差系列は単位根を含む非定常な系列であることを物語っている．

回帰が意味をもつのは共和分関係が成り立つ場合であり，ランダム・ウォーク系列間では，誤差項の共分散行列Σが正則でない場合である．それは，結局のところ，2つの系列のパスが同一直線上にある場合に限る．一般のI(1)系列では，共和分の条件はもっと緩やかになるが，この点については次節で議論する．

10.3 共和分回帰——誤差項が独立な場合

本節では，誤差項が独立であるような共和分回帰を考える．すなわち，次のモデルを取り上げよう．

$$y_t = \boldsymbol{\beta}' \boldsymbol{x}_t + v_t, \quad \Delta \boldsymbol{x}_t = \boldsymbol{u}_t, \quad \boldsymbol{\xi}_t = \begin{pmatrix} \boldsymbol{u}_t \\ v_t \end{pmatrix} \sim \text{i.i.d.}(\boldsymbol{0}, \Sigma), \quad \Sigma = \begin{pmatrix} \Sigma_{11} & \Sigma_{12} \\ \Sigma_{21} & \Sigma_{22} \end{pmatrix} \tag{10}$$

ここで，y_tはスカラー，$\boldsymbol{x}_t$はp次元のランダム・ウォーク系列である．$\boldsymbol{\beta}$は，p次元の共和分ベクトルである．誤差項$\boldsymbol{\xi}_t$の共分散行列Σは正則であり，その部分行列Σ_{11}は$p\times p$，Σ_{12}は$p\times 1$，Σ_{21}は$1\times p$，Σ_{22}はスカラーである．

上の共和分回帰においては，$\Sigma_{12} \neq \boldsymbol{0}$ならば，説明変数$\boldsymbol{x}_t$と誤差項$v_s$は，$t \geq s$のときに相関をもつ．このモデルに対して，$\boldsymbol{\beta}$の推定量として3つのものを考え，その漸近的な性質を見ることにしよう．標本サイズTのデータが与えられて，モデル(10)は，

$$\boldsymbol{y} = X\boldsymbol{\beta} + \boldsymbol{v}, \quad \Delta X = X - X_{-1} = U \tag{11}$$

と表される．ここで，

$$y = (y_1, \cdots, y_T)', \quad X = (\boldsymbol{x}_1, \cdots, \boldsymbol{x}_T)', \quad X_{-1} = (\boldsymbol{0}, \boldsymbol{x}_1, \cdots, \boldsymbol{x}_{T-1})'$$
$$\boldsymbol{v} = (v_1, \cdots, v_T)', \quad U = (\boldsymbol{u}_1, \cdots, \boldsymbol{u}_T)'$$

である.

このとき, 3つの推定量を次のように定義する.

$$\hat{\boldsymbol{\beta}}_{OLS} = (X'X)^{-1}X'\boldsymbol{y} = \boldsymbol{\beta} + (X'X)^{-1}X'\boldsymbol{v}$$
$$\hat{\boldsymbol{\beta}}_{2SLS} = (X'P_{-1}X)^{-1}X'P_{-1}\boldsymbol{y} = \boldsymbol{\beta} + (X'P_{-1}X)^{-1}X'P_{-1}\boldsymbol{v}$$
$$\hat{\boldsymbol{\beta}}_{ML} = (X'M_1X)^{-1}X'M_1\boldsymbol{y} = \boldsymbol{\beta} + (X'M_1X)^{-1}X'M_1\boldsymbol{v}$$

ここで,

$$P_{-1} = X_{-1}(X'_{-1}X_{-1})^{-1}X'_{-1}, \quad M_1 = I_T - \Delta X(\Delta X'\Delta X)^{-1}\Delta X'$$

である. $\hat{\boldsymbol{\beta}}_{OLS}$ は通常の LSE, $\hat{\boldsymbol{\beta}}_{2SLS}$ は2段階 LSE であり, 最初に X を X_{-1} に回帰して, $\hat{X} = P_{-1}X$ を求め, そのあとで, $\boldsymbol{y}$ を $\hat{X}$ に回帰して得られるものである. 他方, $\hat{\boldsymbol{\beta}}_{ML}$ は, 誤差項に正規性を仮定して得られる $\boldsymbol{\beta}$ の MLE である.

$\hat{\boldsymbol{\beta}}_{ML}$ は, 次のように導出することができる. まず, $\boldsymbol{x} = (\boldsymbol{x}'_1, \cdots, \boldsymbol{x}'_T)'$ と $\boldsymbol{y}$ の同時密度を,

$$f(\boldsymbol{x}, \boldsymbol{y}) = f_1(\boldsymbol{x})f_2(\boldsymbol{y}|\boldsymbol{x})$$

のように, $\boldsymbol{x}$ の周辺密度と $\boldsymbol{x}$ を与えたときの $\boldsymbol{y}$ の条件付き密度の積で表す. ここで, $f_1(\boldsymbol{x})$ は $\boldsymbol{\beta}$ を含まないので, $f_2(\boldsymbol{y}|\boldsymbol{x})$ を最大にする $\boldsymbol{\beta}$ が MLE である. ここで,

$$\mathrm{E}(\boldsymbol{y}|\boldsymbol{x}) = X\boldsymbol{\beta} + \Delta X\Sigma_{11}^{-1}\Sigma_{12}, \quad \mathrm{V}(\boldsymbol{y}|\boldsymbol{x}) = \Sigma_{22} - \Sigma_{21}\Sigma_{11}^{-1}\Sigma_{12} = \Sigma_{22 \cdot 1}$$

となるから, $\boldsymbol{\beta}$ の MLE は,

$$g(\boldsymbol{\beta}, \boldsymbol{\gamma}) = (\boldsymbol{y} - X\boldsymbol{\beta} - \Delta X\boldsymbol{\gamma})'(\boldsymbol{y} - X\boldsymbol{\beta} - \Delta X\boldsymbol{\gamma}), \quad \boldsymbol{\gamma} = \Sigma_{11}^{-1}\Sigma_{12}$$

を最小にする $\boldsymbol{\beta}$ であり, それが上で与えられた $\hat{\boldsymbol{\beta}}_{ML}$ である. このことから, MLE は, 次のモデル

$$y_t = \boldsymbol{\beta}' \boldsymbol{x}_t + \boldsymbol{\gamma}' \Delta \boldsymbol{x}_t + \varepsilon_t, \qquad \varepsilon_t = v_t - \Sigma_{21}\Sigma_{11}^{-1}\boldsymbol{u}_t = v_t - \boldsymbol{\gamma}'\boldsymbol{u}_t$$

から得られる $\boldsymbol{\beta}$ の LSE となる．このモデルにおいては，誤差項 ε_t は i.i.d.$(0, \Sigma_{22\cdot 1})$ で，説明変数 $\boldsymbol{x}_t$ および $\Delta\boldsymbol{x}_t$ とは独立である．

これら 3 つの推定量の漸近分布を導出しよう．そのために，$\Sigma = HH'$ と因数分解する．ここで，H は下三角ブロック行列であり，

$$H = \begin{pmatrix} \Sigma_{11}^{1/2} & 0 \\ \Sigma_{21}\Sigma_{11}^{-1/2} & \Sigma_{22\cdot 1}^{1/2} \end{pmatrix}$$

により定義される．さらに，確率過程

$$\boldsymbol{z}_t = \begin{pmatrix} \boldsymbol{x}_t \\ w_t \end{pmatrix} = \boldsymbol{z}_{t-1} + \begin{pmatrix} \boldsymbol{u}_t \\ v_t \end{pmatrix} = \boldsymbol{z}_{t-1} + \boldsymbol{\xi}_t, \qquad \mathrm{V}(\boldsymbol{\xi}_t) = \Sigma = HH'$$

を定義する．このとき，次の分布収束が成り立つ(数学的付録の第 12 節を参照)．

$$\frac{1}{T^2}\sum_{t=1}^{T}\boldsymbol{z}_t\boldsymbol{z}_t' = \frac{1}{T^2}\sum_{t=1}^{T}\begin{pmatrix} \boldsymbol{x}_t\boldsymbol{x}_t' & \boldsymbol{x}_t w_t \\ w_t\boldsymbol{x}_t' & w_t^2 \end{pmatrix} \;\Rightarrow\; H\int_0^1 \boldsymbol{W}(t)\boldsymbol{W}'(t)\,dt\,H'$$

ここで，$\boldsymbol{W}_t = (\boldsymbol{W}_1'(t), W_2(t))'$ は $(p+1)$ 次元の標準 Brown 運動，$\boldsymbol{W}_1(t)$ と $W_2(t)$ は，それぞれ，p 次元，1 次元の標準 Brown 運動である．この両辺の $(1,1)$ ブロックを取り出すと，

$$\frac{1}{T^2}\sum_{t=1}^{T}\boldsymbol{x}_t\boldsymbol{x}_t' = \frac{1}{T^2}X'X \;\Rightarrow\; \Sigma_{11}^{1/2}\int_0^1 \boldsymbol{W}_1(t)\boldsymbol{W}_1'(t)\,dt\,\Sigma_{11}^{1/2} = R \qquad (12)$$

が成り立つ．同様にして，次の結果を得る．

$$\frac{1}{T^2}X'P_{-1}X \Rightarrow R, \qquad \frac{1}{T^2}X'MX \;\Rightarrow\; R$$

また，伊藤積分を含む次の分布収束も成り立つ(数学的付録の第 14 節を参照)．

$$\frac{1}{T}\sum_{t=1}^{T}\boldsymbol{z}_{t-1}\boldsymbol{\xi}_t' = \frac{1}{T}\sum_{t=1}^{T}\begin{pmatrix} \boldsymbol{x}_{t-1}\boldsymbol{u}_t' & \boldsymbol{x}_{t-1}v_t \\ w_{t-1}\boldsymbol{u}_t' & w_{t-1}v_t \end{pmatrix} \;\Rightarrow\; H\int_0^1 \boldsymbol{W}(t)\,d\boldsymbol{W}'(t)\,H'$$

この両辺の $(1,2)$ ブロックを取り出すことにより，次の結果を得る．

$$\frac{1}{T}\sum_{t=1}^{T} \boldsymbol{x}_t v_t = \frac{1}{T} X'\boldsymbol{v} = \frac{1}{T}\sum_{t=1}^{T} \boldsymbol{x}_{t-1} v_t + \frac{1}{T}\sum_{t=1}^{T} \boldsymbol{u}_t v_t \Rightarrow Q_1 + Q_2 + \Sigma_{12}$$

ここで,

$$Q_1 = \Sigma_{11}^{1/2} \int_0^1 \boldsymbol{W}_1(t)\, d\boldsymbol{W}_1'(t)\, \Sigma_{11}^{-1/2} \Sigma_{12}, \quad Q_2 = \Sigma_{11}^{1/2} \int_0^1 \boldsymbol{W}_1(t)\, dW_2(t)\, \Sigma_{22\cdot 1}^{1/2} \tag{13}$$

である.同様にして,次の結果を得る.

$$\frac{1}{T} X' P_{-1} \boldsymbol{v} \Rightarrow Q_1 + Q_2, \quad \frac{1}{T} X' M \boldsymbol{v} \Rightarrow Q_2$$

以上の結果に基づいて,推定量の分布に関する次の定理を得ることができる.

定理 10.1 モデル (10) における共和分ベクトル $\boldsymbol{\beta}$ の3つの推定量 $\hat{\boldsymbol{\beta}}_{OLS}$, $\hat{\boldsymbol{\beta}}_{2SLS}, \hat{\boldsymbol{\beta}}_{ML}$ は,次の分布収束に従う.

$$T(\hat{\boldsymbol{\beta}}_{OLS} - \boldsymbol{\beta}) \Rightarrow Y_{OLS} = R^{-1}(Q_1 + Q_2 + \Sigma_{12})$$
$$T(\hat{\boldsymbol{\beta}}_{2SLS} - \boldsymbol{\beta}) \Rightarrow Y_{2SLS} = R^{-1}(Q_1 + Q_2)$$
$$T(\hat{\boldsymbol{\beta}}_{ML} - \boldsymbol{\beta}) \Rightarrow Y_{ML} = R^{-1} Q_2$$

ここで,R は (12) で,Q_1 と Q_2 は (13) で定義された量である.

上の定理から,$\hat{\boldsymbol{\beta}}_{OLS}$ と $\hat{\boldsymbol{\beta}}_{2SLS}$ は,単位根分布に関連した量 $R^{-1}Q_1$ に依存することがわかる.したがって,これらの分布は非対称性をもつことになる.他方,$\hat{\boldsymbol{\beta}}_{ML}$ は,対称性をもっており,真の値回りの集中確率が最大になるという意味で最良の推定量である (Phillips 1991).なお,これら3つの推定量は,$\Sigma_{12} = \boldsymbol{0}$ となるならば,すなわち,説明変数 $\boldsymbol{x}_t$ と誤差項 v_t が無相関ならば,すべて同一の漸近分布に従うことは明らかである.

上記のことを詳しく見るために,$p = 1$ の場合について考えよう.このとき,

$$P\left(T(\hat{\beta}_{OLS} - \beta) \leq x\right) \to P(S_1 \geq 0)$$

ただし,

$$S_1 = a^2 x \int_0^1 W_1^2(t)\,dt - ab \int_0^1 W_1(t)\,dW_1(t) - ac \int_0^1 W_1(t)\,dW_2(t) - d$$

$$a = \sqrt{\sigma_{11}}, \quad b = \frac{\sigma_{12}}{\sqrt{\sigma_{11}}}, \quad c = \sqrt{\sigma_{22} - \sigma_{12}^2/\sigma_{11}}, \quad d = \sigma_{12}$$

と表すことができる。$W_1 = \{W_1(t)\}$ を与えたとき，S_1 は正規分布に従い，

$$\mathrm{E}(S_1|W_1) = a^2 x \int_0^1 W_1^2(t)\,dt - \frac{ab}{2} W_1^2(1) + \frac{ab}{2} - d$$

$$\mathrm{V}(S_1|W_1) = a^2 c^2 \int_0^1 W_1^2(t)\,dt$$

を得る。したがって，S_1 の特性関数は，次のように与えられる (数学的付録の第17節を参照)．

$$\begin{aligned}
\phi_1(\theta) &= \mathrm{E}\left[\exp\{i\theta \mathrm{E}(S_1|W_1) - \theta^2 \mathrm{V}(S_1|W_1)/2\}\right] \\
&= \exp\left\{\frac{i\theta}{2}(ab - 2d)\right\} \\
&\quad \times \mathrm{E}\left[\exp\left\{a^2 i\theta \left(x + \frac{c^2 i\theta}{2}\right) \int_0^1 W_1^2(t)\,dt - \frac{abi\theta}{2} W_1^2(1)\right\}\right] \\
&= \exp\left\{\frac{i\theta}{2}(ab - 2d)\right\}\left[\cos\nu + abi\theta \frac{\sin\nu}{\nu}\right]^{-1/2}, \nu = \sqrt{a^2 i\theta(2x + c^2 i\theta)}
\end{aligned}$$

このことから，$T(\hat{\beta}_{OLS} - \beta)$ の極限分布の分布関数は，次のように計算される (数学的付録の第18節を参照)．

$$\lim_{T \to \infty} P\left(T(\hat{\beta}_{OLS} - \beta) \le x\right) = \frac{1}{2} + \frac{1}{\pi} \int_0^\infty \frac{1}{\theta} \mathrm{Im}\left(\phi_1(\theta)\right)\,d\theta \quad (14)$$

$T(\hat{\beta}_{2SLS} - \beta)$ と $T(\hat{\beta}_{ML} - \beta)$ の極限分布は，特性関数 $\phi_1(\theta)$ において，それぞれ，$d=0, b=d=0$ とすれば計算できる．

これら3つの推定量の極限分布の平均と2次モーメントは次のようになる．

$$\mathrm{E}(Y_{OLS}) = \frac{\sigma_{12}}{2\sigma_{11}}(a_1 + 2), \quad \mathrm{E}(Y_{OLS}^2) = \sigma_1^2 + \frac{\sigma_{12}^2}{8\sigma_{11}^2}(10a_1 + a_2 + 4)$$

$$\mathrm{E}(Y_{2SLS}) = \frac{\sigma_{12}}{2\sigma_{11}}(-a_1 + 2), \quad \mathrm{E}(Y_{2SLS}^2) = \sigma_1^2 + \frac{\sigma_{12}^2}{8\sigma_{11}^2}(-6a_1 + a_2 + 4)$$

$$\mathrm{E}(Y_{ML}) = 0, \quad \mathrm{E}(Y_{ML}^2) = \sigma_1^2$$

ここで，

$$a_1 = \int_0^\infty \frac{u}{\sqrt{\cosh u}} du = 5.5629, \quad a_2 = \int_0^\infty \frac{u^3}{\sqrt{\cosh u}} du = 135.6625 \tag{15}$$

$$\sigma_1^2 = \frac{a_1(\sigma_{22} - \sigma_{12}^2/\sigma_{11})}{\sigma_{11}}$$

である．この結果から，σ_{12} が正ならば，Y_{OLS} は上方へのバイアス，Y_{2SLS} は下方へのバイアスをもつことがわかる．他方，σ_{12} が負ならば，バイアスの方向は逆になる．分散については，Y_{OLS} と Y_{2SLS} は同一である．Y_{ML} は，バイアスもなく，分散も最小である．もちろん，$\sigma_{12} = 0$ ならば，これら3つの分布は一致して，平均0，分散 $a_1\sigma_{22}/\sigma_{11}$ となる．

今までは，定数項を含まない共和分回帰を考えてきたが，定数項を含む次の場合についても同様に議論できる．

$$y_t = \alpha + \boldsymbol{\beta}'\boldsymbol{x}_t + v_t, \quad \Delta\boldsymbol{x}_t = \boldsymbol{u}_t, \quad \boldsymbol{\xi}_t = \begin{pmatrix} \boldsymbol{u}_t \\ v_t \end{pmatrix} \sim \text{i.i.d.}(\boldsymbol{0}, \Sigma)$$

$$\Sigma = \begin{pmatrix} \Sigma_{11} & \Sigma_{12} \\ \Sigma_{21} & \Sigma_{22} \end{pmatrix} \tag{16}$$

ここで，$\boldsymbol{x}_t$ と $\boldsymbol{u}_t$ は $p \times 1$，y_t と v_t はスカラーである．また，共分散行列 Σ は，$\boldsymbol{u}_t$ と v_t の共分散に対応して分割されている．

このとき，定数項を含まない場合に考えた3つの推定量は，次のようになる．

$$\tilde{\boldsymbol{\beta}}_{OLS} = (X'MX)^{-1}X'M\boldsymbol{y} = \boldsymbol{\beta} + (X'MX)^{-1}X'M\boldsymbol{v}$$

$$\tilde{\boldsymbol{\beta}}_{2SLS} = (\tilde{X}'M\tilde{X})^{-1}\tilde{X}'M\boldsymbol{y} = \boldsymbol{\beta} + (\tilde{X}'M\tilde{X})^{-1}\tilde{X}'M\boldsymbol{v}$$

$$\tilde{\boldsymbol{\beta}}_{ML} = (X'M_2X)^{-1}X'M_2\boldsymbol{y} = \boldsymbol{\beta} + (X'M_2X)^{-1}X'M_2\boldsymbol{v}$$

ここで，

$$M = I_T - ee'/T, \quad e = (1,\cdots,1)': T \times 1$$

$$\tilde{X} = (e, X_{-1}) \begin{pmatrix} e'e & e'X_{-1} \\ X'_{-1}e & X'_{-1}X_{-1} \end{pmatrix}^{-1} \begin{pmatrix} e' \\ X'_{-1} \end{pmatrix} X$$

$$M_2 = I_T - (e, \Delta X) \begin{pmatrix} e'e & e'\Delta X \\ \Delta X'e & \Delta X'\Delta X \end{pmatrix}^{-1} \begin{pmatrix} e' \\ \Delta X' \end{pmatrix}$$

である.

$\tilde{\boldsymbol{\beta}}_{OLS}$ は,定数項を含むモデル(16)における通常の LSE,$\tilde{\boldsymbol{\beta}}_{2SLS}$ は 2 段階 LSE であり,最初に X を定数項と X_{-1} に回帰して,$\tilde{X}$ を求め,そのあとで,y を定数項と $\tilde{X}$ に回帰して得られるものである.他方,$\tilde{\boldsymbol{\beta}}_{ML}$ は,誤差項に正規性を仮定して得られる $\boldsymbol{\beta}$ の MLE である.

$\tilde{\boldsymbol{\beta}}_{ML}$ は,$\boldsymbol{x} = (\boldsymbol{x}'_1, \cdots, \boldsymbol{x}'_T)'$ を与えたときの $\boldsymbol{y}$ の条件付き密度を最大にするものである.ここで,

$$\mathrm{E}(\boldsymbol{y}|\boldsymbol{x}) = \alpha e + X\boldsymbol{\beta} + \Delta X \Sigma_{11}^{-1} \Sigma_{12}, \quad \mathrm{V}(\boldsymbol{y}|\boldsymbol{x}) = \Sigma_{22} - \Sigma_{21} \Sigma_{11}^{-1} \Sigma_{12} = \Sigma_{22\cdot 1}$$

となるから,$\boldsymbol{\beta}$ の MLE は,

$$h(\boldsymbol{\beta}, \boldsymbol{\gamma}) = (\boldsymbol{y} - \alpha e - X\boldsymbol{\beta} - \Delta X \boldsymbol{\gamma})'(\boldsymbol{y} - \alpha e - X\boldsymbol{\beta} - \Delta X \boldsymbol{\gamma}), \quad \boldsymbol{\gamma} = \Sigma_{11}^{-1} \Sigma_{12}$$

を最小にするものであり,それは上の $\tilde{\boldsymbol{\beta}}_{ML}$ で与えられる.

これら 3 つの推定量の漸近分布については,次のことが成り立つ.

定理 10.2 モデル(16)における共和分ベクトル $\boldsymbol{\beta}$ の 3 つの推定量 $\tilde{\boldsymbol{\beta}}_{OLS}$, $\tilde{\boldsymbol{\beta}}_{2SLS}, \tilde{\boldsymbol{\beta}}_{ML}$ は,次の分布収束に従う.

$$T(\tilde{\boldsymbol{\beta}}_{OLS} - \boldsymbol{\beta}) \Rightarrow Z_{OLS} = \tilde{R}^{-1}(\tilde{Q}_1 + \tilde{Q}_2 + \Sigma_{12})$$

$$T(\tilde{\boldsymbol{\beta}}_{2SLS} - \boldsymbol{\beta}) \Rightarrow Z_{2SLS} = \tilde{R}^{-1}(\tilde{Q}_1 + \tilde{Q}_2)$$

$$T(\tilde{\boldsymbol{\beta}}_{ML} - \boldsymbol{\beta}) \Rightarrow Z_{ML} = \tilde{R}^{-1}\tilde{Q}_2$$

ここで,

$$\tilde{Q}_1 = \Sigma_{11}^{1/2} \int_0^1 \tilde{\boldsymbol{W}}_1(t)\, d\boldsymbol{W}_1'(t)\, \Sigma_{11}^{-1/2} \Sigma_{12}, \quad \tilde{Q}_2 = \Sigma_{11}^{1/2} \int_0^1 \tilde{\boldsymbol{W}}_1(t)\, dW_2(t)\, \Sigma_{22\cdot 1}^{1/2}$$

$$\tilde{R} = \Sigma_{11}^{1/2} \int_0^1 \tilde{\boldsymbol{W}}_1(t)\, \tilde{\boldsymbol{W}}_1'(t)\, dt\, \Sigma_{11}^{1/2}, \quad \tilde{\boldsymbol{W}}_1(t) = \boldsymbol{W}_1(t) - \int_0^1 \boldsymbol{W}_1(s)\, ds$$

である.

定数項を含まない場合と同様に, $p=1$ の場合を考えよう. まず,

$$P\left(T(\tilde{\beta}_{OLS} - \beta) \leq x\right) \rightarrow P(S_2 \geq 0)$$

ただし,

$$S_2 = a^2 x \int_0^1 \tilde{W}_1^2(t)\, dt - ab \int_0^1 \tilde{W}_1(t)\, dW_1(t) - ac \int_0^1 \tilde{W}_1(t)\, dW_2(t) - d$$

と表すことができる. このとき, S_2 の特性関数は,

$$\phi_2(\theta) = \exp\left\{\frac{i\theta}{2}(ab - 2d)\right\} \left[\frac{2a^2 b^2 \theta^2}{\nu^4}(1 - \cos\nu) \right.$$
$$\left. + \left(1 - \frac{a^2 b^2 \theta^2}{\nu^2}\right)\frac{\sin\nu}{\nu}\right]^{-1/2}$$

で与えられる. ただし, $\nu = \sqrt{a^2 i\theta(2x + c^2 i\theta)}$ である. この結果を使って, Z_{OLS} の分布関数を式(14)と同様に計算することができる. また, Z_{2SLS} と Z_{ML} の分布は, 特性関数 $\phi_2(\theta)$ において, それぞれ, $d=0$, $b=d=0$ とおけば求められる.

これら3つの推定量の極限分布の平均と2次モーメントは次のようになる.

$$E(Z_{OLS}) = \frac{\sigma_{12}}{2\sigma_{11}} b_1, \quad E(Z_{OLS}^2) = \sigma_2^2 + \frac{\sigma_{12}^2}{8\sigma_{11}^2}(4b_1 - 8b_2 + b_3)$$

$$E(Z_{2SLS}) = -E(Z_{OLS}), \quad E(Z_{2SLS}^2) = E(Z_{OLS}^2)$$

$$E(Z_{ML}) = 0, \quad E(Z_{ML}^2) = \sigma_2^2$$

ここで,

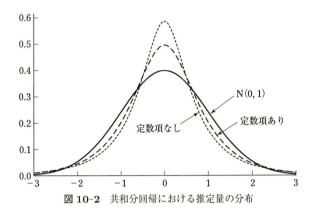

図 10-2 共和分回帰における推定量の分布

$$b_1 = \int_0^\infty \frac{u^{3/2}}{\sqrt{\sinh u}} du = 10.7583, \quad b_2 = \int_0^\infty \frac{\sqrt{u}(\cosh u - 1)}{\sinh^{3/2} u} du = 2.6415 \tag{17}$$

$$b_3 = \int_0^\infty \frac{u^{7/2}}{\sqrt{\sinh u}} du = 372.3572, \quad \sigma_2^2 = \frac{b_1(\sigma_{22} - \sigma_{12}^2/\sigma_{11})}{\sigma_{11}} \tag{18}$$

である.

上の結果から,定数項を含まない回帰と異なり,$\tilde{\beta}_{2SLS}$ は $\tilde{\beta}_{OLS}$ の改善とはなっていない.他方,$\tilde{\beta}_{ML}$ は,この場合も最良である.なお,定数項を含まない場合よりも,分布の分散は大きくなっていることがわかる.図 10-2 には,$\Sigma = I_2$ の場合の極限分布の密度関数が図示されている.点線が $T(\hat{\beta} - \beta)/\sigma_1$,破線が $T(\tilde{\beta} - \beta)/\sigma_2$ である.実線は,N(0, 1) の密度関数である.これらは,すべて,平均 0,分散 1 の分布である.この図から,定数項を含まない場合の推定量の分布は,尖度が大きいことが見てとれる.実際,尖度は 3.576,99% 点は 2.792 である.また,定数項を含む場合の推定量については,尖度が 1.826,99% 点が 2.694 である.

10.4　共和分回帰——誤差項が従属的な場合

本節では,共和分回帰における誤差項が線形過程に従う場合を考える.そのために,この章の最初に示した式 (1) から得られる次の共和分回帰を取り上げ

よう．

$$y_t = \boldsymbol{\beta}' \boldsymbol{x}_t + \boldsymbol{g}'(L) \boldsymbol{\varepsilon}_t, \quad \Delta \boldsymbol{x}_t = \Phi'(L) \boldsymbol{\varepsilon}_t, \quad \{\boldsymbol{\varepsilon}_t\} \sim \text{i.i.d.}(0, I_q) \quad (19)$$

ここで，$\boldsymbol{x}_t$ は $(q-1) \times 1$ ベクトル，$\boldsymbol{g}(L)$ と $\boldsymbol{\varepsilon}_t$ は $q \times 1$ ベクトル，$\Phi(L)$ は $q \times (q-1)$ 行列である．ここで，$\Phi(1)$ のランクは $q-1$ で，フル・ランクであると仮定する．また，誤差項 $\boldsymbol{g}'(L)\boldsymbol{\varepsilon}_t$ と $\Phi'(L)\boldsymbol{\varepsilon}_t$ は，ともに短期記憶的な定常過程である．

共和分ベクトル $\boldsymbol{\beta}$ の推定量の漸近分布を議論するために，次の q 次元確率過程を定義する．

$$\Delta \boldsymbol{z}_t = \begin{pmatrix} \Delta \boldsymbol{x}_t \\ y_t - \boldsymbol{\beta}' \boldsymbol{x}_t \end{pmatrix} = \begin{pmatrix} \Phi'(L) \\ \boldsymbol{g}'(L) \end{pmatrix} \boldsymbol{\varepsilon}_t = \Psi(L) \boldsymbol{\varepsilon}_t \quad (20)$$

また，$\{\boldsymbol{z}_t\}$ の長期共分散行列を

$$\Omega = \Psi(1)\Psi'(1) = \begin{pmatrix} \Phi'(1)\Phi(1) & \Phi'(1)\boldsymbol{g}(1) \\ \boldsymbol{g}'(1)\Phi(1) & \boldsymbol{g}'(1)\boldsymbol{g}(1) \end{pmatrix} = \begin{pmatrix} \Omega_{11} & \Omega_{12} \\ \Omega_{21} & \Omega_{22} \end{pmatrix}$$

として，Ω は正則であるとする．さらに，Ω を

$$\Omega = HH', \quad H = \begin{pmatrix} \Omega_{11}^{1/2} & 0 \\ \Omega_{21}\Omega_{11}^{-1/2} & \Omega_{22 \cdot 1}^{1/2} \end{pmatrix}, \quad \Omega_{22 \cdot 1} = \Omega_{22} - \Omega_{21}\Omega_{11}^{-1}\Omega_{12}$$

のように因数分解する．

このとき，次の分布収束が成り立つ(数学的付録の第 12 節を参照)．

$$\frac{1}{T^2} \sum_{t=1}^{T} \boldsymbol{z}_t \boldsymbol{z}_t' \Rightarrow H \int_0^1 \boldsymbol{W}(t) \boldsymbol{W}'(t) \, dt \, H'$$

ここで，$\{\boldsymbol{W}(t)\}$ は，q 次元の標準 Brown 運動である．さらに，伊藤積分を含む次の分布収束が成り立つ(数学的付録の第 14 節を参照)．

$$\frac{1}{T} \sum_{t=1}^{T} \boldsymbol{z}_t \Delta \boldsymbol{z}_t' = \frac{1}{T} \sum_{t=1}^{T} \boldsymbol{z}_t \left(\Psi(L)\boldsymbol{\varepsilon}_t\right)' \Rightarrow H \int_0^1 \boldsymbol{W}(t) \, d\boldsymbol{W}'(t) \, dt \, H' + \Lambda$$
$$(21)$$

ここで，

$$\Lambda = \sum_{j=0}^{\infty} \mathrm{E}\left(\Psi(L)\boldsymbol{\varepsilon}_t \, (\Psi(L)\boldsymbol{\varepsilon}_{t+j})'\right) = \begin{pmatrix} \Lambda_{11} & \Lambda_{12} \\ \Lambda_{21} & \Lambda_{22} \end{pmatrix}$$

以上のことから，共和分ベクトル $\boldsymbol{\beta}$ の OLS 推定量

$$\hat{\boldsymbol{\beta}}_{OLS} = \left(\sum_{t=1}^{T} \boldsymbol{x}_t \boldsymbol{x}_t'\right)^{-1} \sum_{t=1}^{T} \boldsymbol{x}_t y_t = \boldsymbol{\beta} + \left(\sum_{t=1}^{T} \boldsymbol{x}_t \boldsymbol{x}_t'\right)^{-1} \sum_{t=1}^{T} \boldsymbol{x}_t \boldsymbol{g}'(t) \boldsymbol{\varepsilon}_t$$

に関して，次の結果が成り立つ．

定理 10.3 モデル (19) における共和分ベクトル $\boldsymbol{\beta}$ の OLS 推定量 $\hat{\boldsymbol{\beta}}_{OLS}$ は，次の分布収束に従う．

$$T(\hat{\boldsymbol{\beta}}_{OLS} - \boldsymbol{\beta}) \;\Rightarrow\; Y_{OLS} = R^{-1}(Q_1 + Q_2 + \Lambda_{12})$$

ここで，

$$Q_1 = \Omega_{11}^{1/2} \int_0^1 \boldsymbol{W}_1(t)\, d\boldsymbol{W}_1'(t)\, \Omega_{11}^{-1/2}\Omega_{12}, \quad Q_2 = \Omega_{11}^{1/2}\int_0^1 \boldsymbol{W}_1(t)\, dW_2(t)\, \Omega_{22\cdot 1}^{1/2}$$

$$R = \Omega_{11}^{1/2}\int_0^1 \boldsymbol{W}_1(t)\boldsymbol{W}_1'(t)\, dt\, \Omega_{11}^{1/2}, \qquad \Lambda_{12} = \sum_{j=0}^{\infty} \mathrm{E}\left(\Phi'(L)\boldsymbol{\varepsilon}_t\, \boldsymbol{g}'(L)\boldsymbol{\varepsilon}_{t+j}\right)$$

である．

上の結果は，前節の定理 10.1 の直接的な拡張である．また，$q=2$ の場合には，極限分布の平均と 2 次モーメントは，次のように与えられる．

$$\mathrm{E}(Y_{OLS}) = \frac{(2\lambda_{12}-\omega_{12})a_1 + 2\omega_{12}}{2\omega_{11}} \tag{22}$$

$$\mathrm{E}(Y_{OLS}^2) = \frac{\omega_{12}^2}{2\omega_{11}^2} + \frac{4\omega_{22\cdot 1} - 3\omega_{12}^2/\omega_{11} + 2\omega_{12}\lambda_{12}/\omega_{11}^2}{4\omega_{11}}a_1 + \frac{(2\lambda_{12}-\omega_{12})^2}{8\omega_{11}^2}a_2 \tag{23}$$

ここで，a_1 と a_2 は，式 (15) で定義された値である．これらのモーメントは，誤差項が独立な場合には，前節の結果に帰着することが確かめられる．

モデル (19) に対しては，2SLS や ML に基づく推定量を構成することは困難である．ここでは，Phillips-Hansen (1990) で提案された方法で，OLS 推定量をノンパラメトリック修正することにより，単位根分布に関連する量 $R^{-1}Q_1$ や $R^{-1}\Lambda_{12}$ に依存しない推定量を考える．そのために，式 (21) の両辺の $(1,1)$

ブロックから得られる次の事実を使う.

$$\frac{1}{T}\sum_{t=1}^{T} \boldsymbol{x}_t \Delta \boldsymbol{x}_t' \Omega_{11}^{-1}\Omega_{12} \quad \Rightarrow \quad Q_1 + \Lambda_{11}\Omega_{11}^{-1}\Omega_{12}$$

この事実に基づいて,次の推定量を定義する.

$$\hat{\boldsymbol{\beta}}_{FM} = \left(\sum_{t=1}^{T} \boldsymbol{x}_t \boldsymbol{x}_t'\right)^{-1} \left[\sum_{t=1}^{T} \boldsymbol{x}_t \left(y_t - \Delta \boldsymbol{x}_t' \hat{\Omega}_{11}^{-1}\hat{\Omega}_{12}\right) - T\left(\hat{\Lambda}_{12} - \hat{\Lambda}_{11}\hat{\Omega}_{11}^{-1}\hat{\Omega}_{12}\right)\right]$$

ここで,$\hat{\Lambda}_{11}, \hat{\Lambda}_{12}, \hat{\Omega}_{11}^{-1}\hat{\Omega}_{12}$ は,長期分散に関連したパラメータの一致推定量であり,次のように構成することができる (Park-Phillips 1988). 式 (20) と (21) から,

$$\Lambda_{11} = \sum_{j=0}^{\infty} \mathrm{E}(\Delta \boldsymbol{x}_t \Delta \boldsymbol{x}_{t+j}'), \qquad \Lambda_{12} = \sum_{j=0}^{\infty} \mathrm{E}\left(\Delta \boldsymbol{x}_t (y_{t+j} - \boldsymbol{\beta}' \Delta \boldsymbol{x}_{t+j})\right)$$

であることから,これらは,

$$\hat{\Lambda}_{11} = \frac{1}{T} \sum_{j=0}^{l} \left(1 - \frac{j}{l+1}\right) \sum_{t=1}^{T-j} \Delta \boldsymbol{x}_t \Delta \boldsymbol{x}_{t+j}'$$

$$\hat{\Lambda}_{12} = \frac{1}{T} \sum_{j=0}^{l} \left(1 - \frac{j}{l+1}\right) \sum_{t=1}^{T-j} \Delta \boldsymbol{x}_t (y_{t+j} - \hat{\boldsymbol{\beta}}_{OLS}' \Delta \boldsymbol{x}_{t+j})$$

により推定することができる.ここで,l はラグ打ち切り数である.また,(20) の $\{\Delta \boldsymbol{z}_t\}$ のスペクトラムが,

$$f(\omega) = \frac{1}{2\pi} \Psi(e^{i\omega}) \Psi'(e^{-i\omega})$$

で与えられることから,

$$2\pi f(0) = \Psi(1)\Psi'(1) = \Omega = \begin{pmatrix} \Omega_{11} & \Omega_{12} \\ \Omega_{21} & \Omega_{22} \end{pmatrix}$$

を得る.したがって,$f(0)$ を

$$\hat{f}(0) = \frac{1}{2\pi}\left[\hat{\Gamma}_0 + \sum_{j=1}^{l}\left(1 - \frac{j}{l+1}(\hat{\Gamma}_j + \hat{\Gamma}_j')\right)\right]$$

で推定することにより,事後的に $\Omega_{11}^{-1}\Omega_{12}$ を推定することができる.ここで,

$$\hat{\Gamma}_j = \frac{1}{T}\sum_{t=1}^{T-j}\Delta\hat{z}_t\Delta\hat{z}'_{t+j}, \quad \Delta\hat{z}_t = \begin{pmatrix} \Delta x_t \\ y_t - \hat{\beta}'_{OLS}x_t \end{pmatrix}$$

である.

このとき,

$$T\left(\hat{\beta}_{FM} - \beta\right) \Rightarrow Y_{ML} = R^{-1}Q_2$$

を得る. すなわち, 極限分布はバイアスのない対称な分布となる. このようにして構成される推定量を **FM 推定量** という. FM は, fully modified の略である. $q=2$ の場合の Y_{ML} の平均と 2 次モーメントは, 式 (22) と (23) において, $\omega_{12} = \lambda_{12} = 0, \omega_{22\cdot 1} = \omega_{22}$ とすればよい. すなわち, 次のようになる.

$$\mathrm{E}(Y_{ML}) = 0, \qquad \mathrm{E}(Y_{ML}^2) = \frac{\omega_{22}}{\omega_{11}}a_1$$

今までの議論は, 定数項を含む次の共和分回帰に拡張できる.

$$y_t = \alpha + \beta'x_t + g'(L)\varepsilon_t, \quad \Delta x_t = \Phi'(L)\varepsilon_t, \quad \{\varepsilon_t\} \sim \mathrm{i.i.d.}(0, I_q) \quad (24)$$

このモデルに対して, β の 2 つの推定量

$$\tilde{\beta}_{OLS} = \left(\sum_{t=1}^{T}(x_t - \bar{x})(x_t - \bar{x})'\right)^{-1}\sum_{t=1}^{T}(x_t - \bar{x})(y_t - \bar{y})$$

$$\tilde{\beta}_{FM} = \left(\sum_{t=1}^{T}(x_t - \bar{x})(x_t - \bar{x})'\right)^{-1}\left[\sum_{t=1}^{T}(x_t - \bar{x})\left(y_t - \Delta x'_t\tilde{\Omega}_{11}^{-1}\tilde{\Omega}_{12}\right)\right.$$

$$\left. -T\left(\tilde{\Lambda}_{12} - \tilde{\Lambda}_{11}\tilde{\Omega}_{11}^{-1}\tilde{\Omega}_{12}\right)\right]$$

を考える. ここで, $\tilde{\Lambda}_{11}, \tilde{\Lambda}_{12}, \tilde{\Omega}_{11}^{-1}\tilde{\Omega}_{12}$ は, 長期分散に関連したパラメータの一致推定量であり, 前と同様に構成することができる. このとき, 次の分布収束が成り立つ.

定理 10.4 モデル (24) における共和分ベクトル β の OLS 推定量 $\tilde{\beta}_{OLS}$ と FM 推定量 $\tilde{\beta}_{FM}$ は, 次の分布収束に従う.

$$T(\tilde{\boldsymbol{\beta}}_{OLS} - \boldsymbol{\beta}) \quad \Rightarrow \quad Z_{OLS} = \tilde{R}^{-1}(\tilde{Q}_1 + \tilde{Q}_2 + \Lambda_{12})$$
$$T(\tilde{\boldsymbol{\beta}}_{FM} - \boldsymbol{\beta}) \quad \Rightarrow \quad Z_{ML} = \tilde{R}^{-1}\tilde{Q}_2$$

ここで,
$$\tilde{Q}_1 = \Omega_{11}^{1/2}\int_0^1 \tilde{\boldsymbol{W}}_1(t)\, d\boldsymbol{W}_1'(t)\, \Omega_{11}^{-1/2}\Omega_{12}, \quad \tilde{Q}_2 = \Omega_{11}^{1/2}\int_0^1 \tilde{\boldsymbol{W}}_1(t)\, dW_2(t)\, \Omega_{22\cdot 1}^{1/2}$$
$$\tilde{R} = \Omega_{11}^{1/2}\int_0^1 \tilde{\boldsymbol{W}}_1(t)\tilde{\boldsymbol{W}}_1'(t)\, dt\, \Omega_{11}^{1/2}, \qquad \tilde{\boldsymbol{W}}_1(t) = \boldsymbol{W}_1(t) - \int_0^1 \boldsymbol{W}_1(s)\, ds$$

である.

$q = 2$ の場合には, 極限分布の平均と 2 次モーメントは, 次のように与えられる.

$$\mathrm{E}(Z_{OLS}) = \frac{2\lambda_{12} - \omega_{12}}{2\omega_{11}} b_1, \qquad \mathrm{E}(Z_{ML}) = 0$$
$$\mathrm{E}(Z_{OLS}^2) = \frac{\omega_{12}^2}{2\omega_{11}^2}(b_1 - 2b_2) + \frac{\omega_{22\cdot 1}}{\omega_{11}} b_1 + \frac{(2\lambda_{12} - \omega_{12})^2}{8\omega_{11}^2} b_3$$
$$\mathrm{E}(Z_{ML}^2) = \frac{\omega_{22}}{\omega_{11}} b_1$$

ここで, b_1, b_2, b_3 は, 式(17), (18)で定義された値である. これらのモーメントは, 誤差項が独立な場合には, 前節の結果に帰着することが確かめられる.

Phillips-Hansen(1990)で考察された共和分回帰モデルを使って, OLS と FM 推定量を比べてみよう. モデルは, 定数項を 0 とした次のものである.

$$y_t = \beta x_t + u_{2t}, \quad \Delta x_t = u_{1t}, \quad \boldsymbol{u}_t = \begin{pmatrix} u_{1t} \\ u_{2t} \end{pmatrix} = \boldsymbol{\xi}_t + \Theta\boldsymbol{\xi}_{t-1} = \Psi_0\boldsymbol{\varepsilon}_t + \Psi_1\boldsymbol{\varepsilon}_{t-1}$$
(25)

ここで, $\{\boldsymbol{\xi}_t\} \sim \mathrm{i.i.d.}(\boldsymbol{0}, \Sigma)$, $\{\boldsymbol{\varepsilon}_t\} \sim \mathrm{i.i.d.}(0, I_2)$ である. また, モデルに現れるパラメータは,

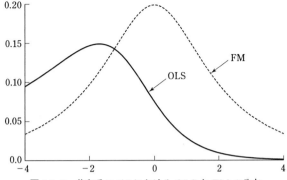

図 10-3 共和分モデルにおける OLS と FM の分布

$$\Theta = \begin{pmatrix} 0.6 & \theta \\ -0.4 & 0.3 \end{pmatrix}, \quad \Sigma = \begin{pmatrix} 1 & \delta \\ \delta & 1 \end{pmatrix}$$

$$\Psi_0 = \begin{pmatrix} 1 & 0 \\ \delta & \sqrt{1-\delta^2} \end{pmatrix}, \quad \Psi_1 = \begin{pmatrix} \delta\theta + 0.6 & \theta\sqrt{1-\delta^2} \\ 0.3\delta - 0.4 & 0.3\sqrt{1-\delta^2} \end{pmatrix}$$

で定義される.このとき,次の表現を得る.

$$\Delta \boldsymbol{z}_t = \begin{pmatrix} \Delta x_t \\ y_t - \beta x_t \end{pmatrix} = \begin{pmatrix} \boldsymbol{\phi}'(L) \\ \boldsymbol{g}'(L) \end{pmatrix} \boldsymbol{\varepsilon}_t$$

$$= \begin{pmatrix} 1 + (\delta\theta + 0.6)L & \theta\sqrt{1-\delta^2}L \\ \delta + (0.3\delta - 0.4)L & \sqrt{1-\delta^2}(1 + 0.3L) \end{pmatrix} \boldsymbol{\varepsilon}_t$$

$$\Omega = \begin{pmatrix} \boldsymbol{\phi}'(1)\boldsymbol{\phi}(1) & \boldsymbol{\phi}'(1)\boldsymbol{g}(1) \\ \boldsymbol{g}'(1)\boldsymbol{\phi}(1) & \boldsymbol{g}'(1)\boldsymbol{g}(1) \end{pmatrix} = \begin{pmatrix} \omega_{11} & \omega_{12} \\ \omega_{21} & \omega_{22} \end{pmatrix}$$

$$\omega_{11} = \sqrt{(\delta\theta + 1.6)^2 + \theta^2(1-\delta^2)}$$

$$\omega_{12} = (\delta\theta + 1.6)(1.3\delta - 0.4) + 1.3\theta(1-\delta^2)$$

$$\omega_{22} = (1.3\delta - 0.4)^2 + 1.69(1-\delta^2)$$

以上の設定のもとで,$T(\hat{\beta}_{OLS} - \beta)$ と $T(\hat{\beta}_{FM} - \beta)$ の極限分布の密度関数を計算してみよう.図 10-3 は,$\delta = -0.8$,$\theta = 0.8$ の場合の密度関数である.実線が OLS,点線が FM である.OLS の平均と標準偏差は,式 (22) と (23) か

ら，それぞれ，-4.85，5.31 となる．また，FM の平均と標準偏差は，それぞれ，0，2.95 である．OLS の分布は歪んでおり，ばらつきも大きいことが見てとれる．以上は，あくまでも漸近的な結果であり，有限標本では FM の振る舞いがよいという保証はない．

第11章
共和分分析——その2

本章では,前章に引き続いて共和分関係の分析について議論する.実際の分析では,共和分関係が存在するかどうかが興味の対象となり,そのために検定の手続きが必要となる.共和分検定には,大きく3つの方法が提案されている.1つは,時系列間の回帰から得られる残差に単位根が含まれるかどうかを検定するものである.それは,「共和分関係なし」の帰無仮説を「共和分関係あり」の対立仮説に対して検定する方法である.もう1つは,これとは逆向きの検定である.他方,3つ目の検定は,1次独立な共和分関係の最大個数,すなわち,共和分ランクに関する検定であり,「特定の共和分ランク」の帰無仮説を,「より大きな共和分ランク」の対立仮説に対して検定する方法である.

11.1 回帰の残差に基づく共和分検定

共和分に関する主要な統計的問題は,複数の非定常時系列が共和分の関係にあるかどうかを検定することである.本節では,回帰の残差を使った検定方法として,Engle-Granger(1987)によるパラメトリックなモデルに基づく方法と,Phillips-Ouliaris(1990)によるノンパラメトリックな修正に基づく方法について説明する.

Engle-Granger(1987)の方法を q 次元 I(1) 系列の場合について述べよう.まず,1つの I(1) 系列 $\{y_t\}$ を,他の $q-1$ 次元 I(1) 系列 $\{x_t\}$ に回帰して,残差 $\hat{\eta}_t = y_t - \hat{\beta}' x_t$ を求める.ここで,回帰は,定数項や線形トレンドを含む場合もある.この場合の残差系列は,2つの系列が共和分していなければ単位根をもち,共和分関係にあれば単位根をもたないと考えられる.

そこで,通常の単位根検定の場合と同様にして,$\Delta\hat{\eta}_t$ を $\hat{\eta}_{t-1}$ と $\Delta\hat{\eta}_t$ のラグに回帰して,回帰関係

$$\Delta\hat{\eta}_t = \hat{\delta}\hat{\eta}_{t-1} + \sum_{j=1}^{p} \hat{\phi}_j \triangle \hat{\eta}_{t-j} + \hat{v}_t \qquad (1)$$

を求める．このとき，「共和分関係なし」の帰無仮説 $H_0: \delta = 0$ を，「共和分関係あり」の対立仮説 $H_1: \delta < 0$ に対して検定する統計量として，$\hat{\delta}$ の t 統計量を使うことができる．

しかし，この場合の t 統計量の分布は，通常の単位根検定の場合の t 統計量の分布とは異なる．このことを見るために，式 (1) の最も簡単な場合，すなわち，$p = 0$ で，残差系列 $\{\hat{\eta}_t\}$ が 2 つの I(1) 系列 $\{x_t\}, \{y_t\}$ から得られる場合を考えよう．このとき，

$$\hat{\delta} = \sum_{t=2}^{T} \hat{\eta}_{t-1} \Delta \hat{\eta}_t / \sum_{t=2}^{T} \hat{\eta}_{t-1}^2, \qquad \hat{\eta}_t = y_t - \hat{\beta} x_t, \qquad \hat{\beta} = \sum_{t=1}^{T} x_t y_t / \sum_{t=1}^{T} x_t^2$$

であり，あとで説明するように，$\hat{\delta}$ の t 統計量は，帰無仮説のもとで，

$$\frac{\hat{\delta}}{\sqrt{\hat{\sigma}^2 / \sum_{t=2}^{T} \hat{\eta}_{t-1}^2}} \Rightarrow \frac{\int_0^1 Q(t)\, dQ(t)}{\sqrt{\kappa \int_0^1 Q^2(t)\, dt}}$$

に従う．ここで，$\hat{\sigma}^2 = \sum(\Delta\hat{\eta}_t - \hat{\delta}\hat{\eta}_{t-1})^2 / T$ である．また，

$$Q(t) = W_2(t) - \frac{\int_0^1 W_1(t) W_2(t)\, dt}{\int_0^1 W_1^2(t)\, dt} W_1(t), \quad \kappa = 1 + \frac{\left(\int_0^1 W_1(t) W_2(t)\, dt\right)^2}{\left(\int_0^1 W_1^2(t)\, dt\right)^2}$$

であり，$(W_1(t), W_2(t))$ は 2 次元標準 Brown 運動である．

他方，第 8 章 4 節で議論した単位根検定においては，最も簡単なモデル

$$\Delta y_t = \delta y_{t-1} + \varepsilon_t, \qquad \{\varepsilon_t\} \sim \text{i.i.d.}(0, \sigma^2)$$

における t 統計量の帰無分布は，

$$\frac{\tilde{\delta}}{\sqrt{\tilde{\sigma}^2 / \sum_{t=2}^{T} y_{t-1}^2}} \Rightarrow \frac{\int_0^1 W(t)\, dW(t)}{\sqrt{\int_0^1 W^2(t)\, dt}}$$

となる．ただし，$\tilde{\delta} = \sum y_{t-1} \Delta y_t / \sum y_{t-1}^2, \tilde{\sigma}^2 = \sum(\Delta y_t - \tilde{\delta} y_{t-1})^2 / T$ である．

このように，I(1) 系列間の回帰から得られる残差系列に基づく単位根検定では，第8章で議論した単位根検定をそのまま使うことはできない，ということに注意されたい．なお，実際の分布の分位点は，Engle-Granger(1987)，Davidson-MacKinnon(1993) などでシミュレーションにより求められている．また，分位点を計算するための関数が組み込まれているコンピュータ・ソフトもある (Zivot-Wang 2003)．

次に，Phillips-Ouliaris(1990) による共和分検定を説明するために，モデル

$$y_t = \boldsymbol{\beta}'\boldsymbol{x}_t + \boldsymbol{\alpha}'C\frac{\boldsymbol{\varepsilon}_t}{1-L} + \boldsymbol{g}'(L)\boldsymbol{\varepsilon}_t, \quad \Delta\boldsymbol{x}_t = \Phi'(L)\boldsymbol{\varepsilon}_t, \quad \{\boldsymbol{\varepsilon}_t\} \sim \text{i.i.d.}(\boldsymbol{0}, I_q) \tag{2}$$

を考える．ここで，$\boldsymbol{\beta}$ と $\boldsymbol{x}_t$ は $(q-1)\times 1$，$\boldsymbol{\alpha}$ と $\boldsymbol{\varepsilon}_t$ は $q\times 1$ である．このモデルは，一般的な q 次元 I(1) 過程

$$\Delta\boldsymbol{z}_t = C(L)\boldsymbol{\varepsilon}_t = C\boldsymbol{\varepsilon}_t + \Delta\tilde{C}(L)\boldsymbol{\varepsilon}_t, \quad C = C(1) \tag{3}$$

から自然に導かれるものである．ただし，$\boldsymbol{z}_t = (\boldsymbol{x}_t', y_t)'$ である．

モデル (2) において，共和分関係を検定するための検定問題として，

$$H_0 : \text{rank}(C) = q \quad \text{vs.} \quad H_1 : \text{rank}(C) = q-1$$

を考える．帰無仮説 H_0 は「共和分関係なし」，対立仮説 H_1 は「1次独立な共和分関係が1個あり」である．もっと一般的な対立仮説に対して検定する方法については，第3節以降で議論する．

上記の検定問題に対して，Phillips-Ouliaris(1990) は，次の手続きを提案している．

i) y_t を $\boldsymbol{x}_t$ に OLS 回帰して，残差 $\hat{\eta}_t = y_t - \hat{\boldsymbol{\beta}}'\boldsymbol{x}_t$ を求める．

ii) $\hat{\eta}_t$ を使って，

$$\hat{Z}_\rho = T(\hat{\rho} - 1) - \frac{\hat{\sigma}_L^2 - \hat{\sigma}_S^2}{2\sum_{t=2}^{T}\hat{\eta}_{t-1}^2 \Big/ T^2} \tag{4}$$

を計算する．ここで，

$$\hat{\rho} = \sum_{t=2}^{T} \hat{\eta}_t \hat{\eta}_{t-1} \Big/ \sum_{t=2}^{T} \hat{\eta}_{t-1}^2, \quad \hat{\sigma}_S^2 = \frac{1}{T} \sum_{t=2}^{T} (\hat{\eta}_t - \hat{\rho}\hat{\eta}_{t-1})^2$$

$$\hat{\sigma}_L^2 = \sigma_S^2 + \frac{2}{T} \sum_{j=1}^{l} \left(1 - \frac{j}{l+1}\right) \sum_{t=2}^{T-j} (\hat{\eta}_t - \hat{\rho}\hat{\eta}_{t-1})(\hat{\eta}_{t+j} - \hat{\rho}\hat{\eta}_{t+j-1})$$

である.

iii) 統計量 $\hat{Z}_\rho$ が Phillips-Ouliaris(1990)で与えられた有意点よりも小さければ, H_0 を棄却する.

上記の検定は, Engle-Granger(1987)と同様に, 回帰の残差に基づくものであるが, ノンパラメトリック修正により統計量が構成されている点で異なる. 以下, H_0 のもとで, この統計量の分布収束について考えよう. そのために, 次の諸量を定義する.

$$\boldsymbol{W}(t) = \begin{pmatrix} \boldsymbol{W}_1(t) \\ W_2(t) \end{pmatrix}, \quad C = \begin{pmatrix} A_1' \\ A_2' \end{pmatrix}$$

$$K = \begin{pmatrix} K_1 & 0 \\ K_2' & K_3 \end{pmatrix} = \begin{pmatrix} (A_1'A_1)^{1/2} & 0 \\ A_2'A_1(A_1'A_1)^{-1/2} & (A_2'A_2 - A_2'A_1(A_1'A_1)^{-1}A_1'A_2)^{1/2} \end{pmatrix}$$

ここで, $\{\boldsymbol{W}(t)\}$ は q 次元標準 Brown 運動であり, $\boldsymbol{W}_1(t): (q-1) \times 1$ と $W_2(t): 1 \times 1$ に分割されている. また, C と K は, ともに q 次の正方行列であり, 最初の $q-1$ 行と最後の 1 行に分割されていて, $CC' = KK'$ が成り立つ.

まず, 次の統計量を考えよう.

$$T(\hat{\rho} - 1) = \frac{1}{T} \sum_{t=2}^{T} \hat{\eta}_{t-1}(\hat{\eta}_t - \hat{\eta}_{t-1}) \Big/ \frac{1}{T^2} \sum_{t=2}^{T} \hat{\eta}_{t-1}^2$$

$$= \hat{\boldsymbol{\alpha}}' \frac{1}{T} \sum_{t=2}^{T} \boldsymbol{z}_{t-1} \Delta \boldsymbol{z}_t' \hat{\boldsymbol{\alpha}} \Big/ \hat{\boldsymbol{\alpha}}' \frac{1}{T^2} \sum_{t=2}^{T} \boldsymbol{z}_{t-1} \boldsymbol{z}_{t-1}' \hat{\boldsymbol{\alpha}}$$

ここで, $\hat{\boldsymbol{\alpha}} = (-\hat{\boldsymbol{\beta}}', 1)'$ であり, 上の統計量に関して次の分布収束が成り立つ.

$$\left(\hat{\boldsymbol{\alpha}}, \frac{1}{T} \sum_{t=2}^{T} \boldsymbol{z}_{t-1} \Delta \boldsymbol{z}_t', \frac{1}{T^2} \sum_{t=2}^{T} \boldsymbol{z}_{t-1} \boldsymbol{z}_{t-1}'\right) \Rightarrow ((-X_1', 1)', X_2, X_3)$$

ただし,

$$X_1 = \left(K_1 \int_0^1 \boldsymbol{W}_1(t)\boldsymbol{W}_1'(t)\,dt\,K_1\right)^{-1}$$
$$\times \left(K_1 \int_0^1 \boldsymbol{W}_1(t)(K_2'\boldsymbol{W}_1(t) + K_3 W_2(t))\,dt\right)$$
$$X_2 = K \int_0^1 \boldsymbol{W}(t)\,d\boldsymbol{W}'(t)\,K' + \sum_{j=1}^{\infty} \mathrm{E}\left(C(L)\boldsymbol{\varepsilon}_t\,(C(L)\boldsymbol{\varepsilon}_{t+j})'\right)$$
$$X_3 = K \int_0^1 \boldsymbol{W}(t)\boldsymbol{W}'(t)\,dt\,K'$$

である.このことから,次の結果を得る.

$$T(\hat{\rho}-1) \Rightarrow \frac{(-X_1',1)\,X_2 \begin{pmatrix} -X_1 \\ 1 \end{pmatrix}}{(-X_1',1)\,X_3 \begin{pmatrix} -X_1 \\ 1 \end{pmatrix}} = \frac{\int_0^1 Q(t)\,dQ(t)}{\int_0^1 Q^2(t)\,dt} + R \quad (5)$$

ここで,

$$Q(t) = W_2(t) - \int_0^1 W_2(t)\boldsymbol{W}_1'(t)\,dt \left(\int_0^1 \boldsymbol{W}_1'(t)\boldsymbol{W}_1'(t)\,dt\right)^{-1} \boldsymbol{W}_1(t)$$

$$R = \frac{(-X_1',1)\sum_{j=1}^{\infty}\mathrm{E}\left(C(L)\boldsymbol{\varepsilon}_t\,(C(L)\boldsymbol{\varepsilon}_{t+j})'\right)\begin{pmatrix}-X_1\\1\end{pmatrix}}{(-X_1',1)\,X_3 \begin{pmatrix}-X_1\\1\end{pmatrix}}$$

である.

　式(5)の結果において,$R=0$ の場合,それは,式(3)において,$C(L)=C$ のときに成り立つが,その場合でも単位根検定統計量の分布とは異なる.なぜなら,$\{Q(t)\}$ は,$\{W_2(t)\}$ を $\{\boldsymbol{W}_1(t)\}$ へ回帰したあとの残差過程であり,標準 Brown 運動ではないからである.

　式(5)の統計量の極限分布は,確率変数 R が未知パラメータに依存するので,式(4)のようにノンパラメトリック修正を加えた統計量を考える.Phillips (1988)は,R と次の修正項

$$\frac{\hat{\sigma}_L^2 - \hat{\sigma}_S^2}{\frac{2}{T^2}\sum_{t=2}^{T}\hat{\eta}_{t-1}^2} = \frac{\hat{\boldsymbol{\alpha}}'\frac{1}{T}\sum_{j=1}^{l}\left(1-\frac{j}{l+1}\right)\sum_{t=1}^{T-j}\Delta\boldsymbol{z}_t\Delta\boldsymbol{z}_{t+j}'\hat{\boldsymbol{\alpha}}}{\frac{1}{T^2}\sum_{t=2}^{T}\hat{\eta}_{t-1}^2} + o_p(1)$$

との差が,ラグ打ち切り数を適切に選べば,0 に確率収束することを示した.以上のことから,H_0 のもとで次の結果を得る.

$$\hat{Z}_\rho \quad \Rightarrow \quad \frac{\int_0^1 Q(t)\,dQ(t)}{\int_0^1 Q^2(t)\,dt} \tag{6}$$

以上は,H_0 のもとでの議論であるが,H_1 のもとでは,式(2)から,共和分回帰

$$y_t = \boldsymbol{\beta}'\boldsymbol{x}_t + \boldsymbol{g}'(L)\boldsymbol{\varepsilon}_t \tag{7}$$

が成り立つ.このとき,$\hat{Z}_\rho = O_p(T)$ となる.実際,

$$\frac{1}{T}\hat{Z}_\rho = \hat{\rho} - 1 - \frac{\hat{\sigma}_L^2 - \hat{\sigma}_S^2}{2\sum_{t=2}^{T}\hat{\eta}_{t-1}^2 \Big/ T}$$

において,

$$\hat{\eta}_t = y_t - \hat{\boldsymbol{\beta}}'\boldsymbol{x}_t = \boldsymbol{g}'(L)\boldsymbol{\varepsilon}_t - (\hat{\boldsymbol{\beta}} - \boldsymbol{\beta})'\boldsymbol{x}_t = O_p(1) + O_p\left(T^{-1/2}\right)$$

であることから,次の確率収束が成り立つ.

$$\frac{1}{T}\sum_{t=2}^{T}\hat{\eta}_{t-1}^2 \to \gamma(0), \quad \frac{1}{T}\sum_{t=2}^{T}\hat{\eta}_{t-1}\hat{\eta}_t \to \gamma(1), \quad \gamma(h) = \mathrm{E}\left(\boldsymbol{g}'(L)\boldsymbol{\varepsilon}_t\,\boldsymbol{g}'(L)\boldsymbol{\varepsilon}_{t+h}\right)$$

このことから,$\hat{\rho}$ は $\gamma(1)/\gamma(0) = \rho$ に確率収束する.他方,

$$\hat{\eta}_t - \hat{\rho}\hat{\eta}_{t-1} = \boldsymbol{g}'(L)\boldsymbol{\varepsilon}_t - \hat{\rho}\boldsymbol{g}'(L)\boldsymbol{\varepsilon}_{t-1} - (\hat{\boldsymbol{\beta}} - \boldsymbol{\beta})'(\boldsymbol{x}_t - \hat{\rho}\boldsymbol{x}_{t-1})$$

であるから,

$$\hat{\sigma}_S^2 = \frac{1}{T}\sum_{t=2}^{T}(\hat{\eta}_t - \hat{\rho}\hat{\eta}_{t-1})^2 \to \mathrm{E}\left[(\boldsymbol{g}'(L)\boldsymbol{\varepsilon}_t - \rho\boldsymbol{g}'(L)\boldsymbol{\varepsilon}_{t-1})^2\right] = \frac{\gamma^2(0) - \gamma^2(1)}{\gamma(0)}$$

を得る.さらに,$\{\boldsymbol{g}'(L)\boldsymbol{\varepsilon}_t - \rho\boldsymbol{g}'(L)\boldsymbol{\varepsilon}_{t-1}\}$ のスペクトラムを $f(\omega)$ とすると

き，次の確率収束が成り立つ．

$$\hat{\sigma}_L^2 \to 2\pi f(0) = (\bm{g}'(1) - \rho\bm{g}'(1))(\bm{g}(1) - \rho\bm{g}(1)) = \frac{(\gamma(0) - \gamma(1))^2 \, \bm{g}'(1)\bm{g}(1)}{\gamma^2(0)}$$

以上のことから，次の確率収束を得る．

$$\frac{1}{T}\hat{Z}_\rho \to \frac{\gamma(1)}{\gamma(0)} - 1 - \frac{1}{2\gamma(0)}\left[\frac{(\gamma(0) - \gamma(1))^2}{\gamma^2(0)}\bm{g}'(1)\bm{g}(1) - \frac{\gamma^2(0) - \gamma^2(1)}{\gamma(0)}\right]$$
$$= -\frac{(\gamma(0) - \gamma(1))^2}{2\gamma^2(0)}\left(1 + \frac{\bm{g}'(1)\bm{g}(1)}{\gamma(0)}\right)$$

したがって，検定統計量 $\hat{Z}_\rho$ は，「共和分関係あり」の対立仮説のもとで，T のオーダーで $-\infty$ に発散することがわかる．

Phillips-Ouliaris(1990)は，t 統計量

$$\hat{Z}_t = \left(\frac{1}{T^2\hat{\sigma}_L^2}\sum_{t=2}^T \hat{\eta}_{t-1}^2\right)^{1/2}\hat{Z}_\rho \tag{8}$$

についても考察している．H_0 のもとでは，次の分布収束が成り立つ．

$$\left(\frac{1}{T^2}\sum_{t=2}^T \hat{\eta}_{t-1}^2, \hat{\sigma}_L^2\right) \Rightarrow \left(K_3^2 \int_0^1 Q^2(t)\,dt, K_3^2\, S'S\right)$$

ここで，

$$S' = \left(\int_0^1 \bm{W}_1'(t)W_2(t)\,dt \left(\int_0^1 \bm{W}_1(t)\bm{W}_1'(t)\,dt\right)^{-1}, 1\right)$$

である．実際，

$$\hat{\sigma}_L^2 \approx \frac{1}{T}\hat{\bm{\alpha}}'\left[\sum_{t=2}^T \Delta\bm{z}_t\Delta\bm{z}_t' + 2\sum_{j=1}^l \left(1 - \frac{j}{l+1}\right)\sum_{t=2}^{T-j}\Delta\bm{z}_t\Delta\bm{z}_{t+j}'\right]\hat{\bm{\alpha}}$$
$$\Rightarrow (-X_1', 1)K\,K'\begin{pmatrix}-X_1\\1\end{pmatrix} = (-X_1'K_1 + K_2', K_3)\begin{pmatrix}-K_1X_1 + K_2\\K_3\end{pmatrix}$$
$$= K_3^2\,S'S$$

が成り立つことがわかる．以上から，H_0 のもとで次の結果を得る．

$$\hat{Z}_t \Rightarrow \frac{\int_0^1 Q(t)\,dQ(t)}{\sqrt{S'S \int_0^1 Q^2(t)\,dt}} \tag{9}$$

他方,「共和分関係あり」の H_1 のもとでは,前の結果を使って,次の確率収束を得る.

$$\frac{1}{\sqrt{T}}\hat{Z}_t = \left(\frac{1}{\hat{\sigma}_L^2}\frac{1}{T}\sum_{t=2}^T \hat{\eta}_{t-1}^2\right)^{1/2}\frac{1}{T}\hat{Z}_\rho$$

$$\to \sqrt{\frac{\gamma^3(0)}{(\gamma(0)-\gamma(1))^2 \boldsymbol{g}'(1)\boldsymbol{g}(1)}}\left(-\frac{(\gamma(0)-\gamma(1))^2}{2\gamma^2(0)}\right)\left(1+\frac{\boldsymbol{g}'(1)\boldsymbol{g}(1)}{\gamma(0)}\right)$$

$$= -\frac{\gamma(0)-\gamma(1)}{2\sqrt{\gamma(0)\boldsymbol{g}'(1)\boldsymbol{g}(1)}}\left(1+\frac{\boldsymbol{g}'(1)\boldsymbol{g}(1)}{\gamma(0)}\right)$$

したがって,H_1 のもとでは,t 統計量は,$\sqrt{T}$ のオーダーで $-\infty$ に発散することがわかる.

上記の結果は,残差系列 $\{\hat{\eta}_t\}$ が定数項や線形トレンドを含まない回帰から得られた場合のものである.定数項を含む回帰から得られた残差の場合は,上の結果に現れる Brown 運動を平均調整済み Brown 運動に,また,定数項と線形トレンドを含む回帰から得られた残差の場合には,トレンド調整済み Brown 運動に置き換えればよい.

(例 11.1) TOPIX と為替レートの共和分検定

第 8 章 5 節で扱った TOPIX と為替レートの時系列(図 8-5)を考えよう.そこでの単位根検定の結果,これらは単位根時系列とみなすことができる.図 11-1 から図 11-3 は,TOPIX を為替レートに回帰したときの 3 種類の残差系列のプロットである.図 11-1 は,定数項も線形トレンドも含まない回帰,図 11-2 は定数項を含む回帰,図 11-3 は定数項と線形トレンドを含む回帰の残差系列である.これらの残差系列に対して,式(1)から得られる t 検定と,式(8)に基づく $\hat{Z}_t$ 検定を行った.その結果が,表 11-1 に示されている.第 1 列のモデル(A),(B),(C)は,それぞれ,上述の 3 つの残差系列に対応している.また,$\hat{Z}_t$ 検定は,ラグ打ち切り数 l として,$l=4$ と $l=8$ の 2 通りを考えている.表の右側にある分位点は,Zivot-Wang(2003)によるものである.この結果によれば,「共和分関係なし」の帰無仮説は,5% 有意水準で受容される.したがって,TOPIX と為替レートの間には,共和分関係があるとは考えにくい.

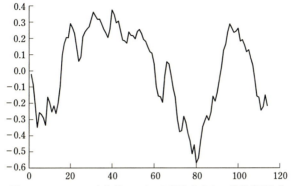

図 11-1 TOPIX を為替レートに回帰したときの残差系列(A)

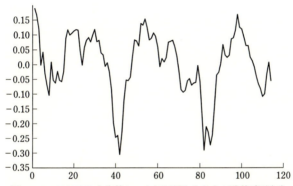

図 11-2 TOPIX を為替レートに回帰したときの残差系列(B)

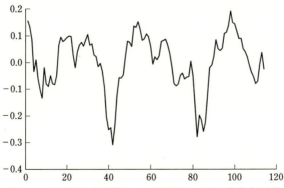

図 11-3 TOPIX を為替レートに回帰したときの残差系列(C)

表 11-1　TOPIX と為替レート時系列の共和分検定

モデル	t 統計量	$\hat{Z}_t\,(l=4)$	$\hat{Z}_t\,(l=8)$	10% 点	5% 点	1% 点
(A)	−1.92	−1.77	−1.83	−2.47	−2.79	−3.40
(B)	−2.92	−3.23	−3.24	−3.08	−3.39	−3.99
(C)	−3.03	−3.20	−3.21	−3.56	−3.86	−4.47

(例 11.2)　貸し出し金利と証券利回りの共和分検定

同じく,第 8 章 5 節で扱った貸し出し金利と証券利回りの時系列(図 8-7)を考えよう.これらの時系列も,単位根時系列とみなされるものであり,図 11-4,図 11-5,図 11-6 は,貸し出し金利を証券利回りに回帰したときの 3 種類の残差である.これらの残差系列に対して,(例 11.1)と同様の共和分検定を行った.ただし,$\hat{Z}_t$ 検定は,ラグ打ち切り数として,$l=5$ と $l=10$ を使っている.この結果(表 11-2)から,帰無仮説は 5% あるいは 1% 有意水準で棄却されるので,貸し出し金利と証券利回りの間には,共和分関係があると考えられる.

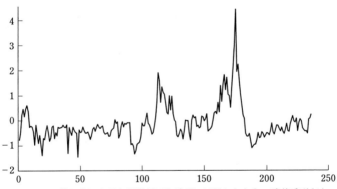

図 11-4　貸し出し金利を証券利回り系列に回帰したときの残差系列(A)

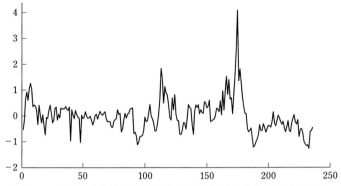

図 11-5 貸し出し金利を証券利回り系列に回帰したときの残差系列(B)

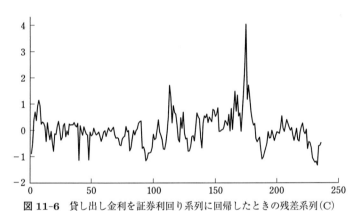

図 11-6 貸し出し金利を証券利回り系列に回帰したときの残差系列(C)

表 11-2 貸し出し金利と証券利回りの共和分検定

モデル	t 統計量	$\hat{Z}_t\ (l=5)$	$\hat{Z}_t\ (l=10)$	10% 点	5% 点	1% 点
(A)	-3.10	-4.30	-4.40	-2.47	-2.77	-3.37
(B)	-3.51	-5.49	-5.66	-3.06	-3.36	-3.94
(C)	-3.49	-6.13	-6.33	-3.53	-3.82	-4.39

11.2 逆向きの共和分検定

前節の検定は,帰無仮説が「共和分関係なし」であったが,本節では,「共和分関係あり」の帰無仮説を検定する方法について説明する.そのために,

Tanaka(1996)で提案された次のモデルを取り上げる.
$$y_t = \delta + \boldsymbol{\beta}'\boldsymbol{x}_t + \mu_t + \theta(L)v_t, \quad \Delta\boldsymbol{x}_t = G(L)\boldsymbol{u}_t, \quad \Delta\mu_t = \kappa v_t, \quad \mu_0 = 0 \tag{10}$$

ここで, $\boldsymbol{x}_t$ と $\boldsymbol{u}_t$ は $(q-1)\times 1$ ベクトル, $G(L)$ は $(q-1)\times(q-1)$ のラグ多項式, κ は非負の定数, $\boldsymbol{\xi}_t = (\boldsymbol{u}_t', v_t)'$ は i.i.d.$(0,\Sigma)$ の確率ベクトル列である. Σ は正則, $\theta(L)v_t$ と $G(L)\boldsymbol{u}_t$ は反転可能を仮定する. したがって, $G(1)$ は正則であり, $\boldsymbol{x}_t$ の各要素の間には, 共和分関係が存在しない.

以上の設定のもとで, 検定問題
$$H_0 : \kappa = 0 \quad \text{vs.} \quad H_1 : \kappa > 0 \tag{11}$$

を考える. H_0 のもとでは, 式(10)において $\mu_t = 0$ となるから, y_t と $\boldsymbol{x}_t$ は共和分関係にあり, $\{y_t - \boldsymbol{\beta}'\boldsymbol{x}_t\}$ が定常となる. 他方, H_1 のもとでは, いかなる線形結合も I(1) となる.

上記の検定問題に対して, LM タイプの検定統計量を導出しよう. そのために, まず, $\boldsymbol{\beta}$ が既知の場合を想定しよう. このとき, $w_t = y_t - \boldsymbol{\beta}'\boldsymbol{x}_t$ は観測可能である. さらに, $\theta(L) = 1$ とすれば, $\boldsymbol{w} = (w_1, \cdots, w_T)'$ は, 正規性のもとで,
$$\boldsymbol{w} = \delta\boldsymbol{e} + (\kappa C + I_T)\boldsymbol{v} \sim \mathrm{N}\left(\delta\boldsymbol{e}, \sigma_v^2(\kappa C + I_T)(\kappa C' + I_T)\right)$$

と表される. ここで, $\boldsymbol{e} = (1, \cdots, 1)' : T \times 1$, C は (j,k) 要素が $j \geq k$ のとき 1, $j < k$ のとき 0 となる下三角行列である. また, $\boldsymbol{v} = (v_1, \cdots, v_T)'$, $\sigma_v^2 = \mathrm{V}(v_t)$ である. したがって, 対数尤度は,
$$L(\kappa, \delta, \sigma_v^2) = -\frac{T}{2}\log(2\pi\sigma_v^2) - \frac{1}{2}\log|(\kappa C + I_T)(\kappa C' + I_T)|$$
$$- \frac{1}{2\sigma_v^2}(\boldsymbol{w} - \delta\boldsymbol{e})'\left[(\kappa C + I_T)(\kappa C' + I_T)\right]^{-1}(\boldsymbol{w} - \delta\boldsymbol{e})$$

で与えられる. このとき,
$$\left.\frac{\partial L}{\partial \kappa}\right|_{H_0} = -\frac{1}{2}\mathrm{tr}\left((C + C')\right) + \frac{1}{2\hat{\sigma}_v^2}(\boldsymbol{w} - \bar{w}\boldsymbol{e})'(C + C')(\boldsymbol{w} - \bar{w}\boldsymbol{e})$$

となる. ここで,

$$\hat{\sigma}_v^2 = \frac{1}{T}(\boldsymbol{w} - \bar{w}\boldsymbol{e})'(\boldsymbol{w} - \bar{w}\boldsymbol{e}), \quad C + C' = I_T + \boldsymbol{e}\boldsymbol{e}', \quad \boldsymbol{e}'(\boldsymbol{w} - \bar{w}\boldsymbol{e}) = 0$$

であることから,1階の偏導関数は定数になることがわかる.そこで,2階の偏導関数を評価することにより,検定統計量として,

$$S_{1T} = \frac{1}{T} \sum_{j=1}^{T} \left(\sum_{t=j}^{T} (w_t - \bar{w}) \right)^2 \bigg/ \sum_{t=1}^{T} (w_t - \bar{w})^2$$

を考えることができる.この値が大きいときに H_0 を棄却する検定は LBIU である.そして,局所対立仮説 $\kappa = c/T$ のもとで,次の分布収束に従う (Tanaka 1996).

$$S_{1T} \Rightarrow \sum_{n=1}^{\infty} \left(\frac{1}{n^2 \pi^2} + \frac{c^2}{n^4 \pi^4} \right) Z_n^2$$

ここで,$\{Z_n\} \sim \mathrm{NID}(0,1)$ である.

以上の議論は,$\boldsymbol{\beta}$ が既知で,しかも,$\theta(L) = 1$ の場合である.一般的な場合を扱うために,次の確率過程を定義する.

$$\Delta \boldsymbol{z}_t = \begin{pmatrix} \Delta \boldsymbol{x}_t \\ x_{2t} \end{pmatrix} = \begin{pmatrix} G(L) & \boldsymbol{0} \\ \boldsymbol{0}' & \theta(L) \end{pmatrix} \boldsymbol{\xi}_t = \begin{pmatrix} J_1(L) & \boldsymbol{0} \\ J_2'(L) & J_3(L) \end{pmatrix} \boldsymbol{\varepsilon}_t$$

ここで,$\{\boldsymbol{\varepsilon}_t\} \sim \mathrm{i.i.d.}(\boldsymbol{0}, I_q)$ である.また,

$$J_1(L) = G(L)\Sigma_{11}^{1/2} : (q-1) \times (q-1), \, J_2'(L) = \theta(L)\Sigma_{21}\Sigma_{11}^{-1/2} : 1 \times (q-1)$$
$$J_3(L) = \theta(L)\Sigma_{22 \cdot 1}^{1/2} : 1 \times 1, \quad \Sigma_{22 \cdot 1} = \Sigma_{22} - \Sigma_{21}\Sigma_{11}^{-1}\Sigma_{12}$$

であり,Σ_{jk} は $\Sigma(=\mathrm{V}(\boldsymbol{\xi}_t))$ の部分行列である.さらに,$\{\Delta \boldsymbol{z}_t\}$ の長期分散行列を次のように定義する.

$$\Omega = JJ' = \begin{pmatrix} \Omega_{11} & \Omega_{12} \\ \Omega_{21} & \Omega_{22} \end{pmatrix}, \quad J = \begin{pmatrix} J_1(1) & \boldsymbol{0} \\ J_2'(1) & J_3(1) \end{pmatrix} = \begin{pmatrix} J_1 & \boldsymbol{0} \\ J_2' & J_3 \end{pmatrix}$$

さて,一般的なモデル(10)に対して,残差

$$\tilde{w}_t = y_t - \bar{y} - \tilde{\boldsymbol{\beta}}_{FM}'(\boldsymbol{x}_t - \bar{\boldsymbol{x}}) - \tilde{\Omega}_{21}\tilde{\Omega}_{11}^{-1}\Delta \boldsymbol{x}_t$$

を定義しよう.ここで,$\tilde{\boldsymbol{\beta}}_{FM}$ と $\tilde{\Omega}_{jk}$ は,それぞれ,H_0 のもとでのモデル

(10) に対する β の FM 推定量と Ω_{jk} の一致推定量であり，前章 4 節で述べた方法で構成される．そして，検定統計量として，

$$\tilde{S}_{1T} = \frac{1}{T^2} \sum_{j=1}^{T} \left(\sum_{t=1}^{j} (\tilde{w} - \bar{\tilde{w}}) \right)^2 \Big/ \tilde{\Omega}_{22\cdot 1} \tag{12}$$

を考える．ここで，

$$\bar{\tilde{w}} = \frac{1}{T} \sum_{t=1}^{T} \tilde{w}_t, \quad \tilde{\Omega}_{22\cdot 1} = \tilde{\Omega}_{22} - \tilde{\Omega}_{21} \tilde{\Omega}_{11}^{-1} \tilde{\Omega}_{12}$$

である．このとき，局所対立仮説 $\kappa = c/T$ のもとでの $\tilde{S}_{1T}$ の分布収束に関して，次の定理が成り立つ (Tanaka 1996)．

定理 11.1 式 (10) で定義された統計量 $\tilde{S}_{1T}$ は，$\kappa = c/T$ のもとで，次の分布収束に従う．

$$\tilde{S}_{1T} \quad \Rightarrow \quad \int_0^1 (Z_1(t) + c Z_2(t))^2$$

ここで，

$$Z_1(t) = W_2(t) - t W_2(1)$$
$$\qquad - \int_0^t \tilde{\boldsymbol{W}}'_1(s)\, ds \left(\int_0^1 \tilde{\boldsymbol{W}}_1(s)\tilde{\boldsymbol{W}}'_1(s)\, ds \right)^{-1} \int_0^1 \tilde{\boldsymbol{W}}_1(s)\, dW_2(s)$$
$$Z_2(t) = \frac{(J'_2, J_3)}{\theta(1) J_3} \Big\{ \int_0^t \tilde{\boldsymbol{W}}(s)\, ds$$
$$\qquad - \int_0^1 \tilde{\boldsymbol{W}}(s)\tilde{\boldsymbol{W}}'_1(s)\, ds \left(\int_0^1 \tilde{\boldsymbol{W}}_1(s)\tilde{\boldsymbol{W}}'_1(s)\, ds \right)^{-1} \int_0^t \tilde{\boldsymbol{W}}_1(s)\, ds \Big\}$$

であり，$\tilde{\boldsymbol{W}}(t) = (\tilde{\boldsymbol{W}}'_1(t), \tilde{W}_2(t))'$ は，平均調整済み Brown 運動である．

「共和分関係あり」を帰無仮説とする検定問題は，他にも Hansen (1992)，Quintos-Phillips (1993), Shin (1994) などで議論されている．それぞれのモデルの定式化や仮定が異なるので，検定統計量の表現も分布も異なることに注意されたい．

11.3 共和分のシステム推定

今,$\{\boldsymbol{y}_t\}$ を q 次元ベクトル時系列として,各成分が I(1) 系列であるとする.特に,$\{\boldsymbol{y}_t\}$ が,VAR(p) モデル

$$\boldsymbol{y}_t = B_1 \boldsymbol{y}_{t-1} + \cdots + B_p \boldsymbol{y}_{t-p} + \boldsymbol{\varepsilon}_t, \quad \{\boldsymbol{\varepsilon}_t\} \sim \text{i.i.d.}(0, \Sigma) \qquad (13)$$

に従うものとしよう.このモデルは,行列のラグ多項式 $B(L)$ を使って,次のように表すことができる.

$$B(L)\,\boldsymbol{y}_t = \boldsymbol{\varepsilon}_t, \quad B(L) = I_q - B_1 L - \cdots - B_p L^p \qquad (14)$$

ここで,特性方程式 $|B(x)| = 0$ の根は,すべて絶対値が 1 以上であり,絶対値が 1 となる根は 1 のみ,すなわち,単位根のみである.このとき,

$$\text{特性方程式の単位根の個数} = q - \text{rank}(B(1)) = q - r$$

が成り立つ.

特性方程式 $|B(x)| = 0$ が単位根をもたなければ,$\{\boldsymbol{y}_t\}$ は定常過程となるから,単位根は少なくとも 1 個はある.このことから,$B(1)$ は正則でないことになるから,$B(1)$ のランク r は高々 $q-1$ である.他方,$B(1)$ のランク r が 0 の場合は,$B(1)$ は零行列となり,$B(L)$ は $1-L$ を因数にもつので,$B(L) = (1-L)\tilde{B}(L)$ と因数分解される.$\tilde{B}(1)$ は正則である.以下で説明するように,共和分関係の有無は $B(1)$ のランク r と関係している.

以上の設定のもとで,(13) の VAR(p) モデルを次のように変形してみよう.

$$\Delta \boldsymbol{y}_t = \sum_{j=0}^{\infty} C_j \boldsymbol{\varepsilon}_{t-j} = C(L)\,\boldsymbol{\varepsilon}_t \qquad (15)$$

このとき,(14) と (15) より,

$$B(L)\,\Delta \boldsymbol{y}_t = \Delta \boldsymbol{\varepsilon}_t = B(L)\,C(L)\,\boldsymbol{\varepsilon}_t$$

となるから,$B(L)\,C(L) = \Delta I_q = (1-L)\,I_q$ である.したがって,

$$B(1)\,C(1) = 0 \qquad (16)$$

を得る．

前章1節で議論したように，$\boldsymbol{\beta}'C(1) = \boldsymbol{0}'$ となるようなベクトル $\boldsymbol{\beta}(\neq \boldsymbol{0})$ が共和分ベクトルである．したがって，式(16)の関係から，行列 $B(1)$ の各行が共和分ベクトルの可能性をもつことがわかる．そして，rank($B(1)$) が共和分ランクとなる．

Johansen(1995)は，共和分ランクが r のときの VAR(p) モデルを推定するために，まず，(14)の $B(L)$ を次のように表現した．

$$B(L) = B(1)\,L + B(L) - B(1)\,L = B(1)\,L + \Delta\,\Gamma(L)$$

ここで，

$$\Gamma(L) = I_q - \Gamma_1 L^1 - \cdots - \Gamma_{p-1} L^{p-1}, \qquad \Gamma_j = -\sum_{i=j+1}^{p} B_i$$

である．この表現を使って，VAR(p) モデルは次のように変形できる．

$$\Delta \boldsymbol{y}_t = \boldsymbol{\gamma}\,\boldsymbol{\alpha}'\,\boldsymbol{y}_{t-1} + \Gamma_1 \Delta\,\boldsymbol{y}_{t-1} + \cdots + \Gamma_{p-1} \Delta\,\boldsymbol{y}_{t-p+1} + \boldsymbol{\varepsilon}_t \qquad (17)$$

ここで，$\boldsymbol{\gamma}\,\boldsymbol{\alpha}' = -B(1)$ であり，$\boldsymbol{\gamma}$ と $\boldsymbol{\alpha}$ は $q \times r$ の行列で，ランクはともに r である．ただし，この分解は一意的ではない．すなわち，r 次の任意の正則行列 $\boldsymbol{Q}$ に対して，

$$\boldsymbol{\gamma}\,\boldsymbol{\alpha}' = \boldsymbol{\gamma}\boldsymbol{Q}\,\boldsymbol{Q}^{-1}\boldsymbol{\alpha}' = \tilde{\boldsymbol{\gamma}}\,\tilde{\boldsymbol{\alpha}}' = -B(1)$$

となるような $\tilde{\boldsymbol{\gamma}}$ と $\tilde{\boldsymbol{\alpha}}$ が存在する．

式(17)のモデルは，**誤差修正モデル**(Error Correction Model：ECM)と呼ばれる．右辺第1項の $\{\boldsymbol{\alpha}'\boldsymbol{y}_{t-1}\}$ は I(1) 系列の線形結合からなる r 次元のベクトルである．この項以外は定常であるから，r が正である限り定常であり，原系列の長期的な均衡関係からの乖離を表している．このように，共和分関係が存在する場合には，階差系列に加えてレベルの変数も混在することになり，通常の ARIMA モデルでは表現不可能な形をしている．行列 $\boldsymbol{\alpha}$ は**共和分行列**と呼ばれる．他方，$\boldsymbol{\alpha}'$ の前にかかる行列 $\boldsymbol{\gamma}$ は**調整行列**と呼ばれる．誤差修正モ

デルの意味合いを理解するために，次の例を考えよう．

(例 11.3) 誤差修正モデルの意味合い

$\{y_t\}$ を 2 次元の VAR(1) モデルに従う I(1) 系列として，その ECM 表現を考えよう．

$$y_t = B_1 y_{t-1} + \varepsilon_t \quad \Leftrightarrow \quad \Delta y_t = -(I_2 - B_1) y_{t-1} + \varepsilon_t = \gamma \alpha' y_{t-1} + \varepsilon_t$$

$\{y_t\}$ の 2 つの I(1) 系列が共和分しているならば，$-(I_2 - B_1)$ のランクは 1 であり，$\{\alpha' y_t\}$ が I(0) となるような共和分ベクトル $\alpha = (\alpha_1, \alpha_2)'$ が存在する．このとき，ECM 表現は次のようになる．

$$\Delta y_t = \begin{pmatrix} \Delta y_{1t} \\ \Delta y_{2t} \end{pmatrix} = \gamma \alpha' y_{t-1} + \varepsilon_t = \begin{pmatrix} \gamma_1(\alpha_1 y_{1,t-1} + \alpha_2 y_{2,t-1}) + \varepsilon_{1t} \\ \gamma_2(\alpha_1 y_{1,t-1} + \alpha_2 y_{2,t-1}) + \varepsilon_{2t} \end{pmatrix}$$

ここで，第 1 方程式は y_{1t} の変化を均衡からの乖離 $\alpha_1 y_{1,t-1} + \alpha_2 y_{2,t-1}$ に関連づけるものであり，パラメータ γ_1 は調整速度の意味合いをもっている．第 2 方程式についても，同様の解釈が可能である．なお，この場合，共和分ベクトル α は，例えば，$\alpha = (-\alpha, 1)'$ のように規準化するのが普通であり，その場合，均衡からの乖離は $y_{2,t-1} - \alpha y_{1,t-1}$ となる．

さて，式 (17) の誤差修正モデルに含まれるパラメータ全体をベクトル θ で表そう．誤差項 $\{\varepsilon_t\}$ に正規性を仮定すると，θ の MLE は，$\{\Delta y_t\}$ に対する対数尤度

$$L(\theta) = -\frac{qT}{2} \log(2\pi) - \frac{T}{2} \log |\Sigma|$$
$$- \frac{1}{2} \sum_{t=1}^{T} (z_{0t} - \gamma \alpha' z_{1t} - \Gamma z_{2t})' \Sigma^{-1} (z_{0t} - \gamma \alpha' z_{1t} - \Gamma z_{2t}) \quad (18)$$

を最大にする値となる．ここで，

$$z_{0t} = \Delta y_t, \quad z_{1t} = y_{t-1}, \quad z_{2t} = (\Delta y'_{t-1}, \cdots, \Delta y'_{t-p+1})', \quad \Gamma = (\Gamma_1, \cdots, \Gamma_{p-1})$$

であり，$L(\theta)$ の最大化を考えるために，次の残差積和行列を定義する．

$$S_{ab} = \frac{1}{T}\sum_{t=1}^{T} \hat{u}_{at}\hat{u}'_{bt}, \qquad z_{at} = \hat{\Phi}_a\, z_{2t} + \hat{u}_{at} \qquad (a,b=0,1)$$

以上の設定のもとで，まず，共和分ランクが 0 の場合，$\alpha = \gamma = 0$ であり，$L(\boldsymbol{\theta})$ の最大値は

$$L_0 = -\frac{qT}{2}\log(2\pi) - \frac{T}{2}\log|S_{00}| - \frac{qT}{2} \tag{19}$$

となる．他方，共和分ランク r が正という条件のもとでは，α を与えられたものとすると，$L(\boldsymbol{\theta})$ の最大化は，

$$\left|\hat{\Sigma}(r)\right| = \left|S_{00} - S_{01}\boldsymbol{\alpha}(\boldsymbol{\alpha}'S_{11}\boldsymbol{\alpha})^{-1}\boldsymbol{\alpha}'S_{10}\right| = |S_{00}|\frac{|\boldsymbol{\alpha}'(S_{11} - S_{10}S_{00}^{-1}S_{01})\boldsymbol{\alpha}|}{|\boldsymbol{\alpha}'S_{11}\boldsymbol{\alpha}|} \tag{20}$$

を最小化することに帰着する(詳細は Johansen 1995, Hatanaka 1996 を参照されたい)．ここで，最後の等号は，次の関係式から得られる．

$$\left|\begin{pmatrix} S_{00} & S_{01}\boldsymbol{\alpha} \\ \boldsymbol{\alpha}'S_{10} & \boldsymbol{\alpha}'S_{11}\boldsymbol{\alpha} \end{pmatrix}\right| = |S_{00}|\,|\boldsymbol{\alpha}'S_{11}\boldsymbol{\alpha} - \boldsymbol{\alpha}'S_{10}S_{00}^{-1}S_{01}\boldsymbol{\alpha}|$$

$$= |\boldsymbol{\alpha}'S_{11}\boldsymbol{\alpha}|\,|S_{00} - S_{01}\boldsymbol{\alpha}(\boldsymbol{\alpha}'S_{11}\boldsymbol{\alpha})^{-1}\boldsymbol{\alpha}'S_{10}|$$

式(20)の最小値は，$\boldsymbol{\alpha}'S_{11}\boldsymbol{\alpha} = I_r$ という規準化則のもとで，

$$|S_{00}|\prod_{j=1}^{r}\left(1 - \hat{\lambda}_j\right)$$

となることが示される．ただし，$\hat{\lambda}_1 \geq \cdots \geq \hat{\lambda}_r$ は，固有値問題

$$S_{10}S_{00}^{-1}S_{01}\hat{V} = S_{11}\hat{V}\hat{\Lambda}, \qquad \hat{\Lambda} = \mathrm{diag}\left(\hat{\lambda}_1,\cdots,\hat{\lambda}_r\right)$$

の解であり，$\hat{V} = (\hat{v}_1,\cdots,\hat{v}_r)$ は対応する固有ベクトルからなる行列である．このとき，最小値を与える共和分ベクトル $\boldsymbol{\alpha}$ の推定量は，

$$\hat{\boldsymbol{\alpha}} = \hat{V} = (\hat{v}_1,\cdots,\hat{v}_r), \qquad \hat{\boldsymbol{\alpha}}'S_{11}\hat{\boldsymbol{\alpha}} = I_r$$

とすることができる．後者の条件は規準化則である．

以上より，$\mathrm{rank}(\boldsymbol{\alpha}) = r$ のもとで，対数尤度関数(18)の最大値は，

$$L_r = -\frac{qT}{2}\log(2\pi) - \frac{T}{2}\log|S_{00}| - \frac{T}{2}\sum_{j=1}^{r}\log\left(1-\hat{\lambda}_j\right) - \frac{qT}{2} \quad (21)$$

で与えられることになる．

ここで考えた誤差修正モデルは，式(17)にあるように，係数行列がフル・ランクでない場合を扱うものである．このようなモデルは，一般に**ランク落ちモデル**と呼ばれており，Anderson(1951)により，回帰モデルの場合に最初に考察されたものである．

11.4 共和分ランクの検定

前節では，共和分ランクを既知として推定問題を考えた．しかし，一般には共和分ランクは未知であり，その値を決定することは重要な統計的問題である．

共和分ランクに関する検定のためのモデルとして，前節のように，VAR(p)を変換した誤差修正モデル

$$\Delta \boldsymbol{y}_t = \boldsymbol{\gamma}\boldsymbol{\alpha}'\boldsymbol{y}_{t-1} + \Gamma_1 \Delta \boldsymbol{y}_{t-1} + \cdots + \Gamma_{p-1}\Delta \boldsymbol{y}_{t-p+1} + \boldsymbol{\varepsilon}_t \quad (22)$$

を考えよう．時系列 $\{\boldsymbol{y}_t\}$ は q 次元ベクトルであり，各系列は高々 I(1) である．

このとき，検定問題

$$H_0 : \text{rank}(\boldsymbol{\alpha}) = r < q \quad \text{vs.} \quad H_1 : \text{rank}(\boldsymbol{\alpha}) = q$$

を考える．これは，係数行列 $\boldsymbol{\gamma}\boldsymbol{\alpha}'$ のランク制約に関する検定である．帰無はランク落ちの制約仮説であり，対立仮説はフル・ランクという意味で無制約である．q 次元ベクトル時系列は，帰無仮説のもとでは r 個の1次独立な共和分関係をもち，対立仮説では定常となる．特に，$q=1$ の場合は1変量の単位根検定に帰着することが了解されよう．したがって，この検定は単位根検定の拡張と考えられる．

検定統計量としては，誤差項 $\{\boldsymbol{\varepsilon}_t\}$ に正規性を仮定して，尤度比統計量を考えることができる．$L(\boldsymbol{\theta})$ を対数尤度とすれば，尤度比検定は，前節の議論を

使って，式(21)から，

$$J_T = -2(L_r - L_q) = -T \sum_{j=r+1}^{q} \log\left(1 - \hat{\lambda}_j\right)$$

が大きいときに H_0 を棄却するものとなる．尤度比統計量 J_T の極限帰無分布について，Johansen(1988)は次のことを示した．

$$J_T \Rightarrow \mathrm{tr}\left(\int_0^1 d\boldsymbol{W}(t)\,\boldsymbol{W}'(t) \left(\int_0^1 \boldsymbol{W}(t)\,\boldsymbol{W}'(t)\,dt\right)^{-1} \int_0^1 \boldsymbol{W}(t)\,d\boldsymbol{W}'(t)\right) \tag{23}$$

ここで，$\{\boldsymbol{W}(t)\}$ は $q-r$ 次元の標準 Brown 運動である．統計量がトレースで表されるので，この検定は**トレース検定**と呼ばれる．シミュレーションから得られた極限分布の分位点が Johansen(1995) の Table 15.1 に与えられている．

Johansen(1995)は，上記の検定問題の他に，

$$H_0 : \mathrm{rank}(\boldsymbol{\alpha}) = r < q \quad \text{vs.} \quad H_1 : \mathrm{rank}(\boldsymbol{\alpha}) = r+1$$

を考えた．この場合の尤度比検定は，$-T\left(1 - \hat{\lambda}_{r+1}\right)$ が大きいときに H_0 を棄却するものとなり，帰無分布は漸近的に(23)の右辺に現れる確率行列の固有値の最大値に収束する．この意味で，この場合の検定は**最大固有値検定**と呼ばれ，Osterwald-Lenum(1992)に有意点が数表化されている．

11.5　さまざまな拡張

式(13)で扱った VAR(p) モデルは，定数項や線形トレンドを含むモデル，あるいは季節性を考慮したモデルなどに拡張できる．そして，それぞれの場合に対して，さまざまな検定が提案されている．

ここでは，定数項と線形トレンドを追加したモデル

$$\boldsymbol{y}_t = \boldsymbol{\mu}_0 + \boldsymbol{\mu}_1 t + B_1\,\boldsymbol{y}_{t-1} + \cdots + B_p\,\boldsymbol{y}_{t-p} + \boldsymbol{\varepsilon}_t, \quad \{\boldsymbol{\varepsilon}_t\} \sim \text{i.i.d.}(0, \Sigma) \tag{24}$$

を考えよう．このモデルは，

$$\Delta \boldsymbol{y}_t = C(L)\left(\boldsymbol{\mu}_0 + \boldsymbol{\mu}_1 t + \boldsymbol{\varepsilon}_t\right) = C(1)\boldsymbol{\mu}_0 + C(L)(\boldsymbol{\mu}_1 t + \boldsymbol{\varepsilon}_t)$$
$$= \boldsymbol{\mu}_0 + \boldsymbol{\mu}_1 t + \boldsymbol{\gamma}\boldsymbol{\alpha}' \boldsymbol{y}_{t-1} + \Gamma_1 \Delta \boldsymbol{y}_{t-1} + \cdots + \Gamma_{p-1} \Delta \boldsymbol{y}_{t-p+1} + \boldsymbol{\varepsilon}_t \tag{25}$$

と表現することができる．

このように，定数項やトレンドを含む誤差修正モデルに対しても，これらを含まないモデルと同様に推定や検定の問題を考えることができる．例えば，前節の検定問題に対しては，前と同様の尤度比検定が導出される．ただし，(13)のモデルと異なり，(24)においては，定数ベクトル $\boldsymbol{\mu}_0$ あるいは $\boldsymbol{\mu}_1$ の性質により，統計量の分布は場合分けして考える必要がある．

このことを説明するために，共和分行列 $\boldsymbol{\alpha}$ と調整行列 $\boldsymbol{\gamma}$ に対して，$\boldsymbol{\alpha}'_\perp \boldsymbol{\alpha} = 0$, $\boldsymbol{\gamma}'_\perp \boldsymbol{\gamma} = 0$ となるランク $q-r$ の $q \times (q-r)$ 行列 $\boldsymbol{\alpha}_\perp$ と $\boldsymbol{\gamma}_\perp$ を定義する．このとき，Johansen(1991) は，式(25)に現れる長期分散に関連した行列 $C(1)$ が，

$$C(1) = \boldsymbol{\alpha}_\perp \left(\boldsymbol{\gamma}'_\perp \tilde{B}(1) \boldsymbol{\alpha}_\perp\right)^{-1} \boldsymbol{\gamma}'_\perp \tag{26}$$

と表されることを示した．ただし，$\tilde{B}(1)$ は，B-N 分解 $B(L) = B(1) + (1-L)\tilde{B}(L)$ から得られる行列である．

このとき，(25)の誤差修正モデルは，$\boldsymbol{\mu}_t = \boldsymbol{\mu}_0 + \boldsymbol{\mu}_1 t$ の制約に関して，次の 5 つの場合に分けて考えることができる．

（a） $\boldsymbol{\mu}_t = 0$

この場合は，前節で扱った次のモデルに帰着する．

$$\Delta \boldsymbol{y}_t = \boldsymbol{\gamma}\boldsymbol{\alpha}' \boldsymbol{y}_{t-1} + \Gamma_1 \Delta \boldsymbol{y}_{t-1} + \cdots + \Gamma_{p-1} \Delta \boldsymbol{y}_{t-p+1} + \boldsymbol{\varepsilon}_t$$

（b） $\boldsymbol{\mu}_t = \boldsymbol{\mu}_0$, $\boldsymbol{\gamma}'_\perp \boldsymbol{\mu}_0 = \boldsymbol{0}$

これは，$\boldsymbol{\mu}_0$ が制約されている場合である．このとき，$C(1)\boldsymbol{\mu}_0 = \boldsymbol{0}$ であるから，式(25)から，レベルの変数については，線形トレンドをもたないことになる．この制約は，$\boldsymbol{\mu}_0$ が $\boldsymbol{\gamma}$ の列ベクトルにより張られる空間に属することを意味するから，$\boldsymbol{\mu}_0 = \boldsymbol{\gamma}\tilde{\boldsymbol{\mu}}_0$ と表すことができる．したがって，均衡からの乖離 $\boldsymbol{\alpha}' \boldsymbol{y}_{t-1}$ の平均が $-\tilde{\boldsymbol{\mu}}_0$ となり，次の誤差修正モ

デルを得る．

$$\Delta y_t = \gamma(\alpha' y_{t-1} + \tilde{\mu}_0) + \Gamma_1 \Delta y_{t-1} + \cdots + \Gamma_{p-1} \Delta y_{t-p+1} + \varepsilon_t$$

（c） $\mu_t = \mu_0$, $\gamma'_\perp \mu_0 \neq 0$

これは，μ_0 が無制約の場合であるから，レベルの変数は線形トレンドをもつ．そして，誤差修正モデルは任意の定数項を含む次の形となる．

$$\Delta y_t = \mu_0 + \gamma \alpha' y_{t-1} + \Gamma_1 \Delta y_{t-1} + \cdots + \Gamma_{p-1} \Delta y_{t-p+1} + \varepsilon_t$$

（d） $\mu_t = \mu_0 + \mu_1 t$, $\gamma'_\perp \mu_1 = 0$

これは，トレンド係数 μ_1 が制約されている場合であり，レベルの変数は，2次ではなく，線形トレンドをもつ．制約条件から，$\mu_1 = \gamma\tilde{\mu}_1$ と表すことができるので，$\alpha' y_{t-1}$ は，制約された線形トレンドをもつことになり，次の誤差修正モデルを得る．

$$\Delta y_t = \mu_0 + \gamma(\alpha' y_{t-1} + \tilde{\mu}_1 t) + \Gamma_1 \Delta y_{t-1} + \cdots + \Gamma_{p-1} \Delta y_{t-p+1} + \varepsilon_t$$

（e） $\mu_t = \mu_0 + \mu_1 t$, $\gamma'_\perp \mu_1 \neq 0$

これは，係数が無制約の場合であり，レベルの変数は2次のトレンドをもつ．そして，誤差修正モデルは任意の線形トレンドをもつ次の形となる．

$$\Delta y_t = \mu_0 + \mu_1 t + \gamma \alpha' y_{t-1} + \Gamma_1 \Delta y_{t-1} + \cdots + \Gamma_{p-1} \Delta y_{t-p+1} + \varepsilon_t$$

上記の5つのモデル(a)-(e)のうち，(b)-(e)に対して，トレース検定と最大固有値検定のための検定統計量の分布を記述するために，$(q-r) \times (q-r)$ の確率行列

$$R = \int_0^1 dW(t) F'(t) \left(\int_0^1 F(t) F'(t) dt \right)^{-1} \int_0^1 F(t) dW'(t) \quad (27)$$

を定義しよう．ここで，$\{W(t)\}$ は $q-r$ 次元標準 Brown 運動，$\{F(t)\}$ は，以下で定義される $q-r$ あるいは $q-r+1$ 次元確率過程である．このとき，トレース検定統計量の極限帰無分布は $\mathrm{tr}(R)$ の分布であり，最大固有値検定統計量の場合は，R の最大固有値の分布となる．

ここで，(b)-(e) の場合の $\boldsymbol{F}(t)$ の定義は次の通りである．

(b) の場合：$\boldsymbol{F}(t)$ は $q-r+1$ 次元の確率過程で，

$$F_j(t) = W_j(t) \quad (j=1,\cdots,q-r), \quad F_{q-r+1}(t) = 1$$

となる．この場合の分布表は，Johansen(1995) の Table 15.2 に与えられている．

(c) の場合：$\boldsymbol{F}(t)$ は $q-r$ 次元で，

$$F_j(t) = W_j(t) - \int_0^1 W_j(s)\,ds \quad (j=1,\cdots,q-r-1), \quad F_{q-r}(t) = t - \frac{1}{2}$$

となる．この場合の分布表は，Johansen(1995) の Table 15.3 に与えられている．

(d) の場合：$\boldsymbol{F}(t)$ は $q-r+1$ 次元で，

$$F_j(t) = W_j(t) - \int_0^1 W_j(s)\,ds \quad (j=1,\cdots,q-r), \quad F_{q-r+1}(t) = t - \frac{1}{2}$$

となる．この場合の分布表は，Johansen(1995) の Table 15.4 に与えられている．

(e) の場合：$\boldsymbol{F}(t)$ は $q-r$ 次元で，

$$F_j(t) = W_j(t) - a_j - b_j t \quad (j=1,\cdots,q-r-1), \quad F_{q-r}(t) = t^2 - a - bt$$

となる．ここで，a_j と b_j は，正規方程式

$$\int_0^1 W_j(t)\,dt = a_j + b_j \int_0^1 t\,dt$$
$$\int_0^1 t\,W_j(t)\,dt = a_j \int_0^1 t\,dt + b_j \int_0^1 t^2\,dt$$

の解であり，確率変数である．他方，a と b は，方程式

$$\int_0^1 t^2\,dt = a + b \int_0^1 t\,dt$$
$$\int_0^1 t^3\,dt = a \int_0^1 t\,dt + b \int_0^1 t^2\,dt$$

の解，すなわち，$a = -1/6$, $b = 1$ である．この場合の分布表は，Johansen(1995) の Table 15.5 に与えられている．

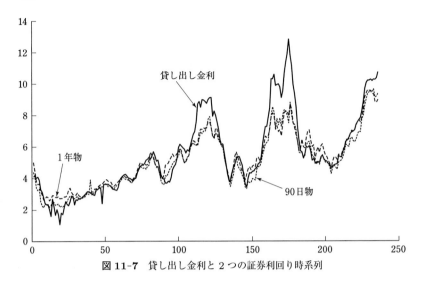

図 11-7 貸し出し金利と 2 つの証券利回り時系列

(例 11.4) 貸し出し金利と 2 つの証券利回りの共和分検定

図 11-7 には 3 つの時系列がプロットされている．このうち，2 つは，第 8 章 5 節および本章 1 節の (例 11.2) で扱った貸し出し金利 (実線) と証券利回り 90 日物 (点線) であり，もう 1 つは，証券利回り 1 年物 (破線) の時系列である．これら 3 つの時系列からなるベクトルを $\boldsymbol{y}_t = (y_1, y_{2t}, y_{3t})'$ として，トレース検定と最大固有値検定により，共和分ランクを求めてみよう．

まず，3 次元の VAR モデルを AIC 規準によりあてはめて，VAR(4) モデルを得た．次に，誤差修正モデルとして，(b) と (c) を考えて，それぞれの場合について以下の結果を得た．

(b) の場合： 検定結果が表 11-3 に示されている．ここで，左の列の $H(r)$ は，帰無仮説 $H_0 : \mathrm{rank}(\boldsymbol{\alpha}) = r$ を意味する．また，分位点は，Zivot-Wang (2003) から得たものである．この結果から，3 つの時系列の間には共和分関係が存在し，共和分ランクは 1 とみなすことができることがわかる．このとき，共和分ベクトル $\boldsymbol{\alpha}$ と調整ベクトル $\boldsymbol{\gamma}$ は，

$$\hat{\boldsymbol{\alpha}} = (1, -3.027, 1.814)', \quad \hat{\boldsymbol{\gamma}} = (-0.151, 0.075, 0.007)'$$

と推定される．

表 11-3 トレース検定と最大固有値検定：(b)の場合

仮説	統計値	トレース検定		統計値	最大固有値検定	
		5% 点	1% 点		5% 点	1% 点
$H(0)$	53.26	34.91	41.07	38.25	22.00	26.81
$H(1)$	15.01	19.96	24.60	12.79	15.67	20.20
$H(2)$	2.22	9.24	12.97	2.22	9.24	12.97

(c)の場合： 検定結果が表 11-4 に示されている．(b)との違いは，定数項が制約されないことであり，検定統計量の帰無分布は，(b)の場合よりも左にシフトする．この場合にも，(b)の場合と同様，3つの時系列の間には共和分関係が存在し，共和分ランクは 1 とみなすことができる．このとき，α と γ は，

$$\hat{\alpha} = (1, -3.025, 1.812)', \quad \hat{\gamma} = (-0.153, 0.073, 0.005)'$$

と推定される．この結果は，係数を制約した(b)の場合の結果と非常によく似ている．

表 11-4 トレース検定と最大固有値検定：(c)の場合

仮説	統計値	トレース検定		統計値	最大固有値検定	
		5% 点	1% 点		5% 点	1% 点
$H(0)$	52.15	29.68	35.65	38.16	20.97	25.52
$H(1)$	13.99	15.41	20.04	12.78	14.07	18.63
$H(2)$	1.21	3.76	6.65	1.21	3.76	6.65

本節の冒頭で述べたように，共和分ランクの検定は，以上の他にも，多くのモデルに対して考案されている．例えば，Johansen-Schaumburg(1999)は，季節性を含むモデルを考察し，Jeganathan(1999)は，誤差項がフラクショナルな $I(d)$ 過程の場合の共和分検定を議論している．これらの詳細については，ここでは省略するので，Hubrich et al.(2001)を参照されたい．

第12章
ウェーブレット解析

　従来の時系列分析は，時間領域か周波数領域のいずれかにおいて別々に展開されてきた．それに対して，本章で説明するウェーブレットの方法は，これら2つを同時に考慮した領域，すなわち，ウェーブレット領域においてデータを分析するものである．そのために，原系列はウェーブレット変換される．そして，ウェーブレット変換がもたらす特性を利用することにより，従来の時系列分析では不可能であった分析が展開されることになる．

12.1　はじめに

　ウェーブレット解析のルーツは，1980年代初頭にフランスの石油探査技師J. Morletが考案した解析手法にあるとされている(榊原1995)．Morletは，油床が存在する地層を特定化するために地中に振動を与え，人工的に作り出された地震波を解析する研究に従事していたが，実際に観測される地震波は，油床以外の地層や異質物の影響により，多くの不規則で局所的なノイズを含んでおり，伝統的なFourier変換による解析方法では満足のいく結果が得られなかった．すなわち，規則的な三角関数の重ね合わせだけでは，ノイズを含んだ地震波を表現することに限界があった．そこで，短い波(ウェーブレット)を局所的に拡大縮小したり，平行移動したりすることにより，地震波を時間と周波数の両面から解析する手法を考案したのである．これがウェーブレット解析の始まりである．

　このように，ウェーブレット解析は，きわめて実用的な理由から工学の分野で生まれた手法である．その考え方を直感的に理解するために，従来の方法である時間解析(時間領域における解析)やFourier解析(周波数領域における解析)と比較して考えよう．時間解析は時間のパラメータ，Fourier解析は周波数のパラメータと，それぞれが1つのパラメータをもつ1次元における解析手法

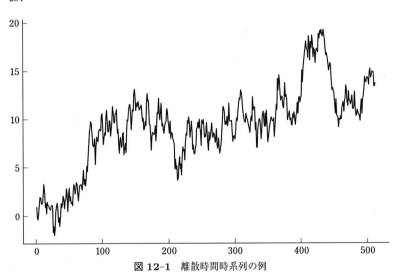

図 12-1　離散時間時系列の例

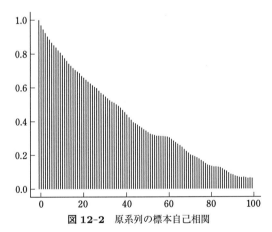

図 12-2　原系列の標本自己相関

である.それに対して,ウェーブレット解析は,時間と周波数の2つのパラメータを座標とする2次元のウェーブレット領域における解析手法である.

　具体例で説明しよう.図 12-1 は,ある離散的確率過程 $\{x_t\}$ から得られた実現値の時系列プロットである(標本サイズ $T = 512$).この時系列の時間構造を推定して,確率モデルをあてはめるのが時間解析の立場である.図 12-2 には,ラグ 100 までの標本自己相関が示されている.この図から,減衰の程度

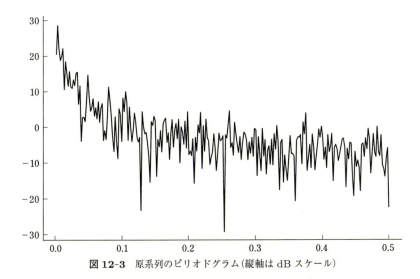

図 12-3 原系列のピリオドグラム（縦軸は dB スケール）

は非常に緩やかであり，非定常的な時系列であることが伺えるが，時間解析では，周期的な変動に関する情報を推測することは困難である．他方，図 12-3 は Fourier 解析の例であり，図 12-1 の原系列のピリオドグラム，ただし，ここでは，

$$I_T(\omega_j) = \frac{1}{T} \left| \sum_{t=1}^{T} x_t \, e^{-2\pi i \omega_j t} \right|^2, \qquad \omega_j = \frac{j}{T} \quad (j = 1, \cdots, T/2)$$

の値が示されている．縦軸は dB スケール ($10 \log_{10} I_T(\omega_j)$) である．この図からは，原系列全体としての周期成分の強弱を判断することはできるが，時間的な変化を判断することは不可能である．

図 12-4 にはウェーブレット変換が示されている．1 番上の時系列は図 12-1 に示された原系列そのものである．2 番目以降の系列は，原系列を高周波数から低周波数の順にレベルごとにウェーブレット変換した系列である．高周波数の変換の方が，短い周期に対応した変動を見る必要があるため，より多くの時点で計算されている．これらがウェーブレット領域を形成している．各レベルの時間的な変動を見ることにより，原系列は，高周波よりも低周波の変動の方が大きいことがわかる．ウェーブレット解析は，これらのウェーブレット変換系列からさまざまな統計量を計算して，原系列に対して想定されるモデルのパ

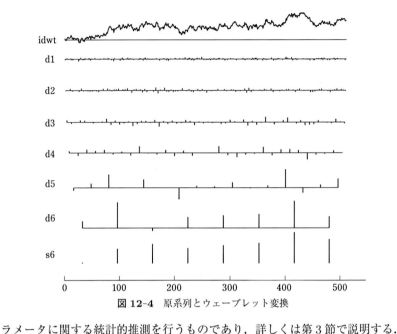

図 12-4　原系列とウェーブレット変換

ラメータに関する統計的推測を行うものであり，詳しくは第3節で説明する．

ウェーブレットの方法は，現在では，工学だけでなく，数学，物理学，情報科学，統計学，地震学，医学，経済学などさまざまな分野に応用されている．時系列分析への応用に限っても，(a)スペクトル密度の推定(b)回帰関数の推定(c)信号抽出(d)不連続点の検出(e)長期記憶時系列モデルの推定など多くのトピックスがある(Bruce-Gao 1996, Percival-Walden 2000, 謝・鈴木 2002)．以下では，(e)のトピックを中心にして，ウェーブレットの方法を議論する．

12.2　ウェーブレット変換——連続的確率過程の場合

連続時間 $t \in R$ で定義される時系列 $\{x(t)\}$ を考えよう．ここで，$x(t)$ は R 上で2乗可積分な関数空間 $L^2(R)$ に属する．すなわち，

$$\|x\|^2 = \int_{-\infty}^{\infty} x^2(t) \, dt < \infty$$

であると仮定する．このような $x(t)$ のウェーブレット解析を行うためには，

ウェーブレット関数 $\psi(t)$ を導入しなければならない．$\psi(t)$ は，$x(t)$ と同様に，$L^2(R)$ に属する関数であり，次の 2 つの条件をみたすものと仮定される．

$$\int_{-\infty}^{\infty} \psi(t)\,dt = 0, \qquad \int_{-\infty}^{\infty} \psi^2(t)\,dt = 1 \qquad (1)$$

第 1 の条件は，$\psi(t)$ が 0 の回りを上下運動する様子を想起させる．第 2 の条件は，その上下運動量が有限であることを示唆する．

このとき，$x(t)$ の **CWT**(Continuous Wavelet Transform：連続ウェーブレット変換)は，次のように定義される．

$$C_{a,b}(\psi, x) = \frac{1}{\sqrt{a}} \int_{-\infty}^{\infty} x(t)\,\psi\left(\frac{t-b}{a}\right) dt = \int_{-\infty}^{\infty} x(t)\,\tilde{\psi}_{a,b}(t)\,dt \quad (2)$$

ここで，$\tilde{\psi}_{a,b}(t) = \psi((t-b)/a)/\sqrt{a}$ $(0 < a < \infty, -\infty < b < \infty)$ である．CWT は，2 つのパラメータ a と b をもっている．a は，波長の拡大・縮小を制御するスケール・パラメータであり，a が小さいほど波長を縮小し，大きくなるにつれて拡大する．この意味で，$1/a$ が周波数の役割を果たすことになる．他方，b はシフト・パラメータであり，波長の拡大・縮小の基準時点を調整する時間的な役割をもっている．

工学的な観点からは，(2) の積分は，x を $\tilde{\psi}_{a,b}$ によってフィルタリング演算したものと解釈できる．そして，$\psi(t)$ が原点回りで局在しているウェーブレット関数であれば，フィルタリングの結果として，時系列 $x(t)$ の時点 b，周波数レベル $1/a$ における成分が抽出される．

ウェーブレット関数の最も簡単な例として，次に定義される Haar 関数 $\psi_H(x)$ を取り上げよう．

$$\psi_H(x) = \begin{cases} 1 & (0 \leq x < 1/2) \\ -1 & (1/2 \leq x < 1) \\ 0 & (それ以外のとき) \end{cases}$$

この場合のウェーブレット変換は，

$$C_{a,b}(\psi_H, x) = \frac{1}{\sqrt{a}} \left[\int_{b}^{b+a/2} x(t)\,dt - \int_{b+a/2}^{b+a} x(t)\,dt \right]$$

となる．これは，時点 b から始まって，幅 $a/2$ の隣りあう 2 つの区間上での $x(t)$ の平均(の定数倍)の差を計算したものである．パラメータ a を大きくすれ

ば，$x(t)$ の大局的な振る舞いを見ることができ，小さくすれば，局所的な振る舞いを見ることが可能になる．もっと一般のウェーブレット関数を使ったCWTでは，このような単純な解釈は困難であるが，基本的な役割は同じである．

ところで，CWTにおいては，式(2)が示すように，スケール・パラメータ a とシフト・パラメータ b を動かすことにより，時間特性と周波数特性の双方を見ることが可能である．他方，Fourier 変換

$$\hat{x}(\lambda) = \int_{-\infty}^{\infty} x(t) e^{-2\pi i \lambda t} dt \tag{3}$$

においては，各周波数 λ ごとに周波数特性を見ているが，いずれの周波数においても時間的な変動をトータルに捉えるため，結果として，時間特性は見ることができない．

Fourier 変換のこのような短所を補うために，歴史的には，CWT 以前に**窓Fourier 変換**が考案された(Koopmans 1974)．それは，

$$\hat{x}_{g,u}(\lambda) = \int_{-\infty}^{\infty} x(t) g(t-u) e^{-2\pi i \lambda t} dt \tag{4}$$

により定義される．ここで，$g(t-u)$ は窓関数と呼ばれ，サポート・コンパクトな原点対称関数である．窓 Fourier 変換は，窓関数をウェイトとして一定時間内の周波数特性を見るという点で，Fourier 解析の一般化であり，CWTと似通っているが，いかなる周波数においても同一のウェイトを用いる点でCWTとは異なる．

Fourier 逆変換と同様に，CWT から元の時系列を復元することも可能である．今，$\hat{\psi}(\lambda)$ をウェーブレット関数 $\psi(t)$ の Fourier 変換として，次の定積分の存在を仮定する．

$$C_\psi = \int_0^\infty |\hat{\psi}(\lambda)|^2 \frac{d\lambda}{\lambda} < \infty \tag{5}$$

これは許容条件と呼ばれ，このとき，**ICWT**(Inverse CWT：連続ウェーブレット逆変換)が，L^2 の意味で，

$$x(t) = \frac{1}{C_\psi} \int_0^\infty \left[\int_{-\infty}^\infty C_{a,b}(\psi,x) \tilde{\psi}_{a,b}(t) db \right] \frac{da}{a^2} \tag{6}$$

により定義される(Daubechies 1992, 猪狩 1996). ただし, すべての a, b に対して $C_{a,b}(\psi, x)$ を計算することは不可能であるから, ICWT の計算も不可能である. しかし, 離散時間時系列では, 計算可能である. 実際, 図 12-4 に示した離散時間時系列のウェーブレット変換において, 1 番上の系列はウェーブレット逆変換であり, 図 12-1 の原系列と一致する.

上述のように, 連続時間時系列を復元するための ICWT は計算不可能であるが, Fourier 展開と同様に, ウェーブレット展開による復元は, 実際上も可能である. そのために, 連続時間時系列 $\{x(t)\}$ に対して, 離散化されたウェーブレット変換として,

$$d_{j,k} = \int_{-\infty}^{\infty} x(t)\,\psi_{j,k}(t)\,dt \qquad (j, k \in \mathcal{Z};\ \mathcal{Z}\text{ は整数の集合}) \qquad (7)$$

を考える. ただし,

$$\psi_{j,k}(t) = 2^{-j/2}\,\psi(2^{-j}\,t - k) \qquad (j, k \in \mathcal{Z}) \qquad (8)$$

である. 式(7)の積分計算は一般に面倒であるが, サポート・コンパクトなウェーブレット関数, 例えば, Daubechies ウェーブレットを使えば, 計算が容易になる.

このとき, $\psi_{j,k}(t)$ が時系列 $x(t)$ の属する関数空間 L^2 の基底となるようなウェーブレット関数 $\psi(t)$ を使うならば, ウェーブレット展開

$$x(t) = \sum_{j=-\infty}^{\infty} \sum_{k=-\infty}^{\infty} d_{j,k}\,2^{-j/2}\,\psi(2^{-j}t - k) = \sum_{j=-\infty}^{\infty} \sum_{k=-\infty}^{\infty} d_{j,k}\,\psi_{j,k}(t) \qquad (9)$$

が定義される(猪狩 1996, 榊原 1995). このことは, 離散化されたウェーブレット変換の情報だけからでも $x(t)$ が復元されることを示唆している. それは, 時間と周波数に関する情報を同時に細分化することはできない, という一種の不確定性原理と関係しており, このことにより CWT の離散化が正当化され, ウェーブレット展開も意味をもつことになるのである.

12.3 ウェーブレット変換——離散的確率過程の場合

離散的確率過程 $\{x_t\}$ からの観測値を列ベクトル $\boldsymbol{x} = (x_1, x_2, \cdots, x_T)'$ で表す．ここで，標本サイズ T は $T = 2^J$ (J は自然数) であると仮定する．このとき，$\boldsymbol{x}$ の **DWT**(Discrete Wavelet Transform：離散ウェーブレット変換) とは，次の変換

$$\boldsymbol{w} = \mathcal{W}\boldsymbol{x}, \qquad \boldsymbol{w} = \begin{pmatrix} \boldsymbol{w}_1 \\ \vdots \\ \boldsymbol{w}_J \\ \boldsymbol{v}_J \end{pmatrix}, \qquad \mathcal{W} = \begin{pmatrix} \mathcal{W}_1 \\ \vdots \\ \mathcal{W}_J \\ \mathcal{V}_J \end{pmatrix} \tag{10}$$

で，以下で述べる条件をみたすものをいう．

$\mathcal{W}$ はウェーブレット変換行列と呼ばれる直交行列であり，連続な場合のウェーブレット関数 $\psi(t)$ に対応するものである．その構成部分 $\mathcal{W}_j$ は，レベル j の変換行列であり，$T/2^j$ 個の行からなる行列である．最後の $\mathcal{V}_J$ は $\mathcal{W}_J$ と同様に行ベクトルであり，すべての成分は $1/\sqrt{T}$ からなっている．

他方，$\boldsymbol{w}$ はウェーブレット係数ベクトルであり，通常は，単にウェーブレットと呼ばれるものである．その構成部分 $\boldsymbol{w}_j$ はレベル j のウェーブレットと呼ばれ，$T/2^j$ 個の成分からなるベクトルである．ウェーブレットは，レベル 1 において最も解像度の高い，高周波の変換をもたらす．そのために，局所的な時点での計算が必要であり，その結果，最も多くの成分 $T/2$ 個を含むことになる．他方，レベル j が大きくなるにつれて，次第に解像度の低い，低周波の変換に移行するので，大局的な時点での計算となり，成分も少なくなる．実際，$\boldsymbol{w}_J$ はスカラーである．また，$\boldsymbol{w}$ の最後の成分である $\boldsymbol{v}_J$ もスカラーであり，レベル J のスケーリング係数と呼ばれる．$\mathcal{V}_J$ の定義から，$\boldsymbol{v}_J = \mathcal{V}_J \boldsymbol{x} = \sqrt{T}\bar{x}$ ($\bar{x}$ は $\boldsymbol{x}$ の平均) となる．

ウェーブレット変換の計算を，式 (10) の行列演算で実行すれば，計算量は T^2 のオーダーとなる．これに対して，$\mathcal{W}$ が疎な行列であることを使って，T のオーダーで実行される効率的なアルゴリズムを考えることができる．それ

は,ウェーブレットをレベルごとに逐次計算する方法であり,計算量を$O(T)$に減らすもので,**ピラミッド・アルゴリズム**と呼ばれる (Percival-Walden 2000).

ピラミッド・アルゴリズムを,フィルター演算の観点から説明しよう.そのために,次の条件をみたす幅mのフィルター$\{g_l\}$を考える.

$$\sum_{l=0}^{m-1} g_l = \sqrt{2}, \quad \sum_{l=0}^{m-1} g_l^2 = 1, \quad \sum_{l=0}^{m-1} g_l\, g_{l+2n} = 0 \quad (n:0\,\text{以外の整数}) \tag{11}$$

最初の条件は,$\{g_l\}$が low-pass フィルターであることを示唆しており,2番目の条件は,規準化条件を表す.3番目の条件は,偶数項のシフトに対して直交するもので,この制約から,フィルターの幅mは偶数となる.フィルター$\{g_l\}$は,**スケーリング・フィルター**と呼ばれる.

次に,スケーリング・フィルター$\{g_l\}$から作られる幅mのフィルターを

$$h_l = (-1)^{l+1} g_{m+1-l} \quad \Leftrightarrow \quad g_l = (-1)^l h_{m+1-l} \quad (l=1,\cdots,m) \tag{12}$$

により定義する.このとき,$\{h_l\}$を$\{g_l\}$の**QMフィルター**(quadrature mirror filter)という.フィルター$\{h_l\}$は,次の性質をもっている.

$$\sum_{l=0}^{m-1} h_l = 0, \quad \sum_{l=0}^{m-1} h_l^2 = 1, \quad \sum_{l=0}^{m-1} h_l\, h_{l+2n} = 0 \quad (n:0\,\text{以外の整数}) \tag{13}$$

最初の性質は,$\{h_l\}$が振動的なフィルターであり,高周波成分を検出する high-pass フィルターであることを意味している.2番目は規準化条件である.これらは,連続的な場合のウェーブレット関数$\psi(t)$の条件(1)に対応するものである.この意味で,$\{h_l\}$は**ウェーブレット・フィルター**と呼ばれる.なお,スケーリング・フィルターとウェーブレット・フィルターは,偶数項のシフトに対して直交する.すなわち,

$$\sum_{l=0}^{m-1} g_l\, h_{l+2n} = 0 \quad (n:\text{任意の整数}) \tag{14}$$

ピラミッド・アルゴリズムは,$T/2$個の成分からなるレベル1のウェーブレット$\boldsymbol{w}_1 = \mathcal{W}_1 \boldsymbol{x}$を求めることから始まる.その成分$w_{1,t}$は

$$w_{1,t} = \sum_{l=0}^{m-1} h_l\, x_{2t-l\,(\text{mod}\,T)} \qquad (t=1,\cdots,T/2) \tag{15}$$

により計算される．ここで，$2t-l \pmod{T}$ は合同演算であり，$2t-l$ は，$2t-l+T, 2t-l+2T, \cdots$ と同じものとみなされる．そして，$2t-l$ が $1,\cdots,T$ のいずれかになるように置き換えられる．式(15)の計算では，$T/2$ 個のウェーブレットを計算するために，データを重なり合わせないように2時点ずつ進ませる **downsampling** が行われている．実際，(15)の定義からわかるように，$\mathcal{W}_1$ の第1行 $\mathcal{W}'_{1,1}$ は，

$$\mathcal{W}'_{1,1} = (h_1, h_0, 0, \cdots, 0, h_{m-1}, h_{m-2}, \cdots, h_3, h_2)$$

であり，以下，$\mathcal{W}_1$ の第 j 行 $\mathcal{W}'_{1,j}$ は $\mathcal{W}'_{1,j-1}$ の成分を2個ずつ右へシフトして巡回的に定義される．

次に，$T/4$ 個の成分からなるレベル2のウェーブレット $\boldsymbol{w}_2$ の計算に移る．そのために，まず，次の量

$$v_{1,t} = \sum_{l=0}^{m-1} g_l\, x_{2t-l \,(\mathrm{mod}\, T)} \qquad (t=1,\cdots,T/2) \tag{16}$$

を計算する．これら $T/2$ 個を成分とするベクトル $\boldsymbol{v}_1$ をレベル1のスケーリング係数という．(16)は，$\boldsymbol{x}$ から $\boldsymbol{v}_1$ への変換であり，これを $\boldsymbol{v}_1 = \mathcal{V}_1 \boldsymbol{x} = \mathcal{A}_1 \boldsymbol{x}$ と表すことにする．この変換は，ウェーブレット変換 $\boldsymbol{w}_1 = \mathcal{W}_1 \boldsymbol{x} = \mathcal{B}_1 \boldsymbol{x}$ と対をなすものである．明らかに，$\mathcal{V}_1 = \mathcal{A}_1$ は，$\mathcal{W}_1 = \mathcal{B}_1$ において，h_l を g_l に代えただけのものである．このとき，$\boldsymbol{w}_2$ の成分 $w_{2,t}$ は，

$$w_{2,t} = \sum_{l=0}^{m-1} h_l\, v_{1,2t-l \,(\mathrm{mod}\, T/2)} \qquad (t=1,\cdots,T/4)$$

により計算される．これは，$\boldsymbol{w}_2 = \mathcal{B}_2 \boldsymbol{v}_1 = \mathcal{B}_2 \mathcal{A}_1 \boldsymbol{x}$ と表すことができる．

以下，このような計算を逐次的に行って，レベル j のウェーブレット $w_{j,t}$ とスケーリング係数 $v_{j,t}$ は，$t=1,\cdots,T/2^j$ に対して，次のように計算される．

$$w_{j,t} = \sum_{l=0}^{m-1} h_l\, v_{j-1,2t-l}\,(\mathrm{mod}\, T/2^{j-1}), \quad v_{j,t} = \sum_{l=0}^{m-1} g_l\, v_{j-1,2t-l}\,(\mathrm{mod}\, T/2^{j-1}) \tag{17}$$

これらは，次のようにコンパクトに表現することができる．

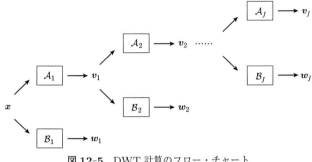

図 12-5 DWT 計算のフロー・チャート

$$w_j = \mathcal{B}_j\, v_{j-1} = \mathcal{B}_j\, \mathcal{A}_{j-1} \cdots \mathcal{A}_1\, x = \mathcal{W}_j\, x \tag{18}$$

$$v_j = \mathcal{A}_j\, v_{j-1} = \mathcal{A}_j\, \mathcal{A}_{j-1} \cdots \mathcal{A}_1\, x = \mathcal{V}_j\, x \tag{19}$$

ここで,$\mathcal{A}_j$ と $\mathcal{B}_j$ は,どちらも $T/2^j \times T/2^{j-1}$ の行列であり,これらを縦に並べた行列は $T/2^{j-1}$ 次の直交行列である.なお,$\mathcal{A}_j$ はスケーリング・フィルター $\{g_l\}$ のみ,$\mathcal{B}_j$ はウェーブレット・フィルター $\{h_l\}$ のみから構成される.以上の計算を $j = 1,\cdots,J$ まで行うことにより,T のオーダーの計算量で,ピラミッド・アルゴリズムによる DWT の計算が完了する.図 12-5 には,DWT 計算のためのフロー・チャートを示しておいた.

ウェーブレット変換は,今まで説明してきた DWT に限られるわけではない.DWT においては,レベル j のウェーブレット w_j は $T/2^j$ 個の成分からなっている.これに対して,各レベルに同数の T 個の成分をもたらし,しかも,レベル j においては周波数を 2^j 個の周波数帯に等分割した上で,各周波数帯に $T/2^j$ 個の成分を振り分ける変換がある.

具体的には,与えられたレベル j,周波数帯 n $(n = 1,\cdots,2^j)$ において,

$$w_{j,n,t} = \sum_{l=0}^{m-1} a_{n,l}\, w_{j-1,[n/2],2t-l}\, (\bmod\, T/2^{j-1}) \qquad (t = 1,\cdots,T/2^j) \tag{20}$$

を計算する.ここで,$w_{0,0,t} = x_t$ である.また,係数 $a_{n,l}$ は,$n/4$ の余りが 0 あるいは 1 のときはスケーリング・フィルター係数 g_l となり,それ以外のときはウェーブレット・フィルター係数 h_l となる値である.このようにして得られる変換を **DWPT**(離散ウェーブレット・パケット変換)という(Bruce-Gao

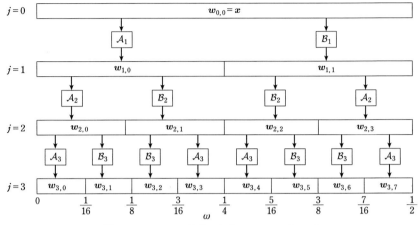

図 12-6 DWPT 計算のためのフロー・チャート

1996, Percival-Walden 2000). DWPT は，各レベルにおいて，よりきめの細かい周波数成分を抽出する働きがあるので，季節性を含むようなデータの分析に適している (Gençay et al. 2002). 図 12-6 には，DWPT 計算のためのフロー・チャートが示されている. 図 12-5 で示した DWT の場合との違いが了解されよう.

DWPT は，DWT と同様に直交ウェーブレット変換である. 直交性を達成するために，フィルター演算では downsampling が行われている. 他方，直交しない変換も提案されている. その 1 つが，Percival-Walden(2000)において **MODWT**(Maximal Overlap DWT)と命名され，Bruce-Gao(1996)において Non-Decimated DWT と名付けられた変換である. 通常の DWT が，レベル j に $T/2^j$ 個のウェーブレットをもたらすのに対して，MODWT は，downsampling せずに，各レベルに T 個のウェーブレットをもたらす. この点では DWPT と同様に見えるが，DWPT は各レベルで周波数帯という新たなパラメータを導入した直交変換であり，downsampling がなされている. なお，DWPT に対しても，downsampling せずに，各レベルの各周波数帯に T 個のウェーブレット係数をもたらす非直交変換が考えられる. これを **MODWPT**(Maximal Overlap DWPT)という.

MODWT あるいは MODWPT は，変換の際に重複やムダを生じる. 計算

量も $T \log_2 T$ に増えることが知られている.しかし,(i)標本サイズが2の
べき乗でなくともよい,(ii)結果が時系列の初期時点の取り方に依存しない,
(iii)原系列との位相のずれを生じない,などの DWT や DWPT にない利点が
ある.また,あとで述べるウェーブレット分散の推定量は,これらのウェーブ
レットに基づく方が,より精度の高い結果をもたらすことなどが知られている
(Percival 1995, Serroukh et al. 2000).他方,直交性がないので,最尤推定には
短所となるなど,それぞれのウェーブレット変換の長所,短所については,さ
らに検討する必要があろう.

12.4 ウェーブレット変換の利点

データをウェーブレット変換することの長所は何であろうか.本節では,こ
のことについて,3つの観点から説明する.

12.4.1 Fourier 変換との比較

ウェーブレット変換の第1の利点は,時間と周波数の局在性(= 時間領域と周
波数領域における原系列の局所的な挙動に関する情報の抽出能力)である.その具体
的な意味合いを考えるために,図12-7に示された人工的な4種類のデータを
取り上げよう.これらのデータの標本サイズは $T = 128 = 2^7$ であり,次のよ
うに定義されている.

$$x_{1t} = \cos\left(\frac{\pi t}{16}\right), \quad x_{2t} = \begin{cases} x_{1t} & (t=56,\cdots,72) \\ 0 & (その他) \end{cases}$$

$$x_{3t} = \frac{x_{1t}}{20} + x_{2t}, \quad x_{4t} = \begin{cases} 0.7\,t & (t=56,\cdots,72) \\ 10 + 0.7\,t & (その他) \end{cases}$$

データの特徴としては,x_1 は周期的データ,x_2 はダミー的データ,x_3 はこ
れらの混合,x_4 は切片の一時的シフトを含むトレンド・データである.これ
らのデータに対して,FFT(Finite Fourier Transform:有限 Fourier 変換)と
DWT を適用して,説明力を比較しよう.比較の基準として,標準化された
累積2乗和

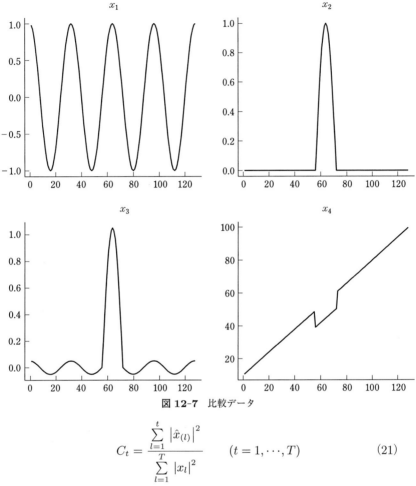

図 12-7　比較データ

$$C_t = \frac{\sum_{l=1}^{t} |\hat{x}_{(l)}|^2}{\sum_{l=1}^{T} |x_l|^2} \quad (t = 1, \cdots, T) \tag{21}$$

を使うことにする．ここで，$\{\hat{x}_{(l)}\}$ は，原系列 $\{x_l\}$ を FFT あるいは DWT によって変換した系列 $\{\hat{x}_l\}$ を絶対値の大きい順に並べ替えた順序統計量である．$\{C_t\}$ は 0 から 1 へ単調に増加するが，より早く増加する方が説明力があると考えられる．

　表 12-1 には，C_t の値が 0.99 をはじめて超える t の値を，FFT, DWT および原系列に対して示してある．もちろん，この値が小さい方が望ましい．予想されることであるが，FFT は周期的データ x_1，原系列はダミー的データ x_2

表 12-1 FFT と DWT の振る舞いの比較

データ	x_1	x_2	x_3	x_4
原系列	105	15	38	112
FFT	2	25	23	25
DWT	27	11	16	12

に対して比較的振る舞いがよい．しかし，FFT と原系列は，それ以外のデータに対しては相性が悪い．他方，DWT は x_1 に対しては次善の振る舞いをしているが，ダミー的データ x_2，混合的データ x_3，およびシフトを伴うトレンド・データ x_4 に対しては最善の振る舞いをしていることがわかる．

12.4.2 フラクショナル Brown 運動のウェーブレット変換

次に，ウェーブレット変換が特別の効力を発揮できる連続時間の時系列として，**フラクショナル Brown 運動**(fBm)に従う確率過程 $\{B_H(t)\}, t \in R$ を考える．$\{B_H(t)\}$ は，平均 0 の非定常な正規確率過程であり，共分散関数が

$$\mathrm{E}(B_H(s)\,B_H(t)) = K\left(|s|^{2H} + |t|^{2H} - |s-t|^{2H}\right) \tag{22}$$

で与えられる (Mandelbrot-Van Ness 1968, Samorodnitsky-Taqqu 1994，および数学的付録の第 15 節を参照)．ここで，K は正定数，H は **Hurst 指数**と呼ばれるパラメータであり，$0 < H < 1$ に制約される．特に，$H = 1/2$ のときは通常の Brown 運動になる．確率過程 fBm は非定常であるが，その増分 $B_H(t+\tau) - B_H(t)$ は定常である．そして，任意の正数 c に対して，$B_H(ct)$ の確率分布が $c^H B_H(t)$ の確率分布に等しい，という意味で**自己相似性**をもつ確率過程である．

このような fBm に対する CWT を，

$$W_a(t) = \frac{1}{\sqrt{a}} \int_{-\infty}^{\infty} B_H(s)\,\psi\left(\frac{s-t}{a}\right) ds, \qquad a > 0 \tag{23}$$

とすれば，$\{W_a(t)\}$ は，平均 0 の定常な確率過程となる．実際，$\{W_a(t)\}$ の共分散関数は，式 (1) の第 1 の条件を使って，

$$\mathrm{E}(W_a(s)W_a(t))$$
$$= \frac{1}{a} \int_{-\infty}^{\infty} \int_{-\infty}^{\infty} E(B_H(u)B_H(v))\psi\left(\frac{u-s}{a}\right)\psi\left(\frac{v-t}{a}\right) dudv$$
$$= \frac{K}{a} \int_{-\infty}^{\infty} \int_{-\infty}^{\infty} \left(|u|^{2H} + |v|^{2H} - |u-v|^{2H}\right) \psi\left(\frac{u-s}{a}\right)\psi\left(\frac{v-t}{a}\right) dudv$$
$$= -aK \int_{-\infty}^{\infty} \int_{-\infty}^{\infty} |a(u-v)+(s-t)|^{2H} \psi(u)\psi(v) dudv \qquad (24)$$

となる.

また,$\{W_a(t)\}$ のスペクトル密度 $f_a(\omega)$ は,ウェーブレット関数 $\psi(t)$ に関する追加的な条件のもとで,

$$f_a(\omega) = \frac{a|\hat{\psi}(a\omega)|^2}{|\omega|^{2H+1}} \qquad (25)$$

で与えられる (Kato-Masry 1999). ここで,$\hat{\psi}(\lambda)$ は,$\psi(t)$ の Fourier 変換である. このことと式 (23) の関係から,fBm のスペクトル密度は $|\omega|^{-2H-1}$ で与えられることになる. 一般に,スペクトル密度がこのように表現される確率過程は $1/f$ 過程と呼ばれ,多くの自然現象に関する時系列,例えば,気温や雨量,潮位変動など,また,人体に関連する時系列,例えば,心拍数,脳波の変動など,さらに,株価などの経済時系列に適合すると言われている (Percival-Walden 2000, 謝・鈴木 2002).

連続時間時系列を実際に統計分析する場合は,式 (7) で示されているように離散化されたウェーブレット変換を考える. 今,fBm に対する離散化されたウェーブレット変換を

$$W_{j,k}^{(H)} = \int_{-\infty}^{\infty} B_H(t)\, \psi_{j,k}(t)\, dt, \qquad \psi_{j,k}(t) = 2^{-j/2}\, \psi(2^{-j}\,t - k) \qquad (26)$$

とする. ただし,$j, k \in \mathcal{Z}$. このとき,各レベル j に対して,$\{W_{j,k}^{(H)}\}$ は平均 0 の定常過程となり,スペクトル表現

$$\mathrm{E}(W_{j,k_1}^{(H)}W_{j,k_2}^{(H)}) = 2^j \int_{-\infty}^{\infty} e^{i2^j(k_2-k_1)\omega}\, |\hat{\psi}(2^j\omega)|^2\, \frac{d\omega}{|\omega|^{2H+1}} \qquad (27)$$

が得られる. 特に,レベル j の**ウェーブレット分散**は,

$$\sigma_j^2(H) = V(W_{j,k}^{(H)}) = 2^j \int_{-\infty}^{\infty} |\hat{\psi}(2^j\omega)|^2 \frac{d\omega}{|\omega|^{2H+1}}$$
$$= 2^{(2H+1)j} \int_{-\infty}^{\infty} |\hat{\psi}(\lambda)|^2 \frac{d\lambda}{|\lambda|^{2H+1}} \quad (28)$$

で与えられる．

関係式 (28) は，統計的推定の観点から重要である．一般に，Hurst 指数 H は未知であるから，推定する必要がある．そのために，連続時間で観測される fBm に対して，式 (26) により，$\{W_{j,k}^{(H)}\}$ を積分計算により求め，レベル j のウェーブレット分散 $\sigma_j^2(H)$ を標本分散 $\hat{\sigma}_j^2(H)$ で推定する．そして，式 (28) の $\sigma_j^2(H)$ を $\hat{\sigma}_j^2(H)$ で置き換えることにより，次の回帰を考えることができる．

$$y_j = \alpha + \beta\, x_j + u_j \quad (j=1,2,\cdots)$$

ここで，$y_j = \log\hat{\sigma}_j^2(H)$, $x_j = \log 2^j$, $\beta = 2H+1$ であり，u_j は誤差項，α は切片パラメータである．この回帰において，β を推定することにより，事後的に H を推定することができる．詳しくは，Abry-Veitch (1998), Bardet (2002) を参照されたい．

確率過程 fBm に対するウェーブレット変換は，上述のように，各レベルごとに定常性をもたらすだけでなく，レベル内およびレベル間の時間的相関を減少させる働きがある．この点については，次に扱う ARFIMA モデルとの関連で説明したい．

12.4.3 ARFIMA 過程のウェーブレット変換

離散時間時系列 $\{x_t\}$ が次の ARFIMA(p,d,q) モデルに従う場合を考えよう．

$$(1-L)^d x_t = u_t = \phi^{-1}(L)\theta(L)\varepsilon_t \quad (t=1,\cdots,T) \quad (29)$$

ここで，$\{\varepsilon_t\}$ は，i.i.d.$(0,\sigma^2)$ に従う誤差項である．また，$\phi(L)$ と $\theta(L)$ は，それぞれ，p 次と q 次のラグ多項式で，$\phi(z)=0$ および $\theta(z)=0$ の根は，すべて単位円外にあるものと仮定する．差分パラメータ d に関しては，第 7 章では $0 < d < 1/2$ を仮定して定常過程の場合だけを考えたが，ここでは正の実数であるとする．なお，$d \geq 1/2$ の場合には非定常となり，スペクトラムは

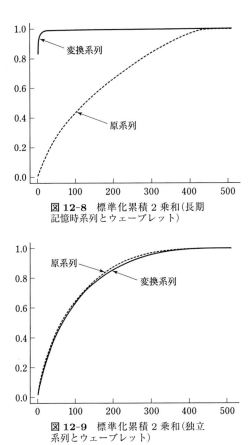

図 12-8 標準化累積 2 乗和（長期記憶時系列とウェーブレット）

図 12-9 標準化累積 2 乗和（独立系列とウェーブレット）

存在しないが，$\{x_t\}$ のスペクトラムに相当するものとして，

$$f_x(\omega) = \frac{\sigma^2 \, |\theta(e^{2\pi i\omega})|^2}{\left(4\sin^2 \pi\omega\right)^d |\phi(e^{2\pi i\omega})|^2} \qquad (-1/2 < \omega < 1/2) \qquad (30)$$

を考えることができ，形の上では定常な場合と同様に議論することが正当化される (Solo 1992).

このような長期記憶性をもつ時系列をウェーブレット変換することのメリットを見るために，式 (21) の標準化された累積 2 乗和 C_t を考えよう．図 12-8 には，ARFIMA$(0, 0.8, 0)$ モデルからの実現値（標本サイズは 512）と，ウェーブレット変換後の系列に対して計算された C_t の値が図示されている．比較のた

めに,図12-9には,i.i.d.(0,1)系列とウェーブレット変換後の場合について,C_tの値が図示されている.これらの図から,長期記憶時系列をウェーブレット変換することには意味があること,他方,独立系列には無意味であることを読み取ることができる.

差分パラメータdの推定については,時間領域における最尤推定が考えられるが,以下で説明するように,一般には非常に困難である.今の場合,誤差項に正規性を仮定すれば,対数尤度関数は,

$$l(\alpha) = -\frac{T}{2}\log(2\pi\sigma^2) - \frac{1}{2}\log|\Phi| - \frac{1}{2\sigma^2}\boldsymbol{x}'\Phi^{-1}\boldsymbol{x} \quad (31)$$

で与えられる.ここで,αはモデルの未知パラメータすべてからなるベクトルである.また,$\sigma^2\Phi$は観測値ベクトル$\boldsymbol{x} = (x_1, \cdots, x_T)'$の共分散行列であり,一般に,各要素の明示的な表現は不可能であり,計算そのものも面倒である.そして,対数尤度の最大化のためには,繰り返し計算のアルゴリズムが使われるが,その際,共分散行列の逆行列および行列式の計算が繰り返し行われ,その計算量はTが大きくなるにつれて膨大なものとなる.そこで,代替的に,周波数領域における推定など,さまざまな推定量が提案されてきた.ただし,そこでの最尤推定量は,dが1を超える場合は一致性が保証されない(Velasco-Robinson 2000).

それに対して,ウェーブレット領域においては,原系列が非定常であっても,一致性をもつ推定量を構成することができる.もし,ウェーブレット・フィルターの幅mを$m \geq 2d$となるように取れば,DWTの各レベルごとの定常性が保証される(McCoy-Walden 1996, Percival-Walden 2000).したがって,レベルjのウェーブレットのスペクトラムは,$|H_{j,m}(\omega)|^2 f_x(\omega)$で与えられる.ここで,$|H_{j,m}(\omega)|^2$は,幅$m$,レベル$j$のウェーブレット・フィルターのパワー伝達関数である.このとき,レベルjのウェーブレット分散は時点に依存せずに,

$$\sigma_j^2 = \int_{-1/2}^{1/2} |H_{j,m}(\omega)|^2 f_x(\omega)\, d\omega = \frac{\sigma^2}{4^d} \int_{-1/2}^{1/2} \frac{|H_{j,m}(\omega)|^2 |\theta(e^{2\pi i\omega})|^2}{(\sin^2 \pi\omega)^d |\phi(e^{2\pi i\omega})|^2}\, d\omega \quad (32)$$

で与えられる.

式(32)で与えられたウェーブレット分散のレベル間の関係を見るために，ウェーブレット・フィルターがオクターブ周波数帯 $[-1/2^j, -1/2^{j+1}]$ と $[1/2^{j+1}, 1/2^j]$ 上のバンド・パス・フィルターで近似できる場合を考えよう．このとき，パワー伝達関数は，

$$|H_{j,m}(\omega)|^2 \approx \begin{cases} 2^j & (1/2^{j+1} \leq |\omega| \leq 1/2^j \text{ のとき}) \\ 0 & (\text{その他}) \end{cases}$$

となる．バンド・パス・フィルターは，いわば理想的なフィルターであり，有限幅のフィルターでは実現不可能であるが，現実にはフィルターの幅 m を大きくすることで上の近似式が正当化される．さらに，各オクターブ周波数帯上で $|\theta(e^{2\pi i\omega})|^2/|\phi(e^{2\pi i\omega})|^2$ を定数とみなすことができれば，次の近似式が成り立つ．

$$\sigma_j^2 \approx \frac{2^{j+1}\sigma^2}{4^d} \int_{1/2^{j+1}}^{1/2^j} \frac{|\theta(e^{2\pi i\omega})|^2}{(\sin^2 \pi\omega)^d |\phi(e^{2\pi i\omega})|^2} d\omega \approx K_1 2^j \int_{1/2^{j+1}}^{1/2^j} \omega^{-2d} d\omega$$
$$= K_2 4^{jd} \tag{33}$$

この近似式において，未知のウェーブレット分散 σ_j^2 を，与えられたデータの DWT から得られる各レベルの標本分散 $\hat{\sigma}_j^2$ で置き換えることにより，レベルごとの対数線形回帰式

$$\log \hat{\sigma}_j^2 = a + d\log 4^j + e_j \quad (j = j_0, j_0+1, \cdots, j_1) \tag{34}$$

が得られる．これから，差分パラメータ d を最小2乗推定により求めることができる．ただし，ウェーブレット回帰では，近似 $\sin^{-2d}\omega \approx \omega^{-2d}$ を使っており，これは低周波においてのみ有効な近似である．したがって，高周波に対応するレベル1では無効なので，j_0 は少なくとも2とする．

ウェーブレット分散の推定は，$j=1$ の場合に最大の自由度をもたらすが，この場合を排除する点は，ウェーブレット回帰の短所である．他方，j が大きいと標本分散の自由度が小さくなり，推定量の精度が悪くなるので，あまり大きくてはいけない，という制約も課せられる．実際，$T = 2^J$ の場合，レベルは J まで考えられるが，利用可能なデータは，レベル J で1個，レベル $J-1$ で2個，レベル $J-2$ では4個である．したがって，j_1 は，多くとも $J-3$ 程

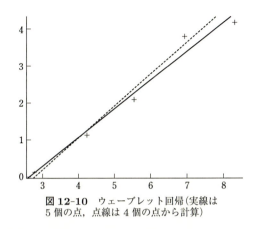

図 12-10 ウェーブレット回帰（実線は 5 個の点，点線は 4 個の点から計算）

度とするのが合理的である．

例として，図 12-1 に示したデータを取り上げよう．このデータは，(29) の ARFIMA モデルにおいて，$d = 0.8$, $\phi(L) = \theta(L) = 1$ として，$T = 2^J = 512$ $(J = 9)$ 個のデータを生成したものである．図 12-10 は，このデータに対して，(34) の対数線形回帰をあてはめた様子を図示したものである．実線は 5 個の点 $(j_0 = 2, j_1 = 6)$ に基づく回帰であり，d の推定値は 0.777 であった．他方，点線は 4 個の点 $(j_0 = 2, j_1 = 5)$ に基づく回帰であり，d の推定値は 0.864 であった．このような実験を 1,000 回繰り返した結果，5 個と 4 個の点それぞれから得られた d の推定値の平均は，0.756 と 0.757，標準偏差は，0.090 と 0.088 であり，4 個の点に基づく回帰の方が，わずかではあるがよい結果をもたらした．

ウェーブレット回帰の欠点を補い，さらに精度のよい推定を行うために，ウェーブレットに基づく最尤推定量 (MLE) を考えることができる．その際，fBm の場合と同様に，レベル内およびレベル間の相関をほぼ無相関にする性質，すなわち decorrelation property を使うことにより，最尤推定は非常に簡単化される (McCoy-Walden 1996, Percival-Walden 2000)．図 12-11 は，図 12-1 の原系列に対して，ウェーブレット変換後の標本自己相関を示したものであり，レベル 1 からレベル 4 のウェーブレットのそれぞれについて，ラグ 20 までの自己相関が計算されている．なお，レベル 1 の自己相関の図には，原系

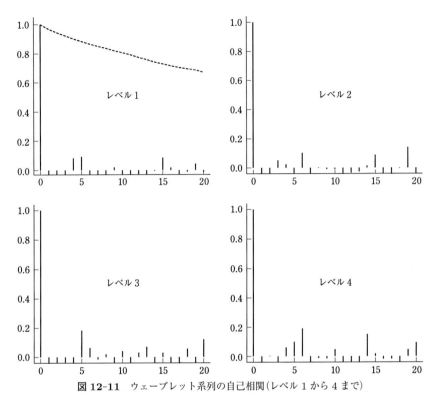

図 12-11 ウェーブレット系列の自己相関（レベル 1 から 4 まで）

列の自己相関も示してある．これらの図から，各レベルのウェーブレットがほぼ無相関となっていることが鮮やかに読み取れる．

以上のことから，観測値ベクトル $\boldsymbol{x}$ の DWT を $\boldsymbol{w} = \mathcal{W}\boldsymbol{x}$ として，(31) の尤度関数を次のように変形することができる．

$$l(\alpha) = -\frac{T}{2}\log(2\pi\sigma^2) - \frac{1}{2}\log|\mathcal{W}\Phi\mathcal{W}'| - \frac{1}{2\sigma^2}(\mathcal{W}\boldsymbol{x})'(\mathcal{W}\Phi\mathcal{W}')^{-1}(\mathcal{W}\boldsymbol{x})$$

$$\approx -\frac{T}{2}\log(2\pi\sigma^2) - \frac{1}{2}\sum_{j=1}^{J} T_j \log h_j - \frac{1}{2\sigma^2}\sum_{j=1}^{J}\frac{\boldsymbol{w}_j'\boldsymbol{w}_j}{h_j} \qquad (35)$$

ここで，$T_j = T/2^j$ であり，$\boldsymbol{w}_j$ はレベル j のウェーブレットである．また，

$$h_j = 2^{j+1}\int_{1/2^{j+1}}^{1/2^j}\frac{|\theta(e^{2\pi i\omega})|^2}{(4\sin^2\pi\omega)^d|\phi(e^{2\pi i\omega})|^2}d\omega$$

であり，定積分はパラメータの値が与えられれば数値積分で計算することがで

きる．最尤推定は，ウェーブレット回帰の場合と異なり，すべてのレベルのウェーブレットの情報を取り込んでいることがわかる．

対数尤度の最大化は，まず，σ^2 に関して集約した関数を最大化する．それは，結局のところ，

$$T \log \left(\frac{1}{T} \sum_{j=1}^{J} \frac{\boldsymbol{w}_j' \boldsymbol{w}_j}{h_j} \right) + \sum_{j=1}^{J} T_j \log h_j$$

を最小化することに帰着する．

ウェーブレット回帰およびウェーブレットに基づく最尤推定，さらに周波数領域における各種の推定量については，Jensen (1999, 2000), Percival-Walden (2000), Tanaka (2004) などにおいて，シミュレーション実験により比較検討がなされている．表 12-2 は，Tanaka (2004) のシミュレーション結果の一部を示したものである．ここでは，ARFIMA$(0, d, 0)$ モデルの差分パラメータ d に関して，標本サイズを $T = 512 = 2^9$ として，1,000 回の繰り返しにより，推定量の平均と分散を報告している．表中の5つの推定量は，次の通りである．

1. GPH：Geweke-Porter-Hudak (1983) で提案された推定量で，$\{x_t\}$ のスペクトラムが

$$f_x(\omega) = \frac{\sigma^2}{(4 \sin^2 \pi \omega)^d}$$

で与えられることから，ピリオドグラムを使った対数線形回帰

$$\log I_x(\omega_k) = \hat{a} - \hat{d} \log \left(4 \sin^2 \pi \omega_k \right) + e_k, \quad \omega_k = k/T \quad (k = 1, \cdots, n < T/2)$$

に基づいて，d を推定するものである．ここでは，Hurvich-Deo-Brodsky (1998) の議論に従って，$n = 150 = T^{0.8}$ とした．

2. F-ML：周波数領域における MLE であり，次の尤度関数

$$l_F(d, \sigma^2) = -\frac{T}{2} \log(2\pi\sigma^2) - \frac{1}{2} \sum_{k \neq 0} \log f_x(\omega_k) - \frac{1}{2\sigma^2} \sum_{k \neq 0} \frac{I_x(\omega_k)}{f_x(\omega_k)}$$

を最大化することにより得られる推定量である．

3. DWT：式 (34) で与えられた DWT のレベルごとの対数線形回帰で得られる推定量である．ここでは，Haar のウェーブレット・フィルターを使って，レベル2からレベル6の5つのレベルによる回帰を行った．

表 12-2 ウェーブレット推定量などのシミュレーション結果

		GPH	F-ML	DWT	MODWT	W-ML
$d = 0.1$	Mean	0.091	0.092	0.072	0.086	0.083
	Var	0.0036	0.0014	0.0073	0.0029	0.0014
$d = 0.3$	Mean	0.289	0.292	0.263	0.277	0.283
	Var	0.0037	0.0014	0.0076	0.0034	0.0015
$d = 0.45$	Mean	0.439	0.443	0.411	0.427	0.452
	Var	0.0038	0.0014	0.0083	0.0037	0.0021
$d = 0.6$	Mean	0.591	0.595	0.560	0.582	0.596
	Var	0.0038	0.0014	0.0088	0.0043	0.0021
$d = 0.8$	Mean	0.794	0.798	0.759	0.788	0.803
	Var	0.0039	0.0015	0.0090	0.0048	0.0023
$d = 1$	Mean	0.985	0.990	0.955	0.955	1.024
	Var	0.0037	0.0014	0.0092	0.0036	0.0028
$d = 1.2$	Mean	1.124	1.135	1.138	1.032	1.257
	Var	0.0067	0.0035	0.0082	0.0049	0.0038
$d = 1.4$	Mean	1.177	1.202	1.291	1.019	1.496
	Var	0.0204	0.0145	0.0064	0.0071	0.0053
$d = 1.6$	Mean	1.183	1.214	1.397	1.021	1.612
	Var	0.0364	0.0300	0.0041	0.0088	0.0020
$d = 1.8$	Mean	1.168	1.202	1.460	1.024	1.652
	Var	0.0424	0.0391	0.0019	0.0097	0.0005

4. MODWT：MODWTを使って，(34)と同様のレベルごとの対数線形回帰で得られる推定量である．

5. W-ML：ウェーブレット領域で定義された尤度関数(35)を最大化することにより得られる推定量である．

表12-2からは，次のような事実を見出すことができる．

(1) 差分パラータdが1以下の場合は，F-MLが最良である．しかし，dが1を超えると振る舞いが悪くなる．

(2) GPHは，$d \leq 1$ならば，DWTよりは優れ，MODWTと同程度の振る舞いをする．しかし，dが大きくなると，GPHおよびMODWTは，下方へのバイアスが深刻となる．

(3) DWTは，$d \leq 1$の場合にはよくないが，$d > 1$ならば，GPH, F-ML, MODWTよりも優れている．しかし，dが大きくなるにつれて，下方へのバイアスが見られる．

(4) W-MLは，ここで調べたdのすべての値に対して，良好な振る舞いを

している．

以上の分析は，観測誤差が加わった次のモデルに拡張することができる．

$$y_t = x_t + u_t, \qquad (1-L)^d x_t = \varepsilon_t \qquad (t=1,2,\cdots,T) \qquad (36)$$

ここで，観測誤差 $\{u_t\}$ は，$\{x_t\}$ とは独立な i.i.d. 系列である．このモデルについては，検定問題との関連で，次節で再び取り上げることにする．

12.5 今後の応用

ウェーブレットの方法は，統計学の分野では比較的新しい手法であり，時系列分析への応用も始まったばかりである．以下では，時系列分析において応用の可能性が考えられるトピックについて述べることにする．

12.5.1 ウェーブレットを使ったノイズの有無に関する検定

式(36)のモデル，すなわち，長期記憶時系列のシグナル $\{x_t\}$ にノイズ $\{u_t\}$ が加わったモデルを再考しよう．差分パラメータ d は，$0 < d < 1/2$ であるとする．また，誤差項 $\{\varepsilon_t\}$ は $\mathrm{NID}(0,\sigma^2)$，ノイズ $\{u_t\}$ は $\mathrm{NID}(0,\rho\sigma^2)$ に従い，両者は互いに独立であるとする．このとき，ノイズが本当に存在するかどうかの検定を考えることができる．すなわち，検定問題

$$H_0 : \rho = 0 \quad \text{vs.} \quad H_1 : \rho > 0 \qquad (37)$$

を考える．

上記の検定問題では，時間領域における最適な検定として，LBI 検定が考えられるが，それは，漸近的に

$$S_{T1} = \sqrt{T} \sum_{h=1}^{T-1} \hat{\alpha}_h r_h \left/ \left(\sum_{h=1}^{T-1} \hat{\alpha}_h^2 - \frac{6}{\pi^2} \left(\sum_{h=1}^{T-1} \frac{1}{h} \hat{\alpha}_h \right)^2 \right)^{1/2} \right. \qquad (38)$$

の値が大きいときに帰無仮説 H_0 を棄却するものである(Tanaka 2002)．ここで，$\hat{\alpha}_h$ は，

$$\alpha_h = \mathrm{Cov}\left((1-L)^d \varepsilon_t, (1-L)^d \varepsilon_{t-h}\right)/\sigma^2 = \frac{(-1)^h \Gamma(1+2d)}{\Gamma(1-h+d)\Gamma(1+h+d)} \tag{39}$$

の一致推定量であり、それは、H_0 のもとでの d の MLE を $\hat{d}$ とするとき、(39) の最右辺の d に $\hat{d}$ を代入して構成される。また、r_h は H_0 のもとでの残差 $(1-L)^{\hat{d}} y_t$ から計算される時差 h の自己相関係数である。

この検定問題に対して、ウェーブレットの方法に基づく最適な検定は、次のように導くことができる。まず、対数尤度関数は、ウェーブレット領域において

$$l(\rho, d, \sigma^2) \approx -\frac{T}{2}\log(2\pi\sigma^2) - \frac{1}{2}\sum_{j=1}^{J} T_j \log c_j(d, \rho) - \frac{1}{2\sigma^2}\sum_{j=1}^{J} \frac{\boldsymbol{w}_j' \boldsymbol{w}_j}{c_j(d, \rho)} \tag{40}$$

で近似される。ただし、

$$c_j(d, \rho) = 2^{j+1} \int_{1/2^{j+1}}^{1/2^j} \frac{1}{(4\sin^2 \pi\omega)^d} d\omega + \rho$$

である。検定統計量としては、対数尤度の偏導関数を H_0 のもとで評価した量

$$\left.\frac{\partial l(\rho, d, \sigma^2)}{\partial \rho}\right|_{H_0} = -\frac{1}{2}\sum_{j=1}^{J} \frac{T_j}{c_j(\tilde{d}, 0)} + \frac{1}{2\tilde{\sigma}^2}\sum_{j=1}^{J} \frac{\boldsymbol{w}_j' \boldsymbol{w}_j}{c_j^2(\tilde{d}, 0)} \tag{41}$$

に基づくものを考えれば、局所的に最適な検定が導出される。ここで、$\tilde{d}$ は、H_0 のもとで得られる d のウェーブレット領域における MLE である。また、

$$\tilde{\sigma}^2 = \frac{1}{T}\sum_{j=1}^{J} \boldsymbol{w}_j' \boldsymbol{w}_j \Big/ c_j(\tilde{d}, 0)$$

である。実際に検定を行う場合は、(41) の統計量を標準偏差で割ったものが H_0 のもとで N(0, 1) に従うことを使えばよい。標準偏差は、ρ, d, σ^2 に対する情報行列を使って求めることができる。この検定は、上で述べた時間領域における検定を補完するものと考えられる。

12.5.2　ウェーブレットに基づく単位根検定

ランダム・ウォーク仮説の検定、あるいは単位根検定に関しては、すでに、第 8 章および第 9 章で説明したが、そこでは、時間領域における方法に限定

して議論した．単位根検定は，ウェーブレットの方法を使っても実行可能である．ここでは，単位根検定のための3つのモデルを取り上げて，それぞれに対してウェーブレットに基づく検定を考える．

(a) AR(1) モデルにおける検定

まず，最初のモデルとして，AR(1) 過程

$$y_t = \rho\, y_{t-1} + \varepsilon_t, \qquad y_0 = 0 \qquad (t=1,\cdots,T) \tag{42}$$

を考えよう．ここで，$\{\varepsilon_t\}$ は i.i.d.$(0, \sigma^2)$ に従う誤差項，ρ は $-1 < \rho \leq 1$ に制約されるパラメータである．このとき，単位根検定は，$H_0 : \rho = 1$ vs. $H_1 : \rho < 1$ と定式化される．

第8章で述べたように，通常の単位根検定は，時間領域における ρ の LSE $\hat{\rho}$ に基づくものであり，局所対立仮説 $\rho = 1 - (c/T)$，ただし，c は正の定数のもとで，$T \to \infty$ のとき，次の分布収束が成り立つ．

$$T(\hat{\rho} - 1) = \frac{\sum_{t=2}^{T} y_{t-1}(y_t - y_{t-1}) \Big/ T}{\sum_{t=2}^{T} y_{t-1}^2 \Big/ T^2} \;\Rightarrow\; \frac{\int_0^1 Y(t)\, dY(t)}{\int_0^1 Y^2(t)\, dt}$$

ここで，$\{Y(t)\}$ は，

$$Y(t) = e^{-ct} \int_0^t e^{cs}\, dW(s)$$

で定義される区間 $[0,1]$ 上の O-U 過程，$\{W(t)\}$ は標準 Brown 運動である．

上の検定をウェーブレット領域で行うために，ρ の推定量として，ウェーブレットに基づく MLE $\tilde{\rho}$ を考える．誤差項に正規性を仮定すれば，$\tilde{\rho}$ は，次の対数尤度

$$l(\rho, \sigma^2) = -\frac{T}{2} \log(2\pi\sigma^2) - \frac{1}{2} \sum_{j=1}^{J} T_j\, \log g_j(\rho) - \frac{1}{2\sigma^2} \sum_{j=1}^{J} \frac{\boldsymbol{w}_j' \boldsymbol{w}_j}{g_j(\rho)}$$

を最大にする ρ の値である．ただし，

$$g_j(\rho) = 2^{j+1} \int_{1/2^{j+1}}^{1/2^j} \frac{1}{1 + \rho^2 - 2\rho \cos 2\pi\omega}\, d\omega$$

である．

以上の議論は，単位根仮説の検定に即したものであり，(42)における誤差項の独立性を仮定したものである．誤差項が従属的な場合には，一般化された単位根仮説の検定となるが，その場合には，時間領域における通常の検定統計量は，その影響を敏感に受けて帰無分布も変わるので，新たな検定方式を考える必要がある．しかし，本章第4節でも述べたように，誤差項のスペクトラムがオクターブ周波数帯上でほぼ定数であると見なすことができれば，ウェーブレットに基づく統計量は頑健であり，独立な場合と同様の検定が可能である．

(b) ARFIMA モデルにおける検定

ARFIMA モデルに関しては，前節で推定の観点から議論したが，ここでは，差分パラメータ d の検定について考えよう．簡単化のため，モデルとして ARFIMA$(0, d, 0)$

$$(1 - L)^d x_t = \varepsilon_t \qquad (t = 1, 2, \cdots, T) \tag{43}$$

を取り上げる．ここで，$\{\varepsilon_t\}$ は NID$(0, \sigma^2)$ に従う誤差項である．検定問題は，$H_0 : d = d_0$ vs. $H_1 : d < d_0$ である．ここで，$d_0 = 1$ の場合が単位根仮説である．

上のモデルに対して，第9章で述べたように，時間領域における最適な検定として LBI 検定が考えられ，それは，漸近的に

$$S_{T2} = \sqrt{T} \sum_{h=1}^{T-1} \frac{1}{h} r_h \bigg/ \sqrt{\pi^2/6} \tag{44}$$

が小さいときに H_0 を棄却するものである．ただし，r_h は，H_0 のもとでのモデルの残差 $e_t = (1 - L)^{d_0} x_t$ から計算される時差 h の自己相関である．S_{T2} は，H_0 のもとで漸近的に N$(0, 1)$ に従う．

他方，ウェーブレット領域では，対数尤度が

$$l(d, \sigma^2) = -\frac{T}{2} \log(2\pi\sigma^2) - \frac{1}{2} \sum_{j=1}^{J} T_j \log h_j(d) - \frac{1}{2\sigma^2} \sum_{j=1}^{J} \frac{\boldsymbol{w}'_j \boldsymbol{w}_j}{h_j(d)}$$

で与えられる．ただし，

$$h_j(d) = 2^{j+1} \int_{1/2^{j+1}}^{1/2^j} \left(4\sin^2 \pi\omega\right)^{-d} d\omega$$

である．これより，LBI 検定として，

$$\left.\frac{\partial l(d, \sigma^2)}{\partial d}\right|_{H_0} = -\frac{1}{2}\sum_{j=1}^J T_j \frac{\triangle h_j(d_0)}{h_j(d_0)} + \frac{1}{2\tilde{\sigma}^2}\sum_{j=1}^J \boldsymbol{w}_j' \boldsymbol{w}_j \frac{\triangle h_j(d_0)}{h_j^2(d_0)} \quad (45)$$

に基づくものを考えればよい．ただし，

$$\triangle h_j(d_0) = -2^{j+1}\int_{1/2^{j+1}}^{1/2^j} \frac{\log(2\sin\pi\omega)^2}{(4\sin^2\pi\omega)^d} d\omega, \quad \tilde{\sigma}^2 = \frac{1}{T}\sum_{j=1}^J \frac{\boldsymbol{w}_j'\boldsymbol{w}_j}{h_j(d_0)}$$

である．

ここでの議論においても，ARFIMA$(0, d, 0)$ モデルが一般の ARFIMA(p, d, q) モデルに拡張された場合には，(44)の検定統計量はその影響を受け，変更する必要が生じる．しかし，ウェーブレットに基づく検定は，前述の通り，スペクトラムがオクターブ周波数帯上でほぼ定数であると見なすことができれば，ARFIMA$(0, d, 0)$ の場合と同様に行うことができる．

(c) 状態空間モデルにおける検定

単位根仮説のための 3 番目のモデルは，状態空間モデル

$$y_t = \beta_t + \varepsilon_t, \quad \beta_t = \beta_{t-1} + u_t \quad (t = 1, \cdots, T) \quad (46)$$

である．ここで，状態変数の $\{\beta_t\}$ は，$\beta_0 = 0$ から出発するランダム・ウォークである．また，誤差項 $\{\varepsilon_t\}$ は NID$(0, \sigma_\varepsilon^2)$, $\{u_t\}$ は NID$(0, \sigma_u^2)$ に従い，互いに独立である．

このモデルにおいて，単位根仮説は，$H_0 : \rho = \sigma_u^2/\sigma_\varepsilon^2 = 0$ vs. $H_1 : \rho > 0$ である．前の2つのモデルでは，ランダム・ウォークとなるのは H_0 のもとであったが，ここでは H_1 のもとであり，いわば逆向きの仮説となっている．

上記の検定問題に対して，第 9 章で述べたように，次の統計量 S_{T3} は LBI 検定統計量であり，局所対立仮説 $\rho = c^2/T^2$，ただし，c は定数のもとで，$T \to \infty$ のとき，分布収束

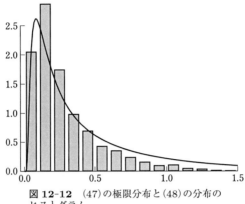

図 12-12 (47)の極限分布と(48)の分布のヒストグラム

$$S_{T3} = \frac{\sum_{t=1}^{T}\left(\sum_{s=t}^{T} y_s\right)^2}{T \sum_{t=1}^{T} y_t^2} \Rightarrow \sum_{n=1}^{\infty}\left\{\frac{1}{(n-1/2)^2\,\pi^2} + \frac{c^2}{(n-1/2)^4\,\pi^4}\right\} Z_n^2 \tag{47}$$

が成り立つ. ここで, $\{Z_n\}$ は NID$(0,1)$ である.

ウェーブレット領域においては, 対数尤度が

$$l(\rho, \sigma_\varepsilon^2) = -\frac{T}{2}\log(2\pi\sigma_\varepsilon^2) - \frac{1}{2}\sum_{j=1}^{J} T_j \log g_j(\rho) - \frac{1}{2\sigma_\varepsilon^2}\sum_{j=1}^{J}\frac{\boldsymbol{w}_j'\,\boldsymbol{w}_j}{g_j(\rho)}$$

で与えられる. ここで,

$$g_j(\rho) = 2^{j+1}\int_{1/2^{j+1}}^{1/2^j}\left[\frac{\rho}{4\sin^2\pi\omega} + 1\right]d\omega$$

である. このとき, LBI 検定統計量は,

$$W_T = \sum_{j=1}^{J} 2^{j-1}\int_{1/2^{j+1}}^{1/2^j} \sin^{-2}\pi\omega\,d\omega\,\boldsymbol{w}_j'\boldsymbol{w}_j \Big/ T\sum_{j=1}^{J}\boldsymbol{w}_j'\boldsymbol{w}_j \tag{48}$$

となる.

図 12-12 のヒストグラムは, (48)の統計量の帰無分布を $T = 512$ の場合にシミュレーションにより求めたものである. 他方, 図の曲線は, (47)の極限帰無分布($c = 0$ の場合)であり, 特性関数を反転して, 数値積分により求めた

ものである.前者も,漸近的には,χ^2 分布に従う互いに独立な確率変数の加重和の分布である.ただし,ウェイトが異なるから別の分布となる.

　モデル(46)の誤差項 $\{\varepsilon_t\}$ は,従属的な ARMA 過程に拡張することができる.その場合の検定は,帰無仮説が定常,対立仮説が一般化されたランダム・ウォークとなる.このとき,時間領域における検定統計量(47)は変更を要するが,ウェーブレットに基づく検定は,前述の理由により,誤差項が独立な場合の結果をそのまま利用することができる.

数学的付録

1. 確率的不等式

以下の不等式は，分布のスソの確率を評価したり，確率変数列の確率収束(第1章3節参照)や平均2乗収束(第1章2節参照)を証明するために有用である．

● **Markov の不等式** W を非負値確率変数とするとき，任意の正数 a に対して，

$$P(W \geq a) \leq \frac{\mathrm{E}(W)}{a} \tag{1}$$

● **Chebyshev の不等式** 確率変数 X が2次モーメントをもつとして，$\mu = \mathrm{E}(X)$, $\sigma^2 = \mathrm{V}(X)$ とするとき，任意の正数 k に対して，

$$P(|X - \mu| \geq k\sigma) \leq \frac{1}{k^2} \tag{2}$$

● **片側 Chebyshev の不等式** 確率変数 X が2次モーメントをもつとして，$\mu = \mathrm{E}(X)$, $\sigma^2 = \mathrm{V}(X)$ とするとき，任意の正数 k に対して，

$$P(X - \mu \geq k\sigma) \leq \frac{1}{k^2+1}, \quad P(X - \mu \leq -k\sigma) \leq \frac{1}{k^2+1} \tag{3}$$

● **Cauchy-Schwarz の不等式** 確率変数 X と Y が，ともに2次モーメントをもつならば，

$$|\mathrm{E}(XY)| \leq \sqrt{\mathrm{E}(X^2)\,\mathrm{E}(Y^2)}, \quad \mathrm{Cov}^2(X,Y) \leq \mathrm{V}(X)\,\mathrm{V}(Y) \tag{4}$$

2. 線形過程の定義と期待値の演算

次の線形過程(第1章3節参照)

$$y_t = \sum_{j=0}^{\infty} \alpha_j \varepsilon_{t-j}, \quad \alpha_0 = 1, \quad \sum_{j=0}^{\infty} \alpha_j^2 < \infty \tag{5}$$

を考える．ここで，$\{\varepsilon_t\}$ は，平均 0，分散 σ^2 の独立，同一分布に従う確率変数列であり，このことを $\{\varepsilon_t\} \sim \mathrm{i.i.d.}(0, \sigma^2)$ と表す．

ここでは，式(5)のように確率変数の無限の加重和で表される確率過程 $\{y_t\}$ の

定義について説明する．そのために，まず，MA(n) 過程

$$y_{t,n} = \sum_{j=0}^{n} \alpha_j \, \varepsilon_{t-j} \tag{6}$$

を定義する．このとき，次のことが成り立つ．

定理 2.1 各 t に対して，式(5)の y_t は，式(6)の $y_{t,n}$ の平均2乗極限として定義される．すなわち，

$$\lim_{n \to \infty} \mathrm{E}(y_{t,n} - y_t)^2 = 0 \quad \Leftrightarrow \quad \underset{n \to \infty}{\mathrm{l.i.m.}} \, y_{t,n} = y_t \tag{7}$$

(証明) まず，任意の自然数 k に対して，

$$\mathrm{E}(y_{t,n+k} - y_{t,n})^2 = \mathrm{E}(\alpha_{n+1}\varepsilon_{t-n-1} + \cdots + \alpha_{n+k}\varepsilon_{t-n-k})^2$$
$$= \sigma^2 \left(\alpha_{n+1}^2 + \cdots + \alpha_{n+k}^2 \right)$$

が成り立つことに注意する．したがって，式(5)の最後にある $\{\alpha_j\}$ の2乗和の収束条件から，

$$\lim_{n,k \to \infty} \mathrm{E}(y_{t,n+k} - y_{t,n})^2 = 0$$

となる．このとき，次の完備性定理(Loève 1977)により，定理2.1 が証明される．

定理 2.2 2次モーメントが存在するような確率変数全体からなる集合を L^2 とするとき，L^2 に属する確率変数列 $\{X_n\}$ が，

$$\lim_{m,n \to \infty} \mathrm{E}(X_m - X_n)^2 = 0$$

をみたすならば，

$$\lim_{n \to \infty} \mathrm{E}(X_n - X)^2 = 0 \quad \Leftrightarrow \quad \underset{n \to \infty}{\mathrm{l.i.m.}} \, X_n = X$$

となる X が L^2 に存在する．

次に，式(5)の線形過程が定常であることを示す．このとき，無限和の期待値や分散を計算する必要があるが，その場合に次のことが成り立つ．

定理 2.3 式(5)の線形過程は定常である．実際，次の演算が正当化される．

$$\mathrm{E}(y_t) = \mathrm{E}\left(\sum_{j=0}^{\infty} \alpha_j\, \varepsilon_{t-j}\right) = \sum_{j=0}^{\infty} \alpha_j\, \mathrm{E}(\varepsilon_{t-j}) = 0$$

$$\mathrm{V}(y_t) = \mathrm{V}\left(\sum_{j=0}^{\infty} \alpha_j\, \varepsilon_{t-j}\right) = \sum_{j=0}^{\infty} \alpha_j^2\, \mathrm{V}(\varepsilon_{t-j}) = \sigma^2 \sum_{j=0}^{\infty} \alpha_j^2$$

$$\mathrm{Cov}(y_t, y_{t+h}) = \mathrm{Cov}\left(\sum_{j=0}^{\infty} \alpha_j\, \varepsilon_{t-j},\ \sum_{k=0}^{\infty} \alpha_k\, \varepsilon_{t+h-k}\right)$$

$$= \sum_{j=0}^{\infty} \sum_{k=0}^{\infty} \alpha_j\, \alpha_k\, \mathrm{Cov}(\varepsilon_{t-j}, \varepsilon_{t+h-k})$$

$$= \sigma^2 \sum_{j=0}^{\infty} \alpha_j\, \alpha_{j+h} \quad (h > 0)$$

上の事実は，次の定理から示すことができる．

定理 2.4 L^2 に属する確率変数列 $\{X_n\}$ と $\{Y_n\}$ に対して，

$$\mathop{\mathrm{l.i.m.}}_{n\to\infty} X_n = X, \qquad \mathop{\mathrm{l.i.m.}}_{n\to\infty} Y_n = Y$$

であるとする．このとき，次のことが成り立つ．

$$\lim_{n\to\infty} \mathrm{E}(X_n) = \mathrm{E}(X),\quad \lim_{n\to\infty} \mathrm{E}(Y_n) = \mathrm{E}(Y),\quad \lim_{n\to\infty} \mathrm{Cov}(X_n, Y_n) = \mathrm{Cov}(X, Y)$$

定理 2.4 において，$X_n = y_{t,n}$，$Y_n = y_{t+h,n}$ とおけば，それぞれ，$X = y_t$，$Y = y_{t+h}$ に平均 2 乗収束する．したがって，

$$\mathrm{E}(y_t) = \lim_{n\to\infty} \mathrm{E}(y_{t,n}) = \lim_{n\to\infty} \mathrm{E}\left(\sum_{j=0}^{n} \alpha_j\, \varepsilon_{t-j}\right)$$

$$= \lim_{n\to\infty} \sum_{j=0}^{n} \alpha_j \mathrm{E}(\varepsilon_{t-j}) = \sum_{j=0}^{\infty} \alpha_j \times 0 = 0$$

$$\mathrm{Cov}(y_t, y_{t+h}) = \mathrm{E}(y_t y_{t+h}) = \lim_{n\to\infty} \mathrm{E}(y_{t,n}\, y_{t+h,n})$$

$$= \lim_{n\to\infty} \mathrm{E}\left(\sum_{j=0}^{n} \sum_{k=0}^{n} \alpha_j\, \alpha_k \varepsilon_{t-j}\, \varepsilon_{t+h-k}\right)$$

$$= \lim_{n\to\infty} \sum_{j=0}^{n} \sum_{k=0}^{n} \alpha_j\, \alpha_k \mathrm{E}(\varepsilon_{t-j}\, \varepsilon_{t+h-k})$$

$$= \sigma^2 \sum_{j=0}^{\infty} \alpha_j\, \alpha_{j+h} \quad (h > 0)$$

となり，定理 2.3 が証明される．

3. 確率的オーダー

推定量や検定統計量などの漸近的な性質を調べるためには，確率的なオーダーの概念を理解する必要がある．以下では，まず，実数列の場合のオーダーについて述べ，その拡張として確率的オーダーについて説明する．

以下，$\{a_n\}$ を正数列，$\{g_n\}$ を任意の実数列とする．もし，$n \to \infty$ のとき，$g_n/a_n \to 0$ ならば，$\{g_n\}$ は $\{a_n\}$ よりも微小なオーダーであるといい，$g_n = o(a_n)$ と書く．すなわち，

● $o(g_n)$ の定義

$$\lim_{n\to\infty} g_n/a_n = 0 \quad \to \quad g_n = o(a_n) \tag{8}$$

次に，すべての n に対して，$|g_n|/a_n \leq M$ となるような正数 M が存在するならば，$\{g_n\}$ は $\{a_n\}$ と同程度のオーダーであるといい，$g_n = O(a_n)$ と書く．すなわち，

● $O(a_n)$ の定義 ある正数 M が存在して

$$|g_n|/a_n \leq M \quad \to \quad g_n = O(a_n) \tag{9}$$

次に，確率変数の場合を考えよう．$\{X_n\}$ を確率変数の列として，正数列 $\{a_n\}$ で除して作られた確率変数列 $\{X_n/a_n\}$ が 0 に**確率収束**するものと仮定する．すなわち，任意の正数 ε に対して，

$$\lim_{n\to\infty} P(|X_n|/a_n > \varepsilon) = 0$$

が成り立つものとする．このことを，以下では，

$$\plim_{n\to\infty} \{|X_n|/a_n\} = 0$$

と表すものとする．このとき，X_n は a_n よりも確率的オーダーが微小であるといい，$X_n = o_p(a_n)$ と書く．すなわち，

● $o_p(a_n)$ の定義

$$\plim_{n\to\infty} \{|X_n|/a_n\} = 0 \quad \to \quad X_n = o_p(a_n) \tag{10}$$

他方，任意の正数 ε に対して，ある正数 M が存在して，$P(|X_n|/a_n > M) < \varepsilon$ がすべての n について成り立つならば，X_n は確率的オーダーが a_n と同程度であ

るといい，$X_n = O_p(a_n)$ と書く．すなわち，

- **$O_p(a_n)$ の定義** 任意の正数 ε に対して，ある正数 M が存在して

$$P(|X_n|/a_n > M) < \varepsilon \quad \to \quad X_n = O_p(a_n) \tag{11}$$

上の定義から，例えば，X_n が 0 に確率収束するならば $X_n = o_p(1)$ であること，X_n が退化しない分布をもつならば $X_n = O_p(1)$ であることがわかる．また，これらの定義から，次の諸性質を導くことができる．以下，$\{Y_n\}$ は確率変数列，$\{b_n\}$ は正数の列とする．

$$X_n = o_p(a_n),\ Y_n = o_p(b_n)$$
$$\to\ X_n Y_n = o_p(a_n b_n),\ X_n + Y_n = o_p(\max\{a_n, b_n\}) \tag{12}$$
$$X_n = O_p(a_n),\ Y_n = O_p(b_n)$$
$$\to\ X_n Y_n = O_p(a_n b_n),\ X_n + Y_n = O_p(\max\{a_n, b_n\}) \tag{13}$$

確率的オーダーの定義では，モーメントの存在を仮定しないので，定義に従ってオーダーを決めるのは困難な場合が多い．しかし，2 次モーメントが存在すれば，確率的オーダーを決めるのは容易である．次の定理は有用である．証明は，Markov の不等式を使えばよい．

定理 3.1 確率変数列 $\{X_n\}$ が 2 次モーメントをもつならば，次のことが成り立つ．

(a) $\quad E(X_n^2) = o(a_n^2) \quad \to \quad X_n = o_p(a_n) \tag{14}$

(b) $\quad E(X_n^2) = O(a_n^2) \quad \to \quad X_n = O_p(a_n) \tag{15}$

(c) $\quad V(X_n) = O(a_n^2),\ E(X_n) = O(a_n) \quad \to \quad X_n = O_p(a_n) \tag{16}$

4. 分布収束と中心極限定理

X_n の分布関数が $F_n(x)$ であるような確率変数列 $\{X_n\}$ が **分布収束** するとは，分布関数 $F(x)$ が存在して，$F(x)$ のすべての連続点で，

$$\lim_{n \to \infty} F_n(x) = F(x) \tag{17}$$

となることである．このとき，$\{X_n\}$ は F に分布収束するといい，$X_n \Rightarrow F$ と表す．

中心極限定理(Central Limit Theorem：**CLT**)は，標本平均などの統計量が正規分布へ分布収束することを保証する定理である．特に，$\{X_n\}$ が正規分布 $N(\mu, \sigma^2)$ に分布収束する場合は，$X_n \Rightarrow N(\mu, \sigma^2)$ と書くことにする．

古典的な CLT は，独立，同一(i.i.d.)分布に従う確率変数列を対象にしているが，時系列分析においては，独立性と同一分布性の仮定をゆるめた従属的な時系列に対する CLT を扱う必要がある．次の定理は，**m-従属**な定常過程を対象としたものである．定常過程 $\{y_t\}$ が m-従属であるとは，$m+1$ 時点以上離れた確率変数の集合が互いに独立となることである．例えば，MA(q) 過程は，q-従属である．定理の証明については，Anderson(1971)，Brockwell-Davis(1991)を参照されたい．

定理 4.1 平均 μ，自己共分散 $\gamma(h)$ の定常過程 $\{y_t\}$ が m-従属ならば，次の CLT が成り立つ．

$$\frac{1}{\sqrt{T}} \sum_{t=1}^{T} (y_t - \mu) \Rightarrow N(0, \sigma_m^2), \quad \sigma_m^2 = \sum_{h=-m}^{m} \gamma(h) \neq 0 \quad (18)$$

上の定理において，$\sigma_m^2 \neq 0$ は重要である．例えば，MA(q)モデル(第1章参照)

$$y_t = \mu + \theta(L)\varepsilon_t, \quad \theta(L) = 1 - \theta_1 L - \cdots - \theta_q L^q, \quad \{\varepsilon_t\} \sim \text{i.i.d.}(0, \sigma^2)$$

においては，$\sigma_m^2 = \sigma^2 \theta^2(1)$ となるが，反転不可能な場合($\theta(x) = 0$ の根として $x = 1$ を含む場合)には，この値は 0 となる．実際，MA(1) モデル $y_t = \mu + \varepsilon_t - \varepsilon_{t-1}$ では，$\gamma(0) = 2\sigma^2, \gamma(1) = -\sigma^2$ であり，明らかに $\sigma_1^2 = 0$ となる．この場合に CLT が成り立たないことは，$\sum_{t=1}^{T}(y_t - \mu) = \varepsilon_T - \varepsilon_0$ となることから了解できよう．

一般の定常過程からの標本平均を扱う場合には，m-従属過程では不十分であり，MA(∞) 過程，あるいは線形過程の場合の CLT を考える必要がある．

定理 4.2 次の条件をみたす線形過程 $\{y_t\}$ を考える．

$$y_t = \mu + \sum_{j=0}^{\infty} \alpha_j \varepsilon_{t-j}, \quad \{\varepsilon_t\} \sim \text{i.i.d.}(0, \sigma^2), \quad \alpha = \sum_{j=0}^{\infty} \alpha_j \neq 0, \quad \sum_{j=0}^{\infty} |\alpha_j| < \infty \quad (19)$$

このとき，次の CLT が成り立つ．

$$\sqrt{T}(\bar{y} - \mu) = \frac{1}{\sqrt{T}} \sum_{t=1}^{T} (y_t - \mu) \Rightarrow N(0, \sigma^2 \alpha^2) = N(0, 2\pi f(0)) \quad (20)$$

ここで, $f(0)$ は, $\{y_t\}$ のスペクトラム(第2章を参照)の原点における値である.
(証明) 次の確率過程を定義しよう.

$$y_{m,t} = \sum_{j=0}^{m} \alpha_j \varepsilon_{t-j}, \qquad u_{m,t} = \sum_{j=m+1}^{\infty} \alpha_j \varepsilon_{t-j}$$

このとき,

$$Y_T = \frac{1}{\sqrt{T}} \sum_{t=1}^{T} (y_t - \mu) = \frac{1}{\sqrt{T}} \sum_{t=1}^{T} (y_{m,t} + u_{m,t}) = Y_{m,T} + U_{m,T}$$

と表すことができる. ここで, $\{y_{m,t}\}$ は, m-従属であるから, 定理4.1から,

$$Y_{m,T} = \frac{1}{\sqrt{T}} \sum_{t=1}^{T} y_{m,t} \;\Rightarrow\; \mathrm{N}(0, \sigma_m^2), \qquad \sigma_m^2 = \sum_{h=-m}^{m} \gamma(h)$$

を得る. 他方,

$$\mathrm{E}(U_{m,T}^2) = \frac{1}{T} \mathrm{E}\left[\left(\sum_{t=1}^{T} u_{m,t}\right)^2\right] \leq \sigma^2 \left(\sum_{h=m+1}^{\infty} |\gamma(h)|\right)^2$$

となることが示され, この右辺は, $m \to \infty$ のとき, 0に収束する. すなわち, $U_{m,T}$ は, 各Tに対して, $m \to \infty$ のとき, $o_p(1)$ である. したがって, 次の補題 (Anderson 1971)から, 結論を得る.

補題 4.1 次の確率過程を考える.

$$Y_T = Y_{m,T} + U_{m,T} \qquad (T = 1, 2, \cdots, \quad m = 1, 2, \cdots)$$

ここで, $\{Y_{m,T}\}$ は, 各mに対して, $T \to \infty$ のとき, F_m に分布収束し, さらに, F_m は, $m \to \infty$ のとき, F に分布収束する. 他方, $\{U_{m,T}\}$ は, 各Tに対して, $m \to \infty$ のとき, $o_p(1)$ であるとする. このとき, Y_T は, $T \to \infty$ のとき, F に分布収束する.

5. Brown運動

連続的確率過程として, 最も代表的な標準Brown運動を定義しよう.
● **標準Brown運動** 区間 $[0,1]$ 上で定義され, 次の3つの条件をみたす確率過程 $\{W(t)\}$ を標準Brown運動と呼ぶ.
 (a) $P(W(0) = 0) = 1$
 (b) 任意の時点 $0 \leq t_0 < t_1 < \cdots < t_n \leq 1$ に対して, 時点が重ならない増分 $W(t_1) - W(t_0), W(t_2) - W(t_1), \cdots, W(t_n) - W(t_{n-1})$ は互いに独立であ

る.

（c）$0 \leq s < t \leq 1$ に対して，$W(t) - W(s) \sim \mathrm{N}(0, t-s)$

標準 Brown 運動は，非定常な確率過程である．自己共分散は，$s < t$ ならば，

$$\begin{aligned}
\mathrm{Cov}(W(s), W(t)) &= \mathrm{Cov}(W(s), W(s) + W(t) - W(s)) \\
&= \mathrm{Cov}(W(s), W(s)) + \mathrm{Cov}(W(s), W(t) - W(s)) \\
&= \mathrm{V}(W(s)) = s = \min(s, t)
\end{aligned}$$

となる．パスは連続であるが，微分不可能である（次節を参照）．また，時差が同じ 2 つの増分 $W(t) - W(s)$ と $W(t+h) - W(s+h)$ は同一の分布をもつ．この意味で，標準 Brown 運動は，**定常独立増分**をもつ．

標準 Brown 運動から派生した次の確率過程

$$\bar{W}(t) = W(t) - tW(1) \tag{21}$$

を，**Brown 橋**(Brownian bridge)という．名称は，端点 $t = 0$ と $t = 1$ において，同一の値 $\bar{W}(0) = \bar{W}(1) = 0$ を取ることに由来する．共分散は，

$$\mathrm{Cov}(\bar{W}(s), \bar{W}(t)) = \min(s, t) - st$$

であり，端点の値が制約されているから，標準 Brown 運動よりは，ばらつきが小さい．

また，確率過程

$$\begin{aligned}
W_{(1)}(t) &= W(t) - \int_0^1 W(s)\, ds \\
W_{(2)}(t) &= W_{(1)}(t) - 12\left(t - \frac{1}{2}\right)\int_0^1 \left(s - \frac{1}{2}\right) W(s)\, ds
\end{aligned}$$

を，それぞれ，**平均調整済み Brown 運動**，**トレンド調整済み Brown 運動**という．区間 $[0,1]$ において，前者は，$W(t)$ を定数に回帰したあとの残差過程，後者は，$W(t)$ を直線 $a + bt$ に回帰したあとの残差過程である．ここで，

$$a = \int_0^1 (4 - 6s)W(s)\, ds, \qquad b = \int_0^1 (12s - 6)W(s)\, ds$$

である．実際，a と b は，正規方程式

$$\int_0^1 W(s)\, ds = a\int_0^1 ds + b\int_0^1 s\, ds, \qquad \int_0^1 sW(s)\, ds = a\int_0^1 s\, ds + b\int_0^1 s^2\, ds$$

の解である．

なお，ここで使った積分は，確率過程に対する Riemann 積分であり，その定義については次節で述べる．

6. 確率過程の Riemann 積分

区間 $[a,b]$ 上で定義され，2 次モーメントをもつ確率過程全体の集合を $L^2[a,b]$ とする．例えば，前節で述べた標準 Brown 運動 $\{W(t)\}$ は，$L^2[0,1]$ に属する．$\{X(t)\} \in L^2[a,b]$ のとき，$\{X(t)\}$ の連続性と微分可能性は，次のように定義される．

● **確率過程の連続性**

$$\mathop{\mathrm{l.i.m.}}_{h \to 0} (X(t+h) - X(t)) = \lim_{h \to 0} \mathrm{E}\left[(X(t+h) - X(t))^2\right] = 0$$

をみたすならば，$\{X(t)\}$ は，時点 t で**平均 2 乗連続**であるという．

● **確率過程の微分可能性**　　次の平均 2 乗極限

$$\mathop{\mathrm{l.i.m.}}_{h \to 0} \frac{X(t+h) - X(t)}{h} = \lim_{h \to 0} \frac{\mathrm{E}\left[(X(t+h) - X(t))^2\right]}{h^2}$$

が存在するならば，$\{X(t)\}$ は，時点 t で**平均 2 乗微分可能**であるといい，この極限を $\dot{X}(t)$ と表す．

標準 Brown 運動は，平均 2 乗連続である．実際，

$$\mathrm{E}[(W(t+h) - W(t))^2] = |h| \quad \to \quad 0 \quad (h \to 0)$$

となる．しかし，平均 2 乗微分可能ではない．なぜならば，

$$\frac{\mathrm{E}[(W(t+h) - W(t))^2]}{h^2} = \frac{|h|}{h^2} = \frac{1}{|h|} \quad \to \quad \infty \quad (h \to 0)$$

となるからである．

区間全体で平均 2 乗連続，あるいは平均 2 乗微分可能ならば，単に，平均 2 乗連続，あるいは平均 2 乗微分可能である，という．定義から，平均 2 乗微分可能ならば，平均 2 乗連続となることは明らかである．また，次のことが成り立つ．

$$\mathrm{E}\left(\dot{X}(t)\right) = \frac{d}{dt}\mathrm{E}\left(X(t)\right), \quad \mathrm{E}\left(\dot{X}(s)\dot{X}(t)\right) = \frac{\partial^2}{\partial s \partial t}\mathrm{E}\left(X(s)X(t)\right)$$

さらに，正規過程 $\{X(t)\}$ においては，平均 2 乗微分可能ならば，その微分過程 $\{\dot{X}(t)\}$ も正規である．

● **平均 2 乗 Riemann 積分**　　区間 $[a,b]$ の分割を

$$p_m : a = s_0 < s_1 < \cdots < s_m = b$$

として，$\triangle_m = \max_i (s_i - s_{i-1})$ とおく．また，$f(t)$ を，$[a,b]$ 上で定義された Riemann 積分可能な関数とする．

このとき，次の和

$$S_{1m} = \sum_{i=1}^{m} f(s_i')X(s_i')(s_i - s_{i-1}), \qquad s_i' \in [s_{i-1}, s_i] \tag{22}$$

が，任意の分割 p_m と $s_i' \in [s_{i-1}, s_i)$ となるような任意の点 s_i' に対して，$m \to \infty$, $\triangle_m \to 0$ のときに平均 2 乗極限をもつならば，その極限を

$$S_1 = \int_a^b f(t)X(t)\,dt \tag{23}$$

と表す．これを，$f(t)X(t)$ の平均 2 乗 Riemann 積分という．

平均 2 乗 Riemann 積分可能となるための 1 つの十分条件は，平均 2 乗連続となることである．平均 2 乗 Riemann 積分可能ならば，次のことが成り立つ．

$$\mathrm{E}\left(\int_a^b f(t)X(t)\,dt\right) = \int_a^b f(t)\mathrm{E}\left(X(t)\right)dt$$

$$\mathrm{E}\left[\left(\int_a^b f(t)X(t)dt\right)^2\right] = \int_a^b \int_a^b f(s)f(t)\mathrm{E}\left(X(s)X(t)\right)ds\,dt$$

例えば，標準 Brown 運動 $\{W(t)\}$ は，明らかに，平均 2 乗 Riemann 積分可能である．このとき，

$$Y(t) = \int_0^t W(s)\,ds \tag{24}$$

は，平均 2 乗微分可能であり，$\dot{Y}(t) = W(t)$ となる．確率過程 $\{Y(t)\}$ は，**積分 Brown 運動**と呼ばれる．

もっと一般に，任意の自然数 n に対して，$\{W^n(t)\}$ は平均 2 乗 Riemann 積分可能である．そして，例えば，

$$U_1 = \int_0^1 W^2(t)\,dt \tag{25}$$

に対しては，

$$\mathrm{E}(U_1) = \int_0^1 \mathrm{E}(W^2(t))\,dt = \int_0^1 t\,dt = \frac{1}{2}$$

$$\mathrm{E}(U_1^2) = \int_0^1 \int_0^1 \mathrm{E}(W^2(s)W^2(t))\,dsdt = \int_0^1 \int_0^1 \left[2\min^2(s,t) + st\right]ds\,dt = \frac{7}{12}$$

を得る．したがって，$\mathrm{V}(U_1) = 1/3$ となる．また，

$$U_2 = \int_0^1 \bar{W}^2(t)\,dt = \int_0^1 (W(t) - tW(1))^2 \, dt \tag{26}$$

に対しては，$\mathrm{E}(U_2) = 1/6$, $\mathrm{V}(U_2) = 1/45$ となる．

● **平均 2 乗 Riemann-Stieltjes 積分**   次の和

$$S_{2m} = \sum_{i=1}^m f(s_i')[X(s_i) - X(s_{i-1})], \quad s_i' \in [s_{i-1}, s_i) \tag{27}$$

が，任意の分割 p_m と $s_i' \in [s_{i-1}, s_i)$ となるような任意の点 s_i' に対して，$m \to \infty$, $\triangle_m \to 0$ のときに平均 2 乗極限をもつならば，その極限を

$$S_2 = \int_a^b f(t)\,dX(t) \tag{28}$$

と表す．これを，$f(t)$ の $X(t)$ に関する平均 2 乗 Riemann-Stieltjes 積分という．例えば，次の結果は，定義から明らかである．

$$\int_0^1 dW(t) = W(1)$$

平均 2 乗 Riemann-Stieltjes 積分可能となるための 1 つの十分条件は，$f(t)$ が連続で，$\mathrm{E}(X(s)X(t))$ が有界変動となることである．

S_2 が式(28)で定義されるならば，

$$\mathrm{E}(S_2) = \mathrm{E}\left[\int_a^b f(t)\,dX(t)\right] = \mathrm{E}\left[\mathrm{l.i.m.} \sum_{i=1}^m f(s_{i-1})(X(s_i) - X(s_{i-1}))\right]$$
$$= \lim \sum_{i=1}^m f(s_{i-1})\mathrm{E}(X(s_i) - X(s_{i-1})) = \int_a^b f(s)\,\mathrm{E}(dX(t))$$

となる．また，

$$\mathrm{E}(S_2^2) = \mathrm{E}\left[\left(\int_a^b f(t)\,dX(t)\right)^2\right]$$
$$= \mathrm{E}\left[\mathrm{l.i.m.} \sum_{i=1}^m \sum_{j=1}^m f(s_{i-1})f(s_{j-1})(X(s_i)\right.$$
$$\left. - X(s_{i-1}))(X(s_j) - X(s_{j-1}))\right]$$
$$= \lim \sum_{i=1}^m \sum_{j=1}^m f(s_{i-1})f(s_{j-1})\mathrm{E}\left[(X(s_i) - X(s_{i-1}))(X(s_j) - X(s_{j-1}))\right]$$
$$= \int_a^b f(s)f(t)\,\mathrm{E}(dX(s)\,dX(t))$$

である．特に，$X(t) = W(t)$ ならば，

$$\mathrm{E}\left[\int_a^b f(t)\,dW(t)\right] = 0, \quad \mathrm{E}\left[\left(\int_a^b f(t)\,dW(t)\right)^2\right] = \int_a^b f^2(t)\,dt$$

となることが了解されよう．このことから，形式的に，次の表現が成り立つ．

$$\mathrm{E}\,(dW(s)\,dW(t)) = \begin{cases} dt & (s = t \text{ のとき}) \\ 0 & (s \neq t \text{ のとき}) \end{cases} \quad (29)$$

例えば，次の積分は，平均2乗 Riemann-Stieltjes 積分可能である．

$$U_3 = \int_0^1 (1-t)\,dW(t), \qquad (f(t) = 1-t,\ X(t) = W(t)) \quad (30)$$

このとき，U_3 は正規分布に従い，$\mathrm{E}(U_3) = 0$ である．また，分散は，

$$\mathrm{E}(U_3^2) = \int_0^1 \int_0^1 (1-s)(1-t)\mathrm{E}\,(dW(s)\,dW(t)) = \int_0^1 (1-t)^2\,dt = \frac{1}{3}$$

となる．

次に，式 (27) の S_{2m} において，f と X を入れ替えた和

$$S_{3m} = \sum_{i=1}^m X(s_i')\,[f(s_i) - f(s_{i-1})], \qquad s_i' \in [s_{i-1}, s_i)$$

を考えよう．S_{3m} が，平均2乗極限をもつならば，その極限を

$$S_3 = \int_a^b X(t)\,df(t) \quad (31)$$

と表す．これを，$X(t)$ の $f(t)$ に関する平均2乗 Riemann-Stieltjes 積分という．積分可能となるための1つの十分条件は，$\mathrm{E}(X(s)X(t))$ が連続で，$f(t)$ が有界変動となることである．

定理 6.1 式 (28) の S_2 が存在すれば，式 (31) の S_3 も存在する．また，逆もいえる．そして，次の部分積分の公式が成り立つ．

$$\int_a^b f(t)\,dX(t) = [f(t)X(t)]_a^b - \int_a^b X(t)\,df(t) \quad (32)$$

この定理から，例えば，式 (30) の U_3 は，次のように表すことができる．

$$\int_0^1 (1-t)\,dW(t) = [(1-t)W(t)]_0^1 - \int_0^1 W(t)\,d(1-t) = \int_0^1 W(t)\,dt$$

● **平均2乗 Riemann-Stieltjes 重積分**　平面 $[0,1] \times [0,1]$ の分割を

$$p_{m,n} : 0 = s_0 < s_1 < \cdots < s_m = 1;\ 0 = t_0 < t_1 < \cdots < t_n = 1$$

として，

$$\triangle_{m,n} = \max(s_1 - s_0, \cdots, s_m - s_{m-1}, t_1 - t_0, \cdots, t_n - t_{n-1})$$

とおく．$K(s,t)$ を $[0,1] \times [0,1]$ 上の対称関数として，次の和

$$S_{m,n} = \sum_{i=1}^{m} \sum_{j=1}^{n} K(s'_i, t'_j)(W(s_i) - W(s_{i-1}))(W(t_j) - W(t_{j-1})) \quad (33)$$

を考える．ここで，$s'_i \in [s_{i-1}, s_i), t'_j \in [t_{j-1}, t_j)$ である．

$S_{m,n}$ が，任意の分割 $p_{m,n}$ と任意の分点 s'_i, t'_j に対して，$m, n \to \infty$，$\triangle_{m,n} \to 0$ のとき平均 2 乗極限をもつならば，その極限を

$$S = \int_0^1 \int_0^1 K(s,t) \, dW(s) \, dW(t) \quad (34)$$

と表し，これを標準 Brown 運動に関する $K(s,t)$ の平均 2 乗 Riemann-Stieltjes 重積分という．重積分可能となるための 1 つの十分条件は，$K(s,t)$ が連続となることである．

S の平均は，

$$\mathrm{E}(S) = \int_0^1 K(t,t) \, dt$$

である．また，2 次モーメントは，

$$\mathrm{E}(S^2) = \int_0^1 \int_0^1 \int_0^1 \int_0^1 K(s,t) \, K(u,v) \, \mathrm{E}(dW(s)dW(t)dW(u)dW(v))$$

を計算すればよい．ここで，

$$\mathrm{E}(dW(s)dW(t)dW(u)dW(v)) = \begin{cases} 3(dt)^2 & (s = t = u = v) \\ ds\,du & (s = t, \, u = v, \, s \neq u) \\ ds\,dt & (s = u, \, t = v, \, s \neq t) \\ ds\,dt & (s = v, \, t = u, \, s \neq t) \\ 0 & (\text{その他}) \end{cases}$$

であることを使って，次の結果を得る．

$$\mathrm{E}(S^2) = 3 \int_0^1 K^2(t,t) \, (dt)^2 + \int_0^1 \int_{\substack{0 \\ s \neq t}}^1 K(s,s)K(t,t) \, ds \, dt$$

$$+ 2 \int_0^1 \int_{\substack{0 \\ s \neq t}}^1 K^2(s,t) \, ds \, dt$$

$$= \left(\int_0^1 K(t,t) \, dt \right)^2 + 2 \int_0^1 \int_0^1 K^2(s,t) \, ds \, dt$$

例えば，

$$U_4 = \int_0^1 \int_0^1 [1 - \max(s,t)] \, dW(s) \, dW(t) \tag{35}$$

の場合には，

$$\mathrm{E}(U_4) = \int_0^1 [1-t] \, dt = \frac{1}{2}$$

$$\mathrm{E}(U_4^2) = \left(\int_0^1 [1-t] \, dt\right)^2 + 2\int_0^1 \int_0^1 [1-\max(s,t)]^2 \, ds \, dt = \frac{7}{12}$$

となる．U_4 の平均と 2 次モーメントは，式 (25) で定義した U_1 と同一であるが，実は，

$$U_1 = \int_0^1 W^2(t) \, dt = \int_0^1 \int_0^1 [1-\max(s,t)] \, dW(s) \, dW(t) = U_4 \tag{36}$$

が成り立つ．なぜなら，

$$\int_0^1 W^2(t) \, dt = \int_0^1 \left(\int_0^t \int_0^t dW(u) \, dW(v)\right) dt$$
$$= \int_0^1 \int_0^1 \left(\int_{\max(u,v)}^1 dt\right) dW(u) \, dW(v)$$
$$= \int_0^1 \int_0^1 [1-\max(s,t)] \, dW(s) \, dW(t)$$

となるからである．もっと一般に，$g(t)$ が $[0,1]$ 上の連続関数ならば，

$$\int_0^1 g(t) W^2(t) \, dt = \int_0^1 \int_0^1 \left[\int_{\max(s,t)}^1 g(u) \, du\right] dW(s) \, dW(t) \tag{37}$$

が成り立つことがわかる．

Brown 橋 $\{\bar{W}(t)\}$ や平均調整済み Brown 運動 $\{W_{(1)}(t)\}$ の場合には，次のことが成り立つ．

$$\int_0^1 \bar{W}^2(t) \, dt = \int_0^1 \int_0^1 \left[\frac{1}{3} - \max(s,t) + \frac{s^2+t^2}{2}\right] dW(s) \, dW(t) \tag{38}$$

$$\int_0^1 W_{(1)}^2(t) \, dt = \int_0^1 \int_0^1 [\min(s,t) - st] \, dW(s) \, dW(t) \tag{39}$$

ここで，(38) と (39) の分布は互いに等しい．このことは，両者の特性関数を求めることにより示すことができる．この点については，第 17 節で述べることにする．

7. 伊藤積分

$\{X(t)\}$ を $L^2[0,1]$ に属する確率過程，$\{W(t)\}$ を標準 Brown 運動として，$0 \leq$

$t \leq u \leq v \leq 1$ となるような任意の時点に対して, $X(t)$ は, 増分 $W(v) - W(u)$ と独立であるとする. そして, 区間 $[0, t] (0 < t \leq 1)$ の分割を

$$p_m : 0 = s_0 < s_1 < \cdots < s_m = t$$

として, 次の和を考える.

$$R_m(t) = \sum_{i=1}^{m} X(s_{i-1})\left(W(s_i) - W(s_{i-1})\right) \tag{40}$$

上の和 $R_m(t)$ が, $m \to \infty$, $\triangle_m = \max_i (s_i - s_{i-1}) \to 0$ のとき, 平均2乗極限 $R(t)$ をもつならば,

$$R(t) = \int_0^t X(s)\, dW(s) \tag{41}$$

と表す. 明らかに, 次のことが成り立つ.

$$\mathrm{E}(R(t)) = 0, \qquad \mathrm{E}(R^2(t)) = \int_0^t \mathrm{E}(X^2(s))\, ds$$

前節の積分と異なる点は, 次の2点である.
(a) $X(t)$, $W(t)$ ともに確率過程である.
(b) 式(40)の和において, 被積分関数 $X(t)$ は区間の左端点で評価する.

このような性質をもつ積分(41)を**伊藤積分**という. 式(40)の定義において, $X(t)$ を区間の左端点以外で評価すれば, 極限値は一般に異なる. 実例については, あとで述べることにする.

伊藤積分が存在するための1つの十分条件は, $\{X(t)\}$ が平均2乗連続となることである. 他方, 伊藤積分 $R(t)$ は, 平均2乗連続である. しかし, 平均2乗微分可能ではない. 実際, 平均値の定理から, ある正数 M が存在して,

$$\mathrm{E}\left(R(t+h) - R(t)\right)^2 = \mathrm{E}\left[\left(\int_t^{t+h} X(s)\, dW(s)\right)^2\right]$$
$$= \int_t^{t+h} \mathrm{E}\left(X^2(s)\right)\, ds = hM$$

となる. この場合でも, 式(41)の $R(t)$ の微分を,

$$dR(t) = X(t)\, dW(t) \tag{42}$$

と書くことにして, これを $R(t)$ の**確率微分**という. この確率微分の表現は形式的であり, 実質的には, 伊藤積分(41)の意味で解釈される.

伊藤積分の例として, 次の積分を取り上げよう.

$$U_5(t) = \int_0^t W(s)\,dW(s) \tag{43}$$

この積分は，伊藤積分として定義されることは明らかである．したがって，

$$\mathrm{E}(U_5(t)) = 0, \qquad \mathrm{E}(U_5^2(t)) = \int_0^t \mathrm{E}(W^2(s))\,ds = \int_0^t s\,ds = \frac{t^2}{2}$$

となる．ところで，$U_5(t)$ は，次の量の平均 2 乗極限である．

$$\begin{aligned}
U_{5m}(t) &= \sum_{i=1}^m W(s_{i-1})(W(s_i) - W(s_{i-1})) \\
&= -\frac{1}{2}\left[\sum_{i=1}^m (W(s_i) - W(s_{i-1}))^2 - \sum_{i=1}^m W^2(s_i) + \sum_{i=1}^m W^2(s_{i-1})\right] \\
&= \frac{1}{2}W^2(t) - \frac{1}{2}\sum_{i=1}^m (W(s_i) - W(s_{i-1}))^2
\end{aligned}$$

ここで，最右辺の第 2 項については，次のことが成り立つ．

$$\underset{\triangle_m \to 0}{\mathrm{l.i.m.}} \sum_{i=1}^m (W(s_i) - W(s_{i-1}))^2 = t \tag{44}$$

なぜなら，$\triangle W_i = W(s_i) - W(s_{i-1})$, $\triangle s_i = s_i - s_{i-1}$ とおくとき，

$$\begin{aligned}
\mathrm{E}\left[\left(\sum_{i=1}^m \triangle^2 W_i - t\right)^2\right] &= \mathrm{E}\left[\left\{\sum_{i=1}^m (\triangle^2 W_i - \triangle s_i)\right\}^2\right] \\
&= \sum_{i=1}^m \mathrm{E}\left[(\triangle^2 W_i - \triangle s_i)^2\right] \\
&= 2\sum_{i=1}^m (\triangle s_i)^2 \leq 2t\triangle_m \to 0
\end{aligned}$$

となるからである．以上から，次の関係が成り立つ．

$$\int_0^t W(s)\,dW(s) = \frac{1}{2}(W^2(t) - t) \tag{45}$$

また，この関係から，$d\left[(W^2(t) - t)/2\right] = W(t)\,dW(t)$ となり，これより，確率微分

$$d\left(W^2(t)\right) = 2W(t)\,dW(t) + dt \tag{46}$$

が得られる．

さらに，伊藤積分の定義に従えば，次のような関係を導くことができる．

$$\int_0^t X(s)\,(dW(s))^2 = \int_0^t X(s)\,ds, \qquad \int_0^t X(s)\,(dW(s))^3 = 0$$

特に，$X(t) = 1$ とすれば，確率微分 $(dW(t))^2 = dt$, $(dW(t))^3 = 0$ が得られる．

8. 伊藤解析

式(41)の伊藤積分において，$X(s)$ と $W(s)$ を入れ替えた積分

$$S_1(t) = \int_0^t W(s)\,dX(s) \qquad (47)$$

は，どのように定義されるであろうか．また，積分

$$S_2(t) = \int_0^t X(s)\,dX(s) \qquad (48)$$

をどのように定義したらよいであろうか．これらは，伊藤積分の条件をみたさないので，別の考え方が必要である．このような疑問に答えるのが，ここで議論する**伊藤解析**である．

確率過程 $\{X(t)\}$ は $L^2[0,1]$ に属して，次の積分方程式をみたすものとしよう．

$$X(t) = X(0) + \int_0^t \mu(X(s),s)\,ds + \int_0^t \sigma(X(s),s)\,dW(s) \qquad (49)$$

ここで，次のことを仮定する．

ⅰ) $X(0)$ は，増分 $W(t) - W(s)$ ($0 \le s \le t \le 1$) と独立である．
ⅱ) 正数 K が存在して，次の不等式が成り立つ．

$$|\mu(x,t) - \mu(y,t)| \le K|x-y|, \qquad |\sigma(x,t) - \sigma(y,t)| \le K|x-y|$$
$$|\mu(x,s) - \mu(x,t)| \le K|s-t|, \qquad |\sigma(x,s) - \sigma(x,t)| \le K|s-t|$$
$$|\mu(x,t)| \le K\sqrt{1+x^2}, \qquad |\sigma(x,t)| \le K\sqrt{1+x^2}$$

このとき，式(49)の積分方程式は，平均2乗連続な一意解 $X(t)$ をもち，$0 \le t \le u \le v \le 1$ となるような任意の時点に対して，$X(t) - X(0)$ と増分 $W(v) - W(u)$ が独立となる(証明は，例えば，Jazwinski 1970, Arnold 1974 を参照のこと)．解過程 $\{X(t)\}$ は，平均2乗微分可能ではないが，$X(t)$ の確率微分を

$$dX(t) = \mu(X(t),t)\,dt + \sigma(X(t),t)\,dW(t) \qquad (50)$$

で定義して，**伊藤の確率微分方程式**という．これは，実質的には，積分方程式(49)を意味するものである．

次の定理は，**伊藤の補題**と呼ばれるもので，$X(t)$ と t から作られる確率過程 $\{f(X(t),t)\}$ がみたす確率微分方程式の表現を与えるものである(Jazwinski 1970, Arnold 1974 参照)．

定理 8.1 $X(t)$ が確率微分方程式(50)に従い，その上で述べた一意解の十分条件をみたすものとする．また，$f(x,t)$ を，$(-\infty,\infty) \times [0,1]$ 上で定義された関数で，連続な偏導関数 $f_x(x,t) = \partial f(x,t)/\partial x$, $f_{xx}(x,t) = \partial^2 f(x,t)/\partial x^2$, $f_t(x,t) = \partial f(x,t)/\partial t$ をもつとする．このとき，$f(X(t),t)$ は，次の確率微分方程式をみたす．

$$df(X(t),t) = f_x(X(t),t)\,dX(t) \\ + \left(f_t(X(t),t) + \frac{1}{2}f_{xx}(X(t),t)\sigma^2(X(t),t)\right)dt \quad (51)$$

関係式(51)を直感的に理解するには，関数 $f(x,t)$ の 2 次までの Taylor 展開を考えて，$d^2X(t) = \sigma^2(X(t),t)\,dt$, $dX(t)\,dt = 0$, $d^2(t) = 0$ とおけばよい．すなわち，次のようにすればよい．

$$\triangle f \approx f_x\,dX(t) + f_t\,dt + \frac{1}{2}\left(f_{xx}\,d^2X(t) + 2f_{xt}\,dX(t)\,dt + f_{tt}\,d^2t\right) \\ = f_x\,dX(t) + \left(f_t + \frac{1}{2}f_{xx}\sigma^2(X(t),t)\right)dt$$

ここで，$\triangle f = f(X(t)+dX(t), t+dt) - f(X(t),t)$ である．

上の定理を使えば，例えば，次の確率微分が得られる．

$$d(X^n(t)) = nX^{n-1}(t)\,dX(t) + \frac{n(n-1)}{2}X^{n-2}(t)\,\sigma^2(X(t),t)\,dt \quad (52)$$

特に，$X(t) = W(t)$ の場合には，次のことが成り立つ．

$$d(W^n(t)) = nW^{n-1}(t)\,dW(t) + \frac{n(n-1)}{2}W^{n-2}(t)\,dt \quad (53)$$

この他に，例えば，次の確率微分が成り立つ．

$$X(t) = X(0)\exp\{W(t)-t/2\} \text{ のとき，} \quad dX(t) = X(t)\,dW(t) \quad (54)$$

したがって，確率微分方程式 $dX(t) = X(t)\,dW(t)$ の解は，$X(t) = X(0)\exp\{W(t)-t/2\}$ である．このときの $\{X(t)\}$ を**幾何 Brown 運動**という．

また，

$$X(t) = e^{-ct}X(0) + e^{-ct}\int_0^t e^{cs}\,dW(s) \quad (55)$$

ならば，

$$dX(t) = -cX(t)dt + dW(t) \quad (56)$$

となる．$X(0)$ は，増分 $W(t) - W(s)$ $(0 \leq s \leq t \leq 1)$ と独立である．式(55)あるいは(56)をみたす確率過程を **O-U 過程** という．O-U は，人名 Ornstein-Uhlenbeck の頭文字である．

伊藤の補題の1つの有用性は，今まで定義されなかった積分が定義できることにある．すなわち，伊藤の補題の関係式(51)は，積分の形で，

$$\int_a^b f_x(X(t), t)\, dX(t) = f(X(b), b) - f(X(a), a) - \int_a^b \left(f_t(X(t), t) + \frac{1}{2} f_{xx}(X(t), t)\, \sigma^2(X(t), t) \right) dt \tag{57}$$

と表すことができるが，左辺は未定義の積分である．しかし，右辺のように定義済みの積分により計算することができることになる．特に，$f(x, t) = x^2/2$, $\sigma(x, t) = 1$ とおけば，式(57)は，

$$\int_a^b X(t)\, dX(t) = \frac{1}{2} \left(X^2(b) - X^2(a) \right) - \frac{1}{2}(b - a) \tag{58}$$

となる．なお，この関係式は，$X(t) = W(t)$ ならば，(45)に帰着する．

9. 汎関数中心極限定理

時系列分析においては，連続的確率過程の分布収束を扱わなければならない場合がある．それは，中心極限定理のように，有限次元の確率変数に関する分布収束とは異なる．

今，ドリフトなしのランダム・ウォーク(第5章を参照)

$$S_j = S_{j-1} + \varepsilon_j = \varepsilon_1 + \cdots + \varepsilon_j, \qquad S_0 = 0, \qquad \{\varepsilon_j\} \sim \text{i.i.d.}(0, \sigma^2) \tag{59}$$

を考えよう．$\{S_j\}$ に基づいて，区間 $[0, 1]$ 上で定義される次の連続的確率過程 $\{X_T(t)\}$ を構成しよう．

$$\begin{aligned} X_T(t) &= \frac{1}{\sqrt{T}\sigma} S_{j-1} + T\left(t - \frac{j-1}{T}\right) \frac{1}{\sqrt{T}\sigma} \varepsilon_j \\ &= \frac{1}{\sqrt{T}\sigma} S_j + T\left(t - \frac{j}{T}\right) \frac{1}{\sqrt{T}\sigma} \varepsilon_j \qquad \left(\frac{j-1}{T} \leq t \leq \frac{j}{T} \right) \end{aligned} \tag{60}$$

ここで，時間のパラメータ t は $[0, 1]$ 上の実数値であることに注意されたい．

$\{X_T(t)\}$ のパスは連続である．実際，$\{X_T(t)\}$ は，区間 $[0, 1]$ を T 等分した時点 j/T $(j = 0, 1, \cdots, T)$ においては，$X_T(j/T) = S_j/\sqrt{T}\sigma$ となり，$(j-1)/T \leq$

$t \leq j/T$ となるような時点 t においては，$S_{j-1}/\sqrt{T}\sigma$ と $S_j/\sqrt{T}\sigma$ を結ぶ直線上の値となる．式 (60) で定義された確率過程 $\{X_T(t)\}$ を**部分和過程**という．

部分和過程 $\{X_T(t)\}$ の実現値全体は，区間 $[0,1]$ 上で定義された実数値連続関数の関数空間 $\mathcal{C} = \mathcal{C}[0,1]$ に属する．$\mathcal{C}$ 上で確率を論じるためには，$\mathcal{C}$ 上の部分集合から作られる集合族を考える必要がある．そのために，**一様距離**

$$\rho(x,y) = \sup_{0 \leq t \leq 1} |x(t) - y(t)|, \qquad x, y \in \mathcal{C} \tag{61}$$

を導入し，中心 y，半径 r となるような開球 $\{x : \rho(x,y) < r\}$ を定義することにより，このような開球全体から **Borel 集合族** $\mathcal{B}(\mathcal{C})$ を生成する．このとき，確率過程 $X_T = \{X_T(t)\}$ に関する確率 $P(X_T \in A)$ が任意の $A \in \mathcal{B}(\mathcal{C})$ に対して定義される．

この点が，単なる確率変数との違いであり，分布収束についても，$\mathcal{C}$ 上における収束を考えなければならない．すなわち，t を固定した場合には，中心極限定理により，$T \to \infty$ のとき，$X_T(t) \Rightarrow \mathrm{N}(0,t)$ となるが，ここでは，t を $[0,1]$ 上で動かしたときの $\{X_T(t)\}$ 全体の収束を考える必要がある．

このとき，次の定理が成り立つ (証明は，例えば，Billingsley 1968 を参照)．

定理 9.1 式 (60) で定義された部分和過程 $\{X_T(t)\}$ は，$T \to \infty$ のとき，標準 Brown 運動 $\{W(t)\}$ に分布収束する．すなわち，$P(\partial A) = 0$ (∂A は，A の境界点) となるような任意の $A \in \mathcal{B}(\mathcal{C})$ に対して，

$$\lim_{T \to \infty} P(X_T \in A) = P(W \in A)$$

となる．このときの分布収束を，$X_T \Rightarrow W$ と書くことにする．

この定理を **FCLT** (Functional CLT：汎関数中心極限定理) という．名称は，確率過程を関数空間上の点とみなしたときの CLT であることに由来する．FCLT は，**IP** (Invariance Principle：不変性原理) とも呼ばれるが，それは，元の分布に依存しないで成り立つ結果であることによる．

定理 9.1 の FCLT を現実に応用するためには，次に述べる **CMT** (Continuous Mapping Theorem：連続写像定理) と組み合わせて使うのが有効である (証明は，Billingsley 1968 を参照)．

定理 9.2 $h(x)$ を $\mathcal{C}$ 上で定義された実数値連続汎関数，すなわち，$\rho(x,y) \to 0$

$(x, y \in \mathcal{C})$ ならば，$|h(x) - h(y)| \to 0$ とする．このとき，$\mathcal{C}$ 上の確率過程 $X_T = \{X_T(t)\}$ が，$X_T \Rightarrow W$ ならば，$h(X_T) \Rightarrow h(W)$ となる．$h(x)$ が不連続となる場合でも，不連続点の集合 D_h が $P(W \in D_h) = 0$ となる限り，連続な場合と同様の結果が成り立つ．

以下，FCLT と CMT を組み合わせた例を，ランダム・ウォーク

$$y_j = y_{j-1} + \varepsilon_j = \varepsilon_1 + \cdots + \varepsilon_j, \qquad \{\varepsilon_j\} \sim \text{i.i.d.}(0, \sigma^2) \tag{62}$$

に即して考えてみよう．

(例 9.1) 標本 2 次モーメント

$$S_{1T} = \frac{1}{T^2} \sum_{j=1}^{T} y_j^2$$

の分布収束について考えよう．そのために，

$$S_{1T} = \frac{\sigma^2}{T} \sum_{j=1}^{T} X_T^2\left(\frac{j}{T}\right) = \sigma^2 \left[\int_0^1 X_T^2(t)\, dt + \frac{1}{T} \sum_{j=1}^{T} X_T^2\left(\frac{j}{T}\right) \right.$$
$$\left. - \int_0^1 X_T^2(t)\, dt \right] = \sigma^2 \left[h_1(X_T) + R_{1T} \right]$$

と表すことにする．ここで，

$$h_1(x) = \int_0^1 x^2(t)\, dt, \qquad x \in \mathcal{C}$$

は，$\mathcal{C}$ 上の連続関数である．したがって，CMT により，$h_1(X_T) \Rightarrow h_1(W)$ を得る．他方，

$$R_{1T} = \frac{1}{T} \sum_{j=1}^{T} X_T^2\left(\frac{j}{T}\right) - \int_0^1 X_T^2(t)\, dt$$
$$= \sum_{j=1}^{T} \int_{(j-1)/T}^{j/T} \left[X_T^2\left(\frac{j}{T}\right) - X_T^2(t) \right] dt$$

であり，これは 0 に確率収束することが示される．なぜなら，

$$\left| X_T^2\left(\frac{j}{T}\right) - X_T^2(t) \right| \leq 2 \sup_{0 \leq t \leq 1} |X_T(t)| \max_{1 \leq j \leq T} \frac{|\varepsilon_j|}{\sqrt{T}}$$

において，

$$\sup_{0 \leq t \leq 1} |X_T(t)| = O_p(1), \qquad \max_{1 \leq j \leq T} \frac{|\varepsilon_j|}{\sqrt{T}} = o_p(1)$$

が成り立つからである．以上から，S_{1T} に関して，次の分布収束を得る．

$$S_{1T} = \sigma^2 [h_1(X_T) + R_{1T}] \Rightarrow \sigma^2 h_1(W) = \sigma^2 \int_0^1 W^2(t)\,dt$$

(例 9.2) 平均修正された標本 2 次モーメント

$$S_{2T} = \frac{1}{T^2} \sum_{j=1}^T (y_j - \bar{y})^2, \qquad \bar{y} = \frac{1}{T} \sum_{j=1}^T y_j$$

を考えよう．この場合にも，(例 9.1) と同様にして，次の分布収束を得る．

$$S_{2T} \Rightarrow \sigma^2 \left[\int_0^1 \left\{ W(t) - \int_0^1 W(s)\,ds \right\}^2 dt \right]$$

(例 9.3) モデル (62) から得られる次の統計量

$$S_{3T} = T(\hat{\rho} - 1), \qquad \hat{\rho} = \sum_{j=2}^T y_{j-1} y_j \Big/ \sum_{j=2}^T y_{j-1}^2$$

を考えよう．ここで，$\hat{\rho}$ は，AR(1) モデル $y_j = \rho y_{j-1} + \varepsilon_j$ における ρ の LSE と見なすことができる．ただし，ρ の真の値は 1 である．この場合の S_{3T} は，

$$S_{3T} = \frac{1}{T\sigma^2} \sum_{j=2}^T y_{j-1}(y_j - y_{j-1}) \Big/ \left[\frac{1}{T^2\sigma^2} \sum_{j=2}^T y_{j-1}^2 \right] = \frac{U_T}{V_T}$$

と表すことができる．ここで，

$$U_T = \frac{1}{T\sigma^2} \sum_{j=2}^T y_{j-1}(y_j - y_{j-1})$$
$$= -\frac{1}{2T\sigma^2} \left[\sum_{j=2}^T (y_j - y_{j-1})^2 - \sum_{j=2}^T y_j^2 + \sum_{j=2}^T y_{j-1}^2 \right]$$
$$= -\frac{1}{2T\sigma^2} \left[\sum_{j=2}^T \varepsilon_j^2 - y_T^2 + y_1^2 \right] = \frac{1}{2} X_T^2(1) - \frac{1}{2T\sigma^2} \sum_{j=1}^T \varepsilon_j^2$$
$$V_T = \frac{1}{T^2\sigma^2} \sum_{j=2}^T y_{j-1}^2 = \frac{1}{T} \sum_{j=1}^T X_T^2\left(\frac{j}{T}\right) - \frac{1}{T^2\sigma^2} y_T^2$$

である．$\mathcal{C}$ 上の関数 $h_3(x) = h_{31}(x)/h_{32}(x)$ を定義する．ただし，

$$h_{31}(x) = \frac{1}{2}\left(x^2(1) - 1\right), \qquad h_{32}(x) = \int_0^1 x^2(t)\,dt$$

である．$h_3(W)$ が不連続となる集合を $D(h_3)$ とすると，それは，$h_{32}(W) = 0$ となる集合，すなわち，$W(t) = 0$ ($0 \le t \le 1$) となる集合であり，$P(W \in D(h_3)) = 0$ となることが知られている．

数学的付録　317

式 (60) の部分和過程 $\{X_T(t)\}$ と $h_3(x)$ を使って,

$$U_T = h_{31}(X_T) + o_p(1), \qquad V_T = h_{32}(X_T) + o_p(1)$$

と表すことができるので, FCLT と CMT により, 次の結果を得る.

$$S_{3T} = T(\hat{\rho} - 1) = \frac{h_{31}(X_T) + o_p(1)}{h_{32}(X_T) + o_p(1)} = h_3(X_T) + o_p(1)$$

$$\Rightarrow h_3(W) = \frac{(W^2(1) - 1)/2}{\int_0^1 W^2(t)\, dt} = \frac{\int_0^1 W(t)\, dW(t)}{\int_0^1 W^2(t)\, dt} \tag{63}$$

FCLT は, 線形過程から構成される部分和過程の分布収束へ拡張される. まず, 次のような線形過程 $\{u_j\}$ を定義しよう.

$$u_j = \alpha(L)\,\varepsilon_j = \sum_{l=0}^{\infty} \alpha_l\,\varepsilon_{j-l}, \quad \alpha_0 = 1, \quad \alpha(1) \neq 0, \quad \sum_{l=1}^{\infty} l\,|\alpha_l| < \infty \tag{64}$$

ここで, $\{\varepsilon_j\} \sim$ i.i.d.$(0, \sigma^2)$ である. また, $\alpha(1) \neq 0$ は, 特性方程式 $\alpha(x) = 0$ が単位根をもたない条件であり, 以下で議論する FCLT が成り立つために必要である.

式 (64) の線形過程 $\{u_j\}$ に基づいて, 部分和過程

$$Y_T(t) = \frac{1}{\sqrt{T}\sigma} \sum_{i=1}^{j} u_i + T\left(t - \frac{j}{T}\right) \frac{1}{\sqrt{T}\sigma} u_j \quad \left(\frac{j-1}{T} \leq t \leq \frac{j}{T}\right) \tag{65}$$

を考えよう. 第 3 章 2 節の式 (7) で定義した B-N 分解により,

$$u_i = \alpha(1)\,\varepsilon_i + \tilde{\varepsilon}_{i-1} - \tilde{\varepsilon}_i \tag{66}$$

となる. ここで,

$$\tilde{\varepsilon}_i = \sum_{\ell=0}^{\infty} \tilde{\alpha}_l\,\varepsilon_{i-l}, \qquad \tilde{\alpha}_l = \sum_{k=l+1}^{\infty} \alpha_k \tag{67}$$

である. 式 (66) を (65) へ代入すれば, $Y_T(t)$ は,

$$Y_T(t) = \alpha(1)\,X_T(t) + R_T(t) \tag{68}$$

と表すことができる. ここで, $X_T(t)$ は, i.i.d. 系列から構成された部分和過程であり, (60) で定義されたものである. 他方, $R_T(t)$ は,

$$R_T(t) = \frac{1}{\sqrt{T}\sigma}(\tilde{\varepsilon}_0 - \tilde{\varepsilon}_j)$$
$$+ T\left(t - \frac{j}{T}\right)\frac{1}{\sqrt{T}\sigma}(\tilde{\varepsilon}_{j-1} - \tilde{\varepsilon}_j) \quad \left(\frac{j-1}{T} \le t \le \frac{j}{T}\right)$$

である.

式(68)において, FCLT と CMT により, $\alpha(1)X_T \Rightarrow \alpha(1)W$ である. したがって,

$$\rho(Y_T, \alpha(1)X_T) = \sup_{0 \le t \le 1} |R_T(t)| \le \frac{4}{\sqrt{T}\sigma} \max_{0 \le j \le T} |\tilde{\varepsilon}_j|$$

の最右辺が 0 に確率収束すれば, $Y_T \Rightarrow \alpha(1)W$ を得る. 実際, 次の同値関係が成り立つ.

$$\plim_{T \to \infty}\left\{\frac{1}{\sqrt{T}} \max_{0 \le j \le T} |\tilde{\varepsilon}_j|\right\} = 0 \quad \Leftrightarrow \quad \plim_{T \to \infty}\left\{\frac{1}{T} \sum_{j=0}^{T} \tilde{\varepsilon}_j^2 \, I(\tilde{\varepsilon}_j^2 > T\delta)\right\} = 0 \tag{69}$$

ここで, $I(\tilde{\varepsilon}_j^2 > T\delta)$ は定義関数であり, $\tilde{\varepsilon}_j^2 > T\delta$ ならば 1, そうでなければ 0 となる関数である. また, δ は任意の正数である. 式(69)の右側の確率収束は, $\{\tilde{\varepsilon}_j\}$ の定常性と Markov の不等式から証明される. 以上から, 次の定理を得る.

定理 9.3 式(64)の線形過程 $\{u_j\}$ から構成され, 式(65)で定義される部分和過程 $\{Y_T(t)\}$ に対して, $Y_T \Rightarrow \alpha(1)W$ なる FCLT が成り立つ.

この定理の応用として, 次のモデル

$$y_j = y_{j-1} + u_j, \quad y_0 = 0, \quad u_j = \sum_{l=0}^{\infty} \alpha_l \varepsilon_{j-l} \quad (j = 1, \cdots, T) \tag{70}$$

を取り上げよう. ここで, 誤差項 $\{u_j\}$ は, 式(64)で定義された線形過程に従うものとする. このモデルは, **一般化ランダム・ウォーク**, あるいは, **I(1) モデル**と呼ばれる. I は, integrated (和分された) の頭文字である.

(例 9.4) モデル(70)から得られる次の統計量の分布収束を考えよう.

$$S_{4T} = \frac{1}{T^2} \sum_{j=1}^{T} y_j^2$$

式(65)で定義された部分和過程 $\{Y_T(t)\}$ を使うことにより,

$$S_{4T} = \frac{\sigma^2}{T} \sum_{j=1}^{T} Y_T^2\left(\frac{j}{T}\right) = \sigma^2 \left[\int_0^1 Y_T^2(t)\,dt + \sum_{j=1}^{T} Y_T^2\left(\frac{j}{T}\right) - \int_0^1 Y_T^2(t)\,dt\right]$$
$$= \sigma^2 \left[h_4(Y_T) + R_{4T}\right]$$

と表すことができる．ここで，

$$h_4(y) = \int_0^1 y^2(t)\,dt, \qquad y \in \mathcal{C}$$

は，$\mathcal{C}$ 上の連続関数である．定理 9.3 により，$Y_T \Rightarrow \alpha(1)\,W$ であり，CMT により，$h_4(Y_T) \Rightarrow h_4(\alpha(1)\,W) = \alpha^2(1)\,h_4(W)$ を得る．他方，

$$R_{4T} = \sum_{j=1}^{T} Y_T^2\left(\frac{j}{T}\right) - \int_0^1 Y_T^2(t)\,dt = \sum_{j=1}^{T} \int_{(j-1)/T}^{j/T} \left[Y_T^2\left(\frac{j}{T}\right) - Y_T^2(t)\right] dt$$

であり，これは 0 に確率収束することが示される．以上から，S_{4T} に関して，次の分布収束を得る．

$$S_{4T} = \sigma^2\left[h_4(X_T) + R_{4T}\right] \Rightarrow \sigma^2 \alpha^2(1)\,h_4(W) = \sigma^2\,\alpha^2(1) \int_0^1 W^2(t)\,dt$$

(例 9.5) モデル (70) から得られる次の統計量

$$S_{5T} = T(\hat\rho - 1), \qquad \hat\rho = \sum_{j=2}^{T} y_{j-1} y_j \Big/ \sum_{j=2}^{T} y_{j-1}^2$$

を考えよう．次の諸量を定義すると，

$$U_T = \frac{1}{T\sigma^2} \sum_{j=2}^{T} y_{j-1}(y_j - y_{j-1}) = \frac{1}{2} Y_T^2(1) - \frac{1}{2T\sigma^2} \sum_{j=1}^{T} u_j^2$$
$$V_T = \frac{1}{T^2\sigma^2} \sum_{j=2}^{T} y_{j-1}^2 = \frac{1}{T} \sum_{j=1}^{T} Y_T^2\left(\frac{j}{T}\right) - \frac{1}{T^2\sigma^2} y_T^2$$

$S_{5T} = U_T / V_T$ と表すことができる．次に，$\mathcal{C}$ 上の関数 $h_5(x) = h_{51}(x)/h_{52}(x)$ を定義する．ただし，

$$h_{51}(x) = \frac{1}{2}\left(x^2(1) - \sum_{j=0}^{\infty} \alpha_j^2\right), \qquad h_{52}(x) = \int_0^1 x^2(t)\,dt$$

である．$h_5(W)$ が不連続となる集合を $D(h_5)$ とすると，それは，$h_{52}(W) = 0$ となる集合であり，$P(W \in D(h_5)) = 0$ であることから，$h_5(Y_T) \Rightarrow h_5(\alpha(1)\,W)$ となる．

$$U_T = h_{51}(Y_T) + o_p(1), \qquad V_T = h_{52}(Y_T) + o_p(1)$$

と表すことができるので，FCLT と CMT により，次の結果を得る．

$$S_{5T} = T(\hat{\rho} - 1) = \frac{h_{51}(Y_T) + o_p(1)}{h_{52}(Y_T) + o_p(1)} = h_5(Y_T) + o_p(1)$$

$$\Rightarrow h_5\left(\alpha(1)W\right) = \frac{\left(\alpha^2(1)W^2(1) - \sum\limits_{j=0}^{\infty}\alpha_j^2\right)/2}{\alpha^2(1)\int_0^1 W^2(t)\,dt} \tag{71}$$

$$= \frac{(W^2(1) - \lambda)/2}{\int_0^1 W^2(t)\,dt} = \frac{\int_0^1 W(t)\,dW(t) + (1-\lambda)/2}{\int_0^1 W^2(t)\,dt} \tag{72}$$

ここで，λ は，$\{u_j\}$ の短期分散と長期分散 (第 3 章 2 節を参照) の比

$$\lambda = \frac{\sum\limits_{j=0}^{\infty}\alpha_j^2}{\alpha^2(1)} = \frac{1}{\sum\limits_{h=-\infty}^{\infty}\rho(h)}$$

であり，$\rho(h)$ は，$\{u_j\}$ の時差 h の自己相関である．

10. O-U 過程への収束

次の AR(1) モデルを考えよう．

$$y_j = \rho_T\, y_{j-1} + \varepsilon_j, \quad \{\varepsilon_j\} \sim \text{i.i.d.}(0, \sigma^2), \quad \rho_T = 1 - \frac{c}{T} \quad (j=1,\cdots,T) \tag{73}$$

ここで，初期値 y_0 は，$y_0 = \sqrt{T}\sigma Z(0)$, $Z(0) \sim \text{N}(\gamma, \delta^2)$ として，$\{\varepsilon_j\}$ とは独立とする．このモデルは，初期値 y_0 と，係数パラメータ $\rho_T = 1 - (c/T)$ が標本サイズに依存している点が，通常の AR(1) モデルと異なる．c は非負の定数である．$T \to \infty$ のとき，$\rho_T \to 1$ となり，モデルは，ランダム・ウォークになる．この意味で，(73) のモデルは，**ランダム・ウォーク近接モデル** (near random walk model) と呼ばれる．

部分和 $S_j = \varepsilon_1 + \cdots + \varepsilon_j$ ($S_0 = 0$) を定義すると，式 (73) は，

$$y_j = \rho_T\, y_0 + \sum_{i=1}^{j} \rho_T^{j-i}(S_i - S_{i-1}) = \rho_T^j y_0 + \rho_T^{-1} S_j - \frac{c}{T}\sum_{i=1}^{j}\rho_T^{j-i-1} S_i$$

と表すことができる．そこで，$(j-1)/T \leq t \leq j/T$ において，

$$Z_T(t) = \frac{1}{\sqrt{T}\sigma}y_j + T\left(t - \frac{j}{T}\right)\frac{y_j - y_{j-1}}{\sqrt{T}\sigma}$$
$$= \rho_T^j Z(0) + \rho_T^{-1} X_T\left(\frac{j}{T}\right) - \frac{c}{T}\sum_{i=1}^{j}\rho_T^{j-i-1} X_T\left(\frac{i}{T}\right)$$
$$+ T\left(t - \frac{j}{T}\right)\frac{y_j - y_{j-1}}{\sqrt{T}\sigma} \tag{74}$$

で定義される部分和過程 $\{Z_T(t)\}$ を考えよう．ここで，$\{X_T(t)\}$ は，(60)で定義された i.i.d. 過程から構成される部分和過程である．

$\{Z_T\}$ の分布収束を考えるために，$\mathcal{C}$ 上の関数 $h(z)$ で，時点 t における値が，

$$h_t(z) = e^{-ct}Z(0) + z(t) - ce^{-ct}\int_0^t e^{cs}z(s)\,ds$$

と表されるものを定義しよう．関数 h は連続関数であり，次の性質をもつことがわかる．

$$\plim_{T\to\infty}\sup_{0\le t\le 1}|Z_T(t) - h_t(X_T)| = 0$$

したがって，FCLT と CMT から，$h_t(X_T) \Rightarrow h_t(W)$ が成り立つ．ここで，

$$h_t(W) = e^{-ct}Z(0) + W(t) - ce^{-ct}\int_0^t e^{cs}W(s)\,ds \tag{75}$$

であり，これは．O-U 過程の別表現であることがわかる．

以上から，O-U 過程への分布収束に関する次の FCLT が成り立つ．

定理 10.1 式(73)のランダム・ウォーク近接モデルに従う時系列 $\{y_j\}$ から構成され，(74)で定義される部分和過程 $\{Z_T(t)\}$ に対して，$Z_T \Rightarrow Z$ なる FCLT が成り立つ．ただし，$\{Z(t)\}$ は O-U 過程であり，$Z(0)$ は標準 Brown 運動の増分と独立に，$Z(0) \sim \mathrm{N}(\gamma, \delta^2)$ に従う．

(例 10.1) モデル(73)における ρ_T の LSE $\hat{\rho}_T = 1 - (\hat{c}/T)$ について考えよう．$T(\hat{\rho}_T - 1) = -\hat{c} = U_T/V_T$ と表す．ただし，

$$U_T = \frac{1}{T\sigma^2} \sum_{j=2}^{T} y_{j-1}(y_j - y_{j-1}) = -\frac{1}{2T\sigma^2} \left[\sum_{j=2}^{T} \left(\varepsilon_j - \frac{c}{T} y_{j-1} \right)^2 - y_T^2 + y_1^2 \right]$$

$$= \frac{1}{2} \left(Z_T^2(1) - Z^2(0) \right) - \frac{1}{2T\sigma^2} \sum_{j=1}^{T} \varepsilon_j^2 + o_p(1)$$

$$V_T = \frac{1}{T^2\sigma^2} \sum_{j=2}^{T} y_{j-1}^2 = \frac{1}{T} \sum_{j=1}^{T} Z_T^2 \left(\frac{j}{T} \right) - \frac{1}{T^2\sigma^2} y_T^2$$

である. あとは,前と同様の議論により,次の結果が得られる.

$$T(\hat{\rho}_T - 1) = -\hat{c} \quad \Rightarrow \quad \frac{\left(Z^2(1) - Z^2(0) - 1 \right)/2}{\int_0^1 Z^2(t)\,dt} = \frac{\int_0^1 Z(t)\,dZ(t)}{\int_0^1 Z^2(t)\,dt} \quad (76)$$

ここで,最後の等号は,式(58)で述べた積分の関係式による.

式(73)のランダム・ウォーク近接モデルは,誤差項が線形過程に従うモデル

$$y_j = \rho_T\, y_{j-1} + u_j, \quad u_j = \alpha(L)\varepsilon_j = \sum_{l=0}^{\infty} \alpha_l\, \varepsilon_{j-l}, \quad \rho_T = 1 - \frac{c}{T} \quad (j = 1, \cdots, T) \tag{77}$$

に拡張される. ここで, $\{\varepsilon_j\} \sim$ i.i.d.$(0, \sigma^2)$ であり, 線形過程 $\{u_j\}$ は, 式(64) の条件をみたすものとする. また, 初期値 y_0 は, $y_0 = \sqrt{T}\alpha(1)\sigma Z(0)$, $Z(0) \sim$ N(γ, δ^2) として, $\varepsilon_1, \varepsilon_2, \cdots$ とは独立とする. このモデルは, **I(1) 近接モデル** (near I(1) model) と呼ばれる.

式(77)は, $\tilde{S}_j = u_1 + \cdots + u_j$ を定義することにより,

$$y_j = \rho_T\, y_0 + \sum_{i=1}^{j} \rho_T^{j-i} (\tilde{S}_i - \tilde{S}_{i-1}) = \rho_T^j y_0 + \rho_T^{-1}\tilde{S}_j - \frac{c}{T} \sum_{i=1}^{j} \rho_T^{j-i-1} \tilde{S}_i$$

と表すことができる. そこで, $(j-1)/T \leq t \leq j/T$ において,

$$Q_T(t) = \frac{1}{\sqrt{T}\sigma} y_j + T\left(t - \frac{j}{T} \right) \frac{y_j - y_{j-1}}{\sqrt{T}\sigma} \tag{78}$$

で定義される部分和過程 $\{Q_T(t)\}$ を考えると, B-N 分解を使うことにより,

$$Q_T(t) = \alpha(1) Z_T(t) + R_T(t)$$

と表すことができる. ここで, $Z_T(t)$ は,式(74)で定義された部分和過程である. また,$R_T(t)$ は, B-N 分解から生じる剰余項であり,

$$\plim_{T \to \infty} \sup_{0 \leq t \leq 1} |R_T(t)| = 0$$

となる項である.

以上から, 次の FCLT が成り立つことがわかる.

定理 10.2 式(77)の I(1) 近接モデルに従う時系列 $\{y_j\}$ から構成され, (78)で定義される部分和過程 $\{Q_T(t)\}$ に対して, $Q_T \Rightarrow \alpha(1) Z$ なる FCLT が成り立つ. ただし, $\{Z(t)\}$ は O-U 過程であり, $Z(0)$ は標準 Brown 運動の増分と独立に, $Z(0) \sim \mathrm{N}(\gamma, \delta^2)$ に従う.

(例 10.2) モデル(77)における ρ_T の LSE $\hat{\rho}_T = 1 - (\hat{c}/T)$ について考えよう. $T(\hat{\rho}_T - 1) = -\hat{c} = U_T/V_T$ と表すと,

$$U_T = \frac{1}{T\sigma^2} \sum_{j=2}^{T} y_{j-1}(y_j - y_{j-1}) = -\frac{1}{2T\sigma^2} \left[\sum_{j=2}^{T} \left(u_j - \frac{c}{T} y_{j-1} \right)^2 - y_T^2 + y_1^2 \right]$$

$$= \frac{\alpha^2(1)}{2} \left(Z_T^2(1) - Z^2(0) \right) - \frac{1}{2T\sigma^2} \sum_{j=1}^{T} u_j^2 + o_p(1)$$

$$V_T = \frac{1}{T^2\sigma^2} \sum_{j=2}^{T} y_{j-1}^2 = \frac{\alpha^2(1)}{T} \sum_{j=1}^{T} Z_T^2 \left(\frac{j}{T} \right) - \frac{1}{T^2\sigma^2} y_T^2$$

このことから, 次の結果が得られる.

$$T(\hat{\rho}_T - 1) = -\hat{c} \Rightarrow \frac{(Z^2(1) - Z^2(0) - \lambda)/2}{\int_0^1 Z^2(t)\, dt} = \frac{\int_0^1 Z(t)\, dZ(t) + (1-\lambda)/2}{\int_0^1 Z^2(t)\, dt} \tag{79}$$

ここで, $\lambda = \sum_{j=0}^{\infty} \alpha_j^2 / \alpha^2(1)$ である.

11. 積分 Brown 運動への収束

まず, 次の ARIMA$(0, d, 0)$ モデル(第5章参照)を考えよう.

$$(1-L)^d x_j^{(d)} = \varepsilon_j, \quad \{\varepsilon_j\} \sim \text{i.i.d.}(0, \sigma^2) \quad (j = 1, \cdots, T) \tag{80}$$

実際に, $x_1^{(d)}, x_2^{(d)}, \cdots$ を生成するためには, d 個の初期値 $x_0^{(d)}, x_{-1}^{(d)}, \cdots, x_{-(d-1)}^{(d)}$ が必要であるが, これらはすべて 0 であるものとする.

上の時系列 $\{x_j^{(d)}\}$ に基づいて, 部分和過程 $\{X_T^{(d)}(t)\}$ を, 次のように定義する.

$$X_T^{(d)}(t) = \frac{x_{[Tt]}^{(d)}}{T^{d-1/2}\sigma} + (Tt - [Tt])\frac{x_{[Tt]+1}^{(d-1)}}{T^{d-1/2}\sigma}$$

$$= \frac{1}{T}\sum_{i=1}^{j} X_T^{(d-1)}\left(\frac{i}{T}\right)$$

$$+ T\left(t - \frac{j}{T}\right)\frac{x_j^{(d-1)}}{T^{d-1/2}\sigma} \quad \left(\frac{j-1}{T} \le t \le \frac{j}{T}\right) \quad (81)$$

ここで,

$$X_T^{(1)}(t) = \frac{1}{\sqrt{T}\sigma}\sum_{i=1}^{j}\varepsilon_i + T\left(t - \frac{j}{T}\right)\frac{\varepsilon_j}{\sqrt{T}\sigma} \quad (82)$$

である.

$\{X_T^{(d)}(t)\}$ の分布収束を述べるために,次の確率過程

$$W^{(k)}(t) = \int_0^t W^{(k-1)}(s)\,ds, \quad W^{(0)}(s) = W(s) \quad (83)$$

を定義する.$\{W^{(k)}(t)\}$ は,**k 重積分 Brown 運動**と呼ばれる.実際,式 (83) の積分は,後退代入を繰り返すことにより,k 重積分で表されることがわかる.なお,$W^{(k)}(t)$ は,Riemann-Stieltjes 積分により,

$$W^{(k)}(t) = \frac{1}{k!}\int_0^t (t-s)^k\,dW(s) \quad (84)$$

と表される.

このとき,次の定理が成り立つ (証明は,Chan-Wei 1988, Tanaka 1996 を参照).

定理 11.1 式 (80) の ARIMA$(0, d, 0)$ モデルに従う時系列 $\{x_j^{(d)}\}$ から構成され,(81) で定義される部分和過程 $\{X_T^{(d)}(t)\}$ に対して,$X_T^{(d)} \Rightarrow W^{(d-1)}$ なる FCLT が成り立つ.$\{W^{(k)}(t)\}$ は,k 重積分 Brown 運動である.

(例 11.1) $d \ge 2$ として,モデル (80) から得られる次の統計量

$$\hat{\rho}^{(d)} = \sum_{j=2}^{T} x_{j-1}^{(d)} x_j^{(d)} \Big/ \sum_{j=2}^{T}\left(x_{j-1}^{(d)}\right)^2 \quad (85)$$

の分布収束について考えよう.$\hat{\rho}^{(d)}$ は,モデル $x_j^{(d)} = \rho x_{j-1}^{(d)} + x_j^{(d-1)}$ における ρ の LSE と見なすことができる.ただし,ρ の真の値は 1 である.次の諸量

$$U_T = \frac{1}{T^{2d-1}\sigma^2} \sum_{j=2}^{T} x_{j-1}^{(d)}(x_j^{(d)} - x_{j-1}^{(d)})$$

$$= -\frac{1}{2T^{2d-1}\sigma^2} \left[\sum_{j=2}^{T} \left(x_j^{(d-1)} \right)^2 - \left(x_T^{(d)} \right)^2 + \left(x_1^{(d)} \right)^2 \right]$$

$$= \frac{1}{2} \left(X_T^{(d)}(1) \right)^2 + o_p(1)$$

$$V_T = \frac{1}{T^{2d}\sigma^2} \sum_{j=2}^{T} \left(x_{j-1}^{(d)} \right)^2 = \frac{1}{T} \sum_{j=1}^{T} \left(X_T^{(d)}\left(\frac{j}{T} \right) \right)^2 - \frac{1}{T^{2d}\sigma^2} \left(x_T^{(d)} \right)^2$$

を定義すると,$T(\hat{\rho}^{(d)} - 1) = U_T/V_T$ となる. $d=1$ の場合との違いは,U_T の表現において,

$$\frac{1}{T^{2d-1}} \sum_{j=2}^{T} \left(x_j^{(d-1)} \right)^2 = o_p(1) \qquad (d \geq 2)$$

となることである. $d=1$ の場合には,上の左辺は,$T^{2d-1} = T$,$x_j^{(0)} = \varepsilon_j$ となることから,$O_p(1)$ となる.

以上から,結局,$T(\hat{\rho}^{(d)} - 1)$ の分布収束に関して,次の結果を得る.

$$T(\hat{\rho}^{(d)} - 1) \Rightarrow \frac{\left(W^{(d-1)}(1) \right)^2 / 2}{\int_0^1 \left(W^{(d-1)}(t) \right)^2 dt} = \frac{\int_0^1 W^{(d-1)}(t)\, dW^{(d-1)}(t)}{\int_0^1 \left(W^{(d-1)}(t) \right)^2 dt} \qquad (d \geq 2) \tag{86}$$

$\{W^{(k)}(t)\}$ $(k \geq 1)$ は微分可能であるから,上の表現の最右辺の分子の積分は,伊藤積分ではないことに注意されたい.この結果から,$d=1$ は,例外的な場合となることが了解されよう.

今までの議論は,次のモデルに拡張することができる.

$$(1-L)^d y_j^{(d)} = u_j, \quad u_j = \alpha(L)\varepsilon_j = \sum_{l=0}^{\infty} \alpha_l \varepsilon_{j-l} \qquad (j=1,\cdots,T) \tag{87}$$

ここで,$\{\varepsilon_j\} \sim$ i.i.d.$(0, \sigma^2)$ であり,線形過程 $\{u_j\}$ は,式(64)の条件をみたすものとする.また,d 個の初期値 $y_0^{(d)}, y_{-1}^{(d)}, \cdots, y_{-(d-1)}^{(d)}$ は,すべて 0 である.このとき,時系列 $\{y_j^{(d)}\}$ は,**I(d) 過程**に従うという.特に,I(1) 過程は,式(70)で定義された一般化ランダム・ウォークである.

I(d) 過程から,部分和過程

$$Y_T^{(d)}(t) = \frac{y_{[Tt]}^{(d)}}{T^{d-1/2}\sigma} + (Tt - [Tt])\frac{y_{[Tt]+1}^{(d-1)}}{T^{d-1/2}\sigma}$$
$$= \frac{1}{T}\sum_{i=1}^{j} Y_T^{(d-1)}\left(\frac{i}{T}\right) + T\left(t - \frac{j}{T}\right)\frac{y_j^{(d-1)}}{T^{d-1/2}\sigma} \quad \left(\frac{j-1}{T} \le t \le \frac{j}{T}\right) \tag{88}$$

を構成しよう.このとき,次の定理が成り立つ(証明は Tanaka 1996 参照).

定理 11.2 式 (87) の I(d) 過程に従う時系列 $\{y_j^{(d)}\}$ から構成され,(88) で定義される部分和過程 $\{Y_T^{(d)}(t)\}$ に対して,$Y_T^{(d)} \Rightarrow \alpha(1)\,W^{(d-1)}$ なる FCLT が成り立つ.

(例 11.2) $d \ge 2$ として,モデル (87) から得られる次の統計量

$$\tilde{\rho}^{(d)} = \frac{\sum_{j=2}^{T} y_{j-1}^{(d)} y_j^{(d)}}{\sum_{j=2}^{T} \left(y_{j-1}^{(d)}\right)^2} \tag{89}$$

を考えよう.$\tilde{\rho}^{(d)}$ は,モデル $y_j^{(d)} = \rho\, y_{j-1}^{(d)} + y_j^{(d-1)}$ における ρ の LSE である.ただし,ρ の真の値は 1 である.このとき,$T(\tilde{\rho}^{(d)} - 1)$ の分布収束に関して,次のことが成り立つ.

$$T(\tilde{\rho}^{(d)} - 1) \Rightarrow \frac{\left(W^{(d-1)}(1)\right)^2 / 2}{\int_0^1 (W^{(d-1)}(t))^2\, dt} = \frac{\int_0^1 W^{(d-1)}(t)\, dW^{(d-1)}(t)}{\int_0^1 (W^{(d-1)}(t))^2\, dt} \quad (d \ge 2) \tag{90}$$

すなわち,LSE の漸近分布は,$d \ge 2$ ならば,モデルの誤差項が i.i.d. でも,従属的な線形過程でも,同一となる.この点は,$d = 1$ の場合と異なる.

12. 多変量確率過程に対する FCLT

今までは 1 変量確率過程について議論してきたが,ここでは,多変量の確率過程を扱う.まず,区間 $[0,1]$ で定義された q 次元連続関数の空間を $\mathcal{C}^q$ とする.そして,$\mathcal{C}^q$ 上の確率過程として,次のものを定義する.

- **q 次元標準 Brown 運動** 次の 3 つの条件をみたす $\mathcal{C}^q$ 上の確率過程 $\{\boldsymbol{W}(t)\}$ を q 次元標準 Brown 運動と呼ぶ.

（a）$P(\boldsymbol{W}(0) = \boldsymbol{0}) = 1$

（b）任意の時点 $0 \leq t_0 < t_1 < \cdots < t_n \leq 1$ に対して，時点が重ならない増分 $\boldsymbol{W}(t_1) - \boldsymbol{W}(t_0), \boldsymbol{W}(t_2) - \boldsymbol{W}(t_1), \cdots, \boldsymbol{W}(t_n) - \boldsymbol{W}(t_{n-1})$ は互いに独立である．

（c）$0 \leq s < t \leq 1$ に対して，$\boldsymbol{W}(t) - \boldsymbol{W}(s) \sim \mathrm{N}(0, (t-s)I_q)$．ここで，$I_q$ は，q 次の単位行列である．

次に，$\{\boldsymbol{\varepsilon}_j\}$ を q 次元 i.i.d. 系列で，$\mathrm{E}(\boldsymbol{\varepsilon}_j) = \boldsymbol{0}$, $\mathrm{V}(\boldsymbol{\varepsilon}_j) = \mathrm{E}(\boldsymbol{\varepsilon}_j \boldsymbol{\varepsilon}_j') = \Sigma$ となるものとする．以下，このことを $\{\boldsymbol{\varepsilon}_j\} \sim$ i.i.d.$(\boldsymbol{0}, \Sigma)$ と表す．Σ は，正値定符号である．$\{\boldsymbol{\varepsilon}_j\}$ に基づいて，$\mathcal{C}^q$ 上の部分和過程 $\{\boldsymbol{X}_T(t)\}$ を次のように構成する．

$$\boldsymbol{X}_T(t) = \Sigma^{-1/2} \left[\frac{1}{\sqrt{T}} \sum_{j=1}^{[Tt]} \boldsymbol{\varepsilon}_j + (Tt - [Tt]) \frac{\boldsymbol{\varepsilon}_{[Tt]+1}}{\sqrt{T}} \right] \quad (91)$$

空間 $\mathcal{C}^q$ 上の事象を扱うために，一様距離

$$\rho_q(\boldsymbol{x}, \boldsymbol{y}) = \max_{1 \leq i \leq q} \sup_{0 \leq t \leq 1} |x_i(t) - y_i(t)|, \quad \boldsymbol{x}, \boldsymbol{y} \in \mathcal{C}^q$$

を導入して，この距離に関して開集合となるような $\mathcal{C}^q$ の部分集合から作られる Borel 集合族を $\mathcal{B}(\mathcal{C}^q)$ とすれば，可測空間 $(\mathcal{C}^q, \mathcal{B}(\mathcal{C}^q))$ 上に確率が定義される．したがって，$\{\boldsymbol{W}(t)\}$ や $\{\boldsymbol{X}_T(t)\}$ のような $\mathcal{C}^q$ 上の確率過程の Borel 事象に関する確率を議論することが可能になる．

このとき，次の FCLT が成り立つ（Billingsley 1968 参照）．

定理 12.1 式 (91) で定義された q 次元部分和過程 $\{\boldsymbol{X}_T(t)\}$ は，$T \to \infty$ のとき，q 次元標準 Brown 運動 $\{\boldsymbol{W}(t)\}$ に分布収束する．すなわち，$P(\partial A) = 0$（∂A は，A の境界点）となるような任意の $A \in \mathcal{B}(\mathcal{C}^q)$ に対して，

$$\lim_{T \to \infty} P(\boldsymbol{X}_T \in A) = P(\boldsymbol{W} \in A)$$

となる．このときの分布収束を，$\boldsymbol{X}_T \Rightarrow \boldsymbol{W}$ と書くことにする．

多変量の FCLT は，多変量の中心極限定理を特殊な場合として含んでいる．実際，時点 t を固定すれば，$\boldsymbol{X}_T(t) \Rightarrow \boldsymbol{W}(t)$ となる．また，1 次元の場合の FCLT と同様に，多変量の場合の FCLT を現実に応用するためには，CMT と組み合わせて使うのが有効である．例として，次の q 次元ランダム・ウォークを取り上げよう．

$$x_j = x_{j-1} + \varepsilon_j, \qquad x_0 = 0, \qquad \{\varepsilon_j\} \sim \text{i.i.d.}(0, \Sigma) \qquad (j=1,\cdots,T) \tag{92}$$

(**例 12.1**) モデル (92) から得られる標本 2 次モーメントの行列

$$S_{1T} = \frac{1}{T^2} \sum_{j=1}^{T} x_j\, x_j' \tag{93}$$

の分布収束について考えよう.そのために,まず,部分和過程を (91) で定義すると,FCLT により,$X_T \Rightarrow W$ となる.また,

$$S_{1T} = \Sigma^{1/2} \frac{1}{T} \sum_{j=1}^{T} X_T\left(\frac{j}{T}\right) X_T'\left(\frac{j}{T}\right) \Sigma^{1/2} = \Sigma^{1/2} \left[H_1(X_T) + R_{1T} \right] \Sigma^{1/2}$$

と表すことができる.ここで,

$$H_1(x) = \int_0^1 x(t) x'(t)\, dt, \qquad x \in C^q$$

は,C^q 上の連続関数である.したがって,CMT により,$H_1(X_T) \Rightarrow H_1(W)$ を得る.他方,

$$\begin{aligned} R_{1T} &= \frac{1}{T} \sum_{j=1}^{T} X_T\left(\frac{j}{T}\right) X_T'\left(\frac{j}{T}\right) - \int_0^1 X_T(t) X_T'(t)\, dt \\ &= \sum_{j=1}^{T} \int_{(j-1)/T}^{j/T} \left[X_T\left(\frac{j}{T}\right) X_T'\left(\frac{j}{T}\right) - X_T(t) X_T'(t) \right] dt \end{aligned}$$

である.ここで,

$$\begin{aligned} &\left\| X_T\left(\frac{j}{T}\right) X_T'\left(\frac{j}{T}\right) - X_T(t) X_T'(t) \right\| \\ &= \left\| \left(X\left(\frac{j}{T}\right) - X_T(t) \right) X_T'\left(\frac{j}{T}\right) + X_T(t) \left(X_T\left(\frac{j}{T}\right) - X_T(t) \right)' \right\| \\ &\leq \frac{2\|\Sigma^{-1/2}\|}{\sqrt{T}} \max_{1\leq j \leq T} \|\varepsilon_j\| \sup_{0\leq t \leq 1} \|X_T(t)\| \end{aligned}$$

であり,最右辺の値は 0 へ確率収束することがわかる.以上から,S_{1T} に関して,次の分布収束を得る.

$$S_{1T} = \Sigma^{1/2} \left[H_1(X_T) + R_{1T} \right] \Sigma^{1/2} \quad \Rightarrow \quad \Sigma^{1/2} \int_0^1 W(t) W'(t)\, dt\, \Sigma^{1/2}$$

次に,(92) のモデルを次のように拡張しよう.

$$\boldsymbol{y}_j = \boldsymbol{y}_{j-1} + \boldsymbol{u}_j, \qquad \boldsymbol{y}_0 = \boldsymbol{0} \qquad (j = 1, \cdots, T) \tag{94}$$

ここで，$\{\boldsymbol{u}_j\}$ は q 次元線形過程であり，次のように定義される．

$$\boldsymbol{u}_j = \sum_{l=0}^{\infty} A_l \boldsymbol{\xi}_{j-l}, \quad \{\boldsymbol{\xi}_j\} \sim \text{i.i.d.}(\boldsymbol{0}, I_q), \quad A = \sum_{l=0}^{\infty} A_l, \quad \sum_{l=1}^{\infty} l \|A_l\| < \infty \tag{95}$$

行列 A は正則であると仮定する．また，$V(\boldsymbol{\xi}_j) = I_q$ という仮定を置いているが，これは，以下で述べる漸近理論を簡潔に表現するためである．なお，この仮定は，A_0 を必ずしも単位行列とは仮定しないので，一般性を失わない．

上の線形過程 $\{\boldsymbol{u}_j\}$ に基づいて，部分和過程

$$\boldsymbol{Y}_T(t) = A^{-1} \left[\frac{1}{\sqrt{T}} \sum_{j=1}^{[Tt]} \boldsymbol{u}_j + (Tt - [Tt]) \frac{\boldsymbol{u}_{[Tt]+1}}{\sqrt{T}} \right] \tag{96}$$

を定義する．このとき，次の定理が成り立つ（証明は，Phillips-Durlauf 1986, Tanaka 1996, Dhrymes 1998 参照）．

定理 12.2 式(96)で定義された q 次元部分和過程 $\{\boldsymbol{Y}_T(t)\}$ は，$T \to \infty$ のとき，q 次元標準 Brown 運動 $\{\boldsymbol{W}(t)\}$ に分布収束する．すなわち，$\boldsymbol{Y}_T \Rightarrow \boldsymbol{W}$ となる．

(例 12.2) モデル(94)から得られる標本 2 次モーメントの行列に関して，次の分布収束を得る．

$$S_{2T} = \frac{1}{T^2} \sum_{j=1}^{T} \boldsymbol{y}_j \boldsymbol{y}_j' \Rightarrow A \int_0^1 \boldsymbol{W}(t) \boldsymbol{W}'(t) \, dt \, A' \tag{97}$$

13. 多変量和分過程に対する FCLT

q 次元の ARIMA$(0, d, 0)$ 過程

$$(1-L)^d \boldsymbol{x}_j^{(d)} = \boldsymbol{\varepsilon}_j, \quad \{\boldsymbol{\varepsilon}_j\} \sim \text{i.i.d.}(\boldsymbol{0}, \Sigma) \qquad (j = 1, \cdots, T) \tag{98}$$

を考えよう．d は，2 以上の整数である．また，初期値 $\boldsymbol{x}_k^{(d)}$ $(k = -(d-1), -(d-2), \cdots, 0)$ は，すべて $\boldsymbol{0}$ ベクトルであるとする．

上の $\{\boldsymbol{x}_j^{(d)}\}$ から，$\mathcal{C}^q$ 上の部分和過程

$$X_T^{(d)}(t) = \frac{\boldsymbol{x}_{[Tt]}^{(d)}}{T^{d-1/2}} + (Tt - [Tt])\frac{\boldsymbol{x}_{[Tt]+1}^{(d-1)}}{T^{d-1/2}}$$

$$= \frac{1}{T}\sum_{i=1}^{j} \boldsymbol{X}_T^{(d-1)}\left(\frac{i}{T}\right) + T\left(t - \frac{j}{T}\right)\frac{\boldsymbol{x}_j^{(d-1)}}{T^{d-1/2}} \quad \left(\frac{j-1}{T} \leq t \leq \frac{j}{T}\right) \tag{99}$$

を構成する．さらに，q 次元の g 重積分 Brown 運動を，

$$\boldsymbol{W}^{(g)}(t) = \int_0^t \boldsymbol{W}^{(g-1)}(s)\,ds, \qquad \boldsymbol{W}^{(0)}(t) = \boldsymbol{W}(t) \tag{100}$$

とする．このとき，1 次元の積分 Brown 運動の場合と同様に，数学的帰納法により，次の定理が示される．

定理 13.1　式 (98) の q 次元 ARIMA$(0, d, 0)$ モデルに従う時系列 $\{\boldsymbol{x}_j^{(d)}\}$ から構成され，(99) で定義される部分和過程 $\{\boldsymbol{X}_T^{(d)}(t)\}$ に対して，$\boldsymbol{X}_T^{(d)} \Rightarrow \Sigma^{1/2}\boldsymbol{W}^{(d-1)}$ なる FCLT が成り立つ．

(例 13.1)　$d \geq 2$ として，モデル (98) から得られる標本 2 次モーメント行列に関して，次の分布収束が成り立つ．

$$S_{3T} = \frac{1}{T^{2d}}\sum_{j=1}^T \boldsymbol{x}_j^{(d)}\left(\boldsymbol{x}_j^{(d)}\right)' \Rightarrow \Sigma^{1/2}\int_0^1 \boldsymbol{W}^{(d-1)}(t)\left(\boldsymbol{W}^{(d-1)}(t)\right)' dt\, \Sigma^{1/2} \tag{101}$$

次に，q 次元の I(d) 過程

$$(1-L)^d \boldsymbol{y}_j^{(d)} = \boldsymbol{u}_j, \quad \boldsymbol{u}_j = \sum_{l=0}^{\infty} A_l \boldsymbol{\xi}_{j-l}, \quad \{\boldsymbol{\xi}_j\} \sim \text{i.i.d.}(\boldsymbol{0}, I_q) \quad (j = 1, \cdots, T) \tag{102}$$

を考えよう．ここで，前と同様に，初期値 $\boldsymbol{y}_k^{(d)}(-(d-1) \leq k \leq 0)$ は，すべて $\boldsymbol{0}$ ベクトルであるとする．また，$\{\boldsymbol{u}_j\}$ は，式 (95) で定義された q 次元線形過程である．$\{\boldsymbol{y}_j^{(d)}\}$ から，$\mathcal{C}^q$ 上の部分和過程

$$Y_T^{(d)}(t) = \frac{\boldsymbol{y}_{[Tt]}^{(d)}}{T^{d-1/2}} + (Tt - [Tt])\frac{\boldsymbol{y}_{[Tt]+1}^{(d-1)}}{T^{d-1/2}}$$

$$= \frac{1}{T}\sum_{i=1}^{j} \boldsymbol{Y}_T^{(d-1)}\left(\frac{i}{T}\right) + T\left(t - \frac{j}{T}\right)\frac{\boldsymbol{y}_j^{(d-1)}}{T^{d-1/2}} \quad \left(\frac{j-1}{T} \leq t \leq \frac{j}{T}\right) \tag{103}$$

を構成する．このとき，次の定理が成り立つ．

定理 13.2 式(102)の q 次元 I(d) 過程に従う時系列 $\{\boldsymbol{y}_j^{(d)}\}$ ($d \geq 2$) から構成され，(103)で定義される部分和過程 $\{\boldsymbol{Y}_T^{(d)}(t)\}$ に対して，$\boldsymbol{Y}_T^{(d)} \Rightarrow A\boldsymbol{W}^{(d-1)}$ なる FCLT が成り立つ．

(例 13.2) モデル(102)から得られる標本2次モーメント行列に関して，次の分布収束が成り立つ．

$$S_{4T} = \frac{1}{T^{2d}} \sum_{j=1}^{T} \boldsymbol{y}_j^{(d)} \left(\boldsymbol{y}_j^{(d)}\right)' \Rightarrow A \int_0^1 \boldsymbol{W}^{(d-1)}(t) \left(\boldsymbol{W}^{(d-1)}(t)\right)' dt\, A' \tag{104}$$

14. 多変量確率過程における伊藤積分

確率過程 $\{\boldsymbol{W}(t)\}$ は，q 次元標準 Brown 運動であるとする．他方，$\{\boldsymbol{X}(t)\}$ は，各成分が $L^2[0,1]$ に属する r 次元確率過程であり，$0 \leq t \leq u \leq v \leq 1$ となるような任意の時点に対して，$\boldsymbol{X}(t)$ は，増分 $\boldsymbol{W}(v) - \boldsymbol{W}(u)$ と独立であるとする．そして，区間 $[0,t]$ ($0 < t \leq 1$) の分割を

$$p_m : 0 = s_0 < s_1 < \cdots < s_m = t$$

として，次の和を考える．

$$R_m(t) = \sum_{i=1}^{m} \boldsymbol{X}(s_{i-1}) \left(\boldsymbol{W}(s_i) - \boldsymbol{W}(s_{i-1})\right)' \tag{105}$$

上の和 $R_m(t)$ が，$m \to \infty$, $\triangle_m = \max_i (s_i - s_{i-1}) \to 0$ のとき，平均2乗極限 $R(t)$ をもつならば，

$$R(t) = \int_0^t \boldsymbol{X}(s)\, d\boldsymbol{W}'(s) \tag{106}$$

と表し，これを多変量の伊藤積分という．伊藤積分が定義できる1つの十分条件は，$\{\boldsymbol{X}(t)\}$ が平均2乗連続となること，例えば，$\boldsymbol{X}(t) = \boldsymbol{W}(t)$ の場合である．

次の q 次元ランダム・ウォーク

$$\boldsymbol{x}_j = \boldsymbol{x}_{j-1} + \boldsymbol{\varepsilon}_j, \quad \boldsymbol{x}_0 = 0, \quad \{\boldsymbol{\varepsilon}_j\} \sim \text{i.i.d.}(\boldsymbol{0}, \Sigma) \quad (j=1,\cdots,T) \tag{107}$$

に対して，統計量

$$R_T = \frac{1}{T} \sum_{j=2}^{T} \boldsymbol{x}_{j-1} (\boldsymbol{x}_j - \boldsymbol{x}_{j-1})' = \frac{1}{T} \sum_{j=2}^{T} \boldsymbol{x}_{j-1} \boldsymbol{\varepsilon}_j' \tag{108}$$

を考えよう．このとき，次の定理が成り立つ（証明は，Chan-Wei 1988 参照）．

定理 14.1　q 次元ランダム・ウォーク (107) から得られる (108) の統計量 R_T に関して，次の分布収束が成り立つ．

$$R_T \;\Rightarrow\; \Sigma^{1/2} \int_0^1 \boldsymbol{W}(t)\, d\boldsymbol{W}'(t)\, \Sigma^{1/2} \qquad (109)$$

多変量の伊藤積分は，1 次元の場合の単なる拡張ではない．例えば，

$$\int_0^t \boldsymbol{W}(s)\, d\boldsymbol{W}'(s) \neq \frac{1}{2}\left(\boldsymbol{W}(t)\boldsymbol{W}'(t) - tI_q\right) \qquad (q \geq 2)$$

である．これは，1 次元の場合には等号が成り立つ関係である．実際，上の左辺は，$q \geq 2$ ならば対称行列でないが，右辺は対称行列であるから，等号は成立しない．多変量の場合には，次の関係が成り立つ．

$$\int_0^t \boldsymbol{W}(s)\, d\boldsymbol{W}'(s) + \left(\int_0^t \boldsymbol{W}(s)\, d\boldsymbol{W}'(s)\right)' = \boldsymbol{W}(t)\boldsymbol{W}'(t) - tI_q \qquad (110)$$

このことを確かめるには，近似和を次のように変形して考えればよい．

$$\sum_{i=1}^m \boldsymbol{W}(s_{i-1})(\boldsymbol{W}(s_i) - \boldsymbol{W}(s_{i-1}))' + \sum_{i=1}^m (\boldsymbol{W}(s_i) - \boldsymbol{W}(s_{i-1}))\boldsymbol{W}'(s_{i-1})$$
$$= \boldsymbol{W}(t)\boldsymbol{W}'(t) - \sum_{i=1}^m (\boldsymbol{W}(s_i) - \boldsymbol{W}(s_{i-1}))(\boldsymbol{W}(s_i) - \boldsymbol{W}(s_{i-1}))'$$

(例 14.1)　モデル (107) から得られる統計量として，

$$Q_{1T} = \sum_{j=2}^T \boldsymbol{x}_j \boldsymbol{x}_{j-1}' \left(\sum_{j=2}^T \boldsymbol{x}_{j-1} \boldsymbol{x}_{j-1}'\right)^{-1} \qquad (111)$$

を取り上げる．Q_{1T} は，VAR(1) モデル $\boldsymbol{x}_j = B\boldsymbol{x}_{j-1} + \boldsymbol{\varepsilon}_j$ における係数行列 B の LSE であると解釈することができる．ただし，B の真の値は I_q である．このとき，次の分布収束が成り立つ．

$$T(Q_{1T} - I_q) = \frac{1}{T}\sum_{j=2}^T \boldsymbol{\varepsilon}_j\, \boldsymbol{x}_{j-1}' \left(\frac{1}{T^2}\sum_{j=2}^T \boldsymbol{x}_{j-1}\, \boldsymbol{x}_{j-1}\right)^{-1}$$
$$\Rightarrow \Sigma^{1/2} \left\{\int_0^1 \boldsymbol{W}(t)\, d\boldsymbol{W}'(t)\right\}' \left\{\int_0^1 \boldsymbol{W}(t)\, \boldsymbol{W}'(t)\, dt\right\}^{-1} \Sigma^{-1/2}$$

モデル (107) を拡張して，次の q 次元 I(1) モデルを考えよう．

$$\boldsymbol{y}_j = \boldsymbol{y}_{j-1} + \boldsymbol{u}_j, \quad \boldsymbol{y}_0 = 0, \quad \boldsymbol{u}_j = \sum_{l=0}^{\infty} A_l \boldsymbol{\xi}_{j-l} \quad (j=1,\cdots,T) \quad (112)$$

ここで, $\{\boldsymbol{\xi}_j\} \sim$ i.i.d.$(0, I_q)$ である.また, $\{\boldsymbol{u}_j\}$ は, 式(95)で定義された q 次元線形過程である.このとき, 統計量

$$S_T = \frac{1}{T} \sum_{j=2}^{T} \boldsymbol{y}_{j-1} (\boldsymbol{y}_j - \boldsymbol{y}_{j-1})' = \frac{1}{T} \sum_{j=2}^{T} \boldsymbol{y}_{j-1} \boldsymbol{u}_j' \quad (113)$$

の分布収束に関して, 次のことが成り立つ(証明は, Phillips 1988 参照).

定理 14.2 q 次元 I(1) モデル (112) から得られる (113) の統計量 S_T に関して, 次の分布収束が成り立つ

$$S_T \;\Rightarrow\; A \int_0^1 \boldsymbol{W}(t)\, d\boldsymbol{W}'(t)\, A' + \Lambda \quad (114)$$

ここで,

$$\Lambda = \sum_{j=1}^{\infty} \mathrm{E}(\boldsymbol{u}_0 \boldsymbol{u}_j') = \sum_{l=0}^{\infty} \sum_{k=1}^{\infty} A_l A_{k+l}'$$

(例 14.2) モデル (112) から得られる統計量として,

$$Q_{2T} = \sum_{j=2}^{T} \boldsymbol{y}_j \boldsymbol{y}_{j-1}' \left(\sum_{j=2}^{T} \boldsymbol{y}_{j-1} \boldsymbol{y}_{j-1}' \right)^{-1} \quad (115)$$

を取り上げる.このとき, 次の分布収束が成り立つ.

$$T(Q_{2T} - I_q) = \frac{1}{T} \sum_{j=2}^{T} \boldsymbol{u}_j \boldsymbol{y}_{j-1}' \left(\frac{1}{T^2} \sum_{j=2}^{T} \boldsymbol{y}_{j-1} \boldsymbol{y}_{j-1}' \right)^{-1}$$
$$\Rightarrow \left\{ A \int_0^1 \boldsymbol{W}(t)\, d\boldsymbol{W}'(t)\, A' + \Lambda \right\}' \left\{ A \int_0^1 \boldsymbol{W}(t)\, \boldsymbol{W}'(t)\, dt\, A' \right\}^{-1} \quad (116)$$

15. 長期記憶過程に対する FCLT

長期記憶過程に対する FCLT については, 定常な場合と非定常な場合で取り扱いが異なるので, 以下では, それぞれの場合に分けて述べることにする.

15.1 定常な場合

まず, ARFIMA(p, d, q) モデルに従う時系列 $\{\eta_j\}$ を次のように定義する.

$$(1-L)^d \eta_j = u_j = \frac{\theta(L)}{\phi(L)} \varepsilon_j = \alpha(L)\varepsilon_j, \quad 0 < d < 1/2, \quad \{\varepsilon_j\} \sim \text{i.i.d.}(0,\sigma^2) \tag{117}$$

ここで,$\{u_j\}$ は,定常,反転可能な ARMA(p,q) 過程である.また,差分パラメータ d については,$0 < d < 1/2$ を仮定しているので,$\{\eta_j\}$ も,定常,反転可能な系列となり (Hosking 1981),無限和による表現

$$\begin{aligned}\eta_j &= (1-L)^{-d} u_j = \frac{1}{\Gamma(d)} \sum_{l=0}^{\infty} \frac{\Gamma(l+d)}{\Gamma(l+1)} u_{j-l} \\ &= (1-L)^{-d} \frac{\theta(L)}{\phi(L)} \varepsilon_j = (1-L)^{-d} \alpha(L) \varepsilon_j = \sum_{l=0}^{\infty} \psi_l \, \varepsilon_{j-l}\end{aligned} \tag{118}$$

をもつ.係数 ψ_l については,$\psi_l = O(l^{d-1})$ となり,減少する程度は非常に遅い.

以上のように定義された定常な ARFIMA(p,d,q) モデルに対する FCLT を述べるために,次の確率過程を定義する.

● **第 I 種フラクショナル Brown 運動** 区間 $[0,1]$ 上で定義される連続的確率過程

$$\begin{aligned}B_H(t) = \frac{1}{\Gamma(H+1/2)} \Big[&\int_{-\infty}^{0} \left\{(t-s)^{H-1/2} - (-s)^{H-1/2}\right\} dB(s) \\ &+ \int_0^t (t-s)^{H-1/2} dB(s) \Big] \quad (0 < H < 1)\end{aligned} \tag{119}$$

を,**Type I fBm**(第 I 種フラクショナル Brown 運動)という (Marinucci-Robinson 1999).ここで,$\{B(t)\}$ は,$(-\infty, 1]$ 上で定義される標準 Brown 運動である.また,H は,**Hurst 指数**と呼ばれるパラメータである.

ARFIMA(p,d,q) モデルに従う時系列 $\{\eta_j\}$ から,次の部分和過程を構成しよう.

$$X_T^{(d)}(t) = \frac{1}{T^{d+1/2}\sigma} \sum_{j=1}^{[Tt]} \eta_j + (Tt - [Tt]) \frac{\eta_{[Tt]+1}}{T^{d+1/2}\sigma} \tag{120}$$

このとき,次の FCLT が成り立つ (Davydov 1970).

定理 15.1 時系列 $\{\eta_j\}$ が (117) の ARFIMA(p,d,q) モデルに従い,$\mathrm{E}(\varepsilon_j^4) < \infty$ とする.このとき,(120) で定義される部分和過程 $\{X_T^{(d)}\}$ に対して,$X_T^{(d)} \Rightarrow \alpha(1) B_{d+1/2}$ なる FCLT が成り立つ.

$\{\eta_j\}$ が ARIMA$(0,d,0)$ に従う場合に,定理の直感的な証明を与えよう.まず,

において，Sowell(1990)の結果を使って，

$$\sum_{j=1}^{[Tt]} \eta_j = \sum_{j=1}^{[Tt]} \sum_{l=0}^{\infty} \psi_l \, \varepsilon_{j-l} = \sum_{j=-\infty}^{0} \left(\sum_{l=0}^{[Tt]-j} \psi_l - \sum_{l=0}^{-j} \psi_l \right) \varepsilon_j + \sum_{j=1}^{[Tt]} \left(\sum_{l=0}^{[Tt]-j} \psi_l \right) \varepsilon_j$$

$$\sum_{l=0}^{k} \psi_l = \frac{1}{\Gamma(d)} \sum_{l=0}^{k} \frac{\Gamma(l+d)}{\Gamma(l+1)} = \frac{1}{\Gamma(d+1)} \frac{\Gamma(k+d+1)}{\Gamma(k+1)} \approx \frac{1}{\Gamma(d+1)} k^d$$

を得る．したがって，

$$\sum_{j=1}^{[Tt]} \eta_j \approx \frac{T^d}{\Gamma(d+1)} \left[\sum_{j=-T}^{0} \left\{ \left(t - \frac{j}{T}\right)^d - \left(-\frac{j}{T}\right)^d \right\} \varepsilon_j + \sum_{j=1}^{[Tt]} \left(t - \frac{j}{T}\right)^d \varepsilon_j \right]$$

となるので，Helland(1982)の議論を使って定理の結果に到達する．$\{\eta_j\}$ が ARIMA(p, d, q) に従う場合は，B-N 分解を使えばよい．

確率過程 $\{B_H(t)\}$ は平均 0 の正規過程であり，$H = 1/2$ のとき，区間 $[0,1]$ 上の標準ブラウン運動となることがわかる．また，$H = d + 1/2$ として，次のことが成り立つ．

$$\begin{aligned}
V(B_H(t)) &= \frac{1}{\Gamma^2(d+1)} \left[\int_{-\infty}^{0} \left\{ (t-u)^d - (-u)^d \right\}^2 du + \int_{0}^{t} (t-u)^{2d} du \right] \\
&= \frac{t^{2d+1}}{\Gamma^2(d+1)} \left[\int_{0}^{\infty} \left\{ (1+u)^d - u^d \right\}^2 du + \frac{1}{2d+1} \right] = \frac{t^{2d+1} A(d)}{\Gamma^2(d+1)}
\end{aligned}$$
(121)

$$\begin{aligned}
V(B_H(t) - B_H(s)) &= \frac{1}{\Gamma^2(d+1)} \left[\int_{-\infty}^{s} \left\{ (t-u)^d - (s-u)^d \right\}^2 du \right. \\
&\qquad \left. + \int_{s}^{t} (t-u)^{2d} du \right] \\
&= \frac{(t-s)^{2d+1}}{\Gamma^2(d+1)} A(d) \qquad (s < t)
\end{aligned}$$
(122)

ここで，

$$A(d) = \int_{0}^{\infty} \left\{ (1+u)^d - u^d \right\}^2 du + \frac{1}{2d+1}$$

である．(122)の結果から，$\{B_H(t)\}$ は，標準ブラウン運動と同様に，定常増分過程である．しかし，$H \neq 1/2$ $(d \neq 0)$ ならば，増分は独立ではない．なお，(121)と(122)から，

$$E(B_H(s) B_H(t)) = \frac{A(d)}{2\Gamma^2(1+d)} \left(s^{2d+1} + t^{2d+1} - |s-t|^{2d+1} \right)$$

を得る．

他方，Hosking(1996)は(117)に従う時系列 $\{\eta_j\}$ の標本平均に対して，次の

CLT を証明した.
$$\frac{1}{T^{d-1/2}}\bar{\eta} = \frac{1}{T^{d+1/2}}\sum_{j=1}^{T}\eta_j = \sigma X_T^{(d)}(1)$$
$$\Rightarrow \sigma\alpha(1)B_{d+1/2}(1) \sim \mathrm{N}\left(0, \sigma^2\alpha^2(1)g(d)\right)$$

ここで,
$$g(d) = \frac{\Gamma(1-2d)}{(2d+1)\Gamma(d+1)\Gamma(1-d)} = \frac{A(d)}{\Gamma^2(d+1)}$$

である. このことから, 次の関係が成り立つ.
$$A(d) = \int_0^\infty \left\{(1+u)^d - u^d\right\}^2 du + \frac{1}{2d+1} = \frac{\Gamma(d+1)\Gamma(1-2d)}{(2d+1)\Gamma(1-d)}$$

定理 15.1 と CMT を組み合わせた例を考えるために, 次のモデルを取り上げよう.

$$y_j = y_{j-1} + \eta_j, \quad (1-L)^d \eta_j = \frac{\theta(L)}{\phi(L)}\varepsilon_j, \quad \{\varepsilon_j\} \sim \text{i.i.d.}(0, \sigma^2), \quad 0 < d < 1/2$$
$$\tag{123}$$

(例 15.1) モデル (123) から得られる係数推定量
$$\hat{\rho} = \sum_{j=2}^{T} y_{j-1}y_j \Big/ \sum_{j=2}^{T} y_{j-1}^2, \quad \hat{\rho} - 1 = (A_T - B_T) \Big/ \sum_{j=2}^{T} y_{j-1}^2$$
を考えよう. ここで,
$$A_T = \frac{1}{2}y_T^2 = O_p(T^{2d+1}), \quad B_T = \frac{1}{2}\sum_{j=1}^{T}\eta_j^2 = O_p(T), \quad \sum_{j=2}^{T} y_{j-1}^2 = O_p(T^{2d+2})$$
であり, $T(\hat{\rho}-1) = (U_T + o_p(1))/(V_T + o_p(1))$ と表すことができる. ただし,
$$U_T = \frac{y_T^2}{2T^{2d+1}\sigma^2} = \frac{1}{2}\{X_T^{(d)}(1)\}^2$$
$$V_T = \frac{1}{T^{2d+2}\sigma^2}\sum_{j=1}^{T} y_j^2 = \frac{1}{T}\sum_{j=1}^{T}\left\{X_T^{(d)}\left(\frac{j}{T}\right)\right\}^2$$
である. 以上から, 定理 15.1 と CMT を使って, 次の分布収束を得る.

$$T(\hat{\rho}-1) \Rightarrow \frac{B_{d+1/2}^2(1)/2}{\int_0^1 B_{d+1/2}^2(t)\,dt} \quad (0 < d < 1/2) \tag{124}$$

極限分布は, 誤差項 $\{u_j\}$ の構造に依存しない. 今の場合, $\{y_j\}$ は, $\mathrm{I}(d+1)$ 過程に従い, 和分の次数 $d+1$ は, 1 より大きい実数である. この事実は, 第 11 節

の最後で述べた自然数和分過程に関連する結果の一般化となっている．

15.2 非定常な場合

式(117)の ARFIMA(p, d, q) モデルにおいて，差分パラメータ d が $1/2$ 以上ならば，時系列 $\{\eta_j\}$ は非定常となる．その場合には，式(118)のような無限和による線形過程表現は定義できない．この問題を回避する1つの方法は，有限和による打ち切りを考えることである．すなわち，$\varepsilon_j = 0 \ (j \leq 0)$ として，

$$(1-L)^d \eta_j^* = \phi^{-1}(L)\theta(L)\varepsilon_j = \alpha(L)\varepsilon_j$$

$$\Leftrightarrow \quad \eta_j^* = (1-L)^{-d} \alpha(L)\varepsilon_j = \sum_{l=0}^{j-1} \psi_l\, \varepsilon_{j-l} \qquad (125)$$

とすることである．

式(125)のように有限和で定義された時系列 $\{\eta_j^*\}$ は，いかなる正数 d に対しても定義可能である．他方，(118)のように無限和で定義された時系列 $\{\eta_j\}$ は，$d < 1/2$ の場合にのみ定義される．$d < 1/2$ のとき，両者の違いは，$\psi_l = O(l^{d-1})$ であることから，

$$R_j = \eta_j - \eta_j^* = \sum_{l=j}^{\infty} \psi_l\, \varepsilon_{j-l}, \qquad \mathrm{V}(R_j) = \sigma^2 \sum_{l=j}^{\infty} \psi_l^2 = O(j^{2d-1})$$

となる．この最後の値は，$j \to \infty$ のとき，0 に収束するから，$\{\eta_j\}$ と $\{\eta_j^*\}$ は漸近的に同等と考えられるが，これらから構成される部分和過程は，以下で見るように，それぞれ異なる分布収束に従う．

時系列 $\{\eta_j^*\}$ に対する FCLT を述べるために，次の確率過程を定義する．

● **第 II 種フラクショナル Brown 運動**　区間 $[0, 1]$ 上で定義される連続的確率過程

$$W_H(t) = \frac{1}{\Gamma(H+1/2)} \int_0^t (t-s)^{H-1/2} dW(s) \qquad (H > 0) \qquad (126)$$

を，**Type II fBm**(第 II 種フラクショナル Brown 運動)という．ここで，$\{W(t)\}$ は，$[0, 1]$ 上で定義される標準 Brown 運動であり，上の積分は，任意の正数 H に対して定義される．

Type II fBm $\{W_H(t)\}$ は，第 11 節で述べた積分 Brown 運動を実数の場合に拡張したものである．実際，式(84)で定義された k 重積分 Brown 運動 $\{W^{(k)}(t)\}$ は，Hurst 指数 $H = k + 1/2$ の Type II fBm にほかならない．$\{W_H(t)\}$ は，平均 0 の正規過程であり，$H = 1/2$ のときは，Type I fBm の $\{B_H(t)\}$ と同様に，区間 $[0, 1]$ 上の標準 Brown 運動となることがわかる．しかし，Type II fBm は，

Type I と異なり，増分は定常ではない．また，次のことが成り立つ．

$$\mathrm{E}(W_H^2(t)) = \frac{t^{2H}}{2H\Gamma^2(H+1/2)} < \mathrm{E}(B_H^2(t)) = \frac{t^{2H}\,\Gamma(2-2H)}{2H\,\Gamma(H+1/2)\Gamma(3/2-H)} \tag{127}$$

以上の準備のもと，時系列 $\{\eta_j^*\}$ から，次の部分和過程を構成しよう．

$$Y_T^{(d)}(t) = \frac{1}{T^{d+1/2}\sigma} \sum_{j=1}^{[Tt]} \eta_j^* + (Tt - [Tt])\frac{\eta_{[Tt]+1}^*}{T^{d+1/2}\sigma} \tag{128}$$

このとき，次の FCLT が成り立つ (Marinucci-Robinson 1999)．

定理 15.2 時系列 $\{\eta_j^*\}$ が (125) の ARFIMA(p,d,q) モデルに従い，$d > 0$, $\mathrm{E}(\varepsilon_j^4) < \infty$ とする．このとき，(128) で定義される部分和過程 $\{Y_T^{(d)}\}$ に対して，$Y_T^{(d)} \Rightarrow \alpha(1)\,W_{d+1/2}$ なる FCLT が成り立つ．

この定理の特別な場合として，次の CLT が得られる．

$$\frac{1}{T^{d-1/2}}\bar{\eta}^* = \frac{1}{T^{d+1/2}}\sum_{j=1}^{T}\eta_j^* = \sigma Y_T^{(d)}(1)$$

$$\Rightarrow \sigma\alpha(1)W_{d+1/2}(1) \sim \mathrm{N}\left(0, \sigma^2\alpha^2(1)h(d)\right)$$

ここで，

$$h(d) = \mathrm{E}(W_{d+1/2}^2(1)) = \frac{1}{(2d+1)\,\Gamma^2(d+1)}$$

である．

定理 15.2 と CMT を組み合わせた例を考えるために，次のモデルを取り上げよう．

$$y_j^* = y_{j-1}^* + \eta_j^*, \quad (1-L)^d\,\eta_j^* = \frac{\theta(L)}{\phi(L)}\varepsilon_j, \quad d > 0 \tag{129}$$

ここで，$\{\varepsilon_j\} \sim$ i.i.d.$(0, \sigma^2)$ である．また，$\{\eta_j^*\}$ は，(125) の ARFIMA(p,d,q) モデルに従う．

(例 15.2) モデル (129) から得られる係数推定量

$$\hat{\rho}^* = \sum_{j=2}^{T} y_{j-1}^* y_j^* \Big/ \sum_{j=2}^{T} (y_{j-1}^*)^2$$

を取り上げよう．このとき，次の分布収束が成り立つ．

$$T(\hat{\rho}^* - 1) \quad \Rightarrow \quad \frac{W_{d+1/2}^2(1)/2}{\int_0^1 W_{d+1/2}^2(t)\,dt} \quad (d > 0)$$

前と同様に,極限分布は,$d > 0$ である限り,誤差項 η_j^* の ARMA 部分の構造に依存しない.

16. 季節性をもつ時系列に対する FCLT

本節では,季節性を含む時系列のモデルとして,2 通りの場合を考える.

16.1 季節単位根モデル

時系列 $\{x_j\}$ の周期を m(自然数)として,次のモデルを考えよう.

$$x_j = x_{j-m} + u_j, \quad x_{-(m-1)} = x_{-(m-2)} = \cdots = x_0 = 0 \quad (j = 1, \cdots, T) \tag{130}$$

ここで,標本サイズ T は,m の倍数で,$T = mN$ と表されるものとする.また,$\{u_j\}$ は,あとで定義する短期記憶的な定常過程に従う.このとき,(130) は季節単位根モデルと呼ばれる.

季節単位根モデル (130) は,ベクトルを使って次のように表現することができる.

$$\boldsymbol{x}_j = \boldsymbol{x}_{j-1} + \boldsymbol{u}_j, \quad \boldsymbol{x}_0 = 0 \quad (j = 1, \cdots, N) \tag{131}$$

ただし,

$$\boldsymbol{x}_j = (x_{(j-1)m+1}, \cdots, x_{jm})', \quad \boldsymbol{u}_j = (u_{(j-1)m+1}, \cdots, u_{jm})'$$

であり,m 次元誤差項の系列 $\{\boldsymbol{u}_j\}$ は,線形過程

$$\boldsymbol{u}_j = \sum_{l=0}^{\infty} A_l \boldsymbol{\xi}_{j-l}, \quad \{\boldsymbol{\xi}_j\} \sim \text{i.i.d.}(\boldsymbol{0}, I_q), \quad A = \sum_{l=0}^{\infty} A_l, \quad \sum_{l=1}^{\infty} l \|A_l\| < \infty \tag{132}$$

に従うものとする.行列 A は正則であると仮定する.

以上から,$\{\boldsymbol{x}_j\}$ は m 次元 I(1) モデルに従うことがわかる.その FCLT については,すでに第 12 節で議論したものである.第 12 節の結果から,部分和過程

$$\boldsymbol{X}_N(t) = \frac{1}{\sqrt{N}} \boldsymbol{x}_{[Nt]} + (Nt - [Nt]) \frac{\boldsymbol{u}_{[Nt]+1}}{\sqrt{N}} \tag{133}$$

に対しては,$\boldsymbol{X}_N \Rightarrow A\boldsymbol{W}$ なる FCLT が成り立つ.ここで,$\boldsymbol{W} = \{\boldsymbol{W}(t)\}$ は,

m 次元標準 Brown 運動である.

季節単位根モデルに関連した統計量の分布を求めるためには, 上記のようなベクトル表現を使うのが便利である. 以下, 実際の例を見てみよう.

(例 16.1) 季節単位根モデル (130) から得られる標本 2 次モーメント

$$S_{1T} = \frac{1}{T^2} \sum_{j=1}^{T} x_j^2 \tag{134}$$

の分布収束を考えよう. 式 (133) の部分和過程 $\{\boldsymbol{X}_N(t)\}$ を使うと,

$$S_{1T} = \frac{1}{m^2 N^2} \sum_{j=1}^{N} \boldsymbol{x}'_j \boldsymbol{x}_j = \frac{1}{m^2 N} \sum_{j=1}^{N} \boldsymbol{X}'_N\left(\frac{j}{N}\right) \boldsymbol{X}_N\left(\frac{j}{N}\right)$$

となるので, CMT により,

$$S_{1T} \Rightarrow \frac{1}{m^2} \int_0^1 \boldsymbol{W}'(t) A' A \boldsymbol{W}(t)\, dt = S(A, m)$$

を得る. 今, 行列 $A'A$ の固有値を $\lambda_1, \cdots, \lambda_m$ とすれば, 分布の意味で次の等式が成り立つ.

$$\int_0^1 \boldsymbol{W}'(t) A' A \boldsymbol{W}(t)\, dt \overset{\mathcal{D}}{=} \sum_{k=1}^{m} \lambda_k \int_0^1 W_k^2(t)\, dt$$

ここで, $\{W_1(t)\}, \cdots, \{W_m(t)\}$ は, 互いに独立に標準 Brown 運動に従う. このことから, $S(A, m)$ の平均と分散は, 次のようになる.

$$\mathrm{E}(S(A,m)) = \frac{1}{m^2} \sum_{k=1}^{m} \lambda_k \int_0^1 \mathrm{E}(W_k^2(t))\, dt = \frac{1}{2m^2} \sum_{k=1}^{m} \lambda_k = \frac{1}{2m^2} \mathrm{tr}\,(A'A)$$

$$\mathrm{V}(S(A,m)) = \frac{1}{m^4} \sum_{k=1}^{m} \lambda_k^2 \mathrm{V}\left(\int_0^1 W_k^2(t)\, dt\right)$$

$$= \frac{1}{3m^4} \sum_{k=1}^{m} \lambda_k^2 = \frac{1}{3m^4} \mathrm{tr}\,\{(A'A)^2\}$$

(例 16.2) 季節単位根モデル (130) から得られる次の推定量

$$\hat{\rho}_m = \sum_{j=m+1}^{T} x_{j-m} x_j \Big/ \sum_{j=m+1}^{T} x_{j-m}^2 \tag{135}$$

に対して, $S_{2T} = T(\hat{\rho}_m - 1) = U_T / V_T$ の分布収束を考えよう. ここで,

$$U_T = \frac{1}{T} \sum_{j=m+1}^{T} x_{j-m} u_j = \frac{1}{mN} \sum_{j=2}^{N} \boldsymbol{x}'_{j-1} \boldsymbol{u}_j$$

$$V_T = \frac{1}{T^2} \sum_{j=m+1}^{T} x_{j-m}^2 = \frac{1}{m^2 N^2} \sum_{j=2}^{N} \boldsymbol{x}'_{j-1} \boldsymbol{x}_{j-1}$$

である．このとき，任意の実数 θ_1 と θ_2 に対して，

$$\theta_1 U_T + \theta_2 V_T \Rightarrow \frac{\theta_1}{m} h_1(\boldsymbol{W}) + \frac{\theta_2}{m^2} h_2(\boldsymbol{W})$$

が成り立つ．ここで，

$$h_1(\boldsymbol{W}) = \int_0^1 \boldsymbol{W}'(t) A' A \, d\boldsymbol{W}(t) + \sum_{j=1}^{\infty} \mathrm{E}(\boldsymbol{u}_0' \boldsymbol{u}_j)$$

$$h_2(\boldsymbol{W}) = \int_0^1 \boldsymbol{W}'(t) A' A \boldsymbol{W}(t) \, dt$$

である．したがって，$(U_T, V_T) \Rightarrow (h_1(\boldsymbol{W})/m, h_2(\boldsymbol{W})/m^2)$ となる．A が正則ならば，$P(h_2(\boldsymbol{W}) > 0) = 1$ であることが知られているので，S_{2T} に関して，次の分布収束を得る．

$$S_{2T} \Rightarrow \frac{h_1(\boldsymbol{W})/m}{h_2(\boldsymbol{W})/m^2} = m \frac{\int_0^1 \boldsymbol{W}'(t) A' A \, d\boldsymbol{W}(t) + \sum\limits_{j=1}^{\infty} \mathrm{E}(\boldsymbol{u}_0' \boldsymbol{u}_j)}{\int_0^1 \boldsymbol{W}'(t) A' A \boldsymbol{W}(t) \, dt}$$

(136)

16.2 複素単位根モデル

ここでは，AR(2) モデルにおいて，特性方程式の 2 根が，単位円周上の共役複素根となる場合，すなわち，次の AR(2) モデル

$$(1 - e^{i\theta} L)(1 - e^{-i\theta} L) y_j = \varepsilon_j \quad \Leftrightarrow \quad y_j = 2 y_{j-1} \cos\theta - y_{j-2} + \varepsilon_j \quad (137)$$

を考える．ここで，パラメータ θ は，$0 < \theta < \pi$ である．また，$\{\varepsilon_j\} \sim$ i.i.d.$(0, \sigma^2)$ である．初期値は，$y_{-1} = y_0 = 0$ とおく．時系列 $\{y_j\}$ は，周期 $2\pi/\theta$ をもつ非定常な系列である．

$\{y_j\}$ を $\{\varepsilon_j\}$ に関して解くために，$\varepsilon_k = 0 \ (k \leq 0)$ として，次の展開を考える．

$$\begin{aligned}
y_j &= \frac{\varepsilon_j}{(1 - e^{i\theta} L)(1 - e^{-i\theta} L)} = \frac{1}{2i \sin\theta} \left[\frac{e^{i\theta}}{1 - e^{i\theta} L} - \frac{e^{-i\theta}}{1 - e^{-i\theta} L} \right] \varepsilon_j \\
&= \frac{1}{2i \sin\theta} \left[e^{i\theta} \left\{ e^{i(j-1)\theta} \varepsilon_1 + e^{i(j-2)\theta} \varepsilon_2 + \cdots + e^{i\theta} \varepsilon_{j-1} + \varepsilon_j \right\} \right. \\
&\quad \left. - e^{-i\theta} \left\{ e^{-i(j-1)\theta} \varepsilon_1 + e^{-i(j-2)\theta} \varepsilon_2 + \cdots + e^{-i\theta} \varepsilon_{j-1} + \varepsilon_j \right\} \right] \\
&= \frac{1}{\sin\theta} \sum_{k=1}^{j} \frac{e^{i(j-k+1)\theta} - e^{-i(j-k+1)\theta}}{2i} \varepsilon_k = \frac{1}{\sin\theta} \sum_{k=1}^{j} \varepsilon_k \sin(j-k+1)\theta \\
&= \frac{1}{\sin\theta} \left[x_j^{(\theta)} \sin(j+1)\theta - y_j^{(\theta)} \cos(j+1)\theta \right] = \frac{1}{\sin\theta} \left(\boldsymbol{a}_j^{(\theta)} \right)' \boldsymbol{z}_j^{(\theta)}
\end{aligned}$$

ここで，

$$\boldsymbol{z}_j^{(\theta)} = \begin{pmatrix} x_j^{(\theta)} \\ y_j^{(\theta)} \end{pmatrix} = \sum_{k=1}^{j} \begin{pmatrix} \varepsilon_k \cos k\theta \\ \varepsilon_k \sin k\theta \end{pmatrix}, \quad \boldsymbol{a}_j^{(\theta)} = \begin{pmatrix} \sin(j+1)\theta \\ -\cos(j+1)\theta \end{pmatrix}$$

である．$\{\boldsymbol{z}_j^{(\theta)}\}$ は，2次元のランダム・ウォークであり，

$$\boldsymbol{z}_j^{(\theta)} = \boldsymbol{z}_{j-1}^{(\theta)} + \boldsymbol{v}_j^{(\theta)}, \quad \boldsymbol{v}_j^{(\theta)} = \begin{pmatrix} \cos j\theta \\ \sin j\theta \end{pmatrix} \varepsilon_j, \quad \boldsymbol{z}_0^{(\theta)} = 0 \quad (138)$$

と表すことができる．ただし，誤差項 $\{\boldsymbol{v}_j^{(\theta)}\}$ は，マルチンゲール差の系列であり，独立ではあるが，分散は時点に依存する．

このようなランダム・ウォーク $\{\boldsymbol{z}_j^{(\theta)}\}$ に対して，2次元部分和過程

$$\boldsymbol{Z}_T^{(\theta)}(t) = \sqrt{2} \left[\frac{1}{\sqrt{T}\sigma} \boldsymbol{z}_{[Tt]}^{(\theta)} + (Tt - [Tt]) \frac{\boldsymbol{v}_{[Tt]+1}^{(\theta)}}{\sqrt{T}\sigma} \right] \quad (139)$$

を定義する．このとき，次の定理が成り立つ (Helland 1982, Chan-Wei 1988)．

定理 16.1 マルチンゲール差の誤差項をもつ2次元ランダム・ウォーク $\{\boldsymbol{z}_j^{(\theta)}\}$ を式 (138) で定義する．このとき，$\{\boldsymbol{z}_j^{(\theta)}\}$ から構成され，(139) で定義される2次元部分和過程 $\{\boldsymbol{Z}_T^{(\theta)}(t)\}$ に対して，$\boldsymbol{Z}_T^{(\theta)} \Rightarrow \boldsymbol{W}$ なる FCLT が成り立つ．ただし，$\boldsymbol{W} = \{\boldsymbol{W}(t)\}$ は 2 次元標準 Brown 運動である．さらに，

$$Q_T = \frac{2}{T^2\sigma^2} \sum_{j=1}^{T} \boldsymbol{z}_j^{(\theta)} \left(\boldsymbol{z}_j^{(\theta)}\right)' = \frac{1}{T} \sum_{j=1}^{T} \boldsymbol{Z}_T^{(\theta)}\left(\frac{j}{T}\right) \left\{\boldsymbol{Z}_T^{(\theta)}\left(\frac{j}{T}\right)\right\}'$$

$$R_T = \frac{2}{T\sigma^2} \sum_{j=1}^{T} \boldsymbol{z}_{j-1}^{(\theta)} \left(\boldsymbol{z}_j^{(\theta)} - \boldsymbol{z}_{j-1}^{(\theta)}\right)'$$

$$= \frac{1}{T} \sum_{j=1}^{T} \boldsymbol{Z}_T^{(\theta)}\left(\frac{j-1}{T}\right) \left\{\Delta \boldsymbol{Z}_T^{(\theta)}\left(\frac{j}{T}\right)\right\}'$$

に対して，次の分布収束が成り立つ．

$$(Q_T, R_T) \Rightarrow \left(\int_0^1 \boldsymbol{W}(t)\boldsymbol{W}'(t)\,dt, \int_0^1 \boldsymbol{W}(t)\,d\boldsymbol{W}'(t)\right) \quad (140)$$

ここで，$\Delta \boldsymbol{Z}_T^{(\theta)}(j/T) = \boldsymbol{Z}_T^{(\theta)}(j/T) - \boldsymbol{Z}_T^{(\theta)}((j-1)/T)$ である．

上の定理の応用例を見てみよう．

(例 16.3) AR(2) モデル

$$y_j = \phi_1 y_{j-1} + \phi_2 y_{j-2} + \varepsilon_j, \quad y_{-1} = y_0 = 0, \quad \{\varepsilon_j\} \sim \text{i.i.d.}(0, \sigma^2) \quad (141)$$

が共役な複素単位根 $e^{i\theta}$ と $e^{-i\theta}$ をもつとする．このとき，$\boldsymbol{\phi} = (\phi_1, \phi_2)'$ の LSE

$\hat{\boldsymbol{\phi}} = (\hat{\phi}_1, \hat{\phi}_2)'$ の分布を調べよう. 上のモデルは (137) のように表されるので, $\boldsymbol{\phi} = (2\cos\theta, -1)'$ である. $T(\hat{\boldsymbol{\phi}} - \boldsymbol{\phi}) = A_T^{-1} b_T$ を考えよう. ここで,

$$A_T = \frac{1}{T^2 \sigma^2} \sum_{j=3}^{T} \begin{pmatrix} y_{j-1}^2 & y_{j-1} y_{j-2} \\ y_{j-1} y_{j-2} & y_{j-2}^2 \end{pmatrix}, \quad b_T = \frac{1}{T\sigma^2} \sum_{j=3}^{T} \begin{pmatrix} y_{j-1} \varepsilon_j \\ y_{j-2} \varepsilon_j \end{pmatrix} \tag{142}$$

である. 特に, $T(\hat{\phi}_2 + 1)$ の分布は, AR(2) モデルにおける複素単位根分布であると考えることができる.

まず, $\{y_j\}$ の標本 2 次モーメントは,

$$\begin{aligned}
\frac{1}{T^2} \sum_{j=1}^{T} y_j^2 &= \frac{1}{T^2 \sin^2 \theta} \sum_{j=1}^{T} [x_j^{(\theta)} \sin(j+1)\theta - y_j^{(\theta)} \cos(j+1)\theta]^2 \\
&= \frac{\sigma^2}{4T \sin^2 \theta} \sum_{j=1}^{T} \left\{ \boldsymbol{Z}_T^{(\theta)} \left(\frac{j}{T}\right) \right\}' \boldsymbol{Z}_T^{(\theta)} \left(\frac{j}{T}\right) - \frac{1}{2T^2 \sin^2 \theta} \\
&\quad \times \sum_{j=1}^{T} \left[\left(\left(x_j^{(\theta)}\right)^2 - \left(y_j^{(\theta)}\right)^2 \right) \cos 2(j+1)\theta + 2 x_j^{(\theta)} y_j^{(\theta)} \sin 2(j+1)\theta \right]
\end{aligned}$$

と表すことができる. ここで, Chan-Wei (1988) より,

$$\sup_{1 \leq j \leq T} \left| \sum_{k=1}^{j} e^{ik\theta} w_k \right| = o_p(T^2) \quad (e^{i\theta} \neq 1) \tag{143}$$

が成り立つ. ただし, w_k は, $\left(x_k^{(\theta)}\right)^2$, $\left(y_k^{(\theta)}\right)^2$, $x_k^{(\theta)} y_k^{(\theta)}$ のいずれかを表す. 以上のことから,

$$\frac{1}{T^2 \sigma^2} \sum_{j=1}^{T} y_j^2 \quad \Rightarrow \quad \frac{1}{4 \sin^2 \theta} \int_0^1 \boldsymbol{W}'(t) \boldsymbol{W}(t) \, dt$$

を得る. 同様にして,

$$\frac{1}{T^2 \sigma^2} \sum_{j=2}^{T} y_{j-1} y_j \quad \Rightarrow \quad \frac{\cos\theta}{4 \sin^2 \theta} \int_0^1 \boldsymbol{W}'(t) \boldsymbol{W}(t) \, dt$$

となる. 以上から, 式 (142) の A_T に関しては,

$$A_T \quad \Rightarrow \quad \frac{\int_0^1 \boldsymbol{W}'(t) \boldsymbol{W}(t) \, dt}{4 \sin^2 \theta} \begin{pmatrix} 1 & \cos\theta \\ \cos\theta & 1 \end{pmatrix} \tag{144}$$

を得る.

他方,

$$\sum_{j=2}^{T} y_{j-1}\varepsilon_j = \frac{1}{\sin\theta}\sum_{j=2}^{T}(x_{j-1}^{(\theta)}\sin j\theta - y_{j-1}^{(\theta)}\cos j\theta)\varepsilon_j$$

$$= \frac{\sigma^2 T}{2\sin\theta}\sum_{j=2}^{T}\left\{\boldsymbol{Z}_T^{(\theta)}\left(\frac{j-1}{T}\right)\right\}'G\,\Delta\boldsymbol{Z}_T^{(\theta)}\left(\frac{j}{T}\right)$$

となる.ここで,

$$G = \begin{pmatrix} 0 & 1 \\ -1 & 0 \end{pmatrix}$$

である.このことから,

$$\frac{1}{T\sigma^2}\sum_{j=2}^{T} y_{j-1}\varepsilon_j \;\Rightarrow\; \frac{1}{2\sin\theta}\int_0^1 \boldsymbol{W}'(t)\,G\,d\boldsymbol{W}(t)$$

を得る.同様にして,

$$\frac{1}{T\sigma^2}\sum_{j=3}^{T} y_{j-2}\varepsilon_j \;\Rightarrow\; \frac{1}{2\sin\theta}\int_0^1 \boldsymbol{W}'(t)\,H(\theta)\,d\boldsymbol{W}(t)$$

を得る.ここで,

$$H(\theta) = \begin{pmatrix} -\sin\theta & \cos\theta \\ -\cos\theta & -\sin\theta \end{pmatrix}$$

である.したがって,式 (142) の b_T に関しては,

$$b_T \;\Rightarrow\; \frac{1}{2\sin\theta}\int_0^1 \begin{pmatrix} \boldsymbol{W}'(t)\,G \\ \boldsymbol{W}'(t)\,H(\theta) \end{pmatrix} d\boldsymbol{W}(t) \tag{145}$$

となる.

定理 16.1 と CMT から,A_T と b_T の同時の分布収束が保証されるので,(144) と (145) の結果を使って,

$$T(\hat{\boldsymbol{\phi}} - \boldsymbol{\phi}) = A_T^{-1} b_T \;\Rightarrow\; \begin{pmatrix} Z_1 \\ Z_2 \end{pmatrix} \tag{146}$$

を得る.ここで,

$$Z_1 = 2\int_0^1 \boldsymbol{W}'(t)\begin{pmatrix}\cos\theta & \sin\theta \\ -\sin\theta & \cos\theta\end{pmatrix} d\boldsymbol{W}(t) \Big/ \int_0^1 \boldsymbol{W}'(t)\boldsymbol{W}(t)\,dt \tag{147}$$

$$Z_2 = -2\int_0^1 \boldsymbol{W}'(t)\,d\boldsymbol{W}(t) \Big/ \int_0^1 \boldsymbol{W}'(t)\boldsymbol{W}(t)\,dt \tag{148}$$

である.Z_2 は,$T(\hat{\phi}_2+1)$ の極限分布に従う確率変数であるが,その分布は,θ に依存しない.

次に,(141) の AR(2) モデルにおいて,誤差項 $\{\varepsilon_j\}$ を線形過程に拡張した場合

を考える.すなわち,次のモデルを取り上げる.

$$y_j = 2y_{j-1}\cos\theta - y_{j-2} + u_j, \quad u_j = \alpha(L)\varepsilon_j = \sum_{l=0}^{\infty}\alpha_l\varepsilon_{j-l}, \quad \sum_{l=1}^{\infty}l|\alpha_l| < \infty \tag{149}$$

ここで,$\{\varepsilon_j\} \sim$ i.i.d.$(0,\sigma^2)$ である.複素単位根をもつようなモデルでは,次のような B-N 分解を使うのが便利である.

● **複素 B-N 分解**　　線形過程 $u_j = \alpha(L)\varepsilon_j$ は,次のように展開できる.

$$u_j = \alpha(L)\varepsilon_j = \left[\alpha(e^{i\theta}) - (1-e^{-i\theta}L)\tilde{\alpha}^{(\theta)}(L)\right]\varepsilon_j = \alpha(e^{i\theta})\varepsilon_j + e^{-i\theta}\tilde{\varepsilon}_{j-1}^{(\theta)} - \tilde{\varepsilon}_j^{(\theta)} \tag{150}$$

ただし,

$$\tilde{\varepsilon}_j^{(\theta)} = \tilde{\alpha}^{(\theta)}(L)\varepsilon_j = \sum_{l=0}^{\infty}\tilde{\alpha}_l^{(\theta)}\varepsilon_{j-l}, \qquad \tilde{\alpha}_l^{(\theta)} = \sum_{k=l+1}^{\infty}\alpha_k e^{i(k-l)\theta}$$

以下,複素 B-N 分解の効用を示そう.式 (149) から,

$$y_j = \frac{u_j}{(1-e^{i\theta}L)(1-e^{-i\theta}L)} = \frac{1}{\sin\theta}\left[\tilde{x}_j^{(\theta)}\sin(j+1)\theta - \tilde{y}_j^{(\theta)}\cos(j+1)\theta\right]$$

を得る.ここで,

$$\tilde{x}_j^{(\theta)} = \sum_{l=1}^{j}u_l\cos l\theta, \qquad \tilde{y}_j^{(\theta)} = \sum_{l=1}^{j}u_l\sin l\theta$$

である.複素 B-N 分解を使うと,

$$\tilde{\boldsymbol{z}}_j^{(\theta)} = \begin{pmatrix}\tilde{x}_j^{(\theta)}\\\tilde{y}_j^{(\theta)}\end{pmatrix} = \begin{pmatrix}a(\theta) & -b(\theta)\\b(\theta) & a(\theta)\end{pmatrix}\begin{pmatrix}x_j^{(\theta)}\\y_j^{(\theta)}\end{pmatrix} + \boldsymbol{w}_j^{(\theta)} = K(\theta)\boldsymbol{z}_j^{(\theta)} + \boldsymbol{w}_j^{(\theta)} \tag{151}$$

を得る.ここで,$a(\theta) = \text{Re}[\alpha(e^{i\theta})]$, $b(\theta) = \text{Im}[\alpha(e^{i\theta})]$,および,

$$K(\theta) = \begin{pmatrix}a(\theta) & -b(\theta)\\b(\theta) & a(\theta)\end{pmatrix}, \qquad \boldsymbol{w}_j^{(\theta)} = \begin{pmatrix}\text{Re}[\tilde{\varepsilon}_0 - e^{ij\theta}\tilde{\varepsilon}_j]\\\text{Im}[\tilde{\varepsilon}_0 - e^{ij\theta}\tilde{\varepsilon}_j]\end{pmatrix}$$

である.式 (151) の最右辺において,第 1 項は $O_p(\sqrt{j})$ であるが,第 2 項は $O_p(1)$ である.このことから,例えば,次の分布収束が成り立つ.

$$\frac{2}{T^2\sigma^2}\sum_{j=1}^{T}\tilde{\boldsymbol{z}}_j^{(\theta)}\left(\tilde{\boldsymbol{z}}_j^{(\theta)}\right)' = \frac{2}{T^2\sigma^2}K(\theta)\sum_{j=1}^{T}\boldsymbol{z}_j^{(\theta)}\left(\boldsymbol{z}_j^{(\theta)}\right)'K'(\theta) + o_p(1)$$

$$= \frac{1}{T}K(\theta)\sum_{j=1}^{T}\boldsymbol{Z}^{(\theta)}\left(\frac{j}{T}\right)\left\{\boldsymbol{Z}^{(\theta)}\left(\frac{j}{T}\right)\right\}'K'(\theta) + o_p(1)$$

$$\Rightarrow K(\theta)\int_0^1 \boldsymbol{W}(t)\boldsymbol{W}'(t)\,dt\,K'(\theta) \tag{152}$$

$$\frac{2}{T^2\sigma^2}\sum_{j=1}^{T}\left(\tilde{\boldsymbol{z}}_j^{(\theta)}\right)'\tilde{\boldsymbol{z}}_j^{(\theta)} = \frac{2}{T^2\sigma^2}\sum_{j=1}^{T}\left[\left(\tilde{x}_j^{(\theta)}\right)^2 + \left(\tilde{y}_j^{(\theta)}\right)^2\right]$$

$$\Rightarrow \operatorname{tr}\left(K(\theta)\int_0^1 \boldsymbol{W}(t)\boldsymbol{W}'(t)\,dt\,K'(\theta)\right)$$

$$= \frac{2\pi f(\theta)}{\sigma^2}\int_0^1 \boldsymbol{W}'(t)\boldsymbol{W}(t)\,dt \tag{153}$$

ここで, $f(\theta)$ は, $\{u_j\}$ のスペクトラム

$$f(\omega) = \frac{\sigma^2}{2\pi}\left|\sum_{l=0}^{\infty}\alpha_l e^{il\omega}\right|^2 = \frac{\sigma^2}{2\pi}\left(a^2(\omega) + b^2(\omega)\right)$$

の $\omega = \theta$ における値である.

(例 16.4) モデル (149) から得られる次の統計量

$$S_T(h) = \frac{1}{T^2}\sum_{j=h+1}^{T} y_{j-h}y_j$$

$$= \frac{1}{T^2\sin^2\theta}\sum_{j=1}^{T}\left(\tilde{x}_{j-h}^{(\theta)}\sin(j-h+1)\theta - \tilde{y}_{j-h}^{(\theta)}\cos(j-h+1)\theta\right)$$

$$\times \left(\tilde{x}_j^{(\theta)}\sin(j+1)\theta - \tilde{y}_j^{(\theta)}\cos(j+1)\theta\right)$$

の分布収束を考えよう. 最右辺の表現を展開すると,

$$S_T(h) = \frac{1}{2T^2\sin^2\theta}\sum_{j=h+1}^{T}\Big[\left(\tilde{x}_{j-h}^{(\theta)}\tilde{x}_j^{(\theta)} + \tilde{y}_{j-h}^{(\theta)}\tilde{y}_j^{(\theta)}\right)\cos h\theta$$

$$+ \left(\tilde{x}_{j-h}^{(\theta)}\tilde{y}_j^{(\theta)} - \tilde{x}_j^{(\theta)}\tilde{y}_{j-h}^{(\theta)}\right)\sin h\theta$$

$$+ \left(-\tilde{x}_{j-h}^{(\theta)}\tilde{x}_j^{(\theta)} + \tilde{y}_{j-h}^{(\theta)}\tilde{y}_j^{(\theta)}\right)\cos(2j-h+2)\theta$$

$$+ \left(-\tilde{x}_{j-h}^{(\theta)}\tilde{y}_j^{(\theta)} - \tilde{x}_j^{(\theta)}\tilde{y}_{j-h}^{(\theta)}\right)\sin(2j-h+2)\theta\Big]$$

$$= \frac{\cos h\theta}{2T^2\sin^2\theta}\sum_{j=h+1}^{T}\left[\left(\tilde{x}_j^{(\theta)}\right)^2 + \left(\tilde{y}_j^{(\theta)}\right)^2\right] + o_p(1)$$

を得る. したがって, (153) から, 次の分布収束を得る.

$$S_T(h) \quad \Rightarrow \quad S(h) = \frac{\pi f(\theta)\cos h\theta}{2\sin^2\theta}\int_0^1 \boldsymbol{W}'(t)\boldsymbol{W}(t)\,dt$$

(例 16.5) 伊藤積分に関連した次の統計量を考えよう.

$$S_{5T} = \frac{1}{T} \sum_{j=2}^{T} \tilde{\boldsymbol{z}}_{j-1}^{(\theta)} \left(\Delta \tilde{\boldsymbol{z}}_{j}^{(\theta)} \right)'$$
$$= \frac{1}{T} \sum_{j=2}^{T} \left(K(\theta) \boldsymbol{z}_{j-1}^{(\theta)} + \boldsymbol{w}_{j-1}^{(\theta)} \right) \left(K(\theta) \Delta \boldsymbol{z}_{j}^{(\theta)} + \Delta \boldsymbol{w}_{j}^{(\theta)} \right)'$$

この表現を変形することにより,

$$\begin{aligned} S_{5T} &= \frac{1}{T} \left[K(\theta) \sum_{j=2}^{T} \boldsymbol{z}_{j-1}^{(\theta)} \left(\Delta \boldsymbol{z}_{j}^{(\theta)} \right)' K'(\theta) - K(\theta) \sum_{j=2}^{T} \Delta \boldsymbol{z}_{j}^{(\theta)} \left(\boldsymbol{w}_{j}^{(\theta)} \right)' \right. \\ &\quad \left. + \sum_{j=2}^{T} \boldsymbol{w}_{j-1}^{(\theta)} \left(\Delta \boldsymbol{z}_{j}^{(\theta)} \right)' K'(\theta) + \sum_{j=2}^{T} \boldsymbol{w}_{j-1}^{(\theta)} \left(\Delta \boldsymbol{w}_{j}^{(\theta)} \right)' \right] + o_p(1) \\ &\Rightarrow S_5 = \frac{1}{2} \left[\sigma^2 K(\theta) \int_0^1 \boldsymbol{W}(t) \, d\boldsymbol{W}'(t) \, K'(\theta) + \sum_{k=1}^{\infty} \mathrm{E}(u_0 u_k) P_k(\theta) \right] \end{aligned} \tag{154}$$

が得られる. ここで, $P_k(\theta)$ は次のように定義される直交行列である.

$$P_k(\theta) = \begin{pmatrix} \cos k\theta & \sin k\theta \\ -\sin k\theta & \cos k\theta \end{pmatrix}$$

(例 16.6) 次の量

$$S_{6T} = \frac{1}{T} \sum_{j=2}^{T} y_{j-1} u_j = \frac{1}{T \sin \theta} \sum_{j=2}^{T} \begin{pmatrix} \tilde{x}_{j-1}^{(\theta)} & \tilde{y}_{j-1}^{(\theta)} \end{pmatrix} \begin{pmatrix} \sin j\theta \\ -\cos j\theta \end{pmatrix} u_j$$

を考えよう. (例 16.5)の結果を使うことにより,

$$\begin{aligned} S_{6T} &= \frac{1}{T \sin \theta} \sum_{j=2}^{T} \begin{pmatrix} \tilde{x}_{j-1}^{(\theta)} & \tilde{y}_{j-1}^{(\theta)} \end{pmatrix} \begin{pmatrix} \Delta \tilde{y}_{j}^{(\theta)} \\ -\Delta \tilde{x}_{j}^{(\theta)} \end{pmatrix} \\ &\Rightarrow S_6 = \frac{1}{\sin \theta} \left[\, S_5 \text{ の } (1,2) \text{ 要素} - S_5 \text{ の } (2,1) \text{ 要素} \right] \\ &= \frac{1}{\sin \theta} \left[\pi f(\theta) \int_0^1 \boldsymbol{W}'(t) \, G \, d\boldsymbol{W}(t) + \sum_{j=1}^{\infty} \mathrm{E}(u_0 u_j) \sin j\theta \right] \end{aligned}$$

を得る.

(例 16.7) 次の量

$$S_{7T} = \frac{1}{T} \sum_{j=3}^{T} y_{j-2} u_j = \frac{1}{T \sin \theta} \sum_{j=3}^{T} \left[\tilde{x}_{j-2}^{(\theta)} \sin(j-1)\theta - \tilde{y}_{j-2}^{(\theta)} \cos(j-1)\theta \right] u_j$$

を考えると, (例 16.6)と同様にして,

$$S_{7T} \Rightarrow S_7 = \frac{1}{\sin\theta} \left[\{S_5 \text{ の } (1,2) \text{ 要素 } - S_5 \text{ の } (2,1) \text{ 要素}\} \cos\theta \right.$$
$$\left. - \{S_5 \text{ の } (1,1) \text{ 要素 } - S_5 \text{ の } (2,2) \text{ 要素}\} \sin\theta \right]$$
$$= \frac{\pi f(\theta)}{\sin\theta} \int_0^1 \boldsymbol{W}'(t) H(\theta) d\boldsymbol{W}(t) + \tan\theta \sum_{j=1}^\infty \mathrm{E}(u_0 u_j) \sin j\theta$$

を得る.

(例 16.8) モデル (149) における係数ベクトル $\boldsymbol{\phi} = (\phi_1, \phi_2)' = (2\cos\theta, -1)'$ の LSE を $\tilde{\boldsymbol{\phi}} = (\tilde{\phi}_1, \tilde{\phi}_2)'$ として, $T(\tilde{\boldsymbol{\phi}} - \boldsymbol{\phi})$ の極限分布を考えよう. 今までの例の結果と, 同時分布への収束から, 次のことが成り立つ.

$$T(\tilde{\boldsymbol{\phi}} - \boldsymbol{\phi}) = \left[\frac{1}{T^2 \sigma^2} \sum_{j=3}^T \begin{pmatrix} y_{j-1}^2 & y_{j-1} y_{j-2} \\ y_{j-1} y_{j-2} & y_{j-2}^2 \end{pmatrix} \right]^{-1} \left[\frac{1}{T\sigma^2} \sum_{j=3}^T \begin{pmatrix} y_{j-1} u_j \\ y_{j-2} u_j \end{pmatrix} \right]$$
$$\Rightarrow \begin{pmatrix} U_1 \\ U_2 \end{pmatrix} = \begin{pmatrix} S(0) & S(1) \\ S(1) & S(0) \end{pmatrix}^{-1} \begin{pmatrix} S_6 \\ S_7 \end{pmatrix}$$
$$= \frac{2\sin^2\theta}{\pi f(\theta) \int_0^1 \boldsymbol{W}'(t) \boldsymbol{W}(t) dt} \begin{pmatrix} 1 & \cos\theta \\ \cos\theta & 1 \end{pmatrix}^{-1} \begin{pmatrix} S_6 \\ S_7 \end{pmatrix}$$

ここで,

$$U_1 = \frac{2 \left[\pi f(\theta) \int_0^1 \boldsymbol{W}'(t) \begin{pmatrix} \cos\theta & \sin\theta \\ -\sin\theta & \cos\theta \end{pmatrix} d\boldsymbol{W}(t) + \sin\theta \sum_{j=1}^\infty \mathrm{E}(u_0 u_j) \sin j\theta \right]}{\pi f(\theta) \int_0^1 \boldsymbol{W}'(t) \boldsymbol{W}(t) dt}$$

$$U_2 = \frac{-2 \int_0^1 \boldsymbol{W}'(t) d\boldsymbol{W}(t)}{\int_0^1 \boldsymbol{W}'(t) \boldsymbol{W}(t) dt}$$

である. U_1 は, $T(\tilde{\phi}_1 - \phi_1)$ の分布収束先であるが, その表現は, 純粋な AR(2) モデルの場合と比べて, はるかに複雑となっている. 他方, U_2 は, $T(\tilde{\phi}_2 - \phi_2)$ の分布収束先であり, その分布 (= 複素単位根分布) は, 純粋な AR(2) モデルの場合と同一である.

17. 特性関数の導出

推定量や検定統計量の分布収束を示すことと, 実際に分布を計算することは, 別

の問題である．シミュレーションなどによらずに，分布関数や密度関数を数値積分で計算する場合には，まず，統計量の特性関数を導出し，それを反転公式により積分計算する必要がある．本節では，特性関数の導出について述べ，次節では，反転公式による積分計算について述べる．扱う統計量は，Brown 運動あるいは O-U 過程の 2 次汎関数 (の比) で表されるものであり，以下では，3 つの導出方法について説明する．

17.1 固有値アプローチ

次の統計量を取り上げよう．

$$S_1 = \int_0^1 W^2(t)\,dt \tag{155}$$

ここで，$\{W(t)\}$ は標準 Brown 運動であり，次の表現が成り立つことが知られている．

$$W(t) \stackrel{\mathcal{D}}{=} \sum_{n=1}^{\infty} \frac{\sqrt{2}\sin(n-1/2)\pi t}{(n-1/2)\pi} Z_n \tag{156}$$

$\{Z_n\}$ は，NID$(0,1)$ の確率変数列である．この展開表現は，**Karhunen-Loève 展開**と呼ばれる．

一般に，L^2 に属する平均 0 の正規過程 $\{X(t)\}$ の Karhunen-Loève 展開は，

$$X(t) = \sum_{n=1}^{\infty} \frac{f_n(t)}{\sqrt{\lambda_n}} Z_n$$

で与えられる．ここで，λ_n は，積分方程式

$$f_n(t) = \lambda_n \int_0^1 K(s,t)\,f_n(s)\,ds, \qquad K(s,t) = \mathrm{Cov}(X(s), X(t))$$

の**固有値**であり，$f_n(t)$ は，λ_n に対応する**固有関数**である．関数 $K(s,t)$ は，**核関数**と呼ばれる．固有値 λ_n は，すべて正である．また，固有関数の全体 $\{f_n(t)\}$ は，正規直交系となるように選ぶことができる．なお，積分方程式に関しては，第 17.3 節で，さらに詳しく説明する．

式 (156) の展開表現では，$\lambda_n = (n-1/2)^2\pi^2$ が，$K(s,t) = \mathrm{Cov}(W(s), W(t)) = \min(s,t)$ を核関数とする積分方程式の固有値である．また，固有関数の全体 $\{\sqrt{2}\sin(n-1/2)\pi t\}$ は，区間 $[0,1]$ における正規直交系となっている．

式 (156) の関係を (155) に代入することにより，

$$S_1 = \int_0^1 W^2(t)\,dt \stackrel{\mathcal{D}}{=} \sum_{n=1}^{\infty} \frac{1}{(n-1/2)^2\pi^2} Z_n^2 \tag{157}$$

となる．したがって，S_1 の特性関数として，
$$\phi_1(\theta) = \mathrm{E}(e^{i\theta S_1}) = \prod_{n=1}^{\infty}\left(1 - \frac{2i\theta}{(n-1/2)^2\pi^2}\right)^{-1/2} = \left(\cos\sqrt{2i\theta}\right)^{-1/2} \quad (158)$$
を得る．最後の等号は，cos 関数の無限乗積展開による．

同様の考え方で，
$$S_2 = \int_0^1 \bar{W}^2(t)\,dt, \qquad \bar{W}(t) = W(t) - tW(1) \quad (159)$$
の特性関数を求めることができる．Brown 橋 $\{\bar{W}(t)\}$ の Karhunen-Loève 展開は，
$$\bar{W}(t) \overset{\mathcal{D}}{=} \sum_{n=1}^{\infty} \frac{\sqrt{2}\sin n\pi t}{n\pi} Z_n$$
となることが知られている．固有値は，$n^2\pi^2$ であり，固有関数の全体 $\{\sqrt{2}\sin n\pi t\}$ が，区間 $[0,1]$ において正規直交系になっている．このことから，式 (157) と同様の関係
$$S_2 = \int_0^1 \bar{W}^2(t)\,dt \overset{\mathcal{D}}{=} \sum_{n=1}^{\infty} \frac{1}{n^2\pi^2} Z_n^2 \quad (160)$$
を得る．そして，特性関数は，
$$\phi_2(\theta) = \mathrm{E}(e^{i\theta S_2}) = \prod_{n=1}^{\infty}\left(1 - \frac{2i\theta}{n^2\pi^2}\right)^{-1/2} = \left(\frac{\sin\sqrt{2i\theta}}{\sqrt{2i\theta}}\right)^{-1/2} \quad (161)$$
となる．最後の等号は，sin 関数の無限乗積展開による．

上記のように特性関数を求める方法は，積分方程式の固有値が明示的に得られる場合に適用可能であるので，**固有値アプローチ**と呼ぶことにする．しかし，固有値アプローチの適用は限定的である．例えば，O-U 過程や積分 Brown 運動については，Karhunen-Loève 展開を明示的に与えることが不可能なので，適用できない．

17.2 確率過程アプローチ

次の統計量 S_3 を考えよう．
$$S_3 = \int_0^1 Z^2(t)\,dt, \quad Z(t) = e^{-ct}\int_0^t e^{cs}\,dW(s) \quad (162)$$
ここで，$\{Z(t)\}$ は，原点から出発する O-U 過程である．S_3 の特性関数を求めるために，次の Girsanov の定理を使う (Liptser-Shiryayev 1977)．

定理 17.1 区間 $[0,1]$ 上で定義される 2 つの O-U 過程を

$$dX(t) = -\alpha X(t)\, dt + dW(t)$$
$$dY(t) = -\beta Y(t)\, dt + dW(t), \qquad X(0) = Y(0) = 0$$

とする．また，$X = \{X(t)\}$ と $Y = \{Y(t)\}$ に誘導される $(\mathcal{C}, \mathcal{B}(\mathcal{C}))$ 上の確率測度を，それぞれ μ_X, μ_Y とする．すなわち，

$$\mu_X(A) = P(X \in A), \qquad \mu_Y(A) = P(Y \in A), \qquad A \in \mathcal{B}(\mathcal{C})$$

このとき，μ_X と μ_Y は同値であり，Radon-Nikodým の導関数は，

$$\frac{d\mu_X}{d\mu_Y}(z) = \exp\left[(\beta - \alpha)\int_0^1 z(t)\, dz(t) + \frac{\beta^2 - \alpha^2}{2}\int_0^1 z^2(t)\, dt\right]$$

で与えられる．ここで，$z \in \mathcal{C}(z(0) = 0)$ である．

Girsanov の定理は，測度変換の公式を与えるものであり，この定理を使うことにより，X の汎関数 $g(X)$ の期待値は，

$$\mathrm{E}(g(X)) = \mathrm{E}\left[g(Y)\frac{d\mu_X}{d\mu_Y}(Y)\right]$$

により計算することが可能になる．ただし，左辺の期待値は μ_X，右辺の期待値は μ_Y に関するものである．式(162)の S_3 については，その積率母関数 $m_3(\theta)$ を考えると，O-U 過程 $Z = \{Z(t)\}$ の汎関数の期待値となる．したがって，$m_3(\theta) = \mathrm{E}(h(Z))$ とおき，上の定理の中で定義した O-U 過程 $\{Y(t)\}$ への変換を考えると，

$$\begin{aligned}m_3(\theta) &= \mathrm{E}\left[\exp\left\{\theta\int_0^1 Z^2(t)\, dt\right\}\right] = \mathrm{E}(h(Z)) = \mathrm{E}\left[h(Y)\frac{d\mu_Z}{d\mu_Y}(Y)\right]\\&= \mathrm{E}\left[\exp\left\{\left(\theta + \frac{\beta^2 - c^2}{2}\right)\int_0^1 Y^2(t)\, dt + (\beta - c)\int_0^1 Y(t)\, dY(t)\right\}\right]\end{aligned}$$
(163)

を得る．

式(163)の最右辺において，パラメータ β は，恣意的に定義した O-U 過程 $\{Y(t)\}$ の係数パラメータであるから，その値を自由に設定することができる．ここでは，$\theta + (\beta^2 - c^2)/2 = 0$，すなわち，$\beta = \sqrt{c^2 - 2\theta}$ となるように選べば，次の結果を得る．

$$m_3(\theta) = \mathrm{E}\left[\exp\left\{(\beta - c)\int_0^1 Y(t)\, dY(t)\right\}\right] = \mathrm{E}\left[\exp\left\{\frac{\beta - c}{2}(Y^2(1) - 1)\right\}\right]$$

最後の等号は，第8節で述べた伊藤解析の結果(式(58))による．$Y(1)$ の分布は，

$$Y(1) = e^{-\beta} \int_0^1 e^{\beta s}\, dW(s) \quad \sim \quad \mathrm{N}\left(0, \frac{1-e^{-2\beta}}{2\beta}\right)$$

であるから，

$$m_3(\theta) = \exp\left(\frac{c-\beta}{2}\right)\left[1 - \frac{(\beta-c)(1-e^{-2\beta})}{2\beta}\right]^{-1/2}$$
$$= e^{c/2}\left[\cosh\beta + c\frac{\sinh\beta}{\beta}\right]^{-1/2}, \qquad \beta = \sqrt{c^2 - 2\theta}$$

を得る．以上から，S_3 の特性関数は，

$$\phi_3(\theta) = \mathrm{E}\left[\exp\left\{i\theta \int_0^1 Z^2(t)\, dt\right\}\right] = m_3(i\theta)$$
$$= e^{c/2}\left[\cos\nu + c\frac{\sin\nu}{\nu}\right]^{-1/2}, \qquad \nu = \sqrt{2i\theta - c^2} \quad (164)$$

となる．

　特性関数を上記のように計算するためには，確率過程の測度変換に関する Girsanov の定理が必要であり，この方法を**確率過程アプローチ**と呼ぶことにする．なお，式(162)の S_3 は，$c=0$ ならば，式(155)の S_1 となる．その場合の特性関数は，式(164)において $c=0$ としたものであり，固有値アプローチで得られた結果(158)と一致する．

　同様にして，

$$S_4 = \int_0^1 \left(Z(t) - \int_0^1 Z(s)\, ds\right)^2 dt = \int_0^1 Z^2(t)\, dt - \left(\int_0^1 Z(s)\, ds\right)^2 \quad (165)$$

の積率母関数 $m_4(\theta)$ を計算しよう．まず，

$$m_4(\theta) = \mathrm{E}\left[\exp\left\{\frac{\beta-c}{2}(Y^2(1)-1) - \theta\left(\int_0^1 Y(t)\, dt\right)^2\right\}\right]$$

が得られる．ここで，$\beta = \sqrt{c^2 - 2\theta}$ である．また，

$$X = Y(1) = e^{-\beta} \int_0^1 e^{\beta u}\, dW(u)$$
$$Y = \int_0^1 Y(t)\, dt = \int_0^1 \frac{1-e^{-\beta(1-u)}}{\beta}\, dW(u)$$

であることから，$(X,Y)' \sim \mathrm{N}(\mathbf{0}, \Sigma)$ となる．ただし，

$$\Sigma = \begin{pmatrix} (1-e^{-2\beta})/(2\beta) & (1-2e^{-\beta}+e^{-2\beta})/(2\beta^2) \\ (1-2e^{-\beta}+e^{-2\beta})/(2\beta^2) & (2\beta - 3 + 4e^{-\beta} - e^{-2\beta})/(2\beta^3) \end{pmatrix}$$

である．このことから，$\Lambda = \mathrm{diag}((\beta-c)/2, -\theta)$ とすれば，

$$m_4(\theta) = \mathrm{E}\left[\exp\left\{\frac{\beta-c}{2}(X^2-1)-\theta Y^2\right\}\right] = \exp\left\{\frac{c-\beta}{2}\right\}|I_2 - 2\Sigma\Lambda|^{-1/2}$$
$$= e^{c/2}\left[\frac{c^3-2\theta}{\beta^2}\frac{\sinh\beta}{\beta} + \left(\frac{c^2}{\beta^2}-\frac{4c\theta}{\beta^4}\right)\cosh\beta + \frac{4c\theta}{\beta^4}\right]^{-1/2} \quad (166)$$

を得る.

特に, $c=0$ とすれば, 上の結果は,
$$\mathrm{E}\left[\exp\left\{i\theta\int_0^1\left(W(t)-\int_0^1 W(s)\,ds\right)^2 dt\right\}\right] = \left(\frac{\sin\sqrt{2i\theta}}{\sqrt{2i\theta}}\right)^{-1/2}$$
となる. この特性関数は, 式(161)で得られた Brown 橋の場合のものと一致することから, 次のことが成り立つ.
$$\int_0^1 (W(t)-tW(1))^2\, dt \stackrel{\mathcal{D}}{=} \int_0^1 \left(W(t)-\int_0^1 W(s)\,ds\right)^2 dt$$

今までの議論は, ベクトル値確率過程を含む統計量の特性関数を求める場合に拡張することができる. 例えば,
$$S_5 = \int_0^1 \boldsymbol{W}'(t)\, H\, \boldsymbol{W}(t)\, dt \quad (167)$$
を考えよう. ここで, $\{\boldsymbol{W}(t)\}$ は, q 次元標準 Brown 運動である. また, H は, q 次の対称行列である. このとき, 直交行列 P が存在して, $PHP' = \Lambda$(対角)とすることができる. Λ の対角要素 $\lambda_1,\cdots,\lambda_q$ は, H の固有値である. また, $\{P\boldsymbol{W}(t)\}$ も, q 次元標準 Brown 運動となる. したがって,
$$S_5 = \int_0^1 (P\boldsymbol{W}(t))'\, PHP'\, (P\boldsymbol{W}(t))\, dt \stackrel{\mathcal{D}}{=} \int_0^1 \boldsymbol{W}'(t)\Lambda\boldsymbol{W}(t)\, dt$$
$$= \sum_{j=1}^q \lambda_j \int_0^1 W_j^2(t)\, dt$$
と表すことができる. このことから,
$$\mathrm{E}\left[\exp\left\{i\theta\int_0^1 \boldsymbol{W}'(t)\, H\, \boldsymbol{W}(t)\, dt\right\}\right] = \prod_{j=1}^q \mathrm{E}\left[\exp\left\{i\lambda_j\theta\int_0^1 W_j^2(t)\, dt\right\}\right]$$
$$= \prod_{j=1}^q \left(\cos\sqrt{2i\lambda_j\theta}\right)^{-1/2} \quad (168)$$
を得る.

ベクトル確率過程が伊藤積分を含む場合については, まず, H を q 次の対称行列として,

$$S_6 = \int_0^1 \boldsymbol{W}'(t)\, H\, d\boldsymbol{W}(t) = \int_0^1 (P\boldsymbol{W}(t))'\, PHP'\, d(P\boldsymbol{W}(t))$$
$$\stackrel{\mathcal{D}}{=} \sum_{j=1}^q \lambda_j \int_0^1 W_j(t)\, dW_j(t) = \sum_{j=1}^q \frac{\lambda_j}{2}(W_j^2(1) - 1) \qquad (169)$$

を考えよう．このとき，次のことが成り立つ．

$$\mathrm{E}\left[\exp\left\{i\theta \int_0^1 \boldsymbol{W}'(t)\, H\, d\boldsymbol{W}(t)\right\}\right] = \exp\left\{-\frac{i\theta}{2}\mathrm{tr}(H)\right\} \prod_{j=1}^q (1 - i\lambda_j\theta)^{-1/2}$$

他方，H が対称でない場合の簡単な例を 2 つ考えよう．まず，

$$S_7 = \int_0^1 W_1(t)\, dW_2(t) = \int_0^1 \boldsymbol{W}'(t) \begin{pmatrix} 0 & 1 \\ 0 & 0 \end{pmatrix} d\boldsymbol{W}(t) \qquad (170)$$

を取り上げる．このとき，$\{W_1(t)\}$ を与えたときの S_7 の条件付き分布は，

$$S_7 | \{W_1(t)\} \sim \mathrm{N}\left(0, \int_0^1 W_1^2(t)\, dt\right)$$

となる．期待値の繰り返しの公式から，

$$\mathrm{E}(e^{i\theta S_7}) = \mathrm{E}\left[\mathrm{E}\left[\exp\left\{i\theta \int_0^1 W_1(t)\, dW_2(t)\right\} \bigg| \{W_1(t)\}\right]\right]$$
$$= \mathrm{E}\left[\exp\left\{-\frac{\theta^2}{2} \int_0^1 W_1^2(t)\, dt\right\}\right]$$

となるから，結局，

$$\mathrm{E}(e^{i\theta S_7}) = \left(\cos\sqrt{-\theta^2}\right)^{-1/2} = (\cosh\theta)^{-1/2}$$

を得る．

もう 1 つの例は，**Lévy の確率面積**と呼ばれるもので，

$$S_8 = \frac{1}{2} \int_0^1 [W_1(t)\, dW_2(t) - W_2(t)\, dW_1(t)]$$
$$= \int_0^1 \boldsymbol{W}'(t) \begin{pmatrix} 0 & 1/2 \\ -1/2 & 0 \end{pmatrix} d\boldsymbol{W}(t) \qquad (171)$$

で定義される．$\{W_1(t)\}$ を与えたときの S_8 の条件付き分布は，平均 0，分散

$$\mathrm{E}\left[S_8^2 | \{W_1(t)\}\right] = \int_0^1 \left(W_1(t) - \frac{1}{2}W_1(1)\right)^2 dt$$

の正規分布である．このことから，

$$\mathrm{E}(e^{i\theta S_8}) = \mathrm{E}\left[\exp\left\{-\frac{\theta^2}{2} \int_0^1 \left(W_1(t) - \frac{1}{2}W_1(1)\right)^2 dt\right\}\right] = \left(\cosh\frac{\theta}{2}\right)^{-1}$$

を得る (詳細は，Tanaka 1996 を参照)．

確率過程アプローチは，比の形の統計量も扱うことができる．例えば，統計量

$$R = \frac{\int_0^1 Z(t)\,dZ(t)}{\int_0^1 Z^2(t)\,dt} = \frac{U}{V} \tag{172}$$

を考えよう．R は，第 10 節で議論したランダム・ウォーク近接モデルにおける係数推定量の極限分布に関連した確率変数であり，その分布は，

$$F(x) = P(R \leq x) = P(xV - U \geq 0) = \frac{1}{2} + \frac{1}{\pi}\int_0^1 \frac{1}{\theta}\mathrm{Im}\,[\phi(\theta;x)]\,d\theta$$

により計算できる．$\phi(\theta;x)$ は $xV - U$ の特性関数であり，

$$\begin{aligned}
\phi(-i\theta;x) &= \mathrm{E}\left[\exp\{\theta(xV - U)\}\right] \\
&= \mathrm{E}\left[\exp\left\{\theta\left(x\int_0^1 Z^2(t)\,dt - \int_0^1 Z(t)\,dZ(t)\right)\right\}\right] \\
&= \mathrm{E}\left[\exp\left\{\left(\theta x + \frac{\beta^2 - c^2}{2}\right)\int_0^1 Y^2(t)\,dt + (\beta - c - \theta)\int_0^1 Y(t)\,dY(t)\right\}\right] \\
&= \exp\left(\frac{c + \theta - \beta}{2}\right)\mathrm{E}\left[\exp\left\{\frac{\beta - c - \theta}{2}Y^2(1)\right\}\right] \\
&= \exp\left(\frac{c + \theta}{2}\right)\left[\cosh\beta + (c+\theta)\frac{\sinh\beta}{\beta}\right]^{-1/2}
\end{aligned}$$

となる．ただし，$\beta = \sqrt{c^2 - 2\theta x}$ である．したがって，

$$\phi(\theta;x) = \exp\left(\frac{c + i\theta}{2}\right)\left[\cos\nu + (c+i\theta)\frac{\sin\nu}{\nu}\right]^{-1/2},\quad \nu = \sqrt{2i\theta x - c^2} \tag{173}$$

を得る．

17.3 Fredholm アプローチ

特性関数を求める第 3 の方法は，Fredholm 型積分方程式の理論を使うので，Fredholm アプローチと呼ぶことにする．第 17.1 節と同様に，次の積分方程式を考えよう．

$$f(t) = \lambda\int_0^1 K(s,t)f(s)\,ds \tag{174}$$

ここで，核関数 $K(s,t)$ は，$[0,1] \times [0,1]$ 上で，対称，連続であると仮定する．この積分方程式が，自明でない連続解 $f(t)$ をもつような $\lambda\;(\neq 0)$ が K の固有値であり，対応する $f(t)$ が固有関数となる．なお，固有値 λ に対応する 1 次独立な固

有関数の最大個数は λ の**重複度**と呼ばれる (詳しくは, Courant-Hilbert 1953 を参照).

核関数 $K(s,t)$ が対称ならば, 固有値はすべて実数である. 固有値の数が有限個のとき, K は**退化核**であるといい, 無限にあるとき, K は**非退化核**であるという. 固有値がすべて正ならば, K は**正値定符号**であるといい, すべて負ならば, **負値定符号**であるという. また, 有限個を除いて同符号ならば, K は, **ほぼ定符号**であるという. 退化核は, 常に, ほぼ定符号である. 対称, 連続, ほぼ定符号の核関数に対しては, 次のような固有値展開が可能である.

定理 17.2 $[0,1] \times [0,1]$ 上で定義された対称, 連続, ほぼ定符号の関数 $K(s,t)$ は, 次のように展開される.

$$K(s,t) = \sum_{n=1}^{\infty} \frac{1}{\lambda_n} f_n(s) f_n(t) \tag{175}$$

ここで, λ_n は式 (174) の積分方程式の固有値, $f_n(t)$ は λ_n に対応する正規直交固有関数であり, 固有値の重複度が考慮されている. 和は, s, t に関して, 一様に絶対収束する. また, 次の展開

$$K_{(2)}(s,t) = \int_0^1 K(s,u) K(u,t) \, du = \sum_{n=1}^{\infty} \frac{1}{\lambda_n^2} f_n(s) f_n(t) \tag{176}$$

も成り立ち, この和も一様に絶対収束する.

この定理は **Mercer の定理**と呼ばれ, 以下で扱う統計量の分布を考える上で, 重要な役割を果たす. さて, 核関数 K を, 対称, 連続, ほぼ定符号であるとして, 次の統計量を考えよう.

$$\begin{aligned} Q &= \int_0^1 \int_0^1 K(s,t) \, dW(s) \, dW(t) \\ &= \int_0^1 \int_0^1 \left(\sum_{n=1}^{\infty} \frac{1}{\lambda_n} f_n(s) f_n(t) \right) dW(s) \, dW(t) \\ &= \sum_{n=1}^{\infty} \frac{1}{\lambda_n} \left(\int_0^1 f_n(t) \, dW(t) \right)^2 = \sum_{n=1}^{\infty} \frac{1}{\lambda_n} Z_n^2 \end{aligned} \tag{177}$$

ここで, $\{W(t)\}$ は, 標準 Brown 運動である. また,

$$\{Z_n\} = \left\{ \int_0^1 f_n(t) \, dW(t) \right\} \sim \text{NID}(0,1)$$

である. 上の定義において, 2 番目以降の関係は, Mercer の定理から得られるものである. この統計量の定義は, 最初の等号で与えられるもので, それは, 通常の

2次形式統計量の極限として自然に現れる．実際，次のことが成り立つ(Nabeya-Tanaka 1988)．

定理 17.3 次の2次形式を考える．

$$Q_T = \frac{1}{T} \boldsymbol{z}' B_T \boldsymbol{z} = \frac{1}{T} \sum_{j=1}^{T} \sum_{k=1}^{T} B_T(j,k)\, z_j\, z_k, \quad \{z_j\} \sim \text{i.i.d.}(0,1) \quad (178)$$

ここで，$B_T = ((B_T(j,k)))$ は対称行列であり，次の意味で一様極限をもつ．

$$\lim_{T \to \infty} \max_{1 \leq j,k \leq T} \left| B_T(j,k) - K\left(\frac{j}{T}, \frac{k}{T}\right) \right| = 0 \quad (179)$$

極限関数 $K(s,t)$ は，$[0,1] \times [0,1]$ 上で定義された対称，連続，ほぼ定符号となる関数である．このとき，次の分布収束が成り立つ．

$$Q_T \;\Rightarrow\; Q = \int_0^1 \int_0^1 K(s,t)\, dW(s)\, dW(t)$$

例えば，$\{y_j\}$ がランダム・ウォーク

$$y_j = y_{j-1} + \varepsilon_j, \quad y_0 = 0, \quad \{\varepsilon_j\} \sim \text{i.i.d.}(0, \sigma^2)$$

に従うとき，$Q_{1T} = \sum_{j=1}^{T} y_j^2 / T^2$ の分布収束を考えよう．第9節で議論した FCLT と CMT により，明らかに，

$$Q_{1T} \;\Rightarrow\; \sigma^2 \int_0^1 W^2(t)\, dt \quad (180)$$

が成り立つが，ここでは別表現を求めよう．そのために，

$$\begin{aligned}
Q_{1T} &= \frac{1}{T^2} \boldsymbol{y}' \boldsymbol{y} = \frac{1}{T^2} \boldsymbol{\varepsilon}' C' C \boldsymbol{\varepsilon} = \frac{1}{T^2} \sum_{j=1}^{T} \sum_{k=1}^{T} (T+1-\max(j,k))\, \varepsilon_j\, \varepsilon_k \\
&= \frac{\sigma^2}{T} \sum_{j=1}^{T} \sum_{k=1}^{T} \left(1 + \frac{1}{T} - \max\left(\frac{j}{T}, \frac{k}{T}\right) \right) z_j\, z_k \\
&= \frac{\sigma^2}{T} \sum_{j=1}^{T} \sum_{k=1}^{T} B_{1T}(j,k)\, z_j\, z_k
\end{aligned}$$

と変形する．ここで，C は $T \times T$ の行列で，その (j,k) 要素 $C(j,k)$ は，$j \geq k$ のとき 1，$j < k$ のとき 0 となる下三角行列である．また，$\{z_j\} = \{\varepsilon_j/\sigma\} \sim$ i.i.d.$(0,1)$，$B_{1T}(j,k) = 1 + 1/T - \max(j/T, k/T)$ である．このとき，B_{1T} の一様極限として，関数 $K_1(s,t) = 1 - \max(s,t)$ が存在して，式(179)と同様の関係が，B_{1T} と K_1 の間に成り立つ．そして，行列 $C'C$ が正値定符号であることか

ら，K_1 も定符号となる．このことから，

$$Q_{1T} = \frac{1}{T^2} \sum_{j=1}^{T} y_j^2 \Rightarrow \sigma^2 \int_0^1 \int_0^1 (1 - \max(s,t)) \, dW(s) \, dW(t) \quad (181)$$

を得る．式(180)と(181)から，

$$\int_0^1 W^2(t) \, dt \stackrel{\mathcal{D}}{=} \int_0^1 \int_0^1 (1 - \max(s,t)) \, dW(s) \, dW(t)$$

が成り立つ．この関係については，すでに第6節でも述べたが，そこでは平均2乗の意味での等号成立を示してある．

式(177)の統計量 Q に戻って，その特性関数について議論しよう．そのために，次の定理は基本的なものである(Anderson-Darling 1952)．

定理17.4 式(177)の統計量 Q において，核関数 K は，対称，連続，ほぼ定符号とする．このとき，Q の特性関数は，

$$\phi(\theta) = \mathrm{E}(e^{i\theta Q}) = \mathrm{E}\left[\exp\left\{i\theta \int_0^1 \int_0^1 K(s,t) \, dW(s) \, dW(t)\right\}\right] = (D(2i\theta))^{-1/2} \quad (182)$$

で与えられる．ここで，D は，K の **Fredholm 行列式**である．

Fredholm 行列式について説明するために，積分方程式(174)の離散近似

$$\boldsymbol{f}_T = (f(1/T), f(2/T), \cdots, f(T/T))' = \frac{\lambda}{T} K_T \boldsymbol{f}_T$$

を考えよう．ここで，K_T は，(j,k) 要素が $K(j/T, k/T)$ であるような $T \times T$ の行列である．これは，行列における固有値と固有ベクトルを与える式である．ただし，この場合の固有値は，通常の場合の逆数で定義されている．このとき，

$$D(\lambda) = \lim_{T \to \infty} D_T(\lambda), \qquad D_T(\lambda) = \left| I_T - \frac{\lambda}{T} K_T \right|$$

が成り立つ(Hochstadt 1973)．$D_T(\lambda) = 0$ の解は，行列 K_T/T の固有値(の逆数)を与えるから，$D(\lambda) = 0$ の解は，積分方程式における固有値を与えることが予想される．実際，Fredholm 行列式は，次のような性質をもっている．

● **Fredholm 行列式の性質**

(a) $D(0) = 1$ である整関数であり，級数展開

$$D(\lambda) = \sum_{n=0}^{\infty} \frac{(-1)^n \lambda^n}{n!} \int_0^1 \cdots \int_0^1 K \begin{pmatrix} t_1 & \cdot & \cdot & \cdot & t_n \\ t_1 & \cdot & \cdot & \cdot & t_n \end{pmatrix} dt_1 \cdots dt_n$$

は，すべての λ に対して収束する．ここで，

$$K\begin{pmatrix} t_1 & \cdots & t_n \\ t_1 & \cdots & t_n \end{pmatrix} = \begin{vmatrix} K(t_1,t_1) & \cdots & K(t_1,t_n) \\ \vdots & & \vdots \\ K(t_n,t_1) & \cdots & K(t_n,t_n) \end{vmatrix}$$

(b) $D(\lambda) = 0$ の根は，K の固有値である．逆に，K の固有値は，すべて，$D(\lambda) = 0$ の根である．なお，$D(0) = 1 \neq 0$ であるから，$\lambda = 0$ は固有値とはならない．

(c) $D(\lambda)$ が，対称，連続，ほぼ定符号の関数 $K(s,t)$ の Fredholm 行列式ならば，次のような無限乗積展開が可能である．

$$D(\lambda) = \prod_{n=1}^{\infty} \left(1 - \frac{\lambda}{\lambda_n}\right)^{l_n}$$

ここで，λ_n は固有値，l_n は重複度である．

しかし，上の定義に基づいて Fredholm 行列式を求めることは，一般に困難である．実行可能な1つの方法は，$D(\lambda)$ の候補となるものを見つけ，それが $D(\lambda)$ となる十分条件をみたすことを確かめることである．そのためには，次の定理がある (Nabeya-Tanaka 1988, 1990a)．

定理 17.5 $[0,1] \times [0,1]$ で定義された関数 $K(s,t)$ が，対称，連続，ほぼ定符号とする．また，関数 $\tilde{D}(\lambda)$ は，$\tilde{D}(0) = 1$ であるような整関数とする．このとき，次の条件をみたすならば，$\tilde{D}(\lambda)$ は，K の Fredholm 行列式となる．

ⅰ) $\tilde{D}(\lambda) = 0$ の根は，すべて K の固有値である．逆に，K の固有値は，すべて $\tilde{D}(\lambda) = 0$ の根である．

ⅱ) $\tilde{D}(\lambda)$ は，次のように無限乗積展開可能である．

$$\tilde{D}(\lambda) = \prod_{n=1}^{\infty} \left(1 - \frac{\lambda}{\lambda_n}\right)^{l_n} \tag{183}$$

ここで，λ_n は K の固有値，l_n は重複度である．

Fredholm 行列式の候補を見つけるためには，積分方程式を微分方程式に変換して考えるのが便利である．例として，$K(s,t) = 1 - \max(s,t)$ の場合を考えよう．積分方程式は，

$$\begin{aligned} f(t) &= \lambda \int_0^1 [1 - \max(s,t)] \, f(s) \, ds \\ &= \lambda \left[\int_0^1 f(s) \, ds - t \int_0^t f(s) \, ds - \int_t^1 s f(s) \, ds \right] \end{aligned} \tag{184}$$

となる．最左辺と最右辺を t で微分して，

$$f'(t) = -\lambda \int_0^t f(s)\,ds, \quad f''(t) = -\lambda f(t)$$

を得る．このとき，積分方程式(184)と，次の2つの境界条件をもつ微分方程式は同値である．

$$f''(t) + \lambda f(t) = 0, \qquad f(1) = f'(0) = 0 \qquad (185)$$

実際，式(185)から，$f(t) = -f''(t)/\lambda$ であり，これを(184)の最右辺に代入して，境界条件を使えば，(184)の最左辺になることが示される．

さて，(185)の微分方程式の一般解は，

$$f(t) = c_1 \cos\sqrt{\lambda}\,t + c_2 \sin\sqrt{\lambda}\,t \qquad (186)$$

で与えられる．ここで，c_1, c_2 は，任意の定数である．このとき，境界条件 $f(1) = f'(0) = 0$ は，

$$\begin{pmatrix} \cos\sqrt{\lambda} & \sin\sqrt{\lambda} \\ 0 & \sqrt{\lambda} \end{pmatrix} \begin{pmatrix} c_1 \\ c_2 \end{pmatrix} = \begin{pmatrix} 0 \\ 0 \end{pmatrix} \quad \Leftrightarrow \quad M(\lambda)\boldsymbol{c} = \boldsymbol{0}$$

と表現することができる．

式(186)の $f(t)$ は，(184)の積分方程式の固有関数であり，自明でない解となるためには，$\boldsymbol{c} \neq \boldsymbol{0}$ でなければならない．そのための条件は，$|M(\lambda)| = \sqrt{\lambda}\cos\sqrt{\lambda}$ が0となることである．したがって，$\lambda(\neq 0)$ が固有値となるための必要十分条件は，$\cos\sqrt{\lambda} = 0$ となることである．このことから，固有値は $\lambda_n = (n-1/2)^2\pi^2$ となり，Fredholm 行列式の候補として，$\tilde{D}(0) = 1$ となる $\tilde{D}(\lambda) = \cos\sqrt{\lambda}$ が得られる．これで，定理17.5の i) が検証された．

次に，すべての自然数 n に対して，$\mathrm{rank}(M(\lambda_n)) = 1$ となることから，$M(\lambda_n)\boldsymbol{c} = \boldsymbol{0}$ における解空間の次元が1となり，すべての固有値の重複度が1となることがわかる．他方，$\cos\sqrt{\lambda}$ は，無限乗積展開

$$\cos\sqrt{\lambda} = \prod_{n=1}^{\infty} \left(1 - \frac{\lambda}{(n-1/2)^2\pi^2}\right)$$

をもつことが知られている．したがって，定理17.5の ii) は，$l_n = 1$ でみたされる．

以上から，$\tilde{D}(\lambda) = \cos\sqrt{\lambda}$ は，$K(s,t) = 1 - \max(s,t)$ の Fredholm 行列式であることがわかる．このことから，定理17.4を使って，

$$\mathrm{E}\left[\exp\left\{i\theta \int_0^1 \int_0^1 (1-\max(s,t))\,dW(s)\,dW(t)\right\}\right] = \left(\cos\sqrt{2i\theta}\right)^{-1/2}$$

を得る.

同様にして,$K(s,t) = \min(s,t)-st$ の場合の Fredholm 行列式は,$\left(\sin\sqrt{\lambda}\right)/\sqrt{\lambda}$ であることが示される.したがって,定理 17.4 を使って,

$$\mathrm{E}\left[\exp\left\{i\theta \int_0^1 \int_0^1 (\min(s,t)-st)\,dW(s)\,dW(t)\right\}\right] = \left(\frac{\sin\sqrt{2i\theta}}{\sqrt{2i\theta}}\right)^{-1/2}$$

を得る.

今までは,固有値の重複度が 1 の場合だけを扱ってきたが,重複度が 2 となる場合として,式 (171) で定義した Lévy の確率面積 S_8 を考えよう.そこでの議論から,問題は,

$$\mathrm{E}(e^{i\theta S_8}) = \mathrm{E}\left[\exp\left\{-\frac{\theta^2}{2}\int_0^1 \left(W_1(t)-\frac{1}{2}W_1(1)\right)^2 dt\right\}\right]$$
$$= \mathrm{E}\left[\exp\left\{-\frac{\theta^2}{2}\int_0^1 \int_0^1 K(s,t)\,dW_1(s)\,dW_1(t)\right\}\right]$$

を計算することである.ここで,

$$K(s,t) = \frac{1}{4}(1-2|s-t|)$$

である.まず,K の Fredholm 行列式を求めるためには,次の微分方程式と 2 つの境界条件を考えればよいことがわかる.

$$f''(t) + \lambda f(t) = 0, \qquad f(0)+f(1) = 0, \qquad f'(0)+f'(1) = 0$$

微分方程式の一般解は,$f(t) = c_1 \cos\sqrt{\lambda}\,t + c_2 \sin\sqrt{\lambda}\,t$ であり,境界条件から,$M(\lambda)\boldsymbol{c} = \boldsymbol{0}$ を得る.ただし,

$$|M(\lambda)| = \begin{vmatrix} 1+\cos\sqrt{\lambda} & \sin\sqrt{\lambda} \\ -\sqrt{\lambda}\sin\sqrt{\lambda} & \sqrt{\lambda}(1+\cos\sqrt{\lambda}) \end{vmatrix} = 4\sqrt{\lambda}\left(\cos\frac{\sqrt{\lambda}}{2}\right)^2$$

$\lambda\,(\neq 0)$ が固有値となるための必要十分条件は,$|M(\lambda)| = 0$ であり,Fredholm 行列式の候補として,$\tilde{D}(\lambda) = (\cos(\sqrt{\lambda}/2))^2$ を得る.固有値は,$\lambda_n = ((2n-1)\pi)^2\,(n=1,2,\cdots)$ であるから,$\mathrm{rank}(M(\lambda_n)) = 0$ となる.したがって,$M(\lambda_n)\boldsymbol{c} = \boldsymbol{0}$ における解空間の次元は 2 となるから,すべての固有値の重複度は 2 となる.また,無限乗積展開

$$\left(\cos\frac{\sqrt{\lambda}}{2}\right)^2 = \prod_{n=1}^{\infty}\left(1-\frac{\lambda}{(2n-1)^2\pi^2}\right)^2$$

が成り立つことから，$\tilde{D}(\lambda) = (\cos(\sqrt{\lambda}/2))^2$ が Fredholm 行列式となる．以上のことから，

$$\begin{aligned}
\mathrm{E}(e^{i\theta S_s}) &= \mathrm{E}\left[\exp\left\{\frac{i\theta}{2}\int_0^1 [W_1(t)\,dW_2(t) - W_2(t)\,dW_1(t)]\right\}\right] \\
&= \mathrm{E}\left[\exp\left\{-\frac{\theta^2}{2}\int_0^1\int_0^1 \frac{1}{4}(1-2|s-t|)\,dW_1(s)\,dW_1(t)\right\}\right] \\
&= \left(\tilde{D}(-\theta^2)\right)^{-1/2} = \left(\cosh\frac{\theta}{2}\right)^{-1}
\end{aligned}$$

を得る．

固有値の重複度が 2 となる他の例としては，

$$K(s,t) = \min(s,t) - \frac{1}{2}(s+t) + \frac{1}{2}(s-t)^2 + \frac{1}{12} \tag{187}$$

があり，Fredholm 行列式は次のようになる (Tanaka 1996)．

$$D(\lambda) = \left(\sin\frac{\sqrt{\lambda}}{2} \bigg/ \frac{\sqrt{\lambda}}{2}\right)^2 \tag{188}$$

別の例として，次の形の統計量

$$S = \int_0^1\int_0^1 \left[K(s,t) + c^2 K_{(2)}(s,t)\right] dW(s)\,dW(t) \tag{189}$$

を考えよう．ここで，$K(s,t)$ は正値定符号の核関数，c は定数である．また，

$$K_{(2)}(s,t) = \int_0^1 K(s,u)\,K(u,t)\,du$$

である．統計量 S は，検定統計量を局所対立仮説のもとで評価した際に現れる (第 9 章 2 節を参照)．

Mercer の定理 (定理 17.2) により，核 $K(s,t) + c^2 K_{(2)}(s,t)$ は正値定符号であることがわかる．また，S は，

$$S = \int_0^1\int_0^1 \sum_{n=1}^\infty \left[\frac{1}{\lambda_n} + \frac{c^2}{\lambda_n^2}\right] f_n(s) f_n(t)\,dW(s)\,dW(t) \stackrel{\mathcal{D}}{=} \sum_{n=1}^\infty \left[\frac{1}{\lambda_n} + \frac{c^2}{\lambda_n^2}\right] Z_n^2$$

と書き換えることができる．ただし，$\{Z_n\} \sim \mathrm{NID}(0,1)$ である．したがって，この最後の表現から，S の特性関数を次のように求めることができる．

定理 17.6 式 (189) で定義される統計量 S において，K は正値定符号，c は定数とする．このとき，S の特性関数は，次のようになる．

$$\phi(\theta) = \mathrm{E}\left[\exp\left\{i\theta \sum_{n=1}^{\infty}\left[\frac{1}{\lambda_n} + \frac{c^2}{\lambda_n^2}\right] Z_n^2\right\}\right] = \prod_{n=1}^{\infty}\left[1 - 2i\theta\left(\frac{1}{\lambda_n} + \frac{c^2}{\lambda_n^2}\right)\right]^{-1/2}$$

$$= \prod_{n=1}^{\infty}\left[1 - \frac{1}{\lambda_n}\left(i\theta + \sqrt{-\theta^2 + 2ic^2\theta}\right)\right]^{-1/2}$$

$$\times \left[1 - \frac{1}{\lambda_n}\left(i\theta - \sqrt{-\theta^2 + 2ic^2\theta}\right)\right]^{-1/2}$$

$$= \left[D\left(i\theta + \sqrt{-\theta^2 + 2ic^2\theta}\right)\right]^{-1/2}\left[D\left(i\theta - \sqrt{-\theta^2 + 2ic^2\theta}\right)\right]^{-1/2}$$

ここで, $D(\lambda)$ は, K の Fredholm 行列式である.

さらに, 別の例として, 積分 Brown 運動を含む統計量

$$Q_g = \int_0^1 \{W^{(g)}(t)\}^2 \, dt = \int_0^1 \int_0^1 K_g(s,t) \, dW(s) \, dW(t) \tag{190}$$

を考えよう. ここで, $\{W^{(g)}\}(t)$ は, 第 11 節で述べた g 重積分 Brown 運動であり,

$$W^{(g)}(t) = \int_0^t W^{(g-1)}(s) \, ds = \frac{1}{g!}\int_0^1 (t-s)^g \, dW(s)$$

により定義される. このことから, 核関数 K_g は,

$$K_g(s,t) = \frac{1}{(g!)^2}\int_{\max(s,t)}^1 ((u-s)(u-t))^g \, du$$

$$= \frac{1}{(g!)^2}\sum_{j=0}^{g}\sum_{k=0}^{g}\binom{g}{j}\binom{g}{k}\frac{(-1)^{j+k}}{j+k+1}\left[1 - (\max(s,t))^{j+k+1}\right] s^{g-j}t^{g-k}$$

で与えられる. $K_g(s,t)$ は, t の関数として, 次数 $2g+1$ の多項式である.

積分方程式

$$f(t) = \lambda \int_0^1 K_g(s,t) f(s) \, ds$$

から, 次の微分方程式と $2g+2$ 個の境界条件が導かれる.

$$f^{(2g+2)}(t) + (-1)^g \lambda f(t) = 0 \tag{191}$$

$$f(1) = f^{(1)}(1) = \cdots = f^{(g)}(1) = f^{(g+1)}(0) = \cdots = f^{(2g+1)}(0) = 0 \tag{192}$$

例えば, $g = 1$ の場合, 核関数は,

$$K_1(s,t) = \begin{cases} \dfrac{1}{6}(1-t)^2(t+2-3s) & (s \le t) \\ \dfrac{1}{6}(1-s)^2(s+2-3t) & (s > t) \end{cases}$$

となり，(191) の微分方程式の一般解は，

$$f(t) = c_1 e^{At} + c_2 e^{-At} + c_3 e^{iAt} + c_4 e^{-iAt}, \qquad A = \lambda^{1/4}$$

となる．そして，4 個の境界条件から，

$$M(\lambda)\mathbf{c} = \begin{pmatrix} e^A & e^{-A} & e^{iA} & e^{-iA} \\ e^A & -e^{-A} & ie^{iA} & -ie^{-iA} \\ 1 & 1 & -1 & -1 \\ 1 & -1 & -i & i \end{pmatrix} \begin{pmatrix} c_1 \\ c_2 \\ c_3 \\ c_4 \end{pmatrix} = \mathbf{0}$$

を得る．λ が固有値となるための必要十分条件は，

$$|M(\lambda)| = 8i(1 + \cos A \cosh A)$$

が 0 となることである．このことから，K_1 の Fredholm 行列式として，

$$D_1(\lambda) = \frac{1}{2}\left(1 + \cos \lambda^{1/4} \cosh \lambda^{1/4}\right)$$

が得られる．したがって，

$$\mathrm{E}(e^{i\theta Q_1}) = \left[\frac{1}{2}\left(1 + \cos(2i\theta)^{1/4} \cosh(2i\theta)^{1/4}\right)\right]^{-1/2} \tag{193}$$

となる．

また，$g = 2$ の場合，核関数は，

$$K_2(s,t) = \begin{cases} \dfrac{1}{120}(1-t)^3(t^2+3t+6-5st+10s^2-15s) & (s \le t) \\ \dfrac{1}{120}(1-s)^3(s^2+3s+6-5st+10t^2-15t) & (s > t) \end{cases}$$

となり，(191) の微分方程式の一般解は，

$$f(t) = c_1 e^{i\alpha t} + c_2 e^{-i\alpha t} + c_3 e^{i\beta t} + c_4 e^{-i\beta t} + c_5 e^{i\gamma t} + c_6 e^{-i\gamma t}$$

となる．ただし，

$$\alpha = \lambda^{1/6}, \qquad \beta = \frac{\lambda^{1/6}(1+\sqrt{3}i)}{2}, \qquad \gamma = \frac{\lambda^{1/6}(1-\sqrt{3}i)}{2}$$

そして，6個の境界条件から，

$$M(\lambda)\boldsymbol{c} = \begin{pmatrix} e^{i\alpha} & e^{-i\alpha} & e^{i\beta} & e^{-i\beta} & e^{i\gamma} & e^{-i\gamma} \\ \alpha e^{i\alpha} & -\alpha e^{-i\alpha} & \beta e^{i\beta} & -\beta e^{-i\beta} & \gamma e^{i\gamma} & -\gamma e^{-i\gamma} \\ \alpha^2 e^{i\alpha} & \alpha^2 e^{-i\alpha} & \beta^2 e^{i\beta} & \beta^2 e^{-i\beta} & \gamma^2 e^{i\gamma} & \gamma^2 e^{-i\gamma} \\ \alpha^3 & -\alpha^3 & \beta^3 & -\beta^3 & \gamma^3 & -\gamma^3 \\ \alpha^4 & \alpha^4 & \beta^4 & \beta^4 & \gamma^4 & \gamma^4 \\ \alpha^5 & -\alpha^5 & \beta^5 & -\beta^5 & \gamma^5 & -\gamma^5 \end{pmatrix} \begin{pmatrix} c_1 \\ c_2 \\ c_3 \\ c_4 \\ c_5 \\ c_6 \end{pmatrix} = \boldsymbol{0}$$

を得る．このことから，K_2 の Fredholm 行列式として，

$$D_2(\lambda) = \frac{1}{9} \left[2 \left(1 + \cos\alpha + \cos\beta + \cos\gamma \right) + \cos\alpha \cos\beta \cos\gamma \right]$$

が得られる．したがって，

$$\mathrm{E}(e^{i\theta Q_2}) = 3 \left[2 \left(1 + \cos\kappa + \cos\mu + \cos\nu \right) + \cos\kappa \cos\mu \cos\nu \right]^{-1/2} \quad (194)$$

を得る．ただし，

$$\kappa = (2i\theta)^{1/6}, \qquad \mu = (2i\theta)^{1/6} \frac{1+\sqrt{3}i}{2}, \qquad \nu = (2i\theta)^{1/6} \frac{1-\sqrt{3}i}{2}$$

18. 数値積分による分布関数の計算

本節の前半では，特性関数を反転して，数値積分により分布関数や密度関数を求める方法を説明する．一般に，特性関数は複素関数の平方根などを含むので，その計算に際しては注意が必要である．以下では，このことも含めて，3つの場合に分けて，数値積分の方法について述べる．後半は，分布の分位点やモーメントを計算する方法について述べる．

18.1　正値確率変数の場合

統計量 S が正値ならば，その分布関数 $F(x)$ は，反転公式を使って，

$$F(x) = P(S \leq x) = \frac{1}{\pi} \int_0^\infty \mathrm{Re}\left[\frac{1 - e^{-i\theta x}}{i\theta} \phi(\theta) \right] d\theta \quad (195)$$

で定義される．ここで，$\phi(\theta)$ は，S の特性関数である．また，S の密度関数 $f(x)$ は，

$$f(x) = \frac{dF(x)}{dx} = \frac{1}{\pi} \int_0^\infty \mathrm{Re}\left[e^{-i\theta x} \phi(\theta) \right] d\theta \quad (196)$$

で定義される.

実際に分布関数や密度関数を計算するためには，上の定義に基づいて，数値積分を行うことになる．ここで，注意すべきことは，特性関数が複素数の平方根などを含む場合の計算方法である．例として，

$$\phi_1(\theta) = \left(\frac{\sin \sqrt{2i\theta}}{\sqrt{2i\theta}} \right)^{-1/2}$$

を取り上げよう．$\phi_1(\theta)$ は，正の統計量

$$S_1 = \int_0^1 \left(W(t) - \int_0^1 W(s)\, ds \right)^2 dt$$

の特性関数である．$\{W(t)\}$ は標準 Brown 運動である.

特性関数 $\phi_1(\theta)$ は，複素数の平方根 $\sqrt{2i\theta}$ などの計算を含んでおり，コンピュータで計算する際には，符号を正しく求めるために工夫が必要となる．今，真の特性関数を $\phi(\theta)$，コンピュータで計算されるものを $\tilde{\phi}(\theta)$ とする．$\phi(\theta)$ は，反転公式にあるように，$\theta \geq 0$ で計算すればよい．まず，$\phi(0) = 1$ であるので，原点の次の分点 θ_1 において，

$$\left| \phi(0) + \tilde{\phi}(\theta_1) \right| \leq \left| \phi(0) - \tilde{\phi}(\theta_1) \right|$$

が成り立てば，コンピュータで計算された $\tilde{\phi}(\theta_1)$ は，符号を逆転していることを意味する．したがって，このときは，$\phi(\theta_1) = -\tilde{\phi}(\theta_1)$ とする．さもなくば，$\tilde{\phi}(\theta_1)$ は正しく計算されているから，$\phi(\theta_1) = \tilde{\phi}(\theta_1)$ とする．そして，θ_1 の次の分点 θ_2 においても，

$$\left| \phi(\theta_1) + \tilde{\phi}(\theta_2) \right| \leq \left| \phi(\theta_1) - \tilde{\phi}(\theta_2) \right|$$

が成り立てば，$\phi(\theta_2) = -\tilde{\phi}(\theta_2)$ とする．さもなくば，$\phi(\theta_2) = \tilde{\phi}(\theta_2)$ とすればよい．以下，このようにして，$\phi(\theta)$ を正しく計算することができる．詳しくは，Tanaka(1996) を参照されたい.

さて，(195) あるいは (196) は無限区間での積分であるが，被積分関数の振る舞いを調べることにより，実質的に有限区間での積分に置き換えることができる．そして，実際の積分計算は，**Simpson の公式**を使えばよい．すなわち，区間 $[a, b]$ 上での関数 $g(u)$ の数値積分を，

$$\int_a^b g(u)\, du = \frac{h}{3} \left[4 \sum_{j=1}^{n} g(x_{2j-1}) + 2 \sum_{j=1}^{n-1} g(x_{2j}) + f(a) + f(b) \right]$$

のように計算する．ここで，$h = (b-a)/(2n)$, $x_j = a+jh$ である．なお，Simpson の公式を適用する前に，収束を早めるために，必要に応じて変数変換をした方がよい．例えば，$\phi_1(\theta)$ を反転して，統計量 S_1 の密度関数 $f_1(x)$ を計算する場合には，$\theta = u^2$ と変数変換すると，

$$f_1(x) = \frac{1}{\pi}\int_0^\infty \mathrm{Re}\left[e^{-i\theta x}\phi_1(\theta)\right]d\theta = \frac{1}{\pi}\int_0^\infty \mathrm{Re}\left[2ue^{-iu^2x}\phi_1(u^2)\right]du$$

となる．変数変換後の $\phi_1(u^2)$ を，上述の方法で正しく計算して，あとは，被積分関数の振る舞いを調べ，Simpson の公式を適用すればよい．このようにして得られた密度関数 $f_1(x)$ が，第 9 章の図 9-2 に示されている．

18.2 被積分関数が振動的な場合

特性関数の反転による分布関数や密度関数の計算において，被積分関数は，一般に三角関数を含む．特に，ゆっくりと減少するような振動的な関数の積分は，Simpson の公式においても，和の収束が非常に遅くなり，精度の高い結果を得るのが困難となる．

このような例としては，次の特性関数

$$\phi_2(\theta) = \left[\frac{1}{2}\left\{1 + \cos(2i\theta)^{1/4}\cosh(2i\theta)^{1/4}\right\}\right]^{-1/2}$$

を挙げることができる．第 17 節で述べたように，$\phi_2(\theta)$ は，積分 Brown 運動を含む統計量

$$S_2 = \int_0^1 \{W^{(1)}(t)\}^2 dt = \int_0^1 \left\{\int_0^t W(s)ds\right\}^2 dt$$

の特性関数である．S_2 の分布関数は，

$$F_2(x) = \frac{1}{\pi}\int_0^\infty \mathrm{Re}\left[\frac{1-e^{-i\theta x}}{i\theta}\phi_2(\theta)\right]d\theta$$
$$= \frac{4}{\pi}\int_0^\infty \mathrm{Re}\left[\frac{1-e^{-iu^4x}}{iu}\phi_2(u^4)\right]du$$

で定義される．ここで，被積分関数を

$$g_2(u) = \mathrm{Re}\left[\frac{1 - e^{-iu^4 x}}{iu}\phi_2(u^4)\right] = a(u) - b(u) + c(u)$$

$$a(u) = \frac{1}{u}\mathrm{Re}\left[\phi_2(u^4)\right]\sin u^4 x$$

$$b(u) = \frac{1}{u}\mathrm{Im}\left[\phi_2(u^4)\right]\cos u^4 x$$

$$c(u) = \frac{1}{u}\mathrm{Im}\left[\phi_2(u^4)\right]$$

と表すことにする．g_2 は，0以外の値の回りで振動的であり，減衰が遅い．この関数の積分を Simpson の公式で計算しても，精度の高い結果を得るのは困難である．ここでは，関数 g_2 を上のように3つの関数 a, b, c に分解して考える．関数 a と b は，振動的で0への収束が遅いが，g_2 とは異なり，0の回りでの振動となっている．他方，c は振る舞いのよい関数であり，積分は容易である (詳しくは，Tanaka 1996 参照)．

関数 a や b のように，0の回りで振動的で，減衰が遅いような関数の積分は，交代級数に関する **Euler 変換** を使うことにより，精度を高め，収束を早めることができる．今，$[0, \infty)$ で定義された関数 $g(u)$ が0の回りで振動的であり，$u_1, u_2,$ $\cdots$ で0になるとする．このとき，積分は，

$$I = \int_0^\infty g(u)\,du = \sum_{j=0}^\infty (-1)^j V_j$$

と表すことができる．ここで，

$$V_j = (-1)^j \int_{u_j}^{u_{j+1}} g(u)\,du \qquad (u_0 = 0)$$

である．仮定により，$\{(-1)^j V_j\}$ は交代級数であるから，V_j は，すべて同符号となる．このとき，上の積分は，次のように計算することができる．

$$I = \sum_{j=0}^\infty (-1)^j V_j = \sum_{j=0}^\infty (-1)^j \frac{(F-1)^j V_0}{2^{j+1}}$$
$$= \sum_{j=0}^{N-1} (-1)^j V_j + \sum_{j=0}^\infty (-1)^{j+N} \frac{(F-1)^j V_N}{2^{j+1}}$$

ここで，F は，$FV_j = V_{j+1}$ のように時点を進める **リード・オペレータ** である．上の変形で，2番目の等号の右辺が Euler 変換である．最後の表現は，Euler 変換を途中から行うものである．各 V_j を Simpson の公式で計算し，あとは，これらを Euler 変換して加えることにより，精度の高い結果が得られることになる．この方法を使った FORTRAN プログラムについては，Tanaka(1996) を参照された

い.

18.3 比の形の確率変数の場合

$S = U/V$ の形の統計量 (V は正値) ならば, S の分布関数 $F(x)$ は,

$$F(x) = P\left(\frac{U}{V} \leq x\right) = P(xV - U \geq 0) = \frac{1}{2} + \frac{1}{\pi}\int_0^\infty \frac{1}{\theta}\mathrm{Im}\left[\phi(\theta;x)\right]d\theta \tag{197}$$

で定義される. ここで, $\phi(\theta;x)$ は $xV - U$ の特性関数である. また, 密度関数 $f(x)$ は,

$$f(x) = \frac{dF(x)}{dx} = \frac{1}{\pi}\int_0^\infty \frac{1}{\theta}\mathrm{Im}\left[\frac{\partial\phi(\theta;x)}{\partial x}\right]d\theta \tag{198}$$

で定義される.

例えば, 次の統計量を考えよう.

$$S_3 = \frac{\int_0^1 W(t)\,dW(t)}{\int_0^1 W^2(t)\,dt} = \frac{U}{V}, \quad U = \int_0^1 W(t)\,dW(t), \quad V = \int_0^1 W^2(t)\,dt \tag{199}$$

これは, 第8章で議論した単位根分布に従う統計量である. S_3 の分布関数 $F_3(x)$ を計算するには, 式(197)を使って,

$$F_3(x) = \frac{1}{2} + \frac{1}{\pi}\int_0^\infty \frac{2}{u}\mathrm{Im}\left[\phi_3(u^2;x)\right]du$$

と変数変換し, Simpsonの公式を適用すればよい. ただし, ϕ_3 は, $xV - U$ の特性関数であり, 式(173)において $c = 0$ としたものである. S_3 の密度関数 $f_3(x)$ を求めるためには, 式(198)に従えば, まず, 特性関数の導関数を計算する必要がある. これは, 一般に面倒である. 簡単な方法は, 分布関数を数値微分することである. すなわち, Δx を微小な数として,

$$f_3(x) = \frac{F_3(x + \Delta x) - F_3(x)}{\Delta x}$$

から計算する方法である. 本文第8章で示したいくつかの図は, このようにして求めた単位根分布の密度関数である.

18.4 分位点の求め方

分位点は, 分布関数や密度関数を計算する過程で副産物として得られる. 分布関

数 $F(x)$ の $100\alpha\%$ 点を x とすると, x は $F(x) = \alpha$ の解である. 以下では, この x を求めるために, 2 つの方法について述べる.

まず, **Newton 法**は, $F(x)$ の Taylor 展開

$$F(x) = \alpha \approx F(x_0) + f(x_0)(x - \alpha)$$

に基づいて, 解の候補となる x_0 から出発して,

$$x_i = x_{i-1} - \frac{F(x_{i-1}) - \alpha}{f(x_{i-1})} \quad (i = 1, 2, \cdots)$$

により, 逐次的に解を見つける方法である. $|x_i - x_{i-1}|$ が微小になるような x_i が最終的な解である. なお, この方法は, 密度関数の計算が必要であるが, これを数値微分 $f(x) = (F(x + \Delta x) - F(x))/\Delta x$ で置き換えて計算してもよい.

もう 1 つの方法は, **二分法**と呼ばれるものである. それは, $F(x_1) < \alpha$ と $F(x_2) > \alpha$ となるような解に近い値 x_1 と x_2 に対して, $\bar{x} = (x_1 + x_2)/2$ とおき, $F(\bar{x})$ を計算する. もし, $F(\bar{x}) < \alpha$ ならば, x_1 を $\bar{x}$ で置き換える. さもなければ, x_2 を $\bar{x}$ で置き換える. そして, これらの平均 $\bar{x}$ に対して, 再び $F(\bar{x})$ を計算する. この手続を, $|x_1 - x_2|$ が微小になるまで繰り返し, そのときの平均を解とするものである.

18.5 モーメントの計算

2 つの統計量 U と V に対して, 期待値 $\mathrm{E}(U^j/V^\alpha)$ の計算方法について考えよう. ここで, V は正の確率変数, j は任意の自然数, α は任意の正数である. まず,

$$\frac{U^j}{V^\alpha} = \frac{U^j}{V^\alpha} \frac{1}{\Gamma(\alpha)} \int_0^\infty x^{\alpha-1} e^{-x}\, dx = \frac{U^j}{V^\alpha} \frac{1}{\Gamma(\alpha)} \int_0^\infty (\theta_2 V)^{\alpha-1} e^{-\theta_2 V} V\, d\theta_2$$

$$= \frac{1}{\Gamma(\alpha)} \int_0^\infty \theta_2^{\alpha-1} U^j e^{-\theta_2 V}\, d\theta_2$$

を得る. このことから,

$$\mathrm{E}\left(\frac{U^j}{V^\alpha}\right) = \frac{1}{\Gamma(\alpha)} \int_0^\infty \theta_2^{\alpha-1} \mathrm{E}\left(U^j e^{-\theta_2 V}\right) d\theta_2$$

$$= \frac{1}{\Gamma(\alpha)} \int_0^\infty \theta_2^{\alpha-1} \left.\frac{\partial^j \psi(\theta_1, -\theta_2)}{\partial \theta_1^j}\right|_{\theta_1=0} d\theta_2 \quad (200)$$

となる. ここで, ψ は, U と V の同時積率母関数である. 被積分関数には複素数が含まれていないから, 分布関数や密度関数を求める際に行った連続性を確保する

ような計算は不要である．

例えば，式(199)の統計量 $S_3 = U/V$ に対しては，$xV - U$ の特性関数 $\phi(\theta; x)$ を使って，

$$\psi(\theta_1, -\theta_2) = \phi\left(i\theta_1; \frac{\theta_2}{\theta_1}\right) = e^{-\theta_1/2}\left[\cosh\sqrt{2\theta_2} - \theta_1 \frac{\sinh\sqrt{2\theta_2}}{\sqrt{2\theta_2}}\right]^{-1/2}$$

となる．したがって，特に，

$$\mathrm{E}(S_3) = \mathrm{E}\left(\frac{\int_0^1 W(t)\,dW(t)}{\int_0^1 W^2(t)\,dt}\right)$$

$$= \frac{1}{2}\int_0^\infty \left(\cosh\sqrt{2\theta_2}\right)^{-1/2}\left[\frac{\sinh\sqrt{2\theta_2}}{\sqrt{2\theta_2}}\left(\cosh\sqrt{2\theta_2}\right)^{-1} - 1\right]d\theta_2$$

$$= \frac{1}{2}\int_0^\infty u\,(\cosh u)^{-1/2}\left[\frac{\sinh u}{u}(\cosh u)^{-1} - 1\right]du = -1.781$$

を得る．また，単位根検定の t 統計量(第 8 章 4 節)

$$S_4 = \frac{U_1}{\sqrt{V_1}} = \frac{\int_0^1 W(t)\,dW(t)}{\sqrt{\int_0^1 W^2(t)\,dt}}$$

については，

$$\mathrm{E}(S_4) = \mathrm{E}\left(\frac{\int_0^1 W(t)\,dW(t)}{\sqrt{\int_0^1 W^2(t)\,dt}}\right)$$

$$= \frac{1}{\sqrt{2\pi}}\int_0^\infty (\cosh u)^{-1/2}\left[\frac{\sinh u}{u}(\cosh u)^{-1} - 1\right]du = -0.423$$

を得る．

19. ウェーブレット解析

ウェーブレット解析の数学理論は，連続的な場合について述べられているのが普通であるが，ここでは，離散的な場合についても説明する．基本的な参考文献としては，Daubechies(1992)，猪狩(1996)，Percival-Walden(2000)，謝・鈴木(2002)などがある．

19.1 多重解像度解析

実数の集合 R 上で 2 乗可積分な関数からなる空間 $L^2(R)$ に属する関数 $\phi(t)$ に対して，拡大・縮小や平行移動したものを

$$\phi_{j,k}(t) = 2^{-j/2}\phi\left(2^{-j}t - k\right) \qquad (j, k \in \mathcal{Z}) \tag{201}$$

で表すことにする．ここで，$\mathcal{Z}$ は整数の集合である．添え字 j は，関数の拡大・縮小を制御するパラメータであり，正ならば拡大，負ならば縮小をもたらす．また，k は，関数を移動させるパラメータであり，正ならば右方向へ，負ならば左方向への移動をもたらす．

パラメータ j を固定して，k を動かしたときに，関数 $\phi_{j,k}(t)$ により張られる空間を V_j としよう．ここで，関数列 $\{\phi_{j,k}(t) : k \in \mathcal{Z}\}$ は，V_j の正規直交基底となるものとする．以下，$\phi(t)$ として，

$$\phi^{(H)}(t) = \begin{cases} 1 & (-1 \leq t \leq 0 \text{ のとき}) \\ 0 & (\text{それ以外のとき}) \end{cases} \tag{202}$$

を取り上げよう．これを Haar の**スケーリング関数**という．

Haar のスケーリング関数を使って，$L^2(R)$ に属する確率過程 $x(t)$ を近似することを考えよう．そのために，まず，$j = 0$ として，ウェーブレット変換と同様の積分

$$c_{0,k}^{(H)} = \int_{-\infty}^{\infty} \phi_{0,k}^{(H)}(t)\, x(t)\, dt = \int_{-\infty}^{\infty} \phi^{(H)}(t-k)\, x(t)\, dt = \int_{k-1}^{k} x(t)\, dt$$

を定義する．$c_{0,k}^{(H)}$ は，$x(t)$ に対するレベル 0 の**スケーリング係数**と呼ばれ，今の場合，幅が 1 の区間 $[k-1, k]$ における $x(t)$ の平均となる．したがって，

$$x_0^{(H)}(t) = \sum_{k=-\infty}^{\infty} c_{0,k}^{(H)}\, \phi^{(H)}(t-k) \quad \in \quad V_0$$

は，$x(t)$ の 1 つの近似 (レベル 0 の近似) を与える．もちろん，$x(t)$ が V_0 に属するならば，$x_0^{(H)}(t) = x(t)$ となる．V_0 は，$L^2(R)$ の閉部分空間であり，レベル 0 の**近似空間**と呼ばれる．

レベル j のスケーリング係数は，

$$c_{j,k}^{(H)} = 2^{-j/2} \int_{-\infty}^{\infty} \phi^{(H)}(2^{-j}t - k)\, x(t)\, dt = 2^{-j/2} \int_{(k-1)2^j}^{k2^j} x(t)\, dt$$

で定義される．ここで，$2^{-j/2} c_{j,k}^{(H)}$ は，幅が 2^j の区間 $[(k-1)2^j, k2^j]$ における $x(t)$ の平均を表すから，

$$x_j^{(H)}(t) = \sum_{k=-\infty}^{\infty} 2^{-j/2} c_{j,k}^{(H)} \phi^{(H)}(2^{-j}t - k) \quad \in \quad V_j$$

は，$x(t)$ のレベル j の近似を与える．

一般に，このような近似空間の列 $\{V_j\}$ について，次のことを仮定する．

(ⅰ) $\{V_j\}$ は $L^2(R)$ の閉部分空間列であり，すべての j に対して，$V_j \subset V_{j-1}$ である．

(ⅱ) $\{V_j\}$ の和集合は $L^2(R)$ で稠密となり，その積集合は空である．

(ⅲ) $x(t)$ が V_0 に属するならば，$x_{0,k}(t) = x(t-k)(k \in \mathcal{Z})$ も V_0 に属する．

(ⅳ) $x(t)$ が V_0 に属することと，$x_{j,0}(t) = 2^{-j/2}x(2^{-j}t)$ が V_j に属することは同値である．

(ⅴ) V_0 に属するスケーリング関数 $\phi(t)$ が存在して，$\{\phi(t-k); k \in \mathcal{Z}\}$ が V_0 の正規直交基底となる．

上記の条件をみたす近似空間の列 $\{V_j\}$ のことを **MRA**(Multiresolution Analysis：多重解像度解析) という．$\{V_j\}$ は階層構造をもっており，V_j は V_{j-1} の閉部分空間となる．解像度の観点からは，V_j は V_{j-1} よりも解像度が低いという．そして，レベル j のスケーリング関数 $\phi_{j,k}(t) = 2^{-j/2}\phi(2^{-j}t - k)(k \in \mathcal{Z})$ は，上記 (ⅴ) の条件から V_j の正規直交基底となる．実際，変数変換により，

$$\int_{-\infty}^{\infty} \phi_{0,k}(t)\phi_{0,l}(t)\,dt = \int_{-\infty}^{\infty} \phi_{j,k}(t)\phi_{j,l}(t)\,dt = \delta_{k,l} \qquad (203)$$

となる．ここで，$\delta_{k,l}$ は，Kronecker のデルタ関数である．

ところで，$V_0 \subset V_{-1}$ であるから，$\phi(t) \in V_0$ ならば，$\phi(t) \in V_{-1}$ でもある．したがって，V_{-1} が $\phi_{-1,k}(t) = \sqrt{2}\,\phi(2t - k)$ により張られる空間であることから，

$$\phi(t) = \sum_{k=-\infty}^{\infty} p_k\,\phi_{-1,k}(t) = \sqrt{2}\sum_{k=-\infty}^{\infty} p_k\,\phi(2t - k) \qquad (204)$$

が成り立つ．これを**トゥー・スケール関係**(two-scale relationship) という．ここで，フィルター $\{p_k\}$ は，

$$p_k = \int_{-\infty}^{\infty} \phi_{-1,k}(t)\,\phi(t)\,dt = \sqrt{2}\int_{-\infty}^{\infty} \phi(2t-k)\,\phi(t)\,dt$$

により求められる．第12章3節で述べた**スケーリング・フィルター** $\{g_k\}$ は，このフィルター $\{p_k\}$ と密接な関係があり，$g_k = p_{-k}$ により得られる (Percival-Walden 2000)．

スケーリング関数 $\phi(t)$ のサポートが有限ならば，トゥー・スケール関係から，フィルター $\{p_k\}$ の幅は有限となることがわかる．Haar のスケーリング関数

$\phi^{(H)}(t)$ では，フィルター $\{p_k^{(H)}\}$ の幅は 2 であり，0 にならないものは，
$$p_{-1}^{(H)} = \int_{-\infty}^{\infty} \phi_{-1,-1}^{(H)}(t)\,\phi^{(H)}(t)\,dt = \sqrt{2}\int_{-1}^{-1/2} dt = \frac{1}{\sqrt{2}}$$
$$p_0^{(H)} = \int_{-\infty}^{\infty} \phi_{-1,0}^{(H)}(t)\,\phi^{(H)}(t)\,dt = \sqrt{2}\int_{-1/2}^{0} dt = \frac{1}{\sqrt{2}}$$
である．そして，この場合，フィルターの和は $\sqrt{2}$ となる．

一般に，フィルター $\{p_k\}$ の幅を m として，$p_{-(m-1)}, \cdots, p_0$ 以外は 0 とすると，
$$\sum_{k=-\infty}^{\infty} p_k = \sum_{k=-(m-1)}^{0} p_k = \sqrt{2}$$
が成り立つ．実際，$\phi(t)$ の Fourier 変換を $\hat{\phi}(t)$ とすると，
$$\int_{-\infty}^{\infty} \phi(2t-k)\,e^{-2\pi i\lambda t}\,dt = \frac{e^{-\pi i\lambda k}}{2}\int_{-\infty}^{\infty} \phi(t)\,e^{-\pi i\lambda t}\,dt = \frac{e^{-\pi i\lambda k}}{2}\hat{\phi}\left(\frac{\lambda}{2}\right)$$
であるから，式(204)のトゥー・スケール関係から，
$$\hat{\phi}(\lambda) = \sqrt{2}\sum_{k=-\infty}^{\infty} p_k\,\frac{e^{-\pi i\lambda k}}{2}\,\hat{\phi}\left(\frac{\lambda}{2}\right) = \hat{\phi}\left(\frac{\lambda}{2}\right)\frac{P\left(\frac{\lambda}{2}\right)}{\sqrt{2}} \quad (205)$$
を得る．ただし，$P(\lambda)$ は $\{p_k\}$ の Fourier 変換
$$P(\lambda) = \sum_{k=-\infty}^{\infty} p_k\,e^{-2\pi i\lambda k} = \sum_{k=-(m-1)}^{0} p_k\,e^{-2\pi i\lambda k} \quad (206)$$
である．式(205)は周波数領域におけるトゥー・スケール関係であり，$\lambda = 0$ を代入することにより，$\hat{\phi}(0) \neq 0$ ならば，
$$P(0) = \sum_{k=-\infty}^{\infty} p_k = \sum_{k=-(m-1)}^{0} p_k = \sqrt{2} \quad (207)$$
を得る．実は，$\hat{\phi}^2(0) = 1$ となることが示される(Daubechies 1992)ので，$\hat{\phi}(0) = 1$ と規準化するのが普通である．すなわち，一般に，
$$\hat{\phi}(0) = \int_{-\infty}^{\infty} \phi(t)\,dt = 1 \quad (208)$$
が成り立つ．また，次の性質
$$P\left(\frac{1}{2}\right) = \sum_{k=-\infty}^{\infty} p_k\,e^{-i\pi k} = \sum_{k=-(m-1)}^{0} (-1)^k\,p_k = 0 \quad (209)$$
が成り立つことが示される(Percival-Walden 2000)．

さらに，フィルター $\{p_k\}$ は，次の意味での正規直交性をもつことがわかる．

$$\sum_{l=-\infty}^{\infty} p_l\, p_{l+2k} = \delta_{k,0} \qquad (210)$$

このことは，次のように示すことができる．トゥー・スケール関係から，

$$\phi(t-k) = \sqrt{2} \sum_{l=-\infty}^{\infty} p_l\, \phi(2t - 2k - l)$$

となるので，スケーリング関数 $\{\phi_{0,k}(t) = \phi(t-k)\}$ の正規直交性を使って，

$$\begin{aligned}
\delta_{k,0} &= \int_{-\infty}^{\infty} \phi(t)\,\phi(t-k)\,dt \\
&= 2 \sum_{i=-\infty}^{\infty} \sum_{l=-\infty}^{\infty} p_i\, p_l \int_{-\infty}^{\infty} \phi(2t-i)\,\phi(2t-2k-l)\,dt \\
&= \sum_{i=-\infty}^{\infty} \sum_{l=-\infty}^{\infty} p_i\, p_l \int_{-\infty}^{\infty} \phi(t-i)\,\phi(t-2k-l)\,dt = \sum_{l=-\infty}^{\infty} p_l\, p_{l+2k}
\end{aligned}$$

を得る．したがって，スケーリング・フィルター $\{g_k\}$ も同様の性質をもつ．また，この性質から，フィルターの幅 m は，必然的に偶数となる．

19.2 ウェーブレット・フィルターの構成

MRA により，近似空間 V_j は V_{j-1} の閉部分空間となるから，V_{j-1} は，

$$V_{j-1} = V_j \bigoplus W_j$$

と直交分解される．W_j はレベル j の**細部空間**と呼ばれ，解像度を $j-1$ から j に下げたときの差を表す．

今，スケーリング関数 $\phi(t)$ と幅 m のフィルター $\{p_k\}$ を与えられて，関数 $\psi(t)$ を次のように定義する．

$$\psi(t) = \sum_{k=-\infty}^{\infty} q_k\, \phi_{-1,k}(t) = \sqrt{2} \sum_{k=-\infty}^{\infty} q_k\, \phi(2t-k), \qquad q_k = (-1)^k p_{1-k-m} \qquad (211)$$

関数 $\psi(t)$ は，**ウェーブレット関数**と呼ばれる．ここで，$\{\psi(t-l); l \in \mathcal{Z}\}$ は，W_0 の正規直交基底となり，$\{\phi(t-k); k \in \mathcal{Z}\} \in V_0$ と直交することが示される (Percival-Walden 2000)．

他方，フィルター $\{q_k\}$ は，$\{p_k\}$ の **QMフィルター**(quadrature mirror filter) と呼ばれ，式(210)と同様の正規直交性をもっている．また，$\{p_k\}$ と $\{q_k\}$ は偶数項シフトに対して直交する．すなわち，

$$\sum_{k=-\infty}^{\infty} p_k\, q_{k+2n} = 0 \qquad (n \in \mathcal{Z}) \qquad (212)$$

となる．なぜなら，式 (204) と (211) から，

$$\phi(t)\,\psi(t+n) = 2 \sum_{k=-\infty}^{\infty} \sum_{l=-\infty}^{\infty} p_k\, q_l\, \phi(2t-k)\,\phi(2t+2n-l)$$

を得る．ここで，$\{\phi(t-k)\}$ と $\{\psi(t-l)\}$ が直交することと，$\{\phi(t-k)\}$ の正規直交性から，両辺を t に関して積分することにより結論が得られる．

式 (211) の両辺に Fourier 変換を適用して，

$$\hat{\psi}(\lambda) = \frac{1}{\sqrt{2}} \hat{\phi}\left(\frac{\lambda}{2}\right) Q\left(\frac{\lambda}{2}\right) \tag{213}$$

を得る．ただし，$Q(\lambda)$ は $\{q_k\}$ の Fourier 変換

$$Q(\lambda) = \sum_{k=-\infty}^{\infty} q_k\, e^{-2\pi i \lambda k} = -e^{2\pi i \lambda (m-1)} P\left(\frac{1}{2} - \lambda\right) \tag{214}$$

である．この関係式に $\lambda = 0$ を代入することにより，式 (209) から，

$$Q(0) = \sum_{k=-\infty}^{\infty} q_k = \sum_{k=-(m-1)}^{0} q_k = -P\left(\frac{1}{2}\right) = 0 \tag{215}$$

を得る．すなわち，QM フィルター $\{q_k\}$ の和は 0 となる．また，(213) と (215) から，次のことが成り立つ．

$$\hat{\psi}(0) = \int_{-\infty}^{\infty} \psi(t)\, dt = 0 \tag{216}$$

この性質はウェーブレット関数の特性であり，積分値が 1 となるというスケーリング関数の性質 (208) と対照的である．

ウェーブレット関数の最も簡単な例は，Haar のスケーリング関数のフィルター $\{p_k^{(H)}\}$ に基づいて構成される．この場合の QM フィルターを $\{q_k^{(H)}\}$ とすると，0 でないものは，

$$q_{-1}^{(H)} = (-1)^{-1} p_0^{(H)} = -1/\sqrt{2}, \quad q_0^{(H)} = (-1)^0 p_{-1}^{(H)} = 1/\sqrt{2}$$

であり，これらの和は当然ながら 0 となる．したがって，式 (211) から，

$$\psi^{(H)}(t) = \sqrt{2} \sum_{k=-\infty}^{\infty} q_k^{(H)} \phi^{(H)}(2t-k) = \sqrt{2}\left[-\frac{\phi^{(H)}(2t+1)}{\sqrt{2}} + \frac{\phi^{(H)}(2t)}{\sqrt{2}}\right]$$

$$= \begin{cases} -1 & (-1 \leq t \leq -1/2 \text{ のとき}) \\ 1 & (-1/2 < t \leq 0 \text{ のとき}) \\ 0 & (\text{それ以外のとき}) \end{cases}$$

を得る．$\psi^{(H)}(t)$ を Haar のウェーブレット関数という．

第 12 章 3 節で述べた**ウェーブレット・フィルター** $\{h_k\}$ は，$\{p_k\}$ の QM フィ

ルター $\{q_k\}$ を使って, $h_k = q_{-k}$ により定義される. 今までの議論から, ウェーブレット・フィルターは, 次の性質をもつことがわかる.

(a) 和は0となり, 2乗和は1となる. すなわち,

$$\sum_{k=-\infty}^{\infty} h_k = 0, \qquad \sum_{k=-\infty}^{\infty} h_k^2 = 1$$

(b) 偶数項シフトに対して直交する. すなわち,

$$\sum_{k=-\infty}^{\infty} h_k\, h_{k+2n} = \delta_{n,0}$$

(c) スケーリング・フィルター $\{g_k\}$ と次の意味で直交する.

$$\sum_{k=-\infty}^{\infty} g_k\, h_{k+2n} = 0 \qquad (n \in \mathcal{Z})$$

19.3 Daubechies のウェーブレット・フィルター

Daubechies(1992)は, さまざまな幅をもつウェーブレット・フィルターを提案している. ここでは, その導出方法について述べる. まず, ウェーブレット関数 $\psi(t)$ に, 次の制約条件を課す.

$$M_n = \int_{-\infty}^{\infty} t^n\, \psi(t)\, dt = 0 \qquad (n = 0, 1, \cdots, r-1) \qquad (217)$$

この条件は, $\psi(t)$ に関する r 個の**モーメント消滅条件**と呼ばれる. ただし, $M_0 = 0$ は, ウェーブレット関数が本来もっている特性である.

ウェーブレット関数 $\psi(t)$ の Fourier 変換 $\hat{\psi}(\lambda)$ を n 階微分すると,

$$\hat{\psi}^{(n)}(\lambda) = \frac{d^n \hat{\psi}(t)}{dt^n} = (-2\pi i)^n \int_{-\infty}^{\infty} t^n\, \psi(t)\, e^{-2\pi i \lambda t}\, dt$$

となるから, r 個のモーメント消滅条件により, 次のことが成り立つ.

$$\hat{\psi}^{(n)}(0) = 0 \qquad (n = 0, 1, \cdots, r-1)$$

モーメント消滅条件は, ウェーブレット関数に対応する QM フィルター $\{q_k\}$ の観点から考えることもできる. 以下, $\{q_k\}$ の幅を m として, $q_{-(m-1)}, \cdots, q_0$ 以外は 0 とする. 式(213)の両辺を微分すると,

$$\hat{\psi}'(\lambda) = \frac{1}{2\sqrt{2}} \left[\hat{\phi}'\left(\frac{\lambda}{2}\right) Q\left(\frac{\lambda}{2}\right) + \hat{\phi}\left(\frac{\lambda}{2}\right) Q'\left(\frac{\lambda}{2}\right) \right] \qquad (218)$$

となる. ここで, $\lambda = 0$ とおくと, 式(208)から $\hat{\phi}(0) = 1$, 式(215)から $Q(0) = 0$ であるから, $\psi(t)$ のモーメント消滅条件とあわせて, $Q'(0) = 0$ が得られる. す

なわち，

$$Q'(0) = 0 \quad \Leftrightarrow \quad \sum_{k=-(m-1)}^{0} k\, q_k = 0$$

となるので，$\{q_k\}$ の1次モーメントが0となる．さらに，(218)を微分することにより，$\{q_k\}$ に関する r 個のモーメント消滅条件

$$Q^{(n)}(0) = 0 \quad \Leftrightarrow \quad \sum_{k=-(m-1)}^{0} k^n\, q_k = 0 \qquad (n = 0, 1, \cdots, r-1) \quad (219)$$

が得られることがわかる．同様に，スケーリング関数に対応するフィルター $\{p_k\}$ については，式(214)の両辺を微分することにより，次の制約

$$P^{(n)}\left(\frac{1}{2}\right) = 0 \quad \Leftrightarrow \quad \sum_{k=-(m-1)}^{0} (-1)^k\, k^n\, p_k = 0 \qquad (n = 0, 1, \cdots, r-1) \tag{220}$$

が得られることがわかる．

フィルターの幅 m が r より大きいものとして，フィルター $\{p_k\}$ の z 変換

$$p(z) = \sum_{-\infty}^{\infty} p_k\, z^{-1} = \sum_{k=-(m-1)}^{0} p_k\, z^{-k} = p_{-(m-1)} \prod_{k=1}^{m-1} (z - z_k)$$

を定義しよう．$p(z)$ は次数 $m-1$ の多項式であり，$z_1, \cdots, z_{m-1}$ は $p(z) = 0$ の根である．式(220)から，

$$P^{(n)}\left(\frac{1}{2}\right) = p^{(n)}(e^{i\pi}) = p^{(n)}(-1) = 0 \qquad (n = 0, 1, \cdots, r-1)$$

となるから，$p(z) = 0$ の r 個の根は -1 となる．したがって，

$$p(z) = p_{-(m-1)} (z+1)^r \prod_{k=r+1}^{m-1} (z - z_k) \tag{221}$$

と表すことができる．

以上のことから，

$$|P(\lambda)|^2 = |p(e^{2\pi i \lambda})|^2 = \cos^{2r}(\pi\lambda)\, R_1(\lambda) \tag{222}$$

を得る．ここで，

$$R_1(\lambda) = 2^{2r} p_{-(m-1)}^2 \prod_{k=r+1}^{m-1} |e^{2\pi i \lambda} - z_k|^2$$

である．$R_1(\lambda)$ は $\sin^2(\pi\lambda)$ の関数であるので，

$$|P(\lambda)|^2 = \cos^{2r}(\pi\lambda)\, R_2(\sin^2(\pi\lambda))$$

と表すことができる.さらに,次の関係

$$|P(\lambda)|^2 + |P(\lambda + \frac{1}{2})|^2 = 2 \tag{223}$$

が成り立つことが知られている(Percival-Walden 2000)ので,

$$\cos^{2r}(\pi\lambda)R_2(\sin^2(\pi\lambda)) + \sin^{2r}(\pi\lambda)R_2(\cos^2(\pi\lambda)) = 2 \tag{224}$$

が成り立たなければならない.

Daubechies(1992)は,$r = m/2$ の場合に,(224)をみたす関数 $R_2(x)$ として,

$$R_2(x) = 2\sum_{k=0}^{r-1} \binom{r-1+k}{k} x^k \quad (0 \leq x \leq 1)$$

を考えた.この場合,

$$|P(\lambda)|^2 = 2\cos^{2r}(\pi\lambda)\sum_{k=0}^{r-1} \binom{r-1+k}{k} \sin^{2k}(\pi\lambda) \tag{225}$$

となる.ここで,$r = m/2$ である.

フィルターの幅 m とモーメント消滅条件の個数 $r = m/2$ を与えれば,(225)から $|P(\lambda)|^2 = |p(e^{2\pi i\lambda})|^2$ を求めることができる.そこから,$P(\lambda) = p(e^{2\pi i\lambda})$ を求めれば,$\{p_k\}$ が得られ,スケーリング・フィルター $\{g_k = p_{-k}\}$ や,ウェーブレット・フィルター $\{h_k\}$ が得られることになる.問題は,$|P(\lambda)|^2$ から,$P(\lambda)$ を求めることで,一意的に求めるためには,何らかの制約を課す必要がある.

このことを見るために,$r = m/2, z = e^{2\pi i\lambda}$ として,次の表現を考えよう.

$$|P(\lambda)|^2 = |p(z)|^2 = p_{-(m-1)}^2 |z+1|^m \prod_{k=m/2+1}^{m-1} |z - z_k|^2$$

$$= p_{-(m-1)}^2 |z+1|^m R(z)$$

ここで,

$$R(z) = \prod_{k=1}^{a}(z - r_k)(z^{-1} - r_k)\prod_{k=1}^{b}(z - c_k)(z - c_k^*)(z^{-1} - c_k)(z^{-1} - c_k^*) \tag{226}$$

であり,$r_1, \cdots, r_a$ は実数,$c_1, \cdots, c_b$ は複素数である.また,$a + 2b = m/2 - 1$ である.なお,$p(0) = p_0$ は,仮定から 0 でないので,$r_k \neq 0$ である.また,(207)から $p(1) = \sqrt{2}$ であるから,$r_k \neq 1$ である.

式(226)の $R(z)$ の表現は,一意的ではない.実際,

$$(z - r_k)(z^{-1} - r_k) = r_k^2(z - r_k^{-1})(z^{-1} - r_k^{-1})$$

となるので，結果的に，2^{a+b} 通りの $R(z)$ の表現が可能となる．したがって，$p(z)$ の表現も一意的ではない．そこで，$r_1,\cdots,r_a$，および $c_1,\cdots,c_b$ の絶対値がすべて 1 より大きいような表現を選ぶことにより，$p(z)$ の一意的な表現

$$p(z) = \beta(z+1)^{m/2} \prod_{k=1}^{a}(z-r_k) \prod_{k=1}^{b}(z-c_k)(z-c_k^*)$$

を得ることができる．ただし，β は，$p_{-(m-1)}$，あるいは $-p_{-(m-1)}$ であり，$p(1) = \sqrt{2}$ となるように決められる定数である．このようにして求められるフィルター $\{p_k\}$ は，**最大遅延フィルター**(maximum delay filter)と呼ばれる．その結果，$\{g_k = p_{-k}\}$ と $\{h_k = q_{-k}\}$ が得られる．これらは，それぞれ，Daubechies の $D(m)$ スケーリング・フィルターと $D(m)$ ウェーブレット・フィルターと呼ばれている．

以下では，$m = 2, 4, 6$ の場合に，$D(m)$ フィルターを求めてみよう．

（ⅰ）$D(2)$ フィルター

$$|P(\lambda)|^2 = 2\cos^2(\pi\lambda) = 1 + \frac{1}{2}(e^{-2\pi i\lambda} + e^{2\pi i\lambda})$$

となるので，$z = e^{2\pi i\lambda}$ として，

$$|p(z)|^2 = p(z)p(z^{-1}) = 1 + \frac{1}{2}(z + z^{-1}) = \frac{1}{2}(z+1)(z^{-1}+1)$$

を得る．したがって，

$$p(z) = \sum_{k=-1}^{0} p_k z^{-k} = p_{-1}z + p_0 = \pm\frac{1}{\sqrt{2}}(z+1)$$

となるが，$p(1) = P(0) = \sqrt{2}$ であることから，$p(z) = (z+1)/\sqrt{2}$ を得る．以上から，$p_{-1} = p_1 = 1/\sqrt{2}$ である．スケーリング・フィルター $\{g_k\}$ は $g_k = p_{-k}$ であり，ウェーブレット・フィルター $\{h_k\}$ は $h_k = (-1)^k g_{m-k-1}$ であることから，次の結果を得る．

$$g_0 = g_1 = \frac{1}{\sqrt{2}}, \qquad h_0 = \frac{1}{\sqrt{2}}, \qquad h_1 = -\frac{1}{\sqrt{2}}$$

（ⅱ）$D(4)$ フィルター

$$|P(\lambda)|^2 = 2\cos^4(\pi\lambda)(1 + 2\sin^2(\pi\lambda)) = \frac{1}{2}(1 + \cos(2\pi\lambda))^2(2 - \cos(2\pi\lambda))$$

となるので，$z = e^{2\pi i\lambda}$ として，

$$|p(z)|^2 = \frac{1}{2}\left(1 + \frac{z+z^{-1}}{2}\right)^2 \left(2 - \frac{z+z^{-1}}{2}\right)$$
$$= \beta^2(z+1)^2(z^{-1}+1)^2(z-z_3)(z^{-1}-z_3)$$

を得る．ここで，$z_3 = 2+\sqrt{3}$, $\beta = \pm(1-\sqrt{3})/(4\sqrt{2})$ である．$|z_3| > 1$ であるから，最大遅延フィルターの観点から，

$$p(z) = \alpha(z+1)^2(z-z_3)$$

を得る．ここで，$p(1) = \sqrt{2}$ であるから，$\beta = (1-\sqrt{3})/(4\sqrt{2})$ となる．したがって，

$$p(z) = \frac{1-\sqrt{3}}{4\sqrt{2}}z^3 + \frac{3-\sqrt{3}}{4\sqrt{2}}z^2 + \frac{3+\sqrt{3}}{4\sqrt{2}}z + \frac{1+\sqrt{3}}{4\sqrt{2}}$$

となるから，次の $D(4)$ フィルターが得られる．

$$g_0 = \frac{1+\sqrt{3}}{4\sqrt{2}}, \quad g_1 = \frac{3+\sqrt{3}}{4\sqrt{2}}, \quad g_2 = \frac{3-\sqrt{3}}{4\sqrt{2}}, \quad g_3 = \frac{1-\sqrt{3}}{4\sqrt{2}}$$
$$h_0 = \frac{1-\sqrt{3}}{4\sqrt{2}}, \quad h_1 = -\frac{3-\sqrt{3}}{4\sqrt{2}}, \quad h_2 = \frac{3+\sqrt{3}}{4\sqrt{2}}, \quad h_3 = -\frac{1+\sqrt{3}}{4\sqrt{2}}$$

(iii) $D(6)$ フィルター

$$|P(\lambda)|^2 = 2\cos^6(\pi\lambda)(1 + 3\sin^2(\pi\lambda) + 6\sin^4(\pi\lambda))$$
$$= \frac{1}{8}(1+\cos(2\pi\lambda))^3(8 - 9\cos(2\pi\lambda) + 3\cos^2(2\pi\lambda))$$

となるので，$z = e^{2\pi i \lambda}$ として，

$$|p(z)|^2 = \frac{1}{256}(z+1)^3(z^{-1}+1)^3(3z^{-2} - 18z^{-1} + 38 - 18z + 3z^2)$$
$$= \frac{3}{256z^2}(z+1)^3(z^{-1}+1)^3(z-z_4)(z-z_4^*)(z-z_5)(z-z_5^*)$$
$$= \frac{3|z_5|^2}{256}(z+1)^3(z^{-1}+1)^3(z-z_4)(z-z_4^*)(z^{-1}-z_4)(z^{-1}-z_4^*)$$

を得る．ここで，

$$z_4 = 2.7127486219559795 + 1.4438867826180040i, \quad z_5 = \frac{1}{z_4}$$

である．したがって，最大遅延フィルターの観点から，

$$p(z) = \frac{\sqrt{3}|z_5|}{16}(z+1)^3(z-z_4)(z-z_4^*)$$

を得る．そして，$p(z)$ を展開することにより，フィルター $\{p_k\}$ が求められ，

その結果，$D(6)$ フィルターは，次のようになる．

$g_0 = 0.33267055, \quad g_1 = 0.80689151, \quad g_2 = 0.45987750$

$g_3 = -0.13501102, \quad g_4 = -0.08544127, \quad g_5 = 0.03522629$

$h_0 = g_5, \quad h_1 = -g_4, \quad h_2 = g_3, \quad h_3 = -g_2, \quad h_4 = g_1, \quad h_5 = -g_0$

Daubechies の $D(m)$ フィルターは，$m = 20$ までのものが求められている (Bruce-Gao 1996)．Daubechies(1992)は，他にも，LA(Least Asymmetric)フィルターや C(Coiflet)フィルターと呼ばれるフィルターを提案している．これらの詳細については，原著あるいは Percival-Walden(2000)を参照されたい．

参考文献

Abramowitz, M. and Stegun, I. A. (1972). *Handbook of Mathematical Functions*, Dover, New York.

Abry, P. and Veitch, D. (1998). "Wavelet analysis of long-range-dependent traffic," *IEEE Transactions on Information Theory*, **44**, 2-15.

Adenstedt, R. K. (1974). "On large-sample estimation for the mean of a stationary random sequence," *Annals of Statistics*, **2**, 1095-1107.

Ahtola, J. and Tiao, G. C. (1987). "Distributions of least squares estimators of autoregressive parameters for a process with complex roots on the unit circle," *Journal of Time Series Analysis*, **8**, 1-14.

Akaike, H. (1973). "Information theory and an extension of the maximum likelihood principle," 2nd International Symposium on Information Theory, Petrov, B. N. and Csaki, F. eds., Akademiai Kiado, Budapest, 267-281.

Anderson, T. W. (1951). "Estimating linear restrictions on regression coefficients for multivariate normal distributions," *Annals of Mathematical Statistics*, **22**, 327-351.

Anderson, T. W. (1971). *The Statistical Analysis of Time Series*, Wiley, New York.

Anderson, T. W. (1984). *An Introduction to Multivariate Statistical Analysis*, 2nd Edition, Wiley, New York.

Anderson, T. W. and Darling, D. A. (1952). "Asymptotic theory of certain 'goodness of fit' criteria based on stochastic processes," *Annals of Mathematical Statistics*, **23**, 193-212.

Arnold, L. (1974). *Stochastic Differential Equations: Theory and Applications*, Wiley, New York.

Bardet, J. M. (2002). "Statistical study of the wavelet analysis of fractional Brownian motion," *IEEE Transactions on Information Theory*, **48**, 991-999.

Beran, J. (1994). *Statistics for Long-Memory Processes*, Chapman & Hall, New York.

Beveridge, S. and Nelson, C. R. (1981). "A new approach to decomposition of economic time series into permanent and transitory components with particular attention to measurement of the 'business cycle'," *Journal of Monetary Economics*, **7**, 151-174.

Billingsley, P. (1968). *Convergence of Probability Measures*, Wiley, New York.

Box, G. E. P. and Jenkins, G. M. (1970). *Time Series Analysis: Forecasting* and *Control*, Holden-Day, San Francisco.

Box, G. E. P., Jenkins, G. M., and Reinsel, G. C. (1994). *Time Series Analysis: Forecasting and Control*, 3rd Edition, Holden-Day, San Francisco.

Box, G. E. P. and Pierce, D. A. (1970). "Distribution of residual autocorrelations in autoregressive moving average time series models," *Journal of the American Statistical Association*, **65**, 1509–1526.

Brockwell, P. J. and Davis, R. A. (1991). *Time Series: Theory and Methods*, 3rd Edition, Springer, New York.

Brockwell, P. J. and Davis, R. A. (1996). *Introduction to Time Series and Forecasting*, Springer, New York.

Bruce, A. and Gao, H. Y. (1996). *Applied Wavelet Analysis with S-PLUS*, Springer, New York.

Chan, N. H. and Wei, C. Z. (1988). "Limiting distributions of least squares estimates of unstable autoregressive processes," *Annals of Statistics*, **16**, 367–401.

Courant, R. and Hilbert, D. (1953). *Methods of Mathematical Physics, Vol.I*, Wiley, New York.

Daubechies, I. (1992). *Ten Lectures on Wavelets*, SIAM, Philadelphia.

Davidson, R. and MacKinnon, J. G. (1993). *Estimation and Inference in Econometrics*, Oxford University Press, Oxford.

Davis, R. A. and Dunsmuir, W. T. M. (1996). "Maximum likelihood estimation for MA(1) processes with a root on or near the unit circle," *Econometric Theory*, **12**, 1–29.

Davydov, Y. (1970). "The invariance principle for stationary processes," *Theory of Probability and its Applications*, **15**, 487–498.

Dhrymes, P. (1998). *Time Series, Unit Roots, and Cointegration*, Academic Press, San Diego.

Dickey, D. A. and Fuller, W. A. (1979). "Distribution of the estimators for autoregressive time series with a unit root," *Journal of the American Statistical Association*, **74**, 427–431.

Dickey, D. A., Hasza, D. P., and Fuller, W. A. (1984). "Testing for unit roots in seasonal time series," *Journal of the American Statistical Association*, **79**, 355–367.

Elliott, G., Rothenberg, T. J., and Stock, J. H. (1996). "Efficient tests for an autoregressive unit root," *Econometrica*, **64**, 813–836.

Engle, R. F. and Granger, C. W. J. (1987). "Co-integration and error correction: representation, estimation, and testing," *Econometrica*, **55**, 251–276.

Ferguson, T. S. (1967). *Mathematical Statistics: A Decision Theoretic Approach*, Academic Press, New York.

Fuller, W. A. (1996). *Introduction to Statistical Time Series*, 2nd Edition, Wiley, New York.

Gençay, R., Selçuk, F., and Whitcher, B. (2002). *An Introduction to Wavelets and Other Filtering Methods in Finance and Economics*, Academic Press, New York.

Geweke, J. and Porter-Hudak, S. (1983). "The estimation and application of long memory time series," *Journal of Time Series Analysis*, **4**, 221-237.

Granger, C. W. J. and Newbold, P. (1974). "Spurious regressions in econometrics," *Journal of Econometrics*, **2**, 111-120.

Hall, P. and Heyde, C. C. (1980). *Martingale Limit Theory and Its Application*, Academic Press, New York.

Hamilton, J. D. (1994). *Time Series Analysis*, Princeton University Press, Princeton.

Hannan, E. J. (1970). *Multiple Time Series*, Wiley, New York.

Hannan, E. J. (1976). "The asymptotic distribution of serial covariances," *Annals of Statistics*, **4**, 366-399.

Hannan, E. J. and Heyde, C. C. (1972). "On limit theorems for quadratic functions of discrete time series," *Annals of Mathematical Statistics*, **43**, 2058-2066.

Hansen, B. E. (1992). "Tests for parameter instability in regressions with I(1) processes," *Journal of Business and Economic Statistics*, **10**, 321-335.

Hatanaka, M. (1996). *Time Series Based Econometrics: Unit Roots and Cointegration*, Oxford University Press, Oxford.

Helland, I. S. (1982). "Central limit theorems for martingales with discrete or continuous time," *Scandinavian Journal of Statistics*, **9**, 79-94.

Hochstadt, H. (1973). *Integral Equations*, Wiley, New York.

Hosking, J. R. M. (1980). "The asymptotic distribution of the sample inverse autocorrelations of an autoregressive-moving average process," *Biometrika*, **67**, 223-226.

Hosking, J. R. M. (1981). "Fractional differencing," *Biometrika*, **68**, 165-176.

Hosking, J. R. M. (1996). "Asymptotic distributions of the sample mean, autocovariances, and autocorrelations of long-memory time series," *Journal of Econometrics*, **73**, 261-284.

Hubrich, K., Lütkepohl, H., and Saikkonen, P. (2001). "A review of systems cointegration tests," *Econometric Reviews*, **20**, 247-318.

Hurvich, C. M., Deo, R., and Brodsky, J. (1998). "The mean squared error of Geweke and Porter-Hudak's estimator of the memory parameter of a long-memory time series," *Journal of Time Series Analysis*, **19**, 19-46.

猪狩惶 (1996)『実解析入門』岩波書店.
Jazwinski, A. H. (1970). *Stochastic Processes and Filtering Theory*, Academic Press, New York.
Jeganathan, P. (1999). "On asymptotic inference in cointegrated time series with fractionally integrated errors," *Econometric Theory*, **15**, 583-621.
Jensen, M. J. (1999). "Using wavelets to obtain a consistent ordinary least squares estimator of the long-memory parameter," *Journal of Forecasting*, **18**, 17-32.
Jensen, M. J. (2000). "An alternative maximum likelihood estimator of long-memory processes using compactly supported wavelets," *Journal of Economic Dynamics and Control*, **24**, 361-387.
Johansen, S. (1988). "Statistical analysis of cointegrating vectors," *Journal of Economic Dynamics and Control*, **12**, 231-254.
Johansen, S. (1991). "Estimation and hypothesis testing of cointegration vectors in Gaussian vector autoregressive model," *Econometrica*, **59**, 1551-1580.
Johansen, S. (1995). "A statistical analysis of cointegration for I(2) variables," *Econometric Theory*, **11**, 25-59.
Johansen, S. and Schaumburg, E. (1999). "Likelihood analysis of seasonal cointegration," *Journal of Econometrics*, **88**, 301-339.
Kariya, T. (1980). "Locally robust tests for serial correlation in least squares regression," *Annals of Statistics*, **8**, 1065-1070.
Kato, T. and Masry, E. (1999). "On the spectral density of the wavelet transform of fractional Brownian motion," *Journal of Time series Analysis*, **20**, 559-563.
King, M. L. (1980). "Robust tests for spherical symmetry and their application to least squares regression," *Annals of Statistics*, **8**, 1265-1271.
Koopmans, L. H. (1974). *The Spectral Analysis of Time Series*, Academic Press, New York.
Kwiatkowski, D., Phillips, P. C. B., Schmidt, P., and Shin, Y. (1992). "Testing the null hypothesis of stationarity against the alternative of a unit root," *Journal of Econometrics*, **54**, 159-178.
Liptser, R. S. and Shiryayev, A. N. (1977). *Statistics of Random Processes I: General Theory*, Springer, New York.
Liptser, R. S. and Shiryayev, A. N. (1978). *Statistics of Random Processes II: Applications*, Springer, New York.
Loève, M. (1977). *Probability Theory I*, 4th Edition, Springer, New York.
Loève, M. (1978). *Probability Theory II*, 4th Edition, Springer, New York.
Lütkepohl, H. (1993). *Introduction to Multiple Time Series Analysis*, 2nd Edition, Springer, New York.

Mandelbrot, B. B. and Van Ness, J. W. (1968). "Fractional Brownian motions, fractional Browninan noises and applications," *SIAM Review*, **10**, 422-437.

Marinucci, D. and Robinson, P. M. (1999). "Alternative forms of fractional Brownian motion," *Journal of Statistical Planning and Inference*, **80**, 111-122.

McCoy, E. J. and Walden, A. T. (1996). "Wavelet analysis and synthesis of stationary long-memory processes," *Journal of Computational and Graphical Statistics*, **5**, 26-56.

McLeish, D. L. (1975). "Invariance principles for dependent variables," *Z. Wahrsch. verw. Geb.*, **32**, 165-178.

McLeod, A. I. (1978). "On the distribution of residual autocorrelations in Box-Jenkins models," *Journal of the Royal Statistical Society (B)*, **40**, 296-302.

Nabeya, S. (1999). "Asymptotic moments of some unit root test statistics in the null case," *Econometric Theory*, **15**, 139-149.

Nabeya, S. and Tanaka, K. (1988). "Asymptotic theory of a test for the constancy of regression coefficients against the random walk alternative," *Annals of Statistics*, **16**, 218-235.

Nabeya, S. and Tanaka, K. (1990a). "A general approach to the limiting distribution for estimators in time series regression with nonstable autoregressive errors," *Econometrica*, **58**, 145-163.

Nabeya, S. and Tanaka, K. (1990b). "Limiting powers of unit-root tests in time-series regression," *Journal of Econometrics*, **46**, 247-271.

Nyblom, J. and Mäkeläinen, T. (1983). "Comparisons of tests for the presence of random walk coefficients in a simple linear model," *Journal of the American Statistical Association*, **78**, 856-864.

Osterwald-Lenum, M. (1992). "A note with quantiles of the asymptotic distribution of the maximum likelihood cointegration rank test statistics," *Oxford Bulletin of Economics and Statistics*, **54**, 461-471.

Park, J. Y. and Phillips, P. C. B. (1988). "Statistical inference in regressions with integrated processes: part 1," *Econometric Theory*, **4**, 468-497.

Percival, D. B. (1995). "On estimation of the wavelet variance," *Biometrika*, **82**, 619-631.

Percival, D. B. and Walden, A. T. (2000). *Wavelet Methods for Time Series Analysis*, Cambridge University Press, Cambridge.

Perron, P. (1989). "The great crash, the oil price shock, and the unit root hypothesis," *Econometrica*, **57**, 1361-1401.

Phillips, P. C. B. (1986). "Understanding spurious regressions in econometrics,", *Journal of Econometrics*, **33**, 311-340.

Phillips, P. C. B. (1987a). "Time series regression with a unit root,", *Econometrica, **55**, 277–301.

Phillips, P. C. B. (1987b). "Towards a unified asymptotic theory for autoregression,", *Biometrika*, **74**, 535–547.

Phillips, P. C. B. (1988). "Weak convergence of sample covariance matrices to stochastic integrals via martingale approximations," *Econometric Theory*, **4**, 528–533.

Phillips, P. C. B. (1991). "Optimal inference in cointegrated systems," *Econometrica*, **59**, 283–306.

Phillips, P. C. B. and Durlauf, S. N. (1986). "Multiple time series regression with integrated processes," *Review of Economic Studies*, **53**, 473–495.

Phillips, P. C. B. and Hansen, B. E. (1990). "Statistical inference in instrumental variables regression with I(1) processes," *Review of Economic Studies*, **57**, 99–125.

Phillips, P. C. B. and Ouliaris, S. (1990). "Asymptotic properties of residual based tests for cointegration," *Econometrica*, **58**, 165–193.

Phillips, P. C. B. and Perron, P. (1988). "Testing for a unit root in time series regression," *Biometrika*, **75**, 335–346.

Phillips, P. C. B. and Solo, V. (1992). "Asymptotics for linear processes," *Annals of Statistics*, **20**, 971–1001.

Quintos, C. E. and Phillips, P. C. B. (1993). "Parameter constancy in cointegrating regressions," *Empirical Economics*, **18**, 675–706.

Rao, C. R. (1973). *Linear Statistical Inference and Its Applications*, 2nd Edition, Wiley, New York.

Robinson, P. M. (1994). "Efficient tests of nonstationary hypotheses," *Journal of the American Statistical Association*, **89**, 1420–1437.

Said, E. S. and Dickey, D. A. (1984). "Testing for unit roots in autoregressive-moving average models of unknown order," *Biometrika*, **71**, 599–607.

Saikkonen, P. (1991). "Asymptotically efficient estimation of cointegration regressions," *Econometric Theory*, **7**, 1–21.

Saikkonen, P. and Luukkonen, R. (1993). "Testing for a moving average unit root in autoregressive integrated moving average models," *Journal of the American Statistical Association*, **88**, 596–601.

榊原進 (1995)『ウェーヴレット ビギナーズガイド』東京電機大学出版局.

Samorodnitsky, G. and Taqqu, M. S. (1994). *Stable Non-Gaussian Random Processes*, Chapman & Hall, New York.

Schwarz, G. (1978). "Estimating the dimension of a model," *Annals of Statistics*, **6**, 461–464.

Schwert, G. W. (1989). "Tests for unit roots: a Monte Carlo investigation,"

Journal of Business and Economic Statistics, **7**, 147-159.

Serroukh, A., Walden, A. T., and Percival, D. B. (2000). "Statistical properties and uses of the wavelet variance estimator for the scale analysis of time series," *Journal of the American Statistical Association*, **95**, 184-196.

Shin, Y. (1994). "A residual-based test of the null of cointegration against the alternative of no cointegration," *Econometric Theory*, **10**, 91-115.

Shiryayev, A. N. (1984). *Probability*, Springer, New York.

Shorack, G. R. and Wellner, J. A. (1986). *Empirical Processes with Applications to Statistics*, Wiley, New York.

Sims, C. A., Stock, J. H., and Watson, M. W. (1990). "Inference in linear time series models with some unit roots," *Econometrica*, **58**, 113-144.

Solo, V. (1992). "Intrinsic random functions and the paradox of $1/f$ noise," *SIAM Journal of Applied Mathematics*, **52**, 270-291.

Soong, T. T. (1973). *Random Differential Equations in Science and Engineering*, Academic Press, New York.

Sowell, F. (1990). "The fractional unit root ditstribution," *Econometrica*, **58**, 495-505.

Stock, J. H. (1987). "Asymptotic properties of least squares estimators of cointegrating vectors," *Econometrica*, **55**, 1035-1056.

Tanaka, K. (1990). "Testing for a moving average unit root," *Econometric Theory*, **6**, 433-444.

Tanaka, K. (1993). "An alternative approach to the asymptotic theory of spurious regression, cointegration, and near cointegration," *Econometric Theory*, **9**, 36-61.

Tanaka, K. (1996). *Time Series Analysis: Nonstationary and Noninvertible Distribution Theory*, Wiley, New York.

Tanaka, K. (1999). "The nonstationary fractional unit root," *Econometric Theory*, **15**, 549-582.

Tanaka, K. (2002). "A unified approach to the measurement error problem in time series models," *Econometric Theory*, **18**, 278-296.

Tanaka, K. (2004). "Frequency domain and wavelet-based estimation for long-memory signal plus noise models," in *State Space and Unobserved Component Models*, Festschrift in honor of Professor J. Durbin, Cambridge University Press, Cambridge, 75-91.

田中勝人 (2003a)「共和分分析」『経済時系列の統計——その数理的基礎』岩波書店，203-265.

田中勝人 (2003b)「ウェーブレット解析」『経済時系列の統計——その数理的基礎』岩波書店，281-311.

田中勝人 (2004)「ウェーブレット解析の統計学への応用について」『数学』, 第57巻, 50-69.
Tanaka, K. and Satchell, S. E. (1989). "Asymptotic properties of the maximum-likelihood and nonlinear least-squares estimators for noninvertible moving average models," *Econometric Theory*, **5**, 333-353.
Taniguchi, M. and Kakizawa, Y. (2000). *Asymptotic Theory of Statistical Inference for Time Series*, Springer, New York.
Tsay, R. S. (2005). *Analysis of Financial Time Series*, 2nd Edition, Wiley, New York.
Velasco, C. and Robinson, P. (2000). "Whittle pseudo-maximum likelihood estimation for nonstationary time series," *Journal of the American Statistical Association*, **95**, 1229-1243.
Vogelsang, T. J. and Perron, P. (1998). "Additional tests for a unit root allowing for a break in the trend function at an unknown time," *International Economic Review*, **39**, 1073-1100.
Watson, G. N. (1958). *A Treatise on the Theory of Bessel Functions*, 2nd Edition, Cambridge University Press, London.
White, J. S. (1958). "The limiting distribution of the serial correlation coefficient in the explosive case," *Annals of Mathematical Statistics*, **29**, 1188-1197.
Whittaker, E. T. and Watson, G. N. (1958). *A Course of Modern Analysis*, 4th Edition, Cambridge University Press, London.
謝衷潔・鈴木武 (2002)『ウエーブレットと確率過程入門』内田老鶴圃.
矢島美寛 (2003)「長期記憶をもつ時系列モデル」『経済時系列の統計——その数理的基礎』岩波書店, 103-202.
Zivot, E. and Andrews, D. W. (1992). "Further evidence on the great crash, the oil price shock, and the unit root hypothesis," *Journal of Business and Economic Statistics*, **10**, 251-270.
Zivot, E. and Wang, J. (2003). *Modeling Financial Time Series with S-Plus*, Springer, New York.

索　引

英　文

ADF 検定　162
AIC　84, 164, 260
AR
　――単位根　17
　――モデル　8
ARCH モデル　116
ARFIMA モデル　6, 19, 131, 279
ARIMA モデル　91
ARMA モデル　17
B-N 分解　39
Bartlett ウィンドウ　58
Borel 集合族　314
Box-Pierce 統計量　83
Brown
　――運動　302
　――橋　302
Cauchy-Schwarz の不等式　295
Chebyshev の不等式　295
CLT　300, 338
CMT　314, 340
CWT　267
dB スケール　265
DF 検定　153, 185, 213
downsampling　272
Durbin-Levinson アルゴリズム　21
DW 統計量　178, 190
DWPT　273
DWT　270
ECM　252
EGARCH モデル　122
Euler 変換　368
fBm　277, 334, 337
FCLT　314, 329, 333
FFT　275

FM 推定量　233
Fourier 変換　26, 278
Fredholm
　――アプローチ　355
　――行列式　201, 358
GARCH モデル　121
Girsanov の定理　350
Hurst 指数　277, 334
$I(1)$
　――近接モデル　322
　――モデル　318
$I(d)$ 過程　91, 325
ICWT　268
IP　314
Kalman フィルター　127
Karhunen-Loève 展開　349
Kullback-Leibler 情報量　84
L^2　266, 296
LBI　172, 178, 185, 190, 205, 209, 287
LBIU　174, 178, 185, 190, 199, 249
Lévy の確率面積　354
Ljung-Box 統計量　83
LM 検定　175, 204
m-従属　300
MA
　――単位根　17
　――モデル　15
Markov の不等式　295
Mercer の定理　356
MLE　75
MODWPT　274
MODWT　274
MRA　373
Newton 法　370
NLSE　75

392

O-U 過程　313, 350
O_p　299
o_p　298
Parseval の等式　45
PO 検定　183
POI 検定　183, 192
QM フィルター　271, 375
Rosenblatt 分布　139
SARIMA モデル　103
SBC　84
Simpson の公式　366
SV モデル　122
Type
　——I fBm　334
　——II fBm　337
Yule-Walker 方程式　14
VAR モデル　251

あ行

一様距離　314, 327
一般化ランダム・ウォーク　318
伊藤
　——解析　311
　——積分　155, 223, 230, 309, 331
　——の確率微分方程式　311
　——の補題　311
ウェーブレット
　——・フィルター　271, 376
　——回帰　282
　——解析　263, 371
　——関数　267, 375
　——係数　270
　——分散　278
　——変換　266
　——領域　144, 264, 281

か行

核関数　349
確定的トレンド　152
確率過程　1
　——アプローチ　352

確率収束　298
確率的
　——オーダー　298
　——トレンド　152
確率微分　309
過剰階差　17, 197
片側 Chebyshev の不等式　295
観測方程式　127
完備性定理　296
幾何 Brown 運動　312
疑似尤度　60
季節単位根モデル　339
基本周波数　54
逆自己共分散　22
　——母関数　22
逆自己相関　22
逆偏自己相関　23
狭義定常　3
強定常　3
共和分　215
　——回帰　217, 221, 229
　——行列　252
　——検定　237, 244, 247
　——ベクトル　217
　——ランク　217, 255
局所対立仮説　179
許容条件　268
近似空間　372
ゲイン関数　30
決定論的　4
検出力の包絡線　181, 192
広義定常　3
構造変化　212
後退予測　81
誤差修正モデル　252
固有関数　349
固有値　349
　——アプローチ　350
コレログラム　3

さ 行

最大固有値検定　256
最大遅延フィルター　380
細部空間　375
最良線形不偏予測量　64, 93
最良不偏予測量　61
差分パラメータ　91, 144, 281
残差自己相関　81
サンプル・パス　1
時間領域　75
識別可能性　16
自己共分散　3
　——母関数　22
自己相関　3
自己相似性　277
射影演算子　67
弱定常　3
収益率　115
修正 Rosenblatt 分布　139
周波数
　——応答関数　30
　——領域　59, 78, 149, 281
重複
　——核　199
　——度　356
状態
　——空間モデル　127, 203, 291
　——変数　127
　——方程式　127
数値積分　365
スケーリング
　——・フィルター　271, 373
　——関数　372
　——係数　372
スペクトラム　25
スペクトル分布関数　28
スペクトル密度関数　25
正値定符号　356
積分 Brown 運動　304
線形過程　4

た 行

第 I 種フラクショナル Brown 運動　334
第 II 種フラクショナル Brown 運動　337
退化核　356
多重解像度解析　373
単位根
　——系列　151
　——検定　152, 161, 171, 189, 211, 288
　——分布　155, 160
　——モデル　92, 151
段階的射影の法則　72
短期記憶的　5, 136
短期分散　40
中心極限定理　300
長期記憶時系列　133
長期記憶的　5, 131
長期分散　40
調整行列　252
定常過程　2
定常独立増分　153, 302
トゥー・スケール関係　373
特性関数　156, 225, 228, 348
特性方程式　9
ドリフト付きランダム・ウォーク　92
トレース検定　256
トレンド調整済み
　——Brown 運動　159, 302
　——O-U 過程　181

な 行

二分法　370
ノンパラメトリック修正　170

は 行

パワー伝達関数　30
汎関数中心極限定理　313

反転可能性　15
非線形最小2乗推定量　75, 145, 209
非退化核　356
非定常確率過程　1
標準 Brown 運動　153, 216, 301, 326
標本
　——逆自己相関　52, 74, 85
　——逆偏自己相関　53, 74
　——自己共分散　42, 138
　——自己相関　47, 74, 142
　——平均　38, 134
　——偏自己相関　51, 74, 85
ピラミッド・アルゴリズム　271
ピリオドグラム　55
複素
　——単位根検定　195
　——単位根モデル　341
　——B-N 分解　345
負値定符号　356
部分和過程　314
不変性原理　314
不偏予測量　61
フラクショナル Brown 運動　277
分解定理　4
分布収束　299
平均2乗
　——Riemann 積分　303
　——Riemann-Stieltjes 積分　305
　——Riemann-Stieltjes 重積分　306
　——微分可能　303
　——連続　303
平均調整済み
　——Brown 運動　158, 250, 302
　——O-U 過程　180
偏自己相関　20, 73
ほぼ定符号　356
ボラティリティー　116
ホワイト・ノイズ　3, 26

ま 行

窓 Fourier 変換　268
マルチンゲール　151
　——差　115
見せかけ
　——の回帰　218
　——の相関　218
モーメント消滅条件　377

や 行

有限 Fourier 変換　54, 59
ユニタリー行列　55
予測　61, 93
　——誤差　61, 94
　——誤差分散公式　66
　——量　61

ら 行

ラグ・ウィンドウ　58
ラグ・オペレータ　6
ラグ打ち切り数　58, 170, 232
ランク落ちモデル　255
ランダム・ウォーク　2, 92
　——近接モデル　320
リード・オペレータ　368
離散ウェーブレット変換　270
離散的確率過程　1
留数　33
　——定理　33
レベル　265, 270
連続ウェーブレット逆変換　268
連続ウェーブレット変換　267
連続写像定理　314
連続的確率過程　1

わ 行

和分　91, 207
　——過程　91, 215
　——次数　207

■岩波オンデマンドブックス■

現代時系列分析

2006年11月15日　第1刷発行
2016年2月10日　オンデマンド版発行

著　者　田中勝人
　　　　（たなかかつと）

発行者　岡本　厚

発行所　株式会社　岩波書店
　　　　〒101-8002 東京都千代田区一ツ橋2-5-5
　　　　電話案内 03-5210-4000
　　　　http://www.iwanami.co.jp/

印刷／製本・法令印刷

© Katsuto Tanaka 2016
ISBN 978-4-00-730380-7　　Printed in Japan